불교의 근본 원리로 보는

반야심경 · 금강경
개정판

한산 김윤수

1951년 경남 하동에서 태어나
부산에서 초·중·고등학교를 졸업하고
1975년 서울대학교 법과대학을 졸업하였다.
1976년 사법시험(제18회)에 합격하여
1981년부터 10년간 판사로,
1990년부터 10여 년간 변호사로,
2001년부터 10년간 다시 판사로 일하다가
2011년 퇴직하였다.
2003년에 「육조단경 읽기」 (2008년 개정판)
2005년에 「반야심경·금강경」 (2009년 개정판)
2006년에 「주석 성유식론」
2007년에 「불교는 무엇을 말하는가」
2008년에 「여래장경전모음」
2008년에 「설무구칭경·유마경」
2009년에 「묘법연화경」
2011년에 「대방광불화엄경」(전7권)
2012년에 「대승입능가경」
2012년에 「해밀심경」
2013년에 한문대역 「잡아함경」(전5권)
2013년에 「이렇게 말씀하셨다」를 냈다.

반야심경·금강경(개정판)

지은이 김윤수

2005년 1월 1일 초판 1쇄 펴냄
2005년 2월 20일 초판 2쇄 펴냄
2009년 4월 5일 개정판 1쇄 펴냄
2013년 11월 10일 개정판 2쇄 펴냄

펴낸이 노혜영
펴낸곳 한산암
등록 2006. 7. 28 제319-2006-31호
주소 경기도 광주시 오포읍 문형산안길1번길 57-29
전화 0505-2288-555, 031-712-9229
이메일 hansanam@naver.com

ⓒ 김윤수, 8
ISBN 978-89-958484-5-6 93220

이 책은 저작권법에 의해 보호를 받는 저작물이므로
무단 전재와 무단 복제를 금합니다.

정가 20,000원
잘못 만든 책은 바꿔드립니다.

총판 운주사 전화: 02-3672-7181~4

불교의 근본 원리로 보는

반야심경 · 금강경
개정판

김윤수 지음

한산암

개정판을 내면서

 이 책은 원래 불교에 처음 입문하는 사람에게 불교의 근본원리와 대승불교의 이치를 함께 소개하기 위하여 썼던 책이다. 그래서 책의 전반부에서는 불교의 근본원리를 다루고, 후반부에서는 대승불교의 기본경전인 반야심경과 금강경을 해설하였다. 그렇지만 이것은 필자의 과욕이었다. 책의 두께는 물론, 다루어진 내용도 입문자용으로서는 과다했던 것이다.

 그래서 책의 전반부를 분리하여 좀더 이해하기 쉽도록 고쳐서 2년 전 『불교는 무엇을 말하는가』라는 제목으로 출간하였다. 그 때부터 이 책은 개편의 운명을 안고 있었다. 전반부의 내용이 새로 펴낸 책과 중복이었기 때문이다. 일찍 개정판이 나왔어야 하는데, 여러 가지 사정이 겹쳐 개편이 늦게 이루어진 점, 독자 여러분께 사과드린다.

 이러한 배경으로도 알 수 있겠지만, 이제 이 책은 단순히 입문자용이라고 말하기는 어렵다. 물론 대승불교의 이치를 해설한 글의 관점에서는 입문용이라고도 말할 수 있지만, 전반적 내용은 불교에 문외한이라면 소화할 수 없는 것이다. 적어도 개편 전의 전반부에 해당하는 『불교는 무엇을 말하는가』에 실린 내용 정도는 이해하고 있어야 소화할 수 있다. 이러한 점에서 명실공히 위 책의 속편에 해당하는 책이라는 점을 말씀드린다.

 이해를 돕기 위해 개편의 요지를 간단히 소개한다면, 먼저 종전 책의 전반부 중 불교의 근본원리를 설명한 제2부는 완전히 제외되었다.
 대신 제1부는 '서부序部'로 명칭을 바꾸고 대폭 보완하였다. 그 요점은 대승불교의 원리를 근본불교의 그것과 대비해서 밝히고자 하는 것이다. 더 이상 대승의 교판敎判에 의지하고 있을 수는 없다. 많은 사람들이 불교를 공부하면서 겪는 혼란은 대부분 이 대승의 교판에 원인이 있다고 생각되기 때문이다. 그래서 이번에 능력의 부족을 무릅쓰고 이에 대한 새로운 시각을 모색해 보았다. 그 기조는 역시 근본에서 보아야 한다는 것이다. 시론試論의 성격이 없지 않다. 독자 여러분의 관심과 비판을 기대한다.

 그리고 반야심경과 금강경을 해설하는 제1부와 제2부에도 적지 않은 변화가 있었다. 뼈대는 물론 바뀌지 않았다. 경전의 글이 뼈대를 구성하고 있는데다가, 이것을 불교의 근본에서 바라보고 이해한다는 기조에도 변화가 없기 때문이다. 그럼에도 내용에는 변화가 적지 않았다. 몇 가지 쟁점에 대해 입장을 바꾸고, 미흡했던 설명을 수정 보완하는 일을, 부분적인 손질로 해결하는 것이 기술적으로 더 어려웠기 때문이다. 그 결과 뼈대를 제외하고는 원래의 모습을 찾기 어려울 정도로 변모되었다. 초판을 읽은 독자들이 개정판을 다시 본다고 해도, 시간과 노력을 허비하는 것이 아니기를 바란다.

책 끝에 부록으로 해설을 제외한 경문만을 수록해 둔 것은, 새로운 체계로 분단된 경문을 보면서 내용을 되새겨 볼 수 있는 기회를 가지기를 바란 것이다.

개정판의 교정은 항상 수고해 주시는 신동엽 거사 외에, 새로 김용후 거사가 참여하여 함께 도와 주었다. 그리고 편집과 표지는 마고북스의 운영진들이 변함 없는 도움을 주었다. 모두에게 깊이 감사드린다.

2009년 봄

한산 김윤수

머리말 (초판)

불교는 어려운 것인가? 참으로 어렵다. 욕망을 뒤쫓는 것을 본능인 것으로 알아 온 사람에게 그것을 거슬러 살아야 한다는 붓다의 가르침은 어려운 것이 아닐 수 없다.

그런데 불교를 이해하는 것도 어려운가? 그렇지 않다, 아니 그렇지 않아야 한다. 왜냐 하면 붓다께서는 결코 우리가 이해하기 어려운 사유체계를 세운 것이 아니기 때문이다. 붓다께서는 우리의 경험에 의하여 검증할 수 없는 것은 "경험의 한계를 벗어난 것"이라고 하시면서 논의의 대상으로 삼는 것마저 금하셨을 만큼 철저한 경험주의자 내지 현실주의자셨다. 그래서 형이상학적 주제에 대하여는 바른 깨달음에 도달하지 못하게 하는 것이라며, 논의하는 것마저 거부하셨다. 그렇다면 불교는 이치상 쉽게 이해될 수 있어야 한다. 적어도 이해하기조차 어려운 것일 수는 없는 일이다.

그런데도 현실에서는 누구나 불교는 어렵다고 생각한다. 그것은 무엇 때문일까? 그것은 무엇보다도 우리의 상식과 고정관념이 붓다께서 가르치신 진리의 정반대편에 너무나 깊이 뿌리박혀 있기 때문이라고 생각된다. 그렇기 때문에 불교는 그에 대한 단편적인 지식을 아무리 많이 쌓아 모은다 하더라도, 결코 그 진정한 가르침을 알 수가 없다. 따라서 우리가 불교를 이해하고자 할 때 가장 먼저 가져야 할 자세는 우리가 너무나 당연하고 자명한 것으로 믿어 온 우리의 상식과 고정관념이 얼마나 허구인지를 깨닫고 이해하는 것이다. 이 점을 설명해 주는 것은 바로 초기불교의 경전들이다.

그런데 우리는 오랫동안 대승불교의 전통에 속해 온 관계로, 불교에 관심을 가지면 가장 먼저 반야심경이나 금강경과 같은 대승경전들을 접하게 된다. 그러나 이 경전들은 초기불교의 가르침에 대한 이해를 전제로 하고 있기 때문에, 초기불교의 가르침에 대한 이해 없이 이를 이해하려 하면 어려울 수밖에 없고, 어떤 면에서는 이해가 불가능하다고도 말할 수 있다. 초기불교에 대한 이해 없이 반야심경이나 금강경을 보게 되면, 이해할 수 없는 현묘한 도리를 논하거나 선문답을 하고 있는 것처럼 느끼는 것은 이 때문이다.

물론 이들 경전들이 이해하기 쉬운 내용의 것은 아니다. 그렇지만 설명으로 이해할 수 없는 현묘한 도리나 선문답을 기록하고 있는 것은 결코 아니다. 오히려 이들 경전은 대승불교인들이 주장하는 바를 부각하기 위하여 기존 불교의 원리를 매우 자세히 서술해 밝히고 있다고도 볼 수 있다. 초기불교에 대한 이해는 이 점을 분명하게 입증해 줄 것이다.

이 책은 이러한 관점에서 우리가 가장 자주 접하는 반야심경과 금강경을, 초기불교의 가르침에 기초하여 이해하려는 것이다. 필자는 이것이 우리의 전통에서 불교를 가장 쉽게, 그리고 가장 정확하게 이해할 수 있는 길이라고 믿는다. 이미 위 경전들에 대한 주해가 수천 종이나 있다고 하는 마당에, 불교를 전문적으로 연구한 것도 아닌 사람이 다시 귀중한 지면을 쓰고자 한 것은, 위와 같은 시각에서 입문자로 하여금 쉽고 정확하게 불교를 이해하도록 도와 주는 안내서를 찾기 어려웠기 때문이다.

그러나 글쓰기는 어렵다. 무엇보다 오류에 대한 두려움이 앞서지만, 이제 전문가가 아니라는 이유로 이해를 구할 수 있는 처지도 아니다. 불교를 알고 싶어하는 적지 않은 사람들에게 불교가 잘못 전달되지 않도록 전문가들의 많은 가르침과 시정이 있기를 바란다.

마지막으로 이 지면을 빌어 이 책이 나올 수 있도록 도움을 주신 분들께 감사를 드린다. 나를 불교로 인도해 주셨던 분들과 바른 가르침으로 이끌어 주신 분들이 계신다. 깊은 감사의 뜻을 전한다. 또 귀한 자료에 접할 수 있도록 지속적으로 도와주신 동국대학교 도서관과 동국역경원에 계신 분들의 도움도 잊을 수 없다. 모두 가벼이 존함이 오르내리는 것을 원치 않을 분들이어서 존함을 밝히지 못했음을 이해하여 주시리라고 믿는다.

閑山 김 윤 수

차례

머리말 … 5
차례 … 11
일러두기 … 16

【서부 불교의 전개와 반야부 경전】

1. 원형적인 모습의 불교 … 20
   경전의 결집 … 20
   부파의 분열과 불교이론의 체계화 … 22
   제법의 분류 … 26
   제법의 실재 … 34
2. 대승불교 … 38
   대승불교운동의 발생 … 38
   제법의 실재에 대한 비판 … 42
   이타를 우선으로 하는 이론체계의 수립 … 52
   이행도의 제시 … 55
   대승경전의 발전단계 … 60
   대승비불설에 관하여 … 63
3. 인도불교의 쇠퇴 … 68
4. 반야심경·금강경과 근본불교 … 73

【제1부 반야심경 읽기】

제1장 반야심경의 구성 ··· 81
    광본 반야심경의 구성 ··· 82
    약본 반야심경의 구성 ··· 87
    경전의 제목 ··· 93
    팔정도와 육바라밀 ··· 97

제2장 반야를 드러내어 말함 ··· 107
  1. 반야의 핵심 ··· 107
    공의 이해 ··· 108
    경문의 이해 ··· 117
  2. 자세한 설명 ··· 121
    (1) 관찰대상 ··· 121
      (가) 공성을 분별함 ··· 121
        교화 받을 사람 ··· 122
        공의 성품을 분별함 ··· 123
        두 가지 진리-세속제와 승의제 ··· 130
      (나) 공상을 드러냄 ··· 141
        (ㄱ) 여섯 가지 뜻에 의해 공상을 드러냄 ··· 141
          연기법의 성격 ··· 142
          여섯 가지의 모습의 뜻 ··· 144
        (ㄴ) 공상에 의해 6문의 법을 버림 ··· 147

(2) 증득할 과보 … 158
　　　　㈎ 증득할 과보 … 158
　　　　　　과보 얻음을 밝힘 … 159
　　　　　　예로써 증명함 … 169
　　　　㈏ 뛰어난 공능을 찬탄함 … 174

　제3장 비밀로 말하는 반야 … 180

【제2부　금강경 읽기】

　제1장 금강경의 위치와 판본 … 189

　제2장 경전의 제목과 서분 … 193
　　1. 경전의 제목 … 193
　　2. 증신서 … 196
　　3. 발기서 … 204

　제3장 정종분 … 206
　　1. 수보리가 설법을 청하다 … 206
　　2. 여래께서 칭찬하시고 설법을 허락하시다 … 213
　　3. 수보리가 듣기를 바라다 … 215

4. 여래께서 곧바로 설하시다 … 216
　(1) 근본법문 … 216
　(2) 단의법문 … 250
　　① 붓다를 구하여 보시를 행함은 상에 머무는 것 아닌가 … 250
　　② 인과가 모두 깊으니 과연 믿을 이가 있겠는가 … 258
　　③ 무상이라면 어떻게 법을 얻고 설할 수 있는가 … 276
　　④ 성문이 과를 얻은 것도 얻은 것이 아닌가 … 291
　　⑤ 석가와 연등도 취하고 말하지 않았는가 … 307
　　⑥ 불국토를 장엄한다는 것은 취할 수 없다는 뜻에 어긋나지 않는가 … 309
　　⑦ 보신을 받은 것은 얻음이 있는 것 아닌가 … 316
　　⑧ 수지·설법함으로써는 고과를 벗어날 수 없는 것 아닌가 … 349
　　⑨ 언설은 체가 없어 보리의 원인이 아닐 것이다 … 362
　　⑩ 진여는 두루한데 어찌 얻음이 있기도 하고 얻음이 없기도 한가 … 365
　　⑪ 머물고 닦고 항복받는 것도 '나'가 아닌가 … 383
　　⑫ 붓다께서도 인지에서 보살이시지 않았는가 … 387
　　⑬ 인이 없다면 붓다도 법도 없지 않을까 … 391
　　⑭ 보살이 없다면 중생을 제도하고 불국토를 장엄할 수 있는가 … 400
　　⑮ 붓다들은 모든 법을 보지 않는가 … 405

16 마음이 전도라면 복덕도 역시 전도가 아닐까 … 418
　　17 무위라면 어떻게 상호가 있는가 … 421
　　18 몸이 없다면 어떻게 법을 설하는가 … 425
　　19 법이 없다면 어떻게 닦아서 증득하는가 … 431
　　20 말한 것은 무기이니 인이 아닐 것이다 … 435
　　21 평등하다면 어째서 중생을 제도한다 하는가 … 437
　　22 상으로 참 붓다를 유추해 알 수 있지 않을까 … 442
　　23 붓다의 과보는 복덕의 상과 관계되지 않을 것이다 … 446
　　24 화신이 출현함에 중생이 복을 받는 것 아닌가 … 460
　　25 법신과 화신은 같은가 다른가 … 464
　　26 화신의 설법은 복이 없지 않을까 … 473
　　27 적멸에 든다면 어떻게 법을 말씀하시는가 … 476

　제4장 유통분 … 480

　부록 복습용 경문
　　반야심경 경문 … 485
　　금강경 경문 … 488

　찾아보기 … 525

일러두기

1. 현장 역 반야심경과 구마라집 역 금강경은 모두 고려대장경(영인본 제5책 p.1035와 pp.979~984)에 수록된 것을 저본으로 하였다.
2. 범본 반야심경과 금강경의 이해는 에드워드Edward콘즈Conze의 1958년 교정본, 각묵 스님의 『금강경역해』(2001년 불광출판부), 전재성 박사의 『금강경』(2003년 한국빠알리성전협회) 등에 기초한 것이다.
3. 경전 해설은 국내외의 고금의 주석을 두루 참고하였다.
   다만 경전의 전체적인 체계는 반야심경의 경우, 현수법장의 『불설佛說반야바라밀다심경약소略疏』(1권)와 원측의 『불설반야바라밀다심경찬贊』(1권. 이상 대정신수대장경 제33책 수록)에 의하여 세웠고, 금강경의 경우, 무착의 『금강반야론』(3권. 달마급다 역), 세친의 『금강반야바라밀경론』(3권. 보리유지 역. 이상 위 대장경 제25책 수록), 규봉종밀의 『금강반야경소론찬요纂要』(2권), 장수자선의 『금강경찬요간정기刊定記』(7권. 이상 만속장경 제39책 수록)에 의하여 세웠다.
4. 해설에서 인용하는 초기경전은 원칙적으로 니까야를 선택하되, 최근 완역된 한글 번역본의 권수와 쪽수를 바로 표기하였다. 쌍윳따(7권본)와 맛지마(전5권)는 전재성 박사의 번역본이고, 디가(전3권)는 각묵 스님의 번역본이며, 앙굿따라(전6권)는 대림 스님의 번역본이다. 니까야의 표기에서 사용한 약어는 다음과 같다.
   · SN : 쌍윳따 니까야   · MN : 맛지마 니까야
   · DN : 디가 니까야   · AN : 앙굿따라 니까야

서부

불교의 전개와 반야부 경전

이 책의 텍스트인 《반야심경般若心經》과 《금강경金剛經》은 그 온 명칭이 《반야바라밀다심경般若波羅蜜多心經》과 《금강반야바라밀경金剛般若波羅蜜經》으로서, 둘 다 이른바 '반야부般若部'에 속한 경전이다.

그러면 반야부 경전이란 무엇인가? 이것을 이해하려면 불교의 경전들은 어떻게 성립되었고, 그 경전들은 어떻게 구성되어 있으며, 그 경전들 속에서 반야부 경전은 어떠한 위치에 있는지를 알아야 한다. 그러자면 불교는 역사적으로 어떻게 전개되어 왔는지를 이해할 필요가 있다. 그래서 이 책의 텍스트를 읽기 전에 먼저 불교는 어떻게 전개되었는지를 알아보면서, 그 과정에서 불교의 경전들은 어떻게 성립되었고, 어떻게 구성되어 있으며, 그 상호관계는 어떠한지를 간략히 살펴보려고 한다.

여기에서는 이해의 편의를 위해 불교의 전개과정을 크게 세 시기로 구분하여 살펴본다. 처음은 석가모니라는 뛰어난 스승에 의해 불교가 성립된 후 서력기원을 전후하여 대승불교운동이 일어나기까지의 원형적인 모습의 시기이고, 다음은 대승불교운동이 일어나 크게 발전하면서 기존의 불교와 대승불교가 병존하던 시기, 마지막은 7세기 경 밀교가 성립되면서 불교가 인도에서는 쇠퇴하고 오히려 인도 밖의 지역에서 활발한 전개를 보이는 시기로서, 인도불교 쇠퇴의 시기이다.

1. 원형적인 모습의 불교

　원형적인 모습의 불교라고 부르는 제1기의 불교는 크게 두 시기로 나눌 수 있다. 첫째는 붓다에 의해 친히 가르침이 설해짐으로써 불교라는 뛰어난 가르침이 성립된, 말하자면 붓다 재세의 시기이다. 둘째는 붓다 입멸후 경전의 결집이 이루어지고 불교이론의 체계화가 이루어진 시기이다.
　따라서 이 제1기의 불교를 설명하자면, 그 중 첫째의 시기에 성립된 불교가 어떠한 것인가부터 설명하는 것이 순서일 것이다. 그런데 이 부분은 필자가 기왕에 펴낸 졸저『불교는 무엇을 말하는가』(2007년 한산암)에서 설명하였다. 그래서 이 부분의 설명은 그 책자의 내용으로 대체하고, 여기에서는 그 중 둘째의 시기, 즉 붓다 입멸후에서 설명을 시작한다.

경전의 결집

　북인도의 조그만 나라 까뻴라왓투에서 태어나 35세의 나이에 완전한 깨달음을 얻은 뒤 45년 동안 가르침을 펴신 붓다께서는 그의 나이 80세에 이르러[1] 다음과 같은 말씀을 유훈으로 남기시

----

[1] 이 시기에 대해서는 예전부터 여러 가지의 다른 설이 있어 확정하기 어려운데, 1956년 남방의 불교국들이 주축이 되어 개최한 세계불교도협의회에서 그 해를 불멸 2,500주년으로 확정하는 데에 합의한 다음부터는 대체로 이를 따르는 추세이다. 이 합의에 의하면 불멸시기는 서력기원전 544년이 되고, 붓다의 탄생시기는 서력기원전 624년이 된다.

고 열반에 드셨다.

"아난다여, 내가 가고난 후에는 내가 그대들에게 가르치고 천명한 교법[法]과 계율[律]이 그대들의 스승이 될 것이다. …
　아난다여, 그러므로 여기서 그대들은 자신을 섬으로 삼고 자신을 귀의처로 삼아 머물고, 남을 귀의처로 삼아 머물지 말라. 법을 섬으로 삼고 법을 귀의처로 삼아 머물고, 다른 것을 귀의처로 삼아 머물지 말라."
　　　　　　한글 DN 제2권 《대반열반경》 p.283 및 p.205

이런 유훈이 없었더라도 제자들로서는 붓다께서 남기신 가르침을 수집하여 보존하는 것이 가장 시급한 일이었을 것이다. 그래서 붓다의 맏제자였던 마하깟싸빠Mahākassapa[2]는 붓다 입멸 직후 500명의 아라한을 마가다Magadha국의 수도 라자가하Rājagaha의 칠엽굴七葉窟에서 소집하여, 교법[法]dhamma과 계율[律]vinaya을 수집하였다. 이것을 불교역사에서는 제1차 결집結集이라고 부른다.

　그렇지만 이 때에는 결집하였다고 해도 글로써 적어 보전했던 것은 아니다. 먼저 아난다Ānanda[3]가 교법을 암송暗誦하고, 우빠알

---

[2] 한역명은 마하가섭摩訶迦葉. 붓다의 10대 제자 중 한 사람으로, 붓다로부터 두타頭陀 제일이라는 평가를 받았고(한글 AN 제1권 p.114), 중국 선종의 제1조로 추앙된 분이다. 붓다 자신이 후계자로 지목했던 싸리뿟따나 마하목갈라나는 붓다 재세시에 이미 입멸하였다.
[3] 역시 붓다의 10대 제자 중 한 사람으로, 붓다의 사촌동생이다. 붓다로부터 많이 들음[다문多聞]에서 제일이라는 평가를 받았으므로(위 한글 AN 제1권 p.126), 교법의 암송자가 되었다.

리Upāli⁴가 계율을 암송하면, 그것이 정확한 것인지에 대한 논의를 거쳐 내용에 이의가 없을 때 참석한 대중들이 함께 암송함으로써 불설佛說로서 확정하였을 뿐이다. 이렇게 확정된 교법과 계율이 글로 옮겨져 각각 경장經藏과 율장律藏⁵으로서 보존된 것은 훨씬 이후의 일인데, 그 시기는 대체로 서력기원전 4세기 내지 2세기 경이었던 것으로 추정한다.

이와 같은 과정을 거쳐 만들어진 경장으로 오늘날 현존하는 것은, 남방에서 보존된 니까야nikāya와 북방에서 한역된 아함경阿含經의 두 종류가 있다. 그리고 니까야에는 《쌍윳따 니까야》, 《맛지마 니까야》, 《디가 니까야》, 《앙굿따라 니까야》, 《쿳다카 니까야》의 다섯 가지, 아함경에는 《잡아함경》, 《중아함경》, 《장아함경》, 《증일아함경》의 네 가지가 있다 함은 다른 곳⁶에서 이미 밝힌 것과 같다. 이들이 불교경전의 원형임은 두말할 필요가 없다.

부파의 분열과 불교이론의 체계화

붓다 입멸 직후에는 이와 같이 수집된 교법과 계율에 대해 크게 이해를 달리 하는 일은 없었을 것이다. 그렇지만 세월이 경과함에

---

4 역시 붓다의 10대 제자 중 한 사람으로, 붓다로부터 계율을 지님[지율持律]에 있어 제일이라는 평가를 받았으므로(같은 한글 AN 제1권 p.114), 계율의 암송자가 된 것이다.
5 수행자의 계율 및 교단의 규칙 등을 집성한 것을 율장이라고 하고, 붓다께서 말씀하신 가르침 중 율장에 속하는 것을 제외한 것을 경장이라고 한다.
6 졸저『불교는 무엇을 말하는가』pp.254-255.

따라 이 교법과 계율에 대해 이해를 달리하는 일이 적지 않게 발생하였을 것임은 쉽게 짐작할 수 있다. 분열을 막기 위한 노력에도 불구하고 마침내 분열은 피할 수 없었다.

최초의 분열은 붓다 입멸로부터 약 100년이 지난 무렵에 이루어졌다. 서인도의 장로 야사Yasa가 중인도의 도시 베살리Vesāli를 방문하였다가, 밧지Vajjī족 출신의 비구들이 10가지 사항(소위 십사十事)7을 합법적으로 시행하고 있는 것을 보고, 그것이 계율에 위반되는 것임을 지적하였다고 한다. 그러나 그것이 받아들여지지 않자 베살리에서 700명의 아라한들을 소집하여 심사한 끝에, 십사는 계율에 위반되는 것임을 확인하였다.8 그러자 교리와 계율을 시대적 변화에 따라 신축적으로 이해하려는 밧지족 출신의 비구들은 별도의 모임을 갖고 십사를 합법으로 승인함으로써 공식적으로 교단의 분열이 이루어졌다. 이렇게 분열되어 나온 교단을 대중부大衆部Mahāsaṃghika라고 부르고, 이에 대해 전통적 입장을 고수한 기존의 교단을 상좌부上座部Theravāda라고 부른다.

이렇게 근본根本분열한 교단은 그 후 교법과 계율의 해석을 둘러싸고 분열에 분열을 거듭하여, 불멸 후 400년 무렵에는 근본 2부파를 포함하여 20여 부파로 지말支末분열하기에 이르렀는데,9

----

7 그 내용은, ① 원칙적으로 먹을 것을 다음 날까지 비축하여서는 안 되지만, 부패하지 않은 식염은 비축하여 써도 된다[角鹽淨], ② 비구들은 정오까지 식사해야 하지만 해시계가 손가락 두 마디 정도 넘어갈 때까지는 먹어도 무방하다[二指淨], ③ 비구는 술을 마셔서는 안 되지만, 약용으로 마시는 것은 허용된다[治病淨]는 것 등이다.
8 이 때 주로 율장을 중심으로 한 경전의 결집이 다시 이루어졌는데, 이를 제2차 결집이라고 부른다.
9 이 부파의 분열과정을 설일체유부의 세우世友Vasumitra가 쓴 《이부종륜론異

1. 원형적인 모습의 불교 23

이 시기의 불교를 부파部派불교라고 하고, 분열 전의 불교를 초기불교 또는 원시불교라고 부른다. 그런데 이 '초기불교' 또는 '원시불교'라는 명칭은 발달되지 않은 미개한 불교라는 의미로 오해될 소지가 있어, 학자에 따라서는 이 용어 대신 '근본불교'라는 명칭을 사용하기도 하는데,10 필자도 이 편을 지지한다.

부파불교 시대의 각 부파는 전승되어 온 경장을 기준으로 교법을 탐구하여 체계적인 이론을 정립하는 작업을 수행하였다. 그런 체계화의 필요가 있었던 것은, 원래 붓다의 설법은 가르침을 받는 사람에게 필요한 것을 그때 그때 제공하는 방식이었고, 전체적으로 체계화된 이론이 마련되어 있었던 것은 아니었기 때문이다.11

部宗輪論》에 의해 정리하면 다음과 같다. 대중부에서는 먼저 일설부一說部・설출세부說出世部・계윤부鷄胤部의 3부가, 다음 다문부多聞部가, 다음 설가부說假部가, 다음 제다산부制多山部・서산주부西山住部・북산주부北山住部가 각각 분파되어 나와 본말 9부파로 되었고, 상좌부에서는 처음 설일체유부說一切有部가, 다음 설일체유부에서 독자부犢子部가, 다시 독자부에서 법상부法上部・현주부賢胄部・정량부正量部・밀림산주부密林山住部의 4부가, 다음 설일체유부에서 화지부化地部가, 다시 화지부에서 법장부法藏部가, 다음 설일체유부에서 음광부飮光部가, 끝으로 설일체유부에서 경량부經量部가 분파되어 나와 본말 11부파로 되었다(다만 남방 상좌부에서의 설명은 이와 다르다). 이 불교 부파 중에서는 원 상좌부와 원 대중부, 그리고 상좌부에서 지말분열한 설일체유부와 정량부의 4개 부파가 후대에 이르기까지 비교적 강한 세력을 유지하고 있었다고 한다. 그러나 오늘날까지 큰 영향을 미치고 있는 것은, 아직도 부파로서의 전통을 유지하고 있는 상좌부, 부파 자체는 소멸하였지만 그 부파의 이론을 통해 영향을 미치고 있는 설일체유부의 둘 정도가 아닌가 한다.

10 조용길 편역의 칼루파하나 저 『원시근본불교철학의 현대적이해』(1993년 불광출판부) 및 이중표 저 『근본불교』(2002년 민족사) 등 참조.
11 그래서 붓다의 설법방식을 보통 '대기對機설법'이라고 부르는데, 병에 맞추어 약을 준다고 하는 '응병여약應病與藥'이라는 말로 비유한다.

이 말은 붓다의 설법에 이론적 체계가 결여되어 있었다는 것을 뜻하는 것은 아니다. 붓다께서 설법하실 때에는 항상 이치를 갖추어 말씀하셨던 것은 잘 알려진 일이다. 그렇지만 그 이치는 어디까지나 실천, 즉 수행을 위한 원리로서 가르침을 받는 사람이 먼저 이해하여야 할 바를 제시한 것이므로, 전체적인 체계를 갖추는 것은 별도의 작업이 필요한 것이었다. 그래서 만년에는 붓다께서도 친히 교법을 체계화하는 일에 상당히 신경을 쓰신 것으로 알려져 있다.

이러한 필요에 따라 각 부파에 의해 체계화된 불교이론의 연구성과를 논장論藏abhidharma-piṭaka이라고 하고, 이 논장이 기존의 경장·율장과 함께 삼장三藏을 구성한다. 이 삼장의 정립은 부파불교의 가장 큰 업적이다. 그래서 이 시대의 불교를 특히 아비달마불교라고도 부르는데, 아비달마란 '법[dharma]에 대한[abhi]' 연구[대법對法]라는 뜻12이다.

이 아비달마의 교학은 대단히 복잡하고 난해하지만, 그 요점은 당연히 붓다께서 가르치신 사성제를 체계적으로 설명하는 것이다. 그런데 이 작업을 대부분의 부파는 우리의 인식대상이 되는 기본적인 현상[諸法]들을 체계적으로 분류하는 것─이를 '제법諸法분류'라고 한다─에서 시작하였다. 이 제법 분류는 모든 불교이론의 기본이 되는 것이기도 하고, 뒤에서 보는 것처럼 대승불교의

---

12 다만 상좌부 계통에서는 'abhi'를 '수승하다'는 뜻으로 이해하여, 아비달마를 '수승한 법'이라고도 풀이한다. '아비달마'는 그 한역어 '阿毘達磨'를 음으로 옮긴 것인데, 범어로는 '아비다르마abhidharma'라고 읽고, 빠알리어로는 '아비담마abhidhamma'라고 읽으므로, 우리나라에서는 이 세 가지 명칭이 모두 다 사용되고 있다.

비판의 대상이 되기도 한 것이었으므로, 여기에서 좀 더 자세히 살펴보도록 하겠다.

제법의 분류

필자가 불교의 근본원리를 밝히는 곳[13]에서 자세히 설명한 것처럼, 이 세상의 모든 현상[法]은 연기의 이치에 따라 수많은 조건들의 화합에 의하여 일어나고, 일어나자마자 또 다른 무수한 조건들의 영향을 받아 변화하며, 그 다음 순간에도 지속적으로 변화하는 것이므로, 결코 자기동일성을 가진 '존재'란 있을 수 없다. 따라서 이와 같이 연기하고 있는 현상들의 실제의 모습 그대로를 본다면, 이것을 고정된 현상으로 포착하여 규정하는 것은 사실상 불가능한 일이다. 왜냐 하면 그것들은 순간적인 것이어서, 파악하려는 순간 이미 사라져 버리기 때문이다.

그러나 그렇다고 해서 그러한 현상들에 대한 규정을 포기한다면, 현상들의 상호관계를 파악하여 불교의 체계를 세우고자 하는 목표는 성취할 수 없고, 이에 의해 사람들을 깨달음의 세계로 이끌려고 하는 불교의 목적도 달성하기 어려울 것이다. 그래서 이와 같이 끊임 없이 연기하는 법계의 현상들 중 기본이 되는 현상을 포착하여 그 성격을 규정하고, 그 현상들 상호간의 관계를 파악하려는 노력을 시도하지 않을 수 없다. 이러한 노력의 성과가 앞에서 말한 제법의 분류이다.

---
13 졸저 『불교는 무엇을 말하는가』 pp.120-125.

따라서 부파시대의 각 부파에서는 먼저 연기하는 현상들 중 기본요소가 되는 현상을 추출하고, 이와 대비하여 이러한 조건적 발생이라는 제약에서 벗어난 법이 있는지 여부를 탐구하여 제법의 분류체계를 정립하였는데, 전자를 유위법有爲法이라고 하고, 후자를 무위법無爲法이라고 부른다.

유위법이란 근본적으로는 연기의 이치에 따라 조건적으로 발생한 현상을 가리키는 개념이다. 그런데 이와 같이 조건적으로 발생한 현상은 연기의 이치에 따라 일어났다가 변화하고 소멸하는 것이다. 이와 같이 연기의 이치에 따라 발생한 현상은 그것이 전혀 없었던 것은 아니지만[비무非無], 그렇다고 해서 이를 포착하려면 다른 것으로 이미 변화해 버려 현재의 모습 그대로 포착될 수 없는 것[비유非有]이다. 그래서 이와 같이 있는 것도 아니지만 그렇다고 해서 없는 것도 아닌 것, 즉 비유비무가 현상들의 실제의 모습이라고 함도 이미 밝힌 바와 같다.14

이와 같은 성격의 유위법은 그 있음[有]의 측면을 부각하면 실제의 모습과는 다른 것이 될 수밖에 없다. 말하자면 이것은 있는 그대로가 아닌, 어느 정도 인위人爲가 가해진 것이다. 이러한 인위는 실상에 무지한 무명에 기인한 것은 아니라고 하더라도, 무명 때문에 실제의 모습을 있는 그대로 보지 못하여 '존재'로서 '형성[行]saṅkhāra'하는 것과 외형상 유사한 것이 되는 것이다. 경전에서는 이와 같이 형성하는 것을 '유위有爲saṅkhata로 조작'한다고 표현하는데,15 유위법이란 이와 같이 조건에 의해 형성되어 변화하고

---

14 졸저『불교는 무엇을 말하는가』pp.123-124.
15 졸저『불교는 무엇을 말하는가』pp.142-143.

소멸할 수밖에 없는 현상을, 그 실제의 모습을 도외시하고 고정적인 현상으로서 조작한 것이라는 의미도 갖는다.

이렇게 보면 무위법이라는 것도 근본적으로는 연기라는 조건적 발생의 제약, 간단히 말해서 생멸生滅의 제약에서 벗어난 법을 가리키는 것이지만, 다른 한편으로는 연기적 실상에 유위를 가하지 않은, 있는 그대로의 진실을 가리키는 의미도 있다. 이러한 복합적인 의미는 각 부파가 체계화한 제법 분류에도 영향을 미친다.

여기에서는 부파불교 시대의 가장 대표적인 분류법이라고 할 수 있는 설일체유부의 '5위五位 75법'을 중심으로 제법 분류를 간략히 살펴보기로 하겠다.16

이것은 제법을 우선 유위법(72법)과 무위법(3법)의 둘로 나누고, 유위법은 다시 물질적인 현상인 색법色法(11법)과 비물질적인 현상으로 나눈다. 다음 후자를 다시 ① 정신적인 현상인 심법心法(심왕법心王法이라고도 함. 1법), ② 이 심법과 상응相應하는 심소법心所法(심소유법心所有法이라고도 함. 46법)17 및 ③ 심법과 상응하지 않는 심불상응행법心不相應行法(14법)으로 나눈다. 따라서 제법은 ⑴ 색법, ⑵ 심법, ⑶ 심소법, ⑷ 심불상응행법, ⑸ 무위법의

---

16 이에 대한 설명은 세친의 《구사론》 제1~5권에 의한 것이다. 대략의 윤곽을 알리기 위한 것이므로, 자세한 설명을 피하고 개념의 요지만을 제시하니, 개별적인 의미까지 파악하는 것은 다음 기회로 미루기를 권한다. 좀 더 자세한 설명이 필요하다면, 권오민 저 『아비달마불교』(2003년, 민족사)를 참조하라.

17 '상응'이란 서로 대등한 관계에서 함께 작용하는 것을 가리키는 표현이다. 따라서 심소법이란 심법과 대등한 관계에서 함께 작용하는 개별적 심리작용을 가리키는 것으로서, '심상응행법'이라고도 부른다.

다섯 가지 범주(5위)의 75법으로 분류된다.

여기에서 (1) 색법은 그 구성요소의 성격에 따라 안·이·비·설·신의 오근五根과 색·성·향·미·촉의 오경五境에, 무표색無表色18을 더하여 11가지가 된다.

(2) 심법이란 인식대상에 대한 전체적인 인식을 가리키는 것으로서, 소위 오온 중의 식온을 가리키는 것이다.

(3) 심법과 함께 작용하는 개별적 심리작용들을 가리키는 심소법은 크게 여섯 종류로 나뉜다.

첫째 선善이거나 불선不善이거나 무기無記19이거나를 불문하고 일체의 마음에서 언제나 함께 일어나는 심리작용(이를 '대지법大地法'이라고 부른다)으로서, 이것에는 감각접촉[觸], 작의作意, 느낌[受], 지각[想], 의도[思], 욕구[欲], 승해勝解, 새김[念], 집중[定], 지

---

18 설일체유부에서는 오근과 오경에 의지한 행위가 일어나는 순간, 겉으로 드러나지 않는 또 다른 모습의 색법을 낳아, 이것이 잠재하고 있다가 다른 조건이 성숙됨을 기다려 과보를 초래한다고 하는데, 전자(=오근과 오경에 의지한 행위)를 겉으로 드러난 색법이라고 하여 표색表色이라고 하고, 후자(=표색에 의해 일어나는 또 다른 색법)를 무표색無表色이라고 한다. 이 후자는 오근과 오경에 포함되지 않고 의근意根의 인식 대상이 되므로, 법처에 포함되는 색법[법처소섭색法處所攝色]이라고 한다.

19 불교에서는 괴로움이 소멸된 열반(=승의선勝義善)과 이러한 열반의 실현에 유익한 것을 선으로 삼는데, 후자에는 그 자체의 성품이 선(=자성선自性善)인 세 가지 선근善根(=무탐無貪·무진無瞋·무치無癡)과 참참·괴괴, 이러한 선법과 상응하여 일어나는 심·심소법(=상응선相應善), 이러한 선법들에 의해 일어나는 행위(=등기선等起善) 등이 있고, 불선은 이와 상반되는 것을 말한다. 그러므로 불선에는 생사(=승의불선), 세 가지 불선근(=탐·진·치)과 무참·무괴(=자성불선) 및 상응불선, 등기불선 등이 포함된다. 그리고 이와 같은 선이나 불선이라고 결정할 수 없는 중성적인 성품을 무기라고 하는데, 이것에는 번뇌와 상응하여 성도聖道를 장애하는 유부有覆무기와, 번뇌와 상응하지 않으므로 성도를 장애하지 않는 무부無覆무기의 두 가지가 있다.

혜[慧]의 열 가지가 있다.20

둘째 선한 마음에서만 두루 함께 일어나는 심리작용(이를 '대선지법大善地法'이라고 부른다)으로서, 이것에는 믿음[信], 불방일不放逸, 경안輕安, 평온[捨], 참慚, 괴愧, 무탐無貪, 무진無瞋, 불해不害, 정진[勤]의 열 가지가 있다.21

셋째 불선한 마음에서만 두루 함께 일어나는 심리작용(이를 '대불선지법大不善地法'이라고 부른다)으로서, 이것에는 무참無慚과 무괴無愧의 두 가지가 있다.

넷째 염오한 마음[染汚心]22에서만 두루 함께 일어나는 심리작용(이를 '대번뇌지법大煩惱地法'이라고 부른다)으로서, 이것에는 어리석음[癡], 방일, 해태懈怠, 불신不信, 혼침惛沈, 들뜸[掉擧]의 여섯 가지가 있다.

다섯째 염오한 마음의 일부에서 함께 일어나는 심리작용(이를 '소번뇌지법小煩惱地法'이라고 부른다)23으로서, 이것으로는 분노

---

20 따라서 설일체유부(줄여서 '유부'라고만 한다)에서는, 어떤 마음이 일어났다면 반드시 이 열 가지 심소법이 함께 일어났다고 본다. 그러나 상좌부에서는 이 열 가지 중 접촉, 작의, 느낌, 지각, 의도, 집중의 여섯 가지(이것에 정신적인 명근 한 가지를 더한 일곱 가지)만을 언제나 함께 작용하는 심소법이라고 보고, 대승의 유식에서는 앞의 다섯 가지만이 언제나 함께 작용하는 심소법(=변행遍行심소)이라고 본다. 이 중 '작의'는 인식대상에 대한 관심을 일으키는 심리작용이고, '승해'는 인식대상을 인정해서 결정하는 심리작용이다. 나머지는 다른 책에서 한번 설명되었던 것들이다.

21 참·괴 두 가지의 성격을 이해하는 데는 많은 논란이 있다. 대략 참은 자신에 대해 부끄럽게 여기는 '양심', 괴는 남에 대해 부끄럽게 여기는 '수치심'으로 이해해 두면 된다. 뒤에 나오는 무참과 무괴는 그 반대의 심리작용이다. 그리고 '경안'은 몸과 마음이 가볍고 편안해서 선법을 감당하는 심리작용이고, 나머지는 용어의 문자적인 뜻과 유사한 심리작용들이다.

22 번뇌의 성품인 불선과 유부무기를 합쳐 '염오'라고 한다.

[忿], 덮음[覆], 인색[慳], 질투[嫉], 고뇌[惱], 해침[害], 원한[恨], 아첨[諂], 속임[誑], 교만[憍]의 열 가지를 든다.24

여섯째 선·불선·무기의 어떠한 마음과도 함께 일어날 수 있는 심리작용(이를 '부정지법不定地法'이라고 부른다)으로서, 이것으로는 사유[尋], 숙고[伺], 수면睡眠, 후회[惡作], 탐욕[貪], 성냄[瞋], 거만[慢], 의심[疑]의 여덟 가지를 든다.25

(4) 다음 심불상응행법은 색법이 아니고, 그렇다고 심법과 함께 작용하는 심리작용도 아니면서, 유위를 형성하는 법을 가리키는 것인데, 이것에 속하는 것으로는 득得·비득非得,26 동분同分,27 명근命根,28 무상과無想果·무상정無想定·멸진정滅盡定,29 생生·주住·이異·멸滅,30 명신名身·구신句身·문신文身31의 14가지를 든다.

---

23 이것들은 각각 별도로 일어나고, 다른 소번뇌지법과는 함께 일어나지 않는 특성을 갖는다.
24 이들 중 '덮음'은 자신의 허물을 은폐하는 심리작용이고, 나머지는 문자적인 뜻과 유사한 심리작용들이다.
25 '수면'은 마음을 잠자는 것과 비슷하게 흐리멍덩하게 하는 심리작용이고, 나머지는 이미 설명되었거나 또는 문자적인 뜻과 유사한 심리작용들이다.
26 유정들로 하여금 어떤 법을 획득하게 하고, 획득하지 못하게 하는 힘을 말한다. 예컨대 범부와 성자는 무루법의 득·비득에 의하여 차별된다.
27 유정들을 동류끼리 서로 같게 하는 상사성을 말한다. 예컨대 인간들은 인간으로서의 동분, 축생은 축생으로서의 동분이 있어, 다른 류와 차별된다.
28 유정으로 하여금 일생 동안 생존을 가능케 하는 수명을 말한다.
29 마음과 마음의 작용을 일시 소멸케 하는 힘을 말하는 것으로서, 멸진정은 성자가 비상비비상처에서 닦는 선정, 무상정은 범부가 색계 제4선정에서 닦는 선정이고, 무상과는 후자의 과보로서 무상천에서 태어나 얻는 것이다.
30 유위법이 생겨나서[生], 머물면서[住], 달라지고[異], 소멸하는[滅] 네 가지 양상, 즉 유위법의 사상四相을 말한다.
31 말의 의미를 드러나게 하는 힘을 말하는 것으로, 명신은 명칭(=단어), 구신은 문구(=구절), 문신은 단위 음소 내지 글자를 말한다.

상좌부	설일체유부	유식
[색법:28] ① 구체적인 물질[18] 지·수·화·풍계, 안·이·비·설·신근, 색·성·향·미경, 여성·남성, 심장토대, (물질의)명근, 영양소 ② 추상적인 물질[10] 空界, 몸·말의 암시, 물질의 가벼움·부드러움·적합함, 생·주·이·멸	[색법:11] 안·이·비·설·신근, 색·성·향·미·촉경, 무표색	[색법:11] 안·이·비·설·신근, 색·성·향·미·촉경, 법처소섭색
[심법:1] 마음	[심법:1] 마음	[심법:8] 6식, 말나식, 아뢰야식
[심소법:52] ① 觸·작의·受·想·思·定·명근 ② 欲·尋·伺·승해·勤·희열 ③ 癡·무참·무괴·들뜸 ④ 貪·瞋·慢·疑·邪見·嫉·慳·후회·해태·혼침 ⑤ 信·念·慚·愧·無貪·無瞋·捨, 몸·마음의 경안, 몸·마음의 가벼움, 몸·마음의 부드러움, 몸·마음의 적합함, 몸·마음의 능숙함, 몸·마음의 올곧음 ⑥ 正語·正業·正命, 연민·기뻐함·慧	[심소법:46] ① 觸·작의·受·想·思·欲·승해·念·定·慧 ② 信·불방일·경안·捨·慚·愧·無貪·無瞋·不害·勤 ③ 무참·무괴 ④ 癡·방일·해태·불신·혼침·들뜸 ⑤ 忿·覆·慳·嫉·惱·害·恨·諂·誑·憍 ⑥ 貪·瞋·慢·疑·수면·후회·尋·伺	[심소법:51] ① 觸·작의·受·想·思 ② 欲·승해·念·定·慧 ③ 信·불방일·경안·捨·慚·愧·無貪·無瞋·無癡·不害·勤 ④ 貪·瞋·癡·慢·疑·惡見 ⑤ 忿·覆·慳·嫉·惱·害·恨·諂·誑·憍, 무참·무괴, 혼침·들뜸·불신·해태·방일·失念·산란·不正知, ⑥ 후회·수면·尋·伺
	[불상응행법:14] 득·비득, 동분, 명근, 무상정·멸진정·무상과, 명신·구신·문신, 생·주·이·멸	[불상응행법:24] 득, 명근, 衆同分, 異生性, 무상정·멸진정·무상과, 명신·구신·문신, 생·주·이·멸, 流轉, 定異, 상응, 勢速, 次第, 方·時, 數, 화합성·불화합성
[무위법:1]; 열반	[무위법:3] 허공, 택멸, 비택멸	[무위법:6] 허공, 택멸, 비택멸, 不動, 想受滅, 진여

한편 (5) 무위법으로는 허공·택멸擇滅·비택멸非擇滅의 세 가지를 든다. 그 중 허공은 공간적 점유성을 갖는 물질의 운동을 가능하게 하는 절대 공간을 말하는 것이다. 다음 택멸이란 법을 간택揀擇하는 무루의 지혜에 의해 획득된 소멸[滅]이라는 뜻으로서, 소위 열반을 가리키는 것이다. 비택멸이란 법의 간택이 아니라[非擇], 조건의 결여에 의해 저절로 획득된 소멸[滅]도 생멸의 제약에서 벗어난 무위법의 하나라는 것이다. 따라서 이것은 조건의 결여에 의해 획득된 소멸이라고 하기 보다는, 조건의 결여에 의해 필경 생길 수 없게 된 법이라고 풀이하는 것이 알기 쉽고, 그러한 뜻에서 이것은 연결불생법緣缺不生法이라고 표현하기도 한다.

이상이 설일체유부에서 분류한 5위 75법인데, 상좌부나 대승의 유식이론에서의 분류는 이와 다르다. 상좌부에서는 심불상응행법은 인정치 않고, 색법 28가지, 심법 1가지와 심소법 52가지에, 무위법으로는 열반 1가지만 인정하여, 모두 네 가지 종류의 82가지 법으로 분류하고,32 유식이론에서는 다섯 가지 범주로 나누는 것은 같지만, 포함하는 법의 내용이 달라져 제법을 5위 100법으로 분류한다.33 이상의 세 가지 분류가 현재의 불교이론에 남아 있는 가장 중요한 분류법이지만, 번거로움을 피하여 자세한 설명은 생략하고, 각각에 소속된 법의 명칭만을 앞 면의 별표에서 요약해 두었다.34

---

32 대림·각묵 공역 『아비담마 길라잡이』 상권 p.46. 상좌부는 뒤의 별표에서 보는 것처럼 설일체유부에서 불상응행법으로 분류한 법의 상당수를 색법과 심소법에 소속시키고 있다.
33 졸역 『주석 성유식론』 p.221 이하 참조.
34 하나의 표 안에 모두 수용하기 위하여 단어가 짧은 한역어를 사용하면서,

제법의 실재

그런데 여기에서 가장 중요한 의미를 갖는 것은, 설일체유부에서 이 75법을 '승의제勝義諦paramatthasacca'35라고 해서, 궁극적으로 실재하는 것으로 본다는 점이다. 다시 말해서 이 법들은 진실로 있는 것[眞實有]으로서, 더 이상 분해될 수 없는 현상의 궁극적 단위라는 것이다. 이것은 대승불교에서 매우 중시하고 있는 관점이므로, 《구사론》36의 설명을 인용하여 그 의미를 좀더 자세히 살펴 본다.

"만약 어떤 사물[物]에 대한 지각이 그것이 파괴될 때 곧 없어진다면 그 사물은 세속제世俗諦라고 이름하니, 마치 항아리가 깨어져 조각이 되면 항아리라는 지각은 곧 없어지는 것과 같다. 옷 따위도 역시 그렇다. 또 어떤 사물이 지혜로 분석되어 제거될 때 그것에 대한 지각이 곧 없어진다면 역시 세속인 것이니, 마치 물[水]이 지혜로써 색色 등으로 분석될 때 물이라는 지각은 곧 없어

────────────

의미를 이해하기 어려운 것은 한문으로 썼다. 『아비담마 길라잡이』에서 상좌부의 용어는 우리말로 번역된 용어를 사용하고 있으므로 이를 그대로 옮겼지만, 유부나 유식에서와 같은 의미의 법인 경우에는 그에 해당하는 한역어로 바꾸어 실었다.

35 이는 최고라는 뜻의 'parama'와 이치라는 뜻의 'attha', 그리고 진리라는 뜻의 'sacca'의 합성어이다. 따라서 이는 승의(=최고의 이치 내지 뛰어난 이치)의 진리라는 뜻이고, 뒤에 나오는 세속제는 세속의 진리라는 뜻이 된다. 한자 '諦'는 이치, 도리, 진리라는 의미가 있는데, 불교에서 이런 뜻으로 사용될 때는 '제'라고 읽는다.

36 제22권(대정신수대장경 제29책 p.116 중단 이하).

지는 것과 같다. 불 따위도 역시 그렇다. 즉 그 사물이 아직 파괴되거나 분석되지 않았을 때 세속의 지각과 명칭[世想名]으로써 시설하여 '그것'이라고 하는 것이니, 시설하여 있는 것[施設有]이기 때문에 세속이라고 이름하는 것이다. 세속의 이치[世俗理]에 의거하여 항아리 따위가 있다고 말할 경우, 이것이 진실이고 허위가 아니라면 세속제라고 이름하는 것이다.

만약 사물이 이와 다르다면 승의제라고 이름한다. 말하자면 그 사물에 대한 지각은 그것이 파괴되더라도 없어지지 않고, 그리고 지혜로써 다른 것으로 분석되더라도 그것에 대한 지각이 그대로 있다면, 그 사물은 승의제하고 이름하는 것이다. 마치 색色 등의 사물은 부서져 극미極微에 이르거나, 혹은 수승한 지혜로써 맛[味] 따위로 분석되어 제거된다고 하더라도 그것에 대한 지각은 항상 있는 것이고, 느낌[受] 따위도 역시 그렇다. 이것들은 진실로 있는 것[眞實有]이기 때문에 승의라고 이름하는 것이다. 승의의 이치[勝義理]에 의거하여 색 등이 있다고 말할 경우, 이것이 진실이고 허위가 아니라면 승의제라고 이름하는 것이다."

그러므로 이 법들은 그 자신만의 고유한 성질, 곧 자성自性 sabhāva을 갖고, 모든 현상들이 이루어지는 원인과 조건이 되는 것이라고 한다. 그리고 이와 같은 승의제가 아닌 것은 모두 세속의 관념이나 관습에 의한 세속제世俗諦samuttisacca로서, 실재하는 것이 아니라는 것이다.

이러한 시각은 상좌부가 그들의 82법을 보는 시각도 마찬가지이다.37 부파들 사이에 실재하는 것으로 보는 법의 내용은 서로 다르지만, 자신들이 분류한 법의 실재성을 인정하는 것은 대부분의 부파가 마찬가지이다.

한편 여기에서 더 나아가 설일체유부에서는 특이하게, 현재의 법의 실재성 뿐만 아니라 과거와 미래의 법의 실재성까지 인정한다. 그 근거로는 크게 두 가지를 든다. 첫째 대상이 있기 때문이라고 한다. 즉 인식[識]은 내적 인식기반[根]과 외적 인식대상[境]을 조건으로 하여 생겨나는 것이라 함이 불교의 근본원리인데, 우리가 과거와 미래의 법을 인식할 수 있다는 것은 그 대상인 과거와 미래의 법이 실재하기 때문이라는 것이다. 둘째 결과가 있기 때문이라고 한다. 업이라는 원인이 있음으로 말미암아 과보라는 결과가 있다는 것 역시 불교의 근본원리인데, 결과로서 현재의 과보가 있다는 것은 과거의 원인이 있다는 것을 의미하고, 현재에 원인되는 업을 짓는다는 것은 미래의 과보도 지금 있다는 것을 의미한다는 것이다. 그러므로 현재의 법 뿐만 아니라, 과거와 미래의 법도 실재한다는 것이다.[38] 그래서 이 부파를 과거·현재·미래 삼세三世의 일체법의 실유實有를 설說하는 부파라고 해서, '설일체유부說一切有部'라고 이름하였다.

그렇다면 부파불교에서는 불교의 근본이라 할 연기의 이치를

---

37 앞에 나온 『아비담마 길라잡이』 상권 pp.46-47 참조.
38 이 부파의 이와 같은 입장을 흔히 '삼세실유三世實有 법체항유法體恒有'라는 슬로건으로 표현한다. 그런데 현실의 세계에서 삼세의 차이가 경험되는 이유에 대해서는 여러 가지 주장이 있다. 그 중 가장 유력한 것은 삼세의 법이 각각 작용하는 상태가 다르기 때문이라고 보는 견해이다. 즉 과거는 법이 작용을 마친 상태, 현재는 법이 작용하고 있는 상태, 미래는 법이 아직 작용하지 않고 있는 상태에 있기 때문이라는 것이다.

부정하는 것인가? 왜냐 하면 앞에서도 언급한 것처럼 이와 같은 법의 실재성을 부각하면, 연기적 현상의 실제의 모습과는 괴리될 수밖에 없기 때문이다. 대승불교에서 주된 비판의 대상으로 삼은 것도 바로 이 관점이었던 것이다.

그렇지만 부파불교에서는 법의 찰나생멸론이 연기의 이치에서 이탈하는 것을 방지한다고 이해한다. 다시 말하면 위와 같이 법은 실재하지만, 생기하였다가 다음 찰나에 소멸하고 다시 조건과 화합하여 새로운 법이 생기하는 것이므로, 연기의 이치에서 벗어나지 않고, 그러면서도 다음 찰나의 법은 앞 찰나의 법을 상속한 것이므로, 업의 이치, 나아가 불교의 근본원리에도 어긋나지 않는다는 것이다.

이 점에 대하여는 뒤에서 다시 또 살펴보게 될 것이다. 아무튼 이 시기의 불교는 불교의 원형적인 모습의 시대라고 할 수 있다. 그것은 불교가 지향하는 목표, 즉 괴로움의 소멸을 향한 실천을 중시하는 시대, 그러면서 그 원리의 체계화에 진력한 시대였으니, 그러한 뜻에서 이 시기는 '실천과 원리의 시대'라고 부를 수 있을 것이다.

2. 대승불교

대승불교운동의 발생

이와 같이 붓다의 가르침을 체계화한 부파불교의 중심 세력은 비구, 즉 출가수행자의 집단이었다. 이들은 국왕이나 귀족 등 사회지배계층의 재정적 지원 아래 세속을 떠난 승원僧園에서 승단僧團을 이루어 수행과 연구에 전념함으로써 불교이론의 체계화에 성공할 수 있었다.

그러나 이들이 불교의 이론화에 매진하고 있을 무렵, 교계 일각에서는 새로운 불교운동의 움직임이 싹트고 있었으니, 그것이 바로 대승불교운동이다. 대승불교란 '대승大乘mahāyāna'이라는 문자가 뜻하는 것처럼 많은 대중을 교화하여 인도하는 불교라는 것으로,[39] 이것이 불교의 진정한 뜻이라는 것이다. 그래서 대승불교는 대중의 교화와 인도, 즉 이타利他를 외면하거나 등한시하고, 개인적 해탈, 곧 자리自利만을 추구하는 것은 붓다의 가르침[佛敎]에서 벗어난 것이라고 본다. 따라서 수행자의 최고의 가치는 이타에 놓여져서, 자신의 수행은 효과적인 이타를 위한 수단이고, 이타행은 자리행의 완성에 필수불가결한 요소라고 한다.

---

[39] 대승이란 문자 그대로 '큰[大] 수레[乘]'라는 뜻으로, 어리석음과 번뇌의 이 언덕[此岸]에서 깨달음과 열반의 저 언덕[彼岸]으로 실어나르는 수레가 크다는 것인데, 자신의 해탈[自利]에 치중하는 것을 '작은 수레-소승小乘hīnayāna'이라고 폄칭貶稱하면서 생겨난 이름임은 다른 곳에서 이미 밝혔다.

이 대승불교운동이 언제 시작되었는지 알 수 있는 직접적인 기록은 없다. 다만 이 운동의 주창자들은 이것이 불교의 진정한 뜻임을 역설하는 경전을 왕성하게 편찬해 내었으므로, 그러한 경전의 편찬과 번역시기를 통하여 그 출현시기를 추정할 수 있을 뿐인데, 대략 그 시기는 서력기원 전후 무렵으로 본다.[40]

그렇다면 이 대승불교운동이 일어난 원인은 무엇이었을까? 여러 가지 양상으로 전개된 운동의 성격으로 미루어 그 원인을 단순하게 보기는 어렵다. 그렇지만 이 운동이 표방한 명분을 감안하면, 기존의 불교가 대중의 교화와 인도에 소홀했던 점에 그 주된 원인이 있었던 것은 분명해 보인다.

이것은 몇 백 년 동안 계속되어 온 교리화와 분파화의 피할 수 없는 결과였는지도 모른다. 다시 말해서 기존 출가비구들의 교단은 지배계급의 비호와 지원 아래 민중과 유리된 승원에 안주하면서 수행과 교리 연구, 타 부파와의 교리 논쟁에 몰두하였다. 이렇게 진행된 불교의 교리화는 그렇지 않아도 쉽게 실천하기 어려운 불교를, 이해하기조차 어렵게 만들었다는 것은 부정하기 어려운 사실이다. 이러한 사실이 민중들을 교화하고 인도하는 것에 최우선의 가치를 두어야 하고, 그러기 위하여 불교를 민중들이 쉽게 접근할 수 있도록 변화시켜야 한다는 자각과 비판을 불러일으켰다는 것이다.

현실적으로는 때마침 일고 있던 비불교적인 문화 분위기의 확산이 이러한 자각과 비판에 큰 자극제로 작용했을 것이다. 즉 비

---

40 빨라도 기원전 1세기 앞까지는 가지 않고, 늦어도 기원후 1세기 이전에는 이미 시작되었다고 본다.

슈누Viṣṇu신의 은총에 의해 신과의 합일合―을 이루어 해탈할 수 있음을 표방한 비슈누교 운동이 그 무렵 중인도에서 크게 성공을 거두는 등 브라흐만교의 토착문화 수용을 통한 대중화운동41이 활발하게 진행되고 있었다. 뿐만 아니라 베다 시대 이래 인도사회에 고유한 토착적 기도문화와, 그 무렵 서북인도를 통치하던 그리스인들에 의한 신에 대한 예배문화 등42도 확산되고 있었다. 이러한 분위기는 불교계의 위기의식을 불러 일으키기에 충분한 것이었다. 세속의 대중들은 극단적인 금욕과 엄격한 수행 및 난해한 교리의 가르침보다는, 절대자에게 의지하여 그 은총에 의해 구원받는 길을 선호하는 경향이 있다.

이러한 사정들의 복합적인 작용으로 기존 불교에 대한 반성과 비판의 움직임이 일어났다. 승단 내부로부터의 개혁운동도 없지 않았을 것이다. 그렇지만 그것이 가시적인 성과로 이어지지 못하자, 승단 외부로부터도 혁신운동이 일어나게 되었다. 이러한 혁신운동을 일으킨 세력은 그 전개양상으로 미루어 한 둘 정도가 아니라 여러 가지 집단이었던 것으로 추정된다. 그리고 그 중심에서 이 운동을 주도한 세력은 불탑을 중심으로 형성된 신앙공동체였을 것이라는 가정이 유력한 입장이다.43

---
41 에띠엔 라모뜨 저, 호진 역 『인도불교사 I』 pp.760-771 참조. 이것은 기존의 브라흐만교가 토착문화를 흡수하여 대중화함으로써 힌두교로 변모하는 움직임의 시작이다. 이 힌두교의 대중화노력은 대승불교의 발생뿐만 아니라 그 전개에도 지속적으로 영향을 미치다가, 마침내 인도불교를 흡수 통합하여, 인도에서 불교가 쇠멸하게 하는 원인으로 작용한다.
42 앞의 『인도불교사 I』 pp.840-846 참조.
43 대승불교의 원류源流에 대해서는 대체로 네 가지 입장이 있는 것으로 정리된다. 첫째 진보적인 불타관을 가졌던 대중부 등 기존의 부파교단에서 일어

이 집단의 기원은 붓다 입멸 후 분배된 붓다의 사리를 안치한 8기의 불탑佛塔stūpa에서 유래한다. 붓다께서는 자신의 멸도 후 자신이 남긴 법에 의지할 것을 유훈하셨지만, 법에 의지한 수행을 일상화하기 어려운 사람들에게, 붓다를 대신한 불탑이 예배와 신앙의 대상이 되는 것을 막기는 어려웠을 것이다. 기원전 3세기 경 아쇼까Asoka왕이 8기의 불탑 중 7개를 열고, 그 곳에 보존되어 있던 붓다의 사리를 분배하여 인도 전역에 팔만사천 기의 불탑을 건립하였다는 것은 이러한 실정을 반영하는 것이다.

이러한 불탑에는 그 유지를 위한 재물과 토지 등이 기증되었는데, 부파교단의 비구들은 이른바 승보僧寶에 속하기 때문에 계율상 불보佛寶에 속하는 불탑에 거주하거나 관리할 수 없었다고 한다. 그래서 불탑의 유지관리를 위하여 불탑에 거주하면서, 불탑에 기증되는 재물을 생활기반으로 하는 공동체가 자연적으로 형성되었는데, 불탑의 증가에 따라 이들 집단의 세력은 점차 확대되기에 이른다.

이 집단에 속하는 사람들은 초기에는 재가자였을 것이나, 세력의 증가에 따라 이들도 출가 비구와 비슷한 생활을 하면서 점차 전문화하게 되었다. 이것이 비판적 시각에서 새로운 불교운동을 일으킬 기반이 되었다. 즉 이들은 전문화에 따라 교학적 지식과 수행의 성취 양면에서 출가비구 못지 않은 전문가가 되고, 그러면

났다고 보는 입장, 둘째 브라흐만교가 대중화하여 힌두교로 재편되는 과정의 하나로서 발생하였다고 보는 입장, 셋째 붓다를 신성화하는 붓다의 전기[佛傳]문학에서 그 기원을 찾는 입장, 넷째 본문에서처럼 불탑신앙에서 비롯되었다고 보는 입장이다. 각각 어느 정도 영향을 미쳤을 것으로 생각되나, 그 어느 하나에서만 비롯되었다고 볼 정도의 근거는 발견되지 않고 있다.

서도 불탑을 중심으로 민중과 밀접한 관계를 맺고 그들을 인도하며 그들과 고통을 함께 나누는 집단이 되었던 것이다. 이것은 이들이 붓다의 근본정신을 되찾자는 슬로건 아래 대승불교운동을 전개할 수 있는 입지를 확보하였다는 것을 의미한다.

제법의 실재에 대한 비판

이러한 대승불교운동은 여러 세력에 의해 다양한 모습으로 전개되었는데, 그들 움직임 상호간에 유기적인 관계가 있었다고 볼 만한 근거는 없다. 그렇지만 이 운동은 명분을 같이 하여 일어난 것이기 때문에 이들을 몇 가지 유형에 의해 유기적으로 연결하여 파악하는 것이 불가능하지는 않다.

우선 이들은 총체적으로 하나로 묶어서 말한다면, 불교의 근본으로 돌아가자는 움직임이라고 요약할 수 있다. 그렇다면 기존의 불교가 어떤 점에서 불교의 근본에서 벗어났다는 것인가? 지금까지의 설명에서 이미 드러난 바이지만, 이를 정리하면 크게 두 가지가 된다. 그 하나는 대중의 교화와 인도를 소홀히 하는 자리自利적인 경향이고, 다른 하나는 제법을 실재로 이해하는 이론적인 과오이다. 그러므로 대승경전의 주된 내용은 이를 비판하는 것이 중심을 이룬다. 즉 이타를 최우선으로 하는 가치체계를 세우는 것과, 법의 실제의 성격을 밝히는 것의 두 가지가 대승경전의 중심 주제인 것이다.

이제 이 점들에 대해 좀 더 자세히 살펴보자. 설명의 편의상 후자부터 먼저 보기로 한다. 앞에서 밝힌 것처럼 부파불교에서는 그들이 추출한 제법은 승의제로서 실재하는 것이라고 주장한다. 그렇지만 연기의 이치상 모든 법은 조건에 의지해 생멸하고 변화하는 것으로서, 그 유무를 따지자면 있는 것도 아니고 없는 것도 아니라[非有非無] 함은 이미 여러 번 밝혔다. 연기의 이치에서 벗어난 것은 이 세상에 아무 것도 없다. 그래서 붓다께서 천명하시기를,

"세간에서 발생을 사실 그대로 바르게 알고 본다면 세간에 없다[無]는 것은 있을 수 없고, 세간에서 소멸을 사실 그대로 알고 본다면 세간에 있다[有]는 것은 있을 수 없다. 이것을 두 극단[二邊]을 떠나 중도中道를 말하는 것이라고 하니, 이른바 이것이 있으므로 저것이 있고, 이것이 일어나므로 저것이 일어난다는 것이다."

《잡아함경》 제12권의 제301 가전연경迦旃延經[44]

라고 하셨던 것이다. 이것은 불교의 핵심적인 원리로서, 이것을 부정하는 것은 불교가 아니다. 불교가 지향하는 깨달음이라는 것도, 이것을 있는 그대로 알고 보는 것을 말하는 것이다. 그런데도 부파불교에서는 이 이치에 어긋나게 제법은 진실로 있는 것[眞實

---

[44] 이 경전에 해당하는 《쌍윳따 니까야》(제2권) 제12-15 깟짜야나곳따의 경[Kaccāyanagottasutta]에서, 한역의 '없다'와 '있다'는 각각 'natthitā'와 'atthitā'로 표현되어 있다(한글 SN 제2권 p.124). 그런데 빠알리어 'atthitā'는 있음, 실재, 존재 등을 뜻하고('atthi'는 '있다'는 뜻), 'natthitā'는 그 부정의 의미이므로, 두 경전의 글은 같은 뜻으로 이해할 수 있다.

有]이라고 했으니, 이것은 불교의 근본원리에 어긋나는 것이 아닐 수 없다.

대승불교는 기존 불교의 이기적인 행태를 주된 비판의 대상으로 삼는다. 그렇지만 기존의 불교가 완전히 자리 일변도였다고는 말할 수 없었을 것이므로, 이타를 최우선으로 삼아야 한다는 것만이라면 그 명분은 설득력이 부족했을지도 모른다. 그런데 기존 불교는 불교의 근본원리에 배치되는 교리를 표방하고 있었으니, 이것은 방치해서도 안 되고 놓쳐서도 안 되는 호재였을 것이다.

대승경전 중에서 최초로 이 점을 비판하고 나선 것은 반야부 계통의 경전이었다. 여기에서 비유비무인 법의 실제의 성품을 '공空'이라는 용어로 규정하면서, 이 공사상이 널리 확산된다. 그러다가 '제2의 붓다'이며 '모든 종파의 시조'라고 존중받는 나가르주나 Nāgārjuna[용수龍樹]45가 출현하여 연기의 이치를 공의 사상으로 체계화하자, 이것은 다시 모든 대승불교의 경전에 수용되어, 대승불교의 기본적이면서 핵심적인 사상이 된다. 그 요지는,

「(1) 기존의 불교에서는 인간의 고통의 근본인 자아관념의 기초가 되는 오온에는 이를 주재하는 '나'가 없다는 것을 인정하지만, 이 오온을 구성하는 개개의 제법은 실재한다고 하면서,46 이 법은 각각 자신만의 고유한 성질[자성自性]을 갖는다

---

45 초기 대승불교의 이론을 확립한 남인도 출신의 위대한 학승으로, 그의 활동 시기는 대략 기원후 150년 내지 250년 사이였을 것으로 본다.
46 부파불교에서 추출한 제법 중 유위법은 오온을 분석한 것으로서 모두 오온에 포섭되는 것이다. 즉 색법은 색온에, 심왕법은 식온에, 심소법 중 느낌과 지각의 심소법은 각각 수온과 상온에 해당하고, 나머지 심소법들과 심불상

고 설명한다.

(2) 그러나 이들 개개의 제법은 전혀 없었던 것은 아니지만, 그렇다고 현실에서 있는 것이 아님은 연기의 원리상 당연하다. 따라서 이들을 실재라고 보아서는 안 된다. 기존 불교가 표현한 '두 가지 진리[이제二諦]'로써 표현한다면, 이들 제법은 세속 관념이나 관습상의 이치[세속제世俗諦]로는 있다고 말할 수 있지만, 궁극적인 뜻의 진실한 이치[승의제勝義諦]로는 있다고 말할 수 없는 것이다.47 그런데도 만약 이를 실재라고 규정하고 이것에 자성을 인정한다면, 이것은 있을 수 없는 어떤 실질 내지 실체를 인정하는 것이 된다. 그렇지만 이것은 진실이 아니다.

(3) 요컨대 오온에는 이를 주재하는 자아와 같은 것은 없을 뿐만 아니라[인무아人無我 내지 인공人空 또는 아공我空], 이를 구성하는 모든 법은 실재가 아니므로 이들 법에도 자성이나 실체와 같은 것은 없다[법무아法無我 내지 법공法空].48

....

응행법들은 행온에 포함된다. 다만 무위법은 오온에 포함되는 것은 아니다. 그런데 부파불교에서는 이들 무위법도 실재라고 설명하지만, 대승에서는 이들 무위법은 특정한 상태에 붙여진 개념일 뿐, 실재가 아니라고 본다.

47 이것은 두 가지 진리의 문자적인 의미는 그대로 따르면서, 그 개념은 설일체유부나 상좌부에서 파악하는 것과 달리 이해하는 것이다. 이를 재정립한 것은 용수라고 할 수 있는데, 그 뜻은 뒤에 《반야심경》(1.3분절)을 볼 때에 다시 보게 될 것이다.

48 이와 같은 의미에서 아공과 법공을 이해하면, '공'은 양자 모두 비어서 없다는 뜻이 된다. 즉 오온에는 자아와 같은 주재[主]가 없고, 법에는 자성이나 실체가 없다는 뜻이 된다는 것이다. 그렇지만 대승에서의 공의 근본적인 의미는 연기하는 법의 중도적 성격, 즉 있는 것도 아니면서 없는 것도 아닌 성품을 가리키는 것에 있다. 그래서 이를 본래의 비었다는 뜻의 '공śūnya'과 구별

⑷ 그런데도 기존의 불교는 아공은 알지만, 법공은 이를 알지 못한다.」

라는 것이다.

그렇다면 이와 같은 대승의 비판은 정당한 것일까? 그대로 동의하기는 어렵다. 법을 실재로 보아서는 안 되고, 법이 자성을 가진다고 보아서는 안 된다는 주장에 동의할 수 없다는 뜻은 아니다. 문제는 대승이 전제로 삼은 것, 즉 기존 불교의 시각이 과연 법의 무상성과 연기의 이치를 부정하고, 법의 실체성을 인정하고 있는가 라는 점이다. 그렇다고 볼 수는 없다. 기존의 불교가 법을 실재로 파악하고 자성을 인정한 것은 교법의 체계화를 위한 불가피한 선택이었을 것이다.

모든 법은 비유비무라는 중도적 성격을 가지므로, 포착된 그대로 현실에 있는 것은 아니지만, 그렇다고 그 법이 전혀 없었던 것은 아니다. 지금은 사라졌지만 그것은 순간적이나마 현실에서 실제로 있었던 법이므로, 토끼의 뿔이나 거북의 털과 같은 것이 아닐 뿐만 아니라, 병甁이나 집과 같이 단순히 관습적인 개념과도 다른 것이다.49 그러므로 이러한 법이 '실제로 있었던 상태[實有]'

하기 위하여 '공성空性śūnyatā'이라고 표현하기도 한다. 법공에서의 공의 의미는 이와 같은 공성의 의미이다. 공을 이와 같은 공성의 의미로 이해하면, '아공'에서의 공은 비유비무적 성격의 뜻이 아니라 순수히 비어서 없다는 것이므로, 법공에서의 그것과는 의미에 다소 차이가 있는 것이 된다. 이 공의 이러한 뜻에 대해서는 뒤의 《반야심경》에서 다시 한번 볼 것이다.

49 따라서 이들 제법은 병이나, 집, 옷 등과 마찬가지로 세속제라고 표현된다고 하더라도, 그것들과는 성질상 차이가 있는 것이다.

를 포착해서 그 성격을 규정해야 한다. 그렇게 함으로써 그들 법 상호간의 차이를 밝힐 수 있었고, 나아가 이들을 유기적으로 조직화함으로써 교법을 체계화할 수 있다. 이것이 기존 불교의 입장이었던 것이다. 기존의 불교가 결코 법에 실체가 있음을 인정하는 것은 아니었다고 보아야 할 것이다. 법의 있음의 측면을 부각시키지 않을 수 없었을 뿐이다. 하물며 연기의 이치를 부정하려는 의도는 전혀 없었다.

요컨대 기존의 불교나 이를 비판한 대승불교가 불교의 근본에 대한 시각에서 실질적으로 차이가 있는 것이라고 볼 수는 없다는 것이다. 만약 이 근본을 보는 시각에 차이가 있다면 같은 불교일 수 없을 것이다. 이 점은 같은 대승불교에 속하지만, 이러한 대승의 전통적인 입장을 비판하는 유식唯識사상의 경우에도 마찬가지라고 생각한다.

즉 유식에서는 '유식무경唯識無境'이라고 해서, '오직 식만 있을 뿐이지, 외부대상은 없다'고 표방하는 것은 잘 알려져 있는 사실이다. 그 의미는 우리가 어떤 대상을 인식할 때에는 식 내부의 대상을 인식하는 것이지, 인식된 대상과 같은 법이 외부에 있어 그것을 그대로 인식한 것은 아니라는 것이다. 결국 실재하는 법이 있지 않다고 보는 점에서는 대승의 기존 입장-유식사상의 등장으로 이 기존의 입장을 중관中觀사상50이라고 부른다-과 같지만, 오직 식만은 실재한다고 보는 점에서 중관사상과는 차이가 있다. 실제로 유식이론에서도 이 점을 기존 입장과의 중대한 차별이라고 강조한다.

---

50 일체법을 비유비무의 중도로써 보는 사상이라는 뜻이다.

그렇다면 유식에서는 이 식이 고정된 존재성을 갖거나 실체를 가진 것이라고 보는 것인가? 그렇지는 않다. 유식에서도 이 식은 의타기의 성품[依他起性]을 가진 것이라고 하는데, '의타기依他起'[51]란 바로 '연기'를 가리키는 것이기 때문이다.

그렇다면 유식에서는 모든 법은 다 같이 연기적 성격을 갖는 것임을 부정하지 않으면서, 무엇 때문에 오직 식만은 실재하는 것이라고 반론을 제기하는 것일까? 그것은 중생들이 생사에 유전하는 근본원인이 현상의 진실한 모습을 있는 그대로 알고 보지 못하고 분별하는 인식 때문임에 주목한 유식론자들로서, 생사의 유전과 깨달음의 구조를 밝히려면 이 식의 있음[有]의 측면을 부각하지 않을 수 없기 때문이었을 것이다.[52] 결국 이렇게 보면 부파불교든 기존의 대승불교든 유식이든 필요에 따라 표현을 달리한 것일 뿐, 법의 실제의 성격을 보는 시각에는 차이가 없는 것이다.

---

51 문자적으로는 다른 것[타]에 의지하여[의] 일어나는 것[기]이라는 의미이다. 유식에서 인식은 조건에 의지하여 식 내부의 인식주관이 식 내부의 인식대상을 인식하는 것이고, 그 인식대상에 상응하는 외부대상은 실재하지 않는다고 규정한다. 그럼에도 불구하고 이를 알고 보지 못하고 인식대상이 인식된 그대로 외부에 실재하는 것이라고 생각하는 것을 변계소집성遍計所執性이라고 하고, 이 인식의 이와 같은 의타기의 성품 그대로, 현상을 알고 보는 것을 원성실성圓成實性이라고 해서, 인식에 대한 세 가지 성품을 세운다. 이 세 가지 성품의 관계를 요약해서, 조건에 의지하여 생겨난 의타기성에 있어서, 변계소집성을 멀리 떠난 것이 원성실성이라고 말한다.
52 그래서 《성유식론》에서 '유식무경'이라는 말을 내세우는 이유에 대하여, "어리석은 범부들이 경계에 미혹하여 집착하는 것을 불쌍히 여기기 때문에, 오직 식뿐이라는 말을 하여 스스로 마음을 관찰해서 생사에서 해탈케 하려는 것"이라고 말한다(졸역 『주석 성유식론』 p.1009 참조).

그렇다면 대승불교에서는 무엇 때문에 이것을 집중적으로 비판하고 나선 것일까? 대략 두 가지 이유를 생각할 수 있다. 먼저 대승에서는 많은 대중을 교화 인도한다는 명분에서 쉽게 접근할 수 있는 불교를 모색하고 있었다. 그런데 이 공사상은 불교의 근본에 부합하면서도, 반야사상과 결합함으로써 쉬운 불교를 가능하게 하는 면이 있다.

즉 반야부 경전에서는 근본불교 이래의 수행법인 팔정도 대신, 이타의 이념을 담은 보시·지계·인욕·정진·선정·반야의 육바라밀을 새로운 수행법으로 제시하고, 그 중 반야바라밀을 핵심으로 보아 반야바라밀이 나머지 다섯 가지 바라밀을 인도하고 모두 포섭하는 것이라고 설명한다. 그런데 뒤에서도 다시 설명되겠지만, '반야'란 의식의 분별을 통하지 않고 '연기하는 모든 법의 실상'을 있는 그대로 알고 보는 지혜를 가리키는 것이고,[53] '바라밀'이란 건넌다는 것이 기본적인 뜻이다. 따라서 반야바라밀이란 반야의 수행에 의해 열반과 깨달음의 저 언덕으로 건넌다는 뜻이 된다. 그런데 '연기하는 모든 법의 실상'이란 바로 '법의 공성'과 같은 말이다. 그러므로 반야는 의식의 분별을 통하지 않고 법의 공성을 통찰하는 것을 가리키는 것이 되고, 반야바라밀은 이와 같은 법의 공성을 통달하면 어리석음과 괴로움에서 벗어날 수 있다는 것을 가리킨다.

불교의 근본원리와 완전히 부합한다. 그러면서도 단순 명료하다. 물론 그것을 통달하기 위한 실천은 기존의 불교와 다를 리 없다. 그렇지만 적어도 이해하기로는 훨씬 쉬워 보일 수 있다. 기존

---

53 졸저 『불교는 무엇을 말하는가』 p.226 참조.

의 불교가 제시하고 있는 복잡하고 난해한 이론체계가 필요하지 않다. 어차피 본격적인 수행을 하려는 사람이라면 기존의 불교 속으로 들어오지 않을 수 없을 것이다. 그러나 그러지 못할 환경에 있는 사람이나, 어려움 때문에 불교에 접근하지 못한 사람에게라면, 이해하는 것만이라도 이렇게 쉽게 하는 것이 필요할 것이다. 이타라는 명분과 아무런 관계가 없어 보이는, 실재에 대한 비판이 여기에서 대승의 명분과도 연결되고 있는 것이다.

다음으로는 신생교단인 대승으로서는 이념적으로는 물론 이론적으로도 기존 불교보다 우월하다는 것을 보일 필요가 있었을 것이다. 대승이 출가비구들로 구성된 기존의 전문수행자 집단 아닌 세력에 의해 주도된 운동이었을 개연성이 큰 것을 감안한다면, 현실적으로는 이 점이 더 큰 이유였을 수 있다. 신도들에게 비전문가의 집단으로 인식될 경우, 교세의 확장은 커녕 존립마저 위협받을지 모른다는 우려가 있었을 것이기 때문이다. 그래서 기존불교에서 이론적으로 비판의 여지를 보이는 거의 유일한 소재에 대해 집중적으로 비판을 가함으로써 이론적으로 우위를 차지하거나, 적어도 출가 비구들에 못지 않다는 평가를 받고자 했던 것이다.

실제로 이러한 필요는 대승경전 곳곳에서 그 흔적을 찾을 수 있다. 대승의 보살들이 신통변화를 나타내는 장면이 자주 등장하고, 깨달음에 이르러야만 알고 보게 되는 승의의 세계에 대해 과도하다고 할 정도로 자주 표현하고 있는 것[54]은 그 좋은 예이다. 붓다

....
54 이러한 것들이 뒤에서 설명하는 대승경전의 종교적 요소와 합쳐 대승경전을 신비화하고 있는 주된 원인이 된다. 뒤에서 다시 한번 언급하겠지만, 우리

는 물론 사마타수행을 통해 열반을 실현한 아라한55이라면, 범부들로서는 상상하기 어려운 신통변화를 나툴 능력을 갖는다.56 그렇지만 이것은 지혜에 의해 괴로움에서 벗어나고자 하는 불교의 본령과는 무관한 것이다. 또 진실의 세계에 대한 표현은 수행자를 오도할 수 있는 등 여러 가지 폐단이 있을 수 있다. 그래서 신통변화를 나타내거나 진실의 세계를 표현하는 것은 삼가야 한다는 것이, 붓다 재세시부터의 전통적인 분위기였다. 그럼에도 불구하고 대승경전에서는 이에 역행하여 이들을 적극적으로 활용하고 있다고 볼 수 있을 정도로 자주 언급하고 있다. 이것은 대승 보살의 능력이 출가 비구의 그것을 초과한다는 것을 나타내고자 하는 의도의 표출이라고 볼 수밖에 없는 것이다.

....

가 대승경전을 볼 때에는 이러한 신비주의적 표현들에 현혹되지 않도록 주의를 기울여야 한다.

55 마른 위빠사나를 수행하여 열반을 실현한 아라한은 지혜로써 해탈한 아라한이라는 뜻에서 혜해탈慧解脫아라한이라고 함에 대하여, 이들은 마음(=선정)으로 해탈하였다 해서 심해탈心解脫아라한, 또는 사마타와 위빠사나 모두를 통해서 해탈하였다 해서 구해탈俱解脫아라한 내지 양면해탈아라한이라고 부른다. 이 혜해탈아라한은 신통변화를 나툴 능력을 갖지 못한다(한글 SN 제2권 pp.376-392 유행자 쑤씨마의 경 등 참조).

56 이를 보통 신족통神足通iddhividha-ñāṇa이라고 표현하는데, 이것을 경전에서는 "하나인 채 여럿이 되기도 하고, 여럿이 되었다가 하나가 되기도 합니다. 나타났다 사라졌다 하고, 벽이나 담이나 산을 아무런 장애 없이 통과하기를 마치 허공에서처럼 합니다. 땅에서도 떠올랐다 잠겼다 하기를 물속에서처럼 합니다. 물 위에서 빠지지 않고 걸어가기를 땅 위에서처럼 합니다. 가부좌한 채 허공을 날아가기를 날개달린 새처럼 합니다. 저 막강하고 위력적인 태양과 달을 손으로 만져 쓰다듬기도 하며, 심지어는 저 멀리 범천의 세상에까지도 몸의 자유자재함을 발합니다."라고 설명한다[한글 SN(제2권) 제16-9 선정과 곧바른 앎의 경 pp.609-610, 한글 DN(제1권) 제2 사문과경 p.250 등 참조].

이타를 우선으로 하는 이론체계의 수립

다음 이타를 최우선으로 하는 가치체계를 세우는 것에 대하여 알아 본다. 이것도 대략 두 가지로 나누어 볼 수 있다. 그 하나는 이타를 우선으로 하는 이론체계를 세우는 것과, 다른 하나는 실천적으로 쉬운 수행의 길을 제시하는 것이다.

완전한 열반을 실현하였다는 점에서 아라한과 자신 사이에는 아무런 차이가 없다는 붓다의 천명에도 불구하고, 붓다의 제자들은 위없는 깨달음을 이루시어 제자들에게 열반의 길을 열어 인도하신 붓다와의 차이를 인정하고[57] 붓다의 지위를 넘보지 않았다. 그래서 제자들의 최종 목적은 아라한이 되어 완전한 열반을 실현하는 것이었다. 기존 불교의 수행자집단에 속하는 비구들의 목표 또한 마찬가지였다.

그런데 열반을 실현한 아라한은 윤회를 끝내므로 다시 이 세상에 재생하지 않는다. 이 세상에 재생하지 않는다면 이 세상에 있는 중생들을 돕고 인도할 수 없다. 물론 수행자들은 열반을 성취하기 전에는 그들의 능력이 미치는 범위에서는 중생들을 도울 것이고, 열반을 성취한 다음에도 그들이 무여의열반에 들기까지는 중생들을 도울 것이다. 그렇지만 그것으로 좋은가?

대승불교의 운동자들은 그렇지 않다고 말한다.[58] 수행이 개인

---

[57] 아라한과 여래의 차이에 대해 붓다께서는 한글 SN 제3권 원만히 깨달은 님의 경[Sambuddhasutta]에서, "아직 일어나지 않은 길을 일어나게 하고, 아직 생겨나지 않은 길을 생겨나게 하고, 아직 설해지지 않은 길을 설하였다."고 설명하시고 있다(p. 196).
[58] 이 점에 대한 대승의 시각을 라다 크리슈난은 다음과 같이 표현한다. 「우리

적인 해탈의 성취로 그친다면 큰 가치를 부여할 수 없다. 수행의 궁극의 목표는 열반의 성취가 아니라 중생들을 돕고 인도하는 것이 되어야 하고, 따라서 수행 자체도 세상과 단절된 깊숙한 승원이 아니라 중생이 생활하는 세속에서 이루어져야 하며, 그 중생들을 돕고 인도하는 이타행이 수행의 필수불가결한 요소로서 포함되어야 한다고 한다.

그래서 대승불교에서 수행자의 목표는 중생을 돕는 능력이 완전치 못한 아라한59이 아니라 붓다가 되는 것이다. 따라서 수행의 목표도 열반의 실현이 아니라 붓다께서 성취하신 바, 위없이 바르고 두루하며 완전한 깨달음[무상정변정각無上正遍正覺], 즉 아뇩다라삼먁삼보리阿耨多羅三藐三菩提를 성취하는 것이 된다. 또 수행자의 최고의 가치도 개인적인 해탈이 아니라, 중생을 돕기 위한 지혜와 자비가 된다. 이와 함께 기존의 열반은, 이를 성취하더라도

는 철저하게 자기 본위적인 인간-다른 사람에게 전혀 도움이 되지 않는-을 함축하는 아라한의 이상이, 자비와 사랑을 근본으로 삼았던 붓다의 실재적인 인격에 부합되지 않는다고 생각하지 않을 수 없다. … 따뜻함이 결여되고 열정이 없는 아라한의 이상은 영감을 불러 일으키지 못한다. 세계 전체가 수도원이 될 수는 없다. 우리는 남자와 여자, 그리고 어린아이까지 모든 사람을 수도원에 강제징집할 수는 없다. 삶에 대한 혐오가 인간의 삶에 본질적인 모든 것을 대변하지는 않는다. 참된 금욕주의는 세상의 고통에 대한 무관심이 아니라, 삶의 맹렬한 행위 속에서 침묵의 중심을 확립하는 것이다. 우리는 단지 은둔자의 독방에서 평화와 침묵을 향수하는 영혼이 아니라, 야단스러운 세속의 소음 속에서도 그것을 잃지 않는 영혼을 지닐 수 있어야 한다. 소승불교와는 달리 초기불교는 우리가 고통이 있는 곳이나 괴로움이 떠나지 않는 곳에서, 혹은 군중들의 고함소리가 떠들썩한 곳이나 사람들의 출입이 빈번한 곳에서도 우리의 기회를 찾을 수 있어야 한다고 가르친다.」(라다 크리슈난 저, 이거룡 역『인도철학사 II』pp.448-449)
59 졸저『불교는 무엇을 말하는가』pp.245-246 참조.

그 경지에 그대로 머물지 않고, 중생의 세계가 다할 때까지 중생들을 이롭고 안락하게 하는 일을 멈추지 않는 무주처열반60이라는 것으로 대체된다.

그런데 열반을 성취하면 삼계의 존재에 대한 갈애[有愛]가 소멸하므로 다시 삼계에 태어나는 것이 구조적으로 불가능하다는 것이 불교의 근본원리이다. 대승불교는 이 원리를 부정하는 것일까? 그럴 수는 없을 것이다. 그래서 대승에서는 성자가 되는 견도를 하거나 아라한이 되는 무학도의 단계에 이르더라도, 재생의 근거가 되는 번뇌는 완전히 소멸시키지 않고 남겨둔다거나, 세상의 중생들이 받는 것과 같은 분단分段의 삶은 더 이상 받지 않지만, 중생에 대한 연민과 서원이라는 의지에 의한, 불가사의한 변역變易의 삶[의성신意成身]은 이를 받을 수 있다는 특수한 구조를 창안해 내기도 한다.

그래서 대승불교에서는 아라한을 대신하여, 스스로 깨달음을 구하면서 중생을 돕는 소위 자리이타의 보살菩薩bodhisattva61이 이상적인 인간상으로 제시된다. 그래서 대승경전에는 초기경전에 등장하는 붓다의 제자들 외에 보살들이 다수 등장하는데, 그들은 아라한의 수준을 넘어 거의 붓다의 경지에 근접한 이들이 대부분

---

60 이에 대하여는 뒤의 《반야심경》 해설에서 자세히 살펴볼 것이다.
61 범어 bodhisattva(ⓅbodhisattA)를 음역한 보리살타菩提薩埵의 준말로, 의역하여 각유정覺有情이라고도 한다. '보리'는 위에 나온 범어 아뇩다라삼먁삼보리의 줄임말이고, '유정'은 정신작용을 가진 것이라는 뜻으로, 산천·초목 등을 무정無情이라고 표현하는 것의 상대적 표현이다. 원래는 깨달음을 구해 수행하는 자의 뜻으로서, 붓다의 전생의 신분을 가리키는 것이었으나, 대승에서는 위로는 보리를 구하고 아래로는 중생을 교화함[上求菩提 下化衆生]을 목표로 하는 대승의 수행자를 말한다.

이다.62 이들의 경지를 그와 같이 뛰어나게 묘사한 것도 역시 대승이 기존 불교보다 우월함을 나타내어야 할 필요에서 비롯된 것이었을 것이다.

그리고 붓다를 지향한다고 하는 목표를 설정하면서 모든 중생에게는 붓다가 될 수 있는 성품, 곧 불성佛性이 있음을 인정하는 사고가 싹트기 시작하는데, 대승불교가 발전함에 따라 이것이 불성사상 내지 여래장사상으로 결실을 맺어 크게 유행하게 된다.

이행도易行道의 제시

이상에서 본 것이 이타를 최우선으로 하는 가치체계를 세우기 위하여 대승불교가 마련한 이론적인 장치들이라고 할 수 있다. 그런데 이러한 이론적인 장치들을 갖추는 것만으로 많은 대중들을 불교의 수레에 태워야 한다는 대승불교의 명분을 달성할 수는 없다. 계·정·혜를 닦아 깨달음을 이루어야 한다는 기존의 어려운 수행법, 즉 난행도難行道 대신 많은 대중이 현실적으로 쉽게 실천할 수 있는 수행법, 즉 이행도易行道를 제시하는 것이 무엇보다도 긴요하다. 이것을 갖추지 못한다면 많은 대중들을 불교의 수레에 태운다는 것은 사실상 어려운 일이다.

가장 쉽게 실천할 수 있는 길은 어떤 것일까? 가장 호소력 있는 것은 초월적 존재에 의지해 구원을 받는 길이라는 것을 인류의 역

---

62 문수사리, 관세음, 대세지, 보현, 미륵 등이 그 예이다. 원래 대승의 수행자는 모두 보살이라고 하므로, 보살은 범부와 성인을 모두 포함하는 개념이다.

사가 증명한다. 그렇지만 근본불교는 이 길의 반대편에 있었던 것이 분명하다. 비록 초기경전에 붓다 자신을 초인적인 존재로 묘사하는 표현이 등장하지 않는 것은 아니지만,63 그것은 세상 사람들이 깨닫지 못한 법을 오직 붓다 자신만이 깨달았음을 나타내어 법을 신뢰하도록 인도하고자 하신 것이지, 자신을 숭배의 대상으로 삼으려는 것은 아니었다. 붓다께서 "연기법은 여래가 세상에 출현하든 출현하지 않든 법계에 항상 머물러 있는 것이다."64라고 하시고, 열반에 드시기 전, "내가 가고난 후에는 내가 그대들에게 가르치고 천명한 교법[法]과 계율[律]이 그대들의 스승이 될 것이다. … 그러므로 그대들은 법을 섬으로 삼고 법을 귀의처로 삼아 머물고, 다른 것을 귀의처로 삼아 머물지 말라."65라고 유훈하셨던 것은, 의지해야 할 대상은 사람이 아니라 법이라는 것을 천명하신 것이다.

그렇지만 붓다께서 입멸하신 후 불교도 점차 변화의 길을 걷는다. 지극한 추모의 마음을 가진 제자들이나 불탑신앙공동체에 소속된 사람들처럼 어떤 형식이든 붓다의 현존이 필요했던 사람들은 입멸한 붓다에 대해 탐구하기 시작하였다. 이들로서는 석가모

---

63 그 예로는, 붓다께서 정각을 이루신 후 전법을 위해 얼마 전까지 자신과 함께 고행했던 5인의 수행자를 방문하였을 때 그들이 붓다의 이름을 부르며 '벗이여'라고 말을 걸자, 그들에게 한 다음과 같은 말씀을 들 수 있다. "수행승들이여, 여래의 호칭을 '벗이여'라고 부르지 말라. 수행승들이여, 여래는 거룩한 이, 올바로 원만히 깨달은 이이다. 수행승들이여, 귀를 기울여라. 불사가 성취되었다. 내가 가르치리라."[한글 MN 제26 고귀한 구함의 경(제1권 pp.516-517)]. 또 한글 DN 제16 대반열반경(제2권 pp.208-209)에서, "여래는 원하기만 하면 일 겁을 머물 수도 있고, 겁이 다하도록 머물 수도 있다."라고 말씀하신 것도 그 예로 볼 수 있다.
64 《잡아함경》(제12권) 제299 연기법경.
65 앞에 나온 한글 DN(제2권) 제16 대반열반경 p.283 및 p.205.

니께서 이 세상에서의 6년간의 출가수행만으로 깨달음을 얻어 붓다가 되었다고는 생각할 수 없었다. 붓다께서는 분명 과거 무수한 생애에 걸쳐 인간으로서 차마 하기 어려운 온갖 난행難行을 해 왔기 때문에 금생에서의 수행을 거쳐 비로소 완전한 깨달음에 이를 수 있었을 것이다. 이러한 사고와 붓다 자신이 가끔 들려 주셨던 전생담前生譚에 기초하여 붓다의 전기문학이 발전하는데, 여기에서 붓다는 매우 초월적인 존재로 묘사된다.

한편 초기경전에 나타나는 과거칠불七佛66의 존재는, 미래에도 붓다께서 출현하실 것이라는 미래불사상으로 이어진다. 이에 의해 붓다는 오직 한 분만은 아니라는 다불多佛사상이 자연스레 자리잡게 된다. 이러한 다불사상과 석가모니 붓다의 초월성이 합쳐져서, 역사상 출현한 붓다의 생신生身은 붓다의 본질이 아니고, 보다 본질적인 붓다가 있으리라는 생각으로 발전한다. 붓다께서 깨달아 펴신 법 자체, 즉 법신法身이 붓다의 본질이라는 사고도 그 중의 하나인데, 이는 이후 여러 가지 불신론佛身論으로 발전하게 된다.

부파불교시대에 형성되기 시작한 이와 같은 초월적 붓다, 여러 붓다, 본질적 붓다 등의 개념은 쉬운 실천의 길을 마련하는 데 이바지하게 된다. 그 시초는 동방 묘희妙喜세계에 계신다는 아촉불阿閦佛이나 서방 극락정토에 계신다는 아미타불阿彌陀佛과 같은 타방

---

66 한글 DN(제2권) 제14 대전기경[Mahāpadānasutta] 참조. 그런데 학계에는 이 경전은 붓다 자신에 의해 설해진 것이 아니라, 붓다 입멸후 형성된 과거불사상에 따라 불전문학으로 만들어진 전설이 역으로 니까야에 편입된 것이라고 이해하는 견해가 없지 않다[앞의 『인도불교사Ⅱ』 p.419, 정승석 역 『대승불교개설』(1984년, 김영사) pp.208-213 등 참조].

불他方佛사상이다.67 이들은 비록 이 세계가 아닌 타방이기는 하지만, 과거나 미래가 아니라 현재 존재하는 붓다이다. 그래서 이들을 신앙하면 정토인 그 곳에 가서 태어날 수 있다는 것이니, 전형적인 이행도의 하나가 등장한 것이다.

붓다 개념의 발전이 이것으로 그치지 않은 것은, 바로 지금 이 곳에 있는 붓다가 필요하기 때문이었을 것이다. 그래서 석가모니 붓다께서는 금생에 비로소 깨달음을 이루신 것이 아니라, 시작도 없는 아득한 먼 태초에 이미 깨달음을 이루셨고 무량한 수명을 가지고 언제나 이 세상에 실재하신다고 하는 초시간적인 붓다의 개념이 생겨난다.68 뿐만 아니라 비로자나불毘盧遮那佛처럼 삼세에 걸쳐 항상 계실 뿐 아니라 온 세상에 두루 가득해 계신다는 초시간적 초공간적인 붓다69의 개념까지 등장한다.

한편 이와 같이 추상적인 법을 본체로 하는 법신이 아니면서 역사상 출현한 생신도 아닌 중간적 성격의 붓다 개념의 등장은, 기존의 법신·생신의 이신설二身說을 삼신설三身說로 발전시킨다. 말하자면 이 세상에 이미 출현했거나 앞으로 출현할 수 있는 역사상

---

67 아촉불은《유마경》,《대보적경》등에, 아미타불은《아미타경》등 정토삼부경 등에 등장하는 붓다이다.
68 《법화경》에서 묘사되고 있는 붓다이다. 그래서 금생에 출현하여 깨달음을 이루시고 중생을 교화하시다가 입멸하신 붓다는, 이 석가모니 붓다께서 중생들을 불도로 이끌기 위한 방편으로 몸을 나타내셨던 것이라고 한다.
69 《화엄경》에서 등장하는 붓다이다. 이와 같이 무한정적이고 보편적인 붓다의 개념은, 모든 중생에게 붓다가 될 수 있는 성품이 갖추어져 있다는 불성사상 내지 여래장사상과 결합하여, 모든 중생에게 여래가 내재해 있다는 내재적 붓다의 개념으로 발전(졸역『여래장 경전 모음』p.37에 수록된《대방등여래장경》등)한다.

의 붓다의 근원이 되는 붓다로서, 추상적인 법 아닌 구상적인 붓다가 등장하게 된 것이다.

자성신自性身·수용신受用身·변화신變化身의 삼신, 법신·보신報身·응신應身(내지 화신化身)의 삼신 등이 그것이다. 여기에서 자성신과 법신은 이신설에서의 법신에, 변화신과 응신(내지 화신)은 이신설에서의 생신에 해당하고,[70] 중간에 있는 수용신과 보신이 새로 생긴 중간적 개념의 붓다로서, 그 의미는 대체로 같다.[71] 즉 이 둘은 중생을 교화하기 위해 붓다를 이루고자 하는 서원[願]과 수행[行]에 의한 과보[報]로서 받게 된 불신으로서,[72] 청정한 불국토에서 법락法樂을 스스로 수용하고, 또 견도를 이룬 지상地上보살을 교화하여 법락을 수용케 하는 붓다라는 개념이다. 따라서 이 불신은 범부와 이승에게는 보이지 않는 붓다라는 점에서 변화신이나 응신(내지 화신)과 다르고, 지상의 보살에게는 보이는 붓다라는 점에서 추상적인 법을 본체로 하는 자성신이나 법신과는 다른 것이다.

이렇게 다양한 붓다 개념의 발전은 초월적 붓다에 대한 믿음과 기원에 의해 구원을 받는 이행도의 다양화도 가져왔다. 다시 말하면 불탑이나 불상에 예배하고 공양함으로써 공덕을 쌓는다고 하는 소박한 방식에서 출발하여, 현재하는 타방의 붓다를 일심으로

----

[70] 다만 경론에 따라서는 응신을 보신과 같은 의미로 사용하는 경우도 있다. 이 경우는 법신·응신·화신의 삼신이 된다.

[71] 둘의 한역명은 다르지만, 범어로는 같은 'saṃbhoga-kāya'이다.

[72] 여기까지의 의미에서 보신이라고 부르고, 그 아래의 의미에서 수용신이라고 부른다. 또 수용신 중 스스로 법락을 수용하는 것을 자수용신, 지상의 보살을 교화하여 법락을 수용케 하는 것을 타수용신이라고 부른다.

생각하거나 그 명호를 욈으로써 그 불국토에 가서 태어나거나, 나아가 눈에 보이지는 않지만 현재하는 초월적 붓다를 떠올리거나 일심으로 생각하고 기도함으로써 구원을 받는다는 등의 방식으로까지 발전하게 된 것이다.

이행도는 이것으로 그치지 않았다. 붓다가 아니라 관세음보살 등처럼 붓다를 대신한 대보살에 대한 기원에 의해 구제를 받는다는 보살신앙, 원시적인 방식의 불탑에 공양하는 것보다 진실한 이치를 밝힌 경전에 공양하는 것의 효과가 훨씬 뛰어나다는 이치에 따라 권유되는 경전신앙, 진실한 이치 등을 담은 주문[呪]을 외는 것에 의해 뛰어난 과보를 얻게 된다는 주문의 암송 등도 여러 경전에 등장한다.

대승경전의 발전단계

이상에서 본 내용을 담고 있는 대승경전들은 일정 시기에 소수의 그룹에 의해 편찬된 것이 아니라 긴 세월에 걸쳐 다수의 그룹에 의해 단계적으로 성립된 것으로 볼 수밖에 없다. 그렇게 해서 편찬된 대승경전은 그 분량이 대단히 방대하다. 그래서 대승경전은 많은 글을 남겨 교리적으로 큰 영향을 미친 나가르주나와 바수반두Vasubandhu[세친世親 또는 천친天親]라는 두 사람의 활동을 중심으로 그 발전의 단계를 구분하는 것이 보통이다. 즉 대승불교의 발생에서부터 나가르주나가 활동한 3세기 중반까지를 초기, 그 이후 바수반두가 활동한 5세기 후반까지를 중기, 그 이후를 후기

로 구분하는 것이다.73

이렇게 시대적으로는 3기로 구분하지만, 편집된 경전의 분량은 초기쪽이 압도적으로 많고, 중기와 후기에 편집된 것은 그보다 훨씬 적다. 중기에 편집된 것으로는 《해심밀경解深密經》, 《능가경楞伽經》 등으로 대표되는 유식사상 계통의 경전과 《대반열반경》, 《승만경勝鬘經》 등으로 대표되는 여래장사상 계통의 경전을 들 수 있고, 후기에 편집된 것으로는 《대일경大日經》, 《금강정경金剛頂經》 등과 같은 밀교 계통의 경전이 거의 전부로서, 이들을 끝으로 경전의 편집은 자취를 감춘다. 이렇게 보면 유식과 여래장 및 밀교 계통의 경전을 제외한 대부분의 대승경전이 대승의 초기에 성립되었거나 그 기초가 형성되었다고 할 수 있다.

초기에 성립된 중요한 경전 중 가장 먼저 성립된 것은 《대아미타경》, 《반주삼매경》과 같은 정토신앙 계통의 경전과, '공空'의 개념에 의해 법의 실재성을 집중적으로 비판하는 반야부 계통의 경전이다. 그런데 이 공으로 집약되는 반야부 경전의 교리적 영향은 대단히 커서, 이후의 대승경전은 대부분 이 공사상을 수용하게 됨으로써 반야부 경전이 대승경전의 기본이 된다.

---

73 나가르주나는 중관사상의 기초를 세웠고, 바수반두는 그의 형인 아쌍가 Asaṅga[무착無著]와 함께 유식사상의 기초를 확립한 인물이므로, 사상적으로 구분한다면 중관사상과 유식사상의 기초가 수립된 것이 세 시기의 분수령으로 작용하고 있는 셈이다. 한편 7세기 경 밀교의 등장은 대승으로서는 후기에 속하지만, 그 성격의 차이 때문에 이 이후를 제4기로 구분하는 견해도 적지 않은데, 여기에서는 이 시기를 인도불교의 쇠퇴라는 제3의 큰 시대에 포함시켰다.

이러한 위치에 있는 반야부 경전은 그 종류가 상당히 많은데, 그 중 가장 먼저 성립된 것은 《팔천송八千頌반야경》74인 것으로 본다. 이것을 기초로 확장하여 《마하반야바라밀경》(27권. 일명 《대품大品반야경》)75과 《대반야바라밀다경》(600권. 일명 《대반야경》)76 등이 이루어진다. 우리가 여기에서 보게 될 《금강경》은 비교적 초기에 성립된 것으로 본다.77 《반야심경》의 경우 반야부 경전의 편집이 거의 완료된 후 방대한 반야부 경전 전체의 핵심을 축약한 것으로, 그 성립시기는 대략 기원후 350년 경으로 본다.

한편 이들 경전 외에 초기에 성립된 중요한 경전으로는 《유마

---

74 반야경전은 일반적으로 게송의 형식이 아니라 산문의 형식으로 되어 있지만, 32음절을 1게송으로 보아 이름이 붙여지기도 하였다. '8천송'이라 함은 그 길이가 8천 게송의 분량이라는 취지이다. 같은 방식으로 뒤에 나오는 《마하반야바라밀경》(27권)은 《2만5천송반야경》으로도 부르고, 그보다 확장된 것으로 《10만송반야경》이 있으며, 또 《금강경》은 《삼백송반야경》으로도 불렀다.
　위 《8천송반야경》의 한역본으로 시호施護가 한역한 《불설불모출생삼법장佛說佛母出生三法藏반야바라밀다경》(25권), 구마라집이 한역한 《소품小品반야바라밀경》(10권), 지루가참支婁迦讖이 한역한 《도행道行반야경》(10권) 등이 있다.
75 이 경전에 대한 나가르주나의 주석이 100권으로 된 《대지도론大智度論》으로, 여기에서 초기 대승의 교리가 대부분 확립된 것으로 본다.
76 이것은 16종의 《반야경》이 종합된 것으로, 앞서 본 《10만송반야경》은 그 제1회, 《대품반야경》은 그 제2회, 《소품반야경》은 그 제4회, 《금강반야바라밀경》은 그 제9회에 속한 것이다.
77 이 경전은 그 표현이나 형식이 대단히 소박하고 '공'이나 '대승'이라는 표현도 전혀 등장하지 않아 최초기의 대승경전으로 보는 견해도 있지만, 초기 역경가들에 의해 한역된 흔적이 없고 나가르주나의 저작에도 언급되지 않고 있어, 그 성립시기는 대략 2세기 전반 무렵일 것으로 본다.

경》, 초기 《보적경寶積經》 등을 들 수 있고, 그 외 대승경전을 대표하게 되는 《화엄경》과 《법화경》도 비교적 초기에 그 모태가 형성되었다.

대승비불설大乘非佛說에 관하여

이들 대승경전은 이러한 성립의 배경 때문에 붓다께서 친히 말씀하신 것이 아니라고 배척하는 움직임[소위 대승비불설大乘非佛說]이 있어 왔고, 이러한 견해는 오늘날까지도 상존한다.

확실히 대승경전에 등장하는 위와 같은 다양한 불신론과 이행도는, 우리의 경험을 초월하는 것에 대해서는 논의의 대상으로 삼는 것마저 거부되고 또 엄격한 수행이 강조되고 있는 초기경전의 일관된 흐름과 상치되는 것임을 부인할 수 없다. 또 대승경전에 등장하는 대보살과 같은 인물들은 그 역사적 실존의 자료가 없는 분들이고, 이들 경전이 편집되기까지에 이른 전승傳承의 근거도 분명하지 않다는 점[78]에서 대승경전은 초기경전과 차별된다. 이런 점들을 보면 대승경전이 붓다께서 친히 말씀하신 것이라고 고집하기는 어렵다.

그래서 대승옹호론자들의 전통적인 주장[79]에도 불구하고, 현대

---

78 유명한 대승경전들은 선정에 들어 도솔천에서 듣고 왔다거나 용궁에서 가져왔다거나 하는 등 근거를 확인하기 어려운 전승설을 전하고 있다.
79 대승의 입장에서 대승경전이 불설임을 주장하는 근거는 《현양성교론》 제20권과 《대승장엄경론》 제1권에 기술되어 있는데, 충분한 근거가 되는 것이라고 보기는 어렵다. 그 내용은 졸역 『주석 성유식론』 pp.278-281 참조.

의 연구자들은 이 문제에 대하여 두 가지 관점에서 접근한다. 하나는 역사적인 관점이고, 다른 하나는 교리적인 관점이다. 그래서 이들은 역사적인 관점에서는 대승경전이 불설이라고 말할 수 없지만, 교리적인 관점에서는 이들 경전에 불교 본래의 가르침이 들어 있으므로 붓다의 가르침이 아니라고 말할 수 없다고 한다. 이를 요약해서 대승은 '비불설非佛說'일 수 있지만, '비불교非佛敎'나 '비불의非佛意'는 아니라고 표현한다.80

이러한 현대 연구자들의 접근방법은 매우 합리적이라고 생각된다. 다만 후자의 교리적 관점은 대승경전의 내용에 따라 좀 더 세분화되어야 할 필요가 있다고 생각한다. 우리는 앞에서 대승경전의 중요 내용은, 법의 실재성에 대한 비판과 이타를 우선으로 하는 가치체계를 세우는 것의 두 가지로 나눌 수 있고, 후자는 다시 이타를 우선으로 하는 이론체계를 세우는 것과 이행도를 제시하는 것의 두 가지로 나눌 수 있다고 함을 보았다. 그렇다면 대승경전의 중요 내용은 크게, ① 법의 실재성에 대한 비판, ② 이타를 우선으로 하는 이론체계의 수립, ③ 이행도의 제시라는 세 부분으로 나눌 수 있을 것이다.

이 내용 중 ①은 불교의 근본과 완전히 일치하는 것이다. 어떤 면에서는 기존의 부파불교보다 불교의 근본에 더 철저하다고 말할 수 있다. 다음 ③의 대부분은 불교의 근본과는 반대편에 서 있는 것이라고 볼 수밖에 없다. 마지막으로 ②는 불교의 근본에 기초하고 있는 것이기는 하지만, 근본불교에는 없던 새로운 것이다. 이것은 이타를 우선으로 하는 가치체계의 수립을 위하여 도입된

---
80 정순일 저 『인도불교사상사』(2005년 운주사) p.344 참조.

것으로, 붓다의 뜻에 반드시 어긋나는 것이라고 단정하기는 어려운 것이다.

이것을 달리 표현한다면, ①은 대승경전 중의 사상적思想的 요소[81], ②는 이념적理念的 요소[82], ③은 종교적宗敎的 요소[83]라고 말할 수 있을 것이다. 우리가 붓다께서 설하신 가르침의 근본을 '불교'라고 표현한다면, ① 대승경전의 사상적 요소는 완전히 불교이고,[84] ② 대승경전의 이념적 요소는 불교적인 측면과 비불교적인 측면이 병존한다고 말할 수 있겠다. 그렇지만 ③ 대승경전의 종교적 요소는 불교적이라고 말하기 어렵다.

물론 경전의 내용을 이들 요소별로 구분하는 것은 쉬운 일이 아니다. 또 대부분의 경전은 이들 요소 중 어느 하나로만 이루어져 있는 것이 아니라, 이들 요소들을 복합적으로 포함하고 있다. 따라서 만약 어떤 경전 자체를 이러한 요소에 의해 구분하려 한다면 이것은 대단히 위험한 일이다. 그러므로 경전의 내용을 이러한 요

---

81 주제에 대한 이치를 깊이 탐구하여 이를 중심으로 한 사상체계를 수립하는 측면을 표현하는 취지이다. 따라서 어떤 '사상'이라고 표현된다고 해서 모두가 바로 여기에서 말하는 사상적 요소에 해당한다고 볼 것은 아니고, 그 중에는 여기에서 말하는 사상적 요소와는 무관한 것도 적지 않다.
82 이타라는 이념을 따라 이치를 세우고 조직하는 측면을 표현하는 취지이다.
83 초월적 붓다에 의지하여 구원을 받는다는 실천체계를 표현하는 취지로서, 이러한 제3의 종교적 요소의 도입에 의해 비로소 불교는 보편적인 의미의 종교religion의 하나가 된다. 그 이전까지 불교는 근본되는[宗] 가르침[敎]이라는 한자적 의미에서는 종교라고 표현할 수 있었어도, 위와 같은 보편적인 의미에서는 종교가 아니었다. 그래서 필자는 불교의 근본은 종교라기보다는 과학이나 철학에 가깝다고 생각한다.
84 다만 사상적 요소가 극한까지 추구됨으로써, 근본불교와의 연결성이 희박한 경우도 없지 않아 보이지만, 따로 제4의 요소로 분류할 만큼 뚜렷한 비중을 갖는다고 보기는 어렵다.

소에 의해 구분하는 것에 대해 회의적 시각이 있을 수도 있다. 그렇지만 대단히 방대한 대승경전을 앞서와 같은 한 가지 관점에서만 바라보는 것은 오류에 빠질 소지가 크다는 점에서 이러한 구분은 실익이 있으리라고 생각한다.

그러므로 우리가 대승경전을 볼 때에는 그 내용이 어떤 성격을 갖는 것인가에 따라 이해의 관점을 달리 할 필요가 있다. 붓다께서 열반에 앞서 유훈하신 다음과 같은 말씀도 이와 같은 뜻을 담고 있는 것이 아닐까?

"어떤 비구가 이렇게 말했다고 하자. '여러분, 나는 어떤 마을, 어떤 성, 어떤 나라에서 직접 붓다로부터 들었고 직접 이런 가르침을 받았습니다.' 직접 들은 것이라고 하는 것을, 바로 불신해서도 안 되고 또 헐뜯어서도 안 된다. 모든 경전으로 그 허실虛實을 따져 보고, 교법[法]과 계율[律]에 의거하여 그 본말本末을 따져 보아야 한다.

만약 그가 말한 것이 경전에 있지도 않고, 계율도 아니며, 교법도 아니거든 그에게 이렇게 말해야 한다. '붓다께서는 그렇게 말씀하시지 않으셨다. 그대가 잘못 들은 것이 아닌가? 왜냐 하면 내가 모든 경전과 계율과 교법에 의거해 살펴보니, 그대가 아까 말한 것은 법과 서로 어긋나기 때문이다. 현사賢士여, 그대는 그것을 받아 지니지 말고, 남에게 말하지도 말라. 그것을 버려야 한다.'라고.

만약 그가 말한 것이 경전과 계율과 교법에 의거한 것이거든 그에게 이렇게 말해야 한다. '그대가 말한 것은 진실로 붓다께서 하신 말씀이다. 왜냐 하면 내가 모든 경전과 계율과 교법에 의거해 살펴보니, 그대가 아까 한 말은 법과 상응하기 때문이다. 현사여, 그대는 그것을 받아 지니고, 남에게 널리 말하라. 부디 버리지 말라.'라고."

《장아함경》 제3권의 유행경遊行經 제2의 중中[85]

요컨대 불교의 제2기는 대승불교의 등장에 의해 사상화, 이념화, 종교화된 불교가 기존의 원리적이고 실천적인 불교와 공존한 시기였다. 공존했다고는 하지만 대승불교의 최전승기에도 대승의 교세는 기존불교의 그것에 미치지 못했다고 한다.[86] 그럼에도 불구하고 목소리와 자취만은 대승불교 쪽이 훨씬 컸던 것으로 보인다. 한편 이 시기의 불교의 종교화는 이념화의 부수적 결과라는 성격을 띤다. 이러한 사정들을 종합하여 이 시기를 좀더 단순하게 규정한다면, '사상화와 이념화의 시기'였다고 말할 수 있을 것이다.

---

85 표현은 다소 다르지만 한글 DN(제2권) 대반열반경 pp.243-244에서도 같은 뜻의 말씀을 하셨다.
86 현장이 인도를 방문했던 7세기 경에도 대승보다 기존 부파불교의 교단이 압도적으로 많았다고 한다(『인도불교사상사』 pp.213-214 참조).

3. 인도불교의 쇠퇴

　대승불교는 그 후기에 이르면, 처음 그들이 대승불교운동을 일으켰던 명분은 망각되고, 다시 부파불교가 걸었던 길을 답습한다. 중관과 유식의 양대 학파에 여래장사상 등까지 가세하고, 학파가 세분되면서 이론화는 불가피하였다. 그렇게 해서 조직된 이론의 난해함은 기존의 불교보다 결코 못하지 않았고, 자연히 대승불교 역시 출가자 중심의 불교로 변모되어 갔다.
　이러한 대승불교의 이론화와 출가주의화는 다시 새로운 불교운동이 일어날 기반이 되었다. 여기에 당시 인도에서 크게 유행하던 힌두교의 영향이 더해져서 제3의 불교운동으로서 밀교密敎가 성행하게 된다.[87] 이 밀교의 발전과 함께 불교는 점차 힌두교화하면서 인도에서 소멸하는 운명을 맞게 된다.

　대략 7세기 경부터 인도에서 급속히 성행하게 된 밀교는 매우 다양한 모습을 담아 나타내면서 변화한 관계로, 그 명칭처럼 그 실체를 이해하기 쉽지 않다. 이러한 밀교를 모두 포괄해서 정의한다면, 이성적 사유나 그에 근거한 실천보다는 신비적인 수단을 통하여 궁극적인 깨달음을 추구하는 대승불교의 한 종파라고 말할 수 있을 것이다.[88] 그런데 이 밀교가 사용한 신비적 수단은 시대

----
[87] 중국에서 6세기 경 선불교가 등장하여 급속히 확산된 것도 이러한 기반에서 이루어진 새로운 불교운동이었다고 해석할 수 있을 것이다.
[88] '밀교'라는 명칭은 이러한 수단의 신비적인 특성에 주목하여, 그 이전의 불교-이를 현교顯敎라고 칭한다-와 대비하여 칭하는 명칭일 뿐, 당시에 사용되던 명칭이 아니라고 한다. 따라서 이에 해당하는 범어는 없다.

에 따라 변한다. 그래서 학자들은 밀교의 발전단계를 세 시기로 나누어 설명하는 것이 보통이다.

먼저 초기밀교는 밀교가 크게 성행하기 시작한 7세기 이전에 성립되어 있던 밀교를 말한다. 이것은 밀교로서 체계가 잡히지 않은 시기의 밀교로서, 그 의식도 '다라니陀羅尼dhāraṇī'[89]의 암송과 같은 언어적인 것 위주이고, 이에 의해 구하는 것도 재앙의 제거와 같은 현세적인 이익에 그쳤다. 따라서 이것은 불교 역사상 밀교로서 언급할 가치가 그다지 크지 않지만, 7세기 이후 크게 성행한 밀교와 대비하기 위하여 설정한 단계이다.[90]

다음 중기밀교는 7세기 경 《대일경》과 《금강정경》 등의 경전과 함께 등장한 체계적인 밀교를 가리킨다. 이로써 밀교는 기존의 대승불교와는 차별되는 이론적 및 실천적 체계를 갖춘다. 여기에서는 《화엄경》에 등장했던 비로자나毘盧遮那vairocana불이 대일大日 Mahāvairocanā여래[91]라는 이름으로 궁극적 실재로서 등장한다. 그래서 우리가 일상적으로 사용하는 신체·언어·마음의 세 가지 수

---

[89] 크게 두 가지 뜻으로 사용된다. 첫째는 많은 법문과 지혜 등을 지녀 잃어버리지 않는 것을 뜻하고, 이 때는 총지總持라고 한역한다. 둘째는 많은 뜻을 담아 신비적인 힘을 지닌 주문을 가리키고, 이 때는 보통 번역하지 않고 범어 그대로 사용하지만, 주문[呪]과 같은 뜻으로 사용된다.

[90] 그래서 이 시기의 밀교는 '잡밀雜密'이라고 부르고, 이와 대비하여 7세기 경 본격적으로 성행하기 시작한 밀교를 '순밀純密'이라고 부르기도 한다.

[91] 이 여래는 궁극적 실재이면서도, 금강법계(《대일경》의 경우) 또는 색구경천(《금강정경》의 경우)에서 법을 설하시는 구상적인 붓다이고, 동시에 석가모니 붓다는 이 여래의 화신이라고 하므로, 이 여래는 말하자면 삼신이 통합되어 있는 붓다이다.

단이 이 궁극적 실재와 직결되어 있어서, 이들을 조직적으로 결합한 의식儀式을 통해 이 실재와 합일을 체험할 수 있다고 한다.92 자연히 여기에서의 수행은 궁극적 실재인 대일여래와 자신이 둘이 아님을 체험함으로써, 즉신성불卽身成佛 즉 현재의 이 몸으로 붓다를 이루는 것에 목표를 둔다.

 이렇게 보면 이 시대의 밀교에서는 실현의 목표가 '붓다'라는 이름으로 바뀌었을 뿐, 그 수행의 구조는 개아[我]ātman의 궁극적 실재[梵]brahman와의 합일을 추구하는 브라흐만교의 그것과 그다지 다르지 않다. 이것은 이 시대에 성행한 힌두교가 밀교의 형성에 크게 영향을 미쳤다는 것을 의미한다. 이러한 인도불교의 힌두화는 8세기 후반 후기밀교의 등장에 의해 정점에 이른다.

 후기밀교는 탄트라tantra밀교라고도 부르는데, '탄트라'란 힌두교 중 성력性力śakti을 숭배하는 집단의 문헌을 가리키는 말이었다고 한다. 그래서 후기밀교에서는 신체 내부의 성적인 힘을 궁극적 존재와의 합일을 체험하는 에너지로 사용하는 방법을 사용한다. 구체적으로는 '기氣'와 유사한 생리적 에너지를 조절하는 방법에서부터, 난교亂交적 요소까지도 동원된다고 한다. 이것은 그 구조에 있어서 힌두교의 탄트리즘과 거의 다르지 않은 것이다.

 이 후기밀교는 인도에서 불교가 소멸하는 13세기 경까지 지속

....
92 그래서 기존의 불교에서 삼업三業이라고 불리던 이 세 가지 수단을 밀교에서는 삼밀三密이라고 부른다. 구체적으로는 다라니 주문의 암송, 인계印契 mudrā를 맺는 것 같은 신체적 자세, 만달라曼茶羅maṇḍala의 관상觀想을 통한 마음의 집중 등과 같은 방법이 사용된다.

된다. 말하자면 7세기 경부터 약 600년 동안 힌두교와의 차별이 두드러지지 않는 밀교라는 불교가 인도대륙에서 자리잡고 있었던 것이다. 이 시대의 밀교는 그들이 불교도임을 표방하고, 공과 유식 등과 같은 불교의 원리를 교리의 바탕으로 삼고 있었다는 점을 제외하면, 그 실질에 있어서 힌두교와 다른 점을 찾기 어렵다. 힌두교 역시 불교의 영향을 받지 않은 것은 아니겠지만, 아마도 그것은 과거 인도의 다른 신앙에 대해 그랬던 것처럼 불교를 힌두교 속에 담으려는 포용적 성격의 발현이었을 가능성이 많다. 힌두교에서 석가모니 붓다를 비슈누신의 아홉 번째 화신으로 편입한 것은 그 단적인 예라고 할 것이다.

인도에서 불교가 소멸한 것은 7세기경 서아시아에서 일어나 점차 동진을 계속해 오던 이슬람교의 세력이 12세기 말경 인도대륙을 점령하면서 자행한 대대적인 불교박해가 직접적인 원인이 된다. 그렇지만 인도에서 불교가 사라지게 된 보다 근본적인 원인은 불교가 이미 힌두교와 궁극적으로 아무런 차이가 없게 되었다는 사실에 있다고 보는 것이 학계의 지배적인 견해이다. 그래서 현대의 인도철학자 라다 크리슈난은, 인도에서 불교는 '자연사自然死' 하였다고 표현한다.[93]

결국 이 시기는 밀교화와 쇠퇴의 시기였다고 말할 수 있을 것이다.

매우 미미한 불교 세력만이 남아 있던 현대의 인도에서 새로이

---

[93] 라단 크리슈난 저, 이거룡 역 『인도철학사 II』 p.474

상당한 규모의 불교문화가 형성되고 있다. 그렇지만 이것은 천민 계층의 지위향상을 목적으로 하는 정치 사회적 운동의 방편으로 추진된 것이거나, 인접 불교국가의 영향을 받아 그 문화가 역수입된 것이어서, 과거의 화려했던 불교전통과는 별개의 흐름인 것으로 보아야 할 것이다.

4. 반야심경·금강경과 근본불교

이 책의 서두에서 이 책에서 다룰 《반야심경》과 《금강경》은 모두 이른바 반야부에 속한 경전이라고 설명한 의미는 이제 대체로 이해되었을 것이다. 요컨대 이 두 경전은 대승불교운동 초기에 성립된 반야부에 속하는 대승불교경전으로서, 기존 불교의 법에 대한 시각을 비판하기 위한 공사상과 반야사상을 주된 내용으로 담고 있는 경전이다. 말하자면 대승경전의 요소 중 사상적 요소가 특히 두드러진 경전이라고 말할 수 있다.

이 두 경전은 대승경전 중에서는 매우 짧은 편에 속한다. 한역본을 기준으로 말한다면 《반야심경》은 총 글자수가 260자에 불과하고, 《금강경》은 1권으로 편성되어 있어, 600권 《대반야경》의 600분의 1에 지나지 않는다. 그렇다면 이들 경전은 그 짧기처럼 이해하기도 쉬운가? 결코 그렇지 않다. 그 이유는 이들 경전은 기존 불교가 지니고 있던 제법의 실재라는 이론적 약점을 비판하기 위한 것이기 때문이다. 말하자면 기존 불교의 전문가에 대한 비판서이다. 어떻게 쉬울 수 있겠는가?

당연히 기존 불교는 어떻게 주장하고 있는지 알아야 한다. 그렇지만 대승경전에서는 이것을 설명하지 않는다. 비판을 하는 전문가나 비판을 받는 전문가는 당연히 비판의 대상이 무엇인지 다 알고 있기 때문일 것이다. 대승경전 대부분이 그러하다. 그렇다면 경전을 설명하는 사람이 이것을 먼저 설명해 주어야 한다. 그런데도 이것을 설명해 주지 않았다. 말하자면 비판의 대상을 설명하지 않은 채 비판하는 경전의 내용을 설명하여 왔다. 결코 제대로 이해될 수 없다. 그런데도 이 현상은 최근까지도 그러했다.

그 이유는 무엇이었을까? 대략 두 가지를 생각할 수 있다. 하나는 이 비판의 대상을 설명하자면, 경전의 내용 못지 않은 분량의 설명을 해야 하기 때문일 것이다. 말하자면 불교의 근본원리와 함께 우리가 앞에서 '기존의 불교'라는 이름으로 부른, 붓다 입멸후의 불교의 전개까지 먼저 설명해야 하는데, 그럴 경우 그 분량은 경전의 내용을 설명하는 것에 못지 않은 분량이 되므로 기술적으로 쉽지 않은 일이기 때문이었을 것이다.

그리고 다른 하나는 중국불교에서 널리 행해진 교법 분류의 영향이 작용하고 있었기 때문이 아닐까 한다. 앞에서 개관한 것과 같은 복잡한 전개양상 때문에 불교를 담은 문헌은 그 내용이 대단히 방대하다. 그래서 과거 중국에서는 이해의 체계를 세우기 위하여 불교의 가르침을 내용이나 형식 등 여러 가지 기준에 의해 분류 정리해서, 가르침들 사이의 상호관계와 그 가르침이 갖는 의의 등을 탐구해 왔다. 이러한 방식의 탐구를 교판敎判[94]이라고 하는데, 여기에서 근본불교의 경전을 수준 낮은 가르침으로 오해할 소지가 많은 교판법이 주류를 이루어왔다.

예컨대 수나라 시대의 스님 천태지의天台智顗(538-597)에 의해 주장된 소위 '5시五時교판'은 가장 유명한 것의 하나인데, 여기에서는 붓다의 가르침을 시간적 순서에 따라 다음과 같은 다섯 단계로 나누어 설명한다. 붓다께서 성도成道하신 후 처음 21일 동안 궁극의 진리를 담은 화엄경전을 설하였으나(소위 화엄시華嚴時),

----
94 가르침의 모습[敎相]을 가려 해석[判釋]한다는 뜻의 교상판석을 줄인 말이다.

이를 이해하지 못하므로 기초부터 설명하기로 하고 첫 12년간 녹야원鹿野苑에서 아함경전을 설하였고(소위 녹원시鹿苑時 또는 아함시阿含時), 그 후 수준을 높여 8년간 방등경전을 설하였으며(소위 방등시方等時), 그 다음에는 더욱 수준을 높여 22년간 반야경전을 설하였고(소위 반야시般若時), 최후로 8년간 최상의 대승경전인 법화·열반경전을 설하였다(소위 법화열반시法華涅槃時)는 것이다.95

이 다섯 가지 중 아함경전만 근본불교의 경전이고, 나머지 넷은 모두 대승경전이다. 여기에서 아함경전이 다른 경전들의 기초가 되는 것이라 함은 지극히 옳은 말이다. 문제는 이 경전을 설하신 후 '수준을 높여' 다른 대승경전을 설하셨다고 하는 취지의 표현96에서 비롯된다. 곧 이 표현이 아함경전을 수준이 낮은 가르침이라고 오해하는 원인으로 작용한 것이다. 그러다 보니 중국불교에서 아함경전은 연구할 만한 가치가 있는 경전으로 취급되지 못하고, 이 연구의 소홀은 다시 이 경전을 이해하기 어렵게 만드는 악순환으로 이어졌다.97

---

95 앞에서 설명한 불교의 전개과정으로 보아 이것이 역사적인 사실이 아님은 충분히 알 수 있을 것이다.
96 이 교판법을 밝힌 『천태사교의四敎儀』에서는, "다음 방등부를 밝히니, 《정명경》(=《유마경》의 다른 명칭임) 등의 경전이다. 치우친 것을 물리치고 작은 것을 꺾으며 큰 것을 찬탄하고 원만한 것을 기린다."라고 표현하였다. 다른 교판방법도 아함경전의 위치를 이와 같이 이해하는 것은 거의 같은데, 대승불교 성립후 기존 불교에 비판적인 대승불교를 도입한 중국불교로서는 이렇게 표현할 수밖에 없었을지 모른다.
97 이 점은 남방불교의 니까야에 대하여는, 주석서와 그에 대한 복주서까지 갖추어져 있는데도, 아함경전에 대해서는 개별적인 주석서가 남아 있지 않은 사실에 비추어 추리한 것이다.

이러한 분위기는 우리의 불교계에도 고스란히 전달되었다. 바로 이것이 우리로 하여금 대승불교는 물론, 불교 자체를 이해하기 어렵게 만든 근본원인이 아닐까 한다. 그래서 우리는 이 기회에 불교의 경전을 대하는 시각을 정립해 둘 필요가 있다.

우리가 불교를 좀더 쉽고 그리고 정확하게 이해하기 위해서는 근본불교의 경전을 먼저 배워야 한다. 이것은 대승경전을 이해하기 위해서도 필수불가결한 일이다.[98] 잘 알려져 있는 것처럼 근본불교의 경전에는 한역 아함경과 빠알리 니까야의 둘이 있다. 역사적으로 본다면 한역 아함경이 빠알리 니까야보다 좋은 자료라고 생각할 수도 있지만,[99] 앞에서 언급했듯이 한역 아함경은 참고할 만한 주석서가 없어 이해하기 어렵다는 점을 감안해야 한다.

다음 대승경전을 어떻게 보아야 할 것인지에 대해서는 전통적으로 두 가지 입장이 있다. 우선 과거 중국에서의 교판처럼 대승경전을 가장 우월하고 궁극적인 가르침으로 보는 것은 그 역사적인 배경에 비추어 따르기 어려운 일이다. 한편 남방불교권에서는 전통적으로 대승경전은 불설이 아니라 하여 경전으로 취급하지 않는다고 하지만, 우리로서는 이것도 그대로 따르기는 어렵다

---

[98] 필자가 이 책의 초판 제2부에서 많은 지면을 할애하여 '근본불교의 가르침'을 먼저 설명한 것은 이러한 이유에서였다. 그리고 근본불교의 가르침을 좀더 쉽게 전달하기 위하여 2007년 이 부분을 독립시켜서 『불교는 무엇을 말하는가』라는 책을 먼저 펴낸 사정 등은 머리말에서 밝혔다.
[99] 한역 아함경은 범어 경전을 원전으로 하여 번역된 것인데, 초기경전의 범어화는 기원후 2세기 경 까니시까 왕 시대에 국가적인 사업으로 이루어진 것이므로, 그 원전으로 되었다는 것은 가장 표준적인 경전으로 간주되었기 때문일 것이다.

생각한다.

　우선 우리는 전통적으로 대승불교권에 속해 있으므로 대승경전을 알지 못하고서는 우리의 불교를 이해할 수도 없고 법의 교류와 전달도 불가능하기 때문이다. 그런데다가 대승불교는 기존의 불교에 대한 비판운동이었다. 그리고 이 운동은 그것이 일어난 이래 불교의 존속과 함께 지속적으로 생명력을 유지하여 왔다. 이러한 비판이라면 결코 외면되어서는 안 될 것이기 때문이다.

　다만 앞에서 본 것처럼 대승경전에는 여러 가지 요소가 혼합되어 있다. 어떤 요소는 이것이 불교의 근본을 이해하는 데 큰 도움을 주는 것이므로, 적극적으로 접근할 필요가 있는 반면, 어떤 요소는 불교의 근본과 반대되는 면을 가진 것이므로 경계할 필요마저 있다. 따라서 우리가 대승경전을 볼 때에는 한시라도 이 점을 잊지 말아야 한다.

　요컨대 우리는 불교의 근본을 외면하는 기왕의 분위기에 머물러 있어서는 안 되고, 다시 불교의 근본으로 돌아가야 한다. 근본으로 돌아가되 그 속에 안주해서는 안 되며, 대승의 목소리에 귀 기울이면서 스스로를 되돌아보아야 한다. 그러면서 주의해야 할 것은 대승경전을 감싸고 있는 신비적 요소의 진정한 의미를 놓치지 않아야 한다는 것이다.

제1부

반야심경 읽기

제1장 반야심경의 구성

    반야부 경전의 핵심을 축약한 것으로 평가되고 있는 이 《반야바라밀다심경》, 즉 《반야심경》은 범어본으로 광본廣本과 약본略本(소본小本이라고도 함)이 모두 현존하고 있다. 한역본 역시 광본과 약본이 모두 전해지고 있다.

    광본의 한역은 738년 인도의 법월法月이 처음 번역한 이래, 반야般若와 이언利言(790년), 지혜륜智慧輪(840년 경), 법성法成(858년)을 거쳐, 송나라의 시호施護(980년 경)의 번역에 이르기까지 다섯 종의 번역본[1]이 전해지고 있고, 약본의 경우 구마라집 역본[2]과 현장玄奘 역본[3]의 두 가지가 있다.

    우리나라에서 불교의식을 할 때 거의 빠짐 없이 독송되는 《반야심경》은 현장이 번역한 약본으로, 이것이 여기에서 다룰 텍스

---

[1] 광본의 경우 법월 역본과 시호 역본은 그 제목이 각각 《보변지장普遍智藏반야바라밀다심경》, 《불설성불모佛說聖佛母반야바라밀다경》으로 되어 있다.
[2] 이것이 최초의 한역본인데, 그 제목은 《마하반야바라밀대명주경》으로 되어 있다. 구마라집에 대하여는 졸저 『육조단경읽기』 p.18 참조.
[3] 위의 졸저 p.18 참조.

트이다.

광본 반야심경의 구성

불교의 경전은 본론에 앞서 그 경전을 설하게 된 인연을 밝히는 부분을 두고, 끝에는 그 경전의 이익을 설명하고 후대에 유통시키기를 권하는 내용을 두는 것이 가장 보편적인 형식이다. 이 경우 본론에 해당하는 것을 정종분正宗分이라 하고, 그 앞뒤에 두는 것을 서분序分과 유통분流通分이라고 부른다. 경전을 이와 같이 세 부분으로 나누는 방법이 현재까지 경전의 가장 기본적인 분과법으로 확립되어 있다.4

그런데 이 《반야심경》의 경우 약본은 서분과 유통분 없이 정종분만으로 되어 있는 반면, 광본에는 약본의 전후에 서분과 유통분이 각각 간략히 붙어 있다. 그런 관계로 본문인 정종분正宗分의 체제도 다소 달라서, 약본의 경우 관자재보살觀自在菩薩이 바로 제3자의 입장에서 반야바라밀의 핵심을 사리자舍利子에게 설명하는 체제로 되어 있는 반면, 광본의 경우 붓다께서 주재하시는 자리에서 관자재보살이 붓다의 삼매5의 힘에 의지하여 오온이 공함을 비추어 보고, 붓다의 허락을 받아 사리자에게 반야바라밀의 핵심을 설명하는 체제로 되어 있다.

---

4 이 삼분과법三分科法은 중국 진晉나라의 도안道安(314-385)이 최초로 세운 것으로 알려져 있다.
5 이 삼매의 명칭은 번역본마다 차이가 있다.

그렇지만 광본은 경전의 체제에 맞추기 위해 서분과 유통분이 형식적으로 붙어 있는 것일 뿐, 서분과 유통분에 큰 의미가 있는 것은 아니라고 본다. 그래서 여기에서는 우리에게 친근한 현장 역의 약본을 텍스트로 하여 이해를 위한 읽기에 들어가기로 하되, 그에 앞서 비교와 대조를 위한 자료로서 법성法成 역의 광본을 우리말 번역과 함께 옮겨둔다.6

[서분]

| 이와 같이 나는 들었다. | 如是我聞. |
| 한 때 세존[薄伽梵]7께서는 왕사성의 취봉산鷲峰山8 중에 큰 비구 대중들 및 여러 보살마하살9들과 함께 계셨다. 그 때 세존께서는 매우 깊고 밝은 삼매법의 여러 다른 문[異門]에 평등하게 드셨다. | 一時 薄伽梵 住王舍城 鷲峰山中 與大苾芻衆 及 諸菩薩摩訶薩俱. 爾時 世尊 等入甚深明了 三摩 地法之異門. |

---

6 이것을 택한 것은 비교적 범어 원전에 충실하고, 현장 역 약본과의 연결도 자연스럽기 때문이다. 이해에 필요한 용어는 각주에서 간략히 설명하되, 이후 약본에서 보아야 할 부분은 설명을 생략한다.
7 이 한역본의 원문에는 '박가범薄伽梵'이라고 되어 있다. 박가범은 범어 바가반 bhagavān의 음역어로서, 스승이나 성자 등 존경스러운 사람에 대하여 사용하는 말이다. 불경에서는 붓다의 존칭으로서 사용하였고, 세존으로 번역한다. 광본의 번역에서 세존으로 번역된 것의 원문은, 이와 같이 '박가범'인 경우도 있고 '세존'인 경우도 있다.
8 중인도 마가다국 왕사성의 동북방에 있는 산으로, 붓다 재세시의 설법장소로 유명하다. 빠알리어명 깃자꾸따Gijjhakūṭa산(⑤Gṛdhrakūṭa산)의 번역어로, 영취산靈鷲山·영추산·영축산·기사굴산耆闍崛山 등으로도 번역한다.
9 보살에 대한 존칭으로 마하살타摩訶薩埵 ⑤mahāsattva의 약어. 의역하여 대사大士·대심大心·대중생·대유정이라고 한다.

또 그 때 관자재보살마하살은 깊은 반야바라밀다를 행하실 때에 오온의 체성體性이 모두 다 공空임을 관찰하여 비추어 보셨다. 그 때 장로[具壽]10 사리자는 붓다의 위신력을 받들어 성자聖者 관자재보살마하살에게 말하였다.

"만약 선남자善男子11가 매우 깊은 반야바라밀다를 수행하고자 한다면 다시 어떻게 닦고 배워야 합니까?"

그러자 관자재보살마하살은 장로 사리자에게 대답하셨다.

復於爾時 觀自在菩薩摩訶薩 行深般若波羅蜜多時 觀察照見 五蘊體性悉皆是空. 時具壽 舍利子 承佛威力 白聖者 觀自在菩薩摩訶薩曰.

"若善男子 欲修行 甚深般若波羅蜜多者 復當云何修學?"

作是語已 觀自在菩薩摩訶薩 答具壽舍利子言.

[정종분]

....
10 이 '장로長老'라는 표현은 한역문의 구수具壽(이는 수명āyus을 가진 자라는 뜻의 범어 'āyuṣmat'의 역어임)를 번역한 것인데, 양자 모두 덕행이 높은 비구에 대한 존칭으로 쓰는 말이다. 자은규기의 『설무구칭경소』(제6권본본)에 의하면, 「'구수'란 예전에는 혜명慧命이라고 하였다. 세간의 유정은 대부분 수명을 사랑한다. 장수하리라는 말을 듣는다면 누가 기뻐하지 않겠는가? 출가한 사람은 대부분 지혜를 사랑한다. 지혜롭다는 말을 듣는다면 누가 기뻐하지 않겠는가? 역시 세속인이 수명을 사랑하는 것과 같은 것이다. 이 때문에 구역에서는 '혜명'이라고 불렀으니, '수壽'란 '명命'인 것이다. 세간의 명命을 구족하고 그리고 출세간의 지혜의 명命을 갖춘 것이니, 치우쳐 나타낼 수 없기 때문이다. 명命을 지금은 쌍으로 불러, 통칭해서 '구수'라고 말한 것이다.」(졸역 『설무구칭경·유마경』 p.397)라고 한다.
11 좋은 가문[kula]의 남자[putra]라는 뜻의 범어 kulaputra을 번역한 것으로서, 일반적으로 불도佛道에 뜻을 두고 수행하는 남자를 가리킨다. 뒤에 나오는 '선여인kuladuhitṛ'도 마찬가지로 좋은 가문의 여인이라는 뜻이다.

"만약 선남자와 선여인이 매우 깊은 반야바라밀다를 수행하고자 한다면 그는 응당 이렇게 관찰하여야 합니다.

오온의 체성은 모두 다 공이니, 색이 곧 공이요 공이 곧 색이라, 색은 공과 다르지 않고 공은 색과 다르지 않습니다. 이와 같이 수·상·행·식도 역시 또한 모두 다 공입니다.

그러므로 사리자님, 일체법의 공성空性과 표상 없음[無相]12은 생겨남도 없고 소멸함도 없으며, 더러움도 더러움을 여읨도 없고, 줄어듦도 없고 늘어남도 없습니다.

사리자님, 그러므로 이 때 공성空性 중에는 색도 없고 수·상·행도 없으며 또한 식도 없고, 안·이·비·설·신·의도 없고 색·성·향·미·촉·법도 없으며, 안계眼界도 없고 나아가 의식계意識界도 없으며, 무명도 없고 또한 무명의 다함[無明盡]도 없으며 나아가 노사老死도 없고 또한 노사의

"若善男子及善女人 欲修行 甚深般若波羅蜜多者 彼應如是觀察.

五蘊 體性皆空, 色卽是空 空卽是色, 色不異空 空不異色.

如是受想行識 亦復皆空.

是故 舍利子, 一切法 空性無相 無生無滅, 無垢離垢, 無減無增.

舍利子, 是故 爾時空性之中 無色 無受無想無行 亦無有識, 無眼無耳無鼻 無舌無身無意, 無色無聲 無香無味無觸無法, 無眼界 乃至 無意識界, 無無明 亦無無明盡 乃至 無

---

12 이 대목의 범어 원문은 'sarvadharmāḥ śūnyatālakṣaṇā'로서 약본의 그것과 완전히 같다. 따라서 이를 '一切法 空性無相'이라고 한 한역문은 원문과는 거리가 있는 번역인데, 원문의 뜻에 어긋나지 않게 하기 위하여 '空性'과 '無相'을 병렬적인 것으로 번역하였다.

다함도 없으며, 고·집·멸·도도 없고, 지혜[智]도 없고 얻음[得]도 없으며 또한 얻지 못함[不得]도 없습니다.

　그러므로 사리자님, 얻는 것이 없으므로 모든 보살들은 반야바라밀다에 의지하여 마음에 장애가 없고, 두려움이 없으며 전도顚倒를 뛰어넘어 구경열반에 이릅니다.

　삼세의 일체 모든 붓다들께서도 또한 모두 반야바라밀다에 의지함으로써 무상정등각을 증득하십니다.

　사리자님, 그러므로 반야바라밀다 큰 비밀주는 크게 밝은 주문이고 위없는 주문이며 견줄 것 없는 주문이고 능히 일체의 모든 고통을 없애주는 주문으로서, 진실하고 전도 없는 것이라고 알아야 합니다.

　그래서 반야바라밀다는 비밀주임을 알아야 합니다. 곧 반야바라밀다주를 말하겠습니다.

　　아제아제　파라아제
　　파라승아제　보제사하

老死 亦無老死盡, 無苦集滅道, 無智無得 亦無不得.

是故 舍利子, 以無所得故 諸菩薩衆 依止般若波羅蜜多 心無障礙, 無有恐怖 超過顚倒 究竟涅槃.

三世一切諸佛 亦皆依般若波羅蜜多故 證得無上正等菩提.

舍利子, 是故當知 般若波羅蜜多 大密呪者 是大明呪 是無上呪 是無等等呪　能除一切諸苦之呪, 眞實無倒.

故知般若波羅蜜多 是秘密呪. 卽說般若波羅蜜多呪曰.

　　峨帝峨帝　波囉峨帝
　　波囉僧峨帝　菩提莎訶

사리자님, 보살마하살은 매우 깊은 반야바라밀다를 응당 이와 같이 닦고 배워야 합니다."

舍利子, 菩薩摩訶薩 應如是修學 甚深般若波羅蜜多."

[유통분]

이 때 세존께서 그 삼매에서 일어나 성자 관자재보살마하살에게 말씀하셨다.

"훌륭하고 훌륭하다. 선남자여, 그렇고 그러하다. 그대가 말한 것처럼 그는 응당 반야바라밀다를 이와 같이 닦고 배워야 한다. 일체의 여래께서도 또한 따라 기뻐하실 것이다."

그 때 세존께서 이 말씀을 마치시자, 장로 사리자와 성자 관자재보살마하살, 일체 세간의 천신과 사람, 아수라, 건달바 등은 붓다의 말씀을 듣고, 모두 다 크게 기뻐하며 믿고 받아들여서 받들어 행하였다.

爾時 世尊 從彼定起 告聖者 觀自在菩薩摩訶薩曰.

"善哉善哉. 善男子, 如是如是. 如汝所說 彼當如是修學 般若波羅蜜多. 一切如來 亦當隨喜."

時 薄伽梵 說是語已, 具壽 舍利子 聖者 觀自在菩薩摩訶薩, 一切世間 天人 阿蘇羅 乾闥婆等 聞佛所說, 皆大歡喜 信受奉行.

약본 반야심경의 구성

약본은 위에서 본 광본과 대조할 때, 서분과 유통분에 해당하는 부분이 없고 정종분만으로 되어 있는 점이 가장 두드러진 차이이다. 그렇지만 공통되는 부분을 대조하면, 표현에 약간의 차이가 있을 뿐, 뜻은 거의 같다.

그런데 이 약본은 길이가 매우 짧은데도 불구하고, 예전부터 그 구조를 이해하는 방법이 같지 않았다. 설명의 편의를 위해 먼저 경전의 글을 나누어 제시한 다음 그 구조에 대해 설명하겠다.

1.1
관자재보살께서 깊은 반야바라밀다를 행하실 때에 오온이 모두 공임을 비추어 보고 일체의 괴로움을 건너셨다.

觀自在菩薩 行深般若波羅蜜多時 照見 五蘊皆空 度一切苦厄.

1.2
사리자님, 색은 공과 다르지 않고 공은 색과 다르지 않으니, 색이 곧 공이요 공이 곧 색이라, 수·상·행·식 또한 그러합니다.

舍利子, 色不異空 空不異色, 色卽是空 空卽是色, 受想行識 亦復如是.

1.3
사리자님, 이 모든 법의 공한 모습[空相]은 생겨나지도 않고 소멸하지도 않으며, 더럽지도 않고 깨끗하지도 않으며, 늘어나지도 않고 줄어들지도 않습니다.

舍利子, 是諸法空相 不生不滅, 不垢不淨, 不增不減.

1.4
그러므로 공 중에는,
(1) 색도 없고 수·상·행·식도 없으며,

是故 空中,
無色 無受想行識,

⑵ 안·이·비·설·신·의도 없고 색·성·향·미·촉·법도 없으며,   無眼耳鼻舌身意 無色聲香味觸法,

⑶ 안계眼界도 없고 나아가 의식계도 없으며,   無眼界 乃至 無意識界,

⑷ 무명도 없고 또한 무명의 다함도 없으며 나아가 노사도 없고 또한 노사의 다함도 없으며,   無無明 亦無無明盡 乃至 無老死 亦無老死盡,

⑸ 고·집·멸·도도 없고,   無苦集滅道,

⑹ 지혜도 없고 또한 얻음도 없습니다.   無智 亦無得.

1.5

얻는 것이 없으므로 보리살타는 반야바라밀다에 의지함으로써 마음에 걸림이 없고, 걸림이 없으므로 두려움이 없고 전도된 망상을 멀리 여의어 구경열반에 이릅니다.   以無所得故 菩提薩埵 依般若波羅蜜多故 心無罣礙, 無罣礙故 無有恐怖 遠離顚倒夢想 究竟涅槃.

삼세의 모든 붓다들께서도 반야바라밀다에 의지하기 때문에 아뇩다라삼먁삼보리를 증득하십니다.   三世諸佛 依般若波羅蜜多故 得阿耨多羅三藐三菩提.

1.6

그러므로 반야바라밀다는 크게 신비한 주문이고 크게 밝은 주문이며 위없는 주문이고 견줄 것 없는 주문으로, 능히 일체의 고통을 없애주고 진실하여 헛되지 않은 것이라고 알아야 합니다.   故知般若波羅蜜多 是大神呪 是大明呪 是無上呪 是無等等呪, 能除一切苦 眞實不虛.

2

그러므로 반야바라밀다 주문을 말합니다. 곧 주문은 이러합니다.

故說般若波羅蜜多呪. 卽說呪曰.

아제아제　바라아제
바라승아제　모지사바하

揭諦揭諦　波羅揭諦
波羅僧揭諦　菩提沙婆訶

 이 책의 초판에서는 이 경전의 본문을, 당나라 시대의 스님 현수법장賢首法藏(643-712)13이 이 경전에 대한 주석 『불설佛說반야바라밀다심경약소略疏』(1권. 이하 '약소'라고 부른다)에서 나눈 방법을 따랐었다. 이번에는 다소 시각을 바꾸어 위의 방법과 신라시대의 우리나라 스님 원측圓測(613-696)14이 이 경전에 대한 주석 『반야바라밀다심경찬贊』(1권. 이하 '심경찬'라고 부른다)에서 나눈 방법을 절충하여 글을 나누었다. 두 분의 분단법의 차이를 도표화하여 비교해 보면 다음과 같다.

---

13 신라의 의상義湘 대사와 함께 중국의 지엄智儼 문하에서 수학한 동문으로, 후에 화엄학을 대성하여 중국 화엄종(제3조)을 확립한 스님으로 알려져 있다.
14 신라의 왕손으로 태어나 열다섯 살 되던 해에 중국으로 건너가 불법을 공부하여 한 때 중국 불교계를 대표하다시피 한 우리나라의 스님이다. 특히 유식 분야에 조예가 깊었던 것으로 알려져 있다.

법장	경문	원측
Ⅰ 현료顯了반야 　1. 핵심을 간략히 표방함	1.1	Ⅰ 관찰주체인 지혜를 밝힘
2. 진실한 뜻을 자세히 폄 　　(1) 외인의 의심을 떨침	1.2	Ⅱ 관찰대상인 경계를 분별함 　1. 공성空性의 분별
(2) 법체를 드러냄	1.3	2. 공상空相을 드러냄 　　(1) 공상을 드러냄
(3) 떠나야 할 것을 밝힘	1.4	(2) 육문六門을 버림
(4) 얻는 것을 분별함	1.5	Ⅲ 얻는 과보를 밝힘 　1. 얻는 과보
(5) 뛰어난 공능을 찬탄함	1.6	2. 뛰어난 공능을 찬탄함
Ⅱ 비밀秘密반야	2	

그래서 개정판에서는 《반야심경》을 우선 크게 반야바라밀다를 공의 관점에서 드러내어 설명하는 앞부분(1.1 내지 1.6)과, 비밀한 뜻을 지닌 주문으로서 말하는 뒷부분(2)의 두 부분으로 나누었다. 법장의 주해에서 앞 부분은 반야를 드러내어 말한 것이라고 해서 현료顯了반야라고 하고, 뒷 부분은 반야를 비밀하게 말한 것이라고 해서 비밀秘密반야라고 표현하였는데, 예전부터 이 둘을 가리켜서 현설顯說반야와 밀설密說반야라고 부르는 표현이 널리 알려져 왔다. 그래서 여기에서도 이 명칭을 사용하겠다.

그리고 앞의 현설반야는 반야의 핵심을 먼저 간략히 요약하여 제시하는 부분(1.1)과, 뒤에서 이를 풀어서 자세하게 설명(1.2 내지 1.6)하는 부분으로 나누었다.15 여기까지는 법장의 분단법을 따른 것이다.

```
Ⅰ. 현설반야(1.1-1.6)
  1. 핵심(1.1)
  2. 자세한 설명(1.2-1.6)
    (1) 관찰대상(1.2-1.4)
      ㈎ 공성을 분별함(1.2)
      ㈏ 공상을 드러냄(1.3-1.4)
        ㈀ 여섯 가지 뜻에 의해 공상을 드러냄(1.3)
        ㈁ 공상에 의해 6문의 법을 버림(1.4)
    (2) 증득할 과보(1.5-1.6)
      ㈎ 증득할 과보(1.5)
      ㈏ 뛰어난 공능을 찬탄함(1.6)
Ⅱ. 밀설반야(2)
```

나아가 뒤의 자세하게 설명하는 부분은 관찰대상을 분별하는 부분(1.2 내지 1.4)과 이를 통찰함으로써 증득하는 과보를 밝히는 부분(1.5 내지 1.6)으로 나눈다.16 그리고 그 중 전자는, 공의

---

15 법장의 주해에서는 전자를 '略標綱要', 후자를 '廣陳實義'라고 표현한다.
16 원측의 주해에서는 전자를 '辨所觀境', 후자를 '顯所得果'라고 표현한다. 그리고 그 첫 부분 '관찰주체인 지혜를 밝힘'이라고 표시한 것은 '明能觀智'라

성품[空性]을 설명하는 부분(1.2)과, 공의 모습[空相]을 설명하는 부분(1.3 내지 1.4)의 둘로 나누고, 후자는 얻는 과보를 밝히는 부분(1.5)과 뛰어난 공능을 찬탄하는 부분(1.6)으로 나누었다. 나아가 전자 중 뒤의 공의 모습을 설명하는 부분은 첫째 공의 모습을 설명하는 부분(1.3)과 여섯 부문의 법을 버리는 부분(1.4)으로 나누었다. 이상은 원측의 분단법을 따른 것인데, 위에서 말한 구조를 도표로 요약하면 앞 면의 도표와 같다.

이하에서 먼저 경전의 제목에 대하여 간략히 본 다음, 장을 바꾸어 경전의 글을 위 순서에 따라 읽어 나가기로 한다.

경전의 제목

앞에서 본 것처럼 《반야심경》의 제목은 번역자에 따라 여러 가지로 번역되고 있다. 그렇지만 이 경전의 범어 원본에는 제목이 따로 없고, 다만 경전의 끝에 '이와 같이 반야바라밀다의 정수精髓가 완성되다'라는 뜻의 'iti prajñāpāramitā-hṛidayaṃ samāptam'이라는 표현이 붙어 있을 뿐이다. 그래서 역경가들이 한역할 때에 이 '반야바라밀다의 정수[prajñāpāramitā-hṛidaya]'라는 표현을 따와 한역 경전의 제목으로 삼은 것이다.17 우리가 읽을 현장 역본의 제목도 '반야바라밀다심경般若波羅密多心經'이라고 되어 있다.

....
고 표현하고 있다.
17 그래서 범어로는 이 경전을 'prajñāpāramitā-hṛidaya-sūtra'라고 부른다.

이 여덟 글자의 제목은 '반야바라밀다般若波羅蜜多'와 '심心'과 '경經'의 세 부분으로 나누어진다. 우선 '경'은 범어 'sūtra'(ⓟsutta)를 번역한 것으로서, 소위 '경전'을 가리키는 것이다. 한문으로는 음역하여 수다라修多羅라고도 부르고, 의역하여 계경契經이라고도 부른다. 그런데 이 경은 앞에서 본 것처럼 넓게는 붓다께서 말씀하신 가르침[法] 전부를 가리키지만, 좁게 말할 때는 붓다께서 말씀하신 가르침 중 계율에 관한 것을 제외하고, 교법敎法만을 가리키는 것이다. 그래서 이 경이 집적된 것을 경장經藏이라고 하고, 붓다께서 말씀하신 것 중 계율에 관한 것이 집적된 것을 율장律藏이라고 하며, 그 외 붓다 입멸 후 만들어진 불교이론에 관한 문헌을 논장論藏이라고 하고, 이 세 가지를 합쳐서 삼장三藏이라고 부른다는 것은 앞에서 보았다.

다음 '심心'은 심장心臟을 뜻하는 범어 'hṛidaya'를 옮긴 것이다. 그래서 이 단어는 마치 심장이 몸의 근본인 것처럼, 어떤 것의 정수 내지 핵심인 것을 비유하는 표현으로 사용된다. 여기에서의 의미도 이 경전 260글자가 반야바라밀다의 정수 내지 핵심이라는 취지이다. 좀더 확장한다면 이 경전은 600권 《대반야경》의 정수이고 핵심이라는 의미도 없지 않을 것이다. 어떻든 이 글자는 마음이라는 뜻으로 해석될 것은 아니라는 점에 유의하여야 한다.

끝으로 제목 중에서도 핵심은 물론 '반야바라밀다'이다. 이것은 '반야prajña'와 '바라밀다pāramitā'라는 두 어휘가 합성된 것이다. 먼저 반야般若는 앞에서 본 것처럼 범어 '쁘랑냐prajña'에 해당하는 빠알리어 '빤냐paññā'의 음역어로서, 말하자면 연기하는 법계의 실제의 모습을 있는 그대로 직접 알고 보는 것을 의미한다. 이를 굳이 번역하자면 '지혜'라는 용어로 번역할 수밖에 없는데, 반야는 우리가 세상에서 배워서 얻는 지혜가 아니므로 이 번역어로는 본래의 의미가 잘 드러나지 않는다. 그래서 세속의 언어에는 적절한 용어가 없으므로 의역을 하지 않고 '반야'라는 음역어를 그대로 사용하는 것이라고 설명된다.18

이 반야는 우리가 불교의 근본원리를 알아보는 자리에서 설명한 그 무분별지, 다시 말해서 사마타와 위빠사나를 수행하여 분별이 멈추어진 상태에서, 연기하고 있는 법계의 실제 그대로의 모습을 알고 보게 되는 지혜를 가리키는 것이다. 이것에 의해서 모든 현상의 표상 없음[無相]과 나 없음[無我]을 직접적으로 체험하고, 이를 통해 모든 현상의 무상無常함·괴로움[苦]·실체 없음[無我]이라는 현상의 세 가지 특징[三法印] 및 연기의 이치를 확인하게 되며, 나아가 이 체험 속에서 사성제를 확신하게 되는 것이다.19

이와 같은 능력을 갖게 되면 우리는 비로소 괴로움의 뿌리가 되는 무명無明에서 벗어나게 된다. 십이연기의 첫 번째 가지인 이 무명avijjā은 명明vijjā이 없는 것인데, 여기에서 명은 바로 이 반야를 말하는 것이다. 그래서 이 반야를 명지明智라고 부르니, 이 명지

---

18 이 경전의 한역자이자 대역경가인 현장이 번역할 때 의역어로 번역하지 않고 음역어로만 두는 다섯 가지 원칙을 정하였다고 하는데, 이를 '오종불번五種不翻'이라고 한다. 첫째 비밀스런 뜻이 있는 경우[祕密之故], 둘째 한 단어가 많은 뜻을 가지는 경우[舍多義故], 셋째 자기 나라에 없는 것을 가리키는 말인 경우[此方所無故], 넷째 고래로부터 번역되지 않은 채 사용되어 온 경우[古例故], 다섯째 뜻이 가볍게 오해될 여지가 있는 경우[尊重故, 生善故]가 그것인데, 반야는 그 중 첫째와 넷째 및 다섯째에 해당될 수 있다.
19 졸저 『불교는 무엇을 말하는가』 pp.226-227 참조.

즉 반야가 없는 것이 무명인 것이다. 따라서 이 반야를 얻게 되면 무명이 사라지므로 윤회의 근본이 뿌리뽑히는 것이다. 그래서 이 반야를 얻는 순간 온갖 괴로움을 종식시키는 흐름에 들게 되어, 성자의 반열에 오르게 된다고 설명한다. 이 반야를 얻은 첫 단계의 성자를 수다원이라고 부르고, 예류預流 내지 입류入流로 번역하는 것은 바로 이 뜻이다.[20]

그러므로 이 반야는 불교가 추구하는 근본이고, 불교 수행의 목표이다. 이 무분별지를 체험한 수행자는 이미 흐름에 들었으므로 더 이상 역류하지 않고, 마침내 모든 괴로움이 소멸된 열반을 실현하기에 이른다. 아무리 많아도 일곱 번의 윤회 안에 열반을 실현하게 된다고 한다. 그리고 그 과정 중에 악한 윤회세계[惡趣]에는 결코 태어나지 않는다고 한다.

'바라밀다'는 범어 'pāramitā'의 음역어로, 바라밀이라고도 한다. 이것의 어원에 대하여는 크게 두 가지 견해가 있다. 첫째는 최고나 최상을 뜻하는 형용사 'parama'에서 나온 것이라고 보는 견해이다. 그래서 'pāramitā'는 'parama'의 여성명사 'pāramī'에, 상태를 나타내는 어미 'tā'가 붙은 것으로서, 성취, 완성 등을 뜻하는 말이라고 한다. 둘째는 건너편 언덕[피안彼岸]을 뜻하는 'pāra'에서 나왔다고 하는 견해이다. 그래서 'pāramitā'는 'pāra'에 방향을 가리키는 어미가 붙어 'pāram'이 되고, 여기에 도달 내지 건넘[도到 또는 도度]을 뜻하는 'itā'가 결합한 것이라고 보고, 이것을 피안으로 건너감[度彼岸]의 뜻으로 이해한다.

---
20 위의 졸저 p.227 참조.

따라서 '반야바라밀다'라는 말은 전자의 견해에 의하면, 반야의 성취 내지 완성이라는 뜻이 되고, 후자의 견해에 의하면, 반야를 통하여 번뇌와 생사의 이 언덕으로부터 해탈과 열반의 저 언덕으로 건너간다[度彼岸]는 뜻이 된다. 어느 쪽의 해석도 가능할 것이다. 다만 예전부터 주석가들은 후자의 견해가 언어학적 견지에서는 비판의 여지가 있는 것이라고 하면서도, 실천적 의미를 보다 잘 드러내는 것이라고 해서 이 편을 선호해 왔다.21

한번 반야를 체험한 수행자는 윤회를 종식시키는 흐름에 들어 더 이상 역류함 없이 일곱 번의 윤회 안에 열반을 실현하게 된다는 것이므로, 후자의 견해는 불교의 근본원리와도 잘 어울리는 해석이다. 이 견해에 의하면 '바라밀다'는 '반야'의 작용을 나타내는 것이 된다. 말하자면 '반야'에 의해, 또는 반야를 통해 '바라밀다' 한다는 구조가 되는 것이다. 다만 이 '바라밀다'는 대승의 수행법인 여섯 가지 바라밀다[육바라밀六波羅蜜] 전부에 결합되어 사용되는 표현이므로, 반야에 한정하여 쓰이는 용어는 아니라는 점에 유의하여야 한다.

팔정도와 육바라밀

---

21 이 피안으로 건너감의 경우에도 두 가지의 의미가 있다. 하나는 이미 건넜음의 뜻이고, 다른 하나는 장차 건널 것임의 뜻이다. 전자는 붓다의 경우이고, 후자는 보살 기타 다른 수행자의 경우인데, 전자를 보통 과보의 지위라고 해서 '과지果地' 또는 '과위果位'라고 부르고, 후자를 원인되는 지위라고 해서 '인지因地' 또는 '인위因位'라고 부른다.

여기에서 불교의 근본 수행법인 팔정도와, 대승의 수행도인 육바라밀에 대하여 간략히 정리해 보기로 하겠다.

필자가 『불교는 무엇을 말하는가』에서는 쉽게 이해할 수 있도록 불교 수행의 근본원리를 계·정·혜 삼학으로써 설명하였다. 그렇지만 원래 불교의 수행은 팔정도, 즉 바른 견해[정견正見]·바른 사유[정사유正思惟]·바른 말[정어正語]·바른 행위[정업正業]·바른 생계[정명正命]·바른 정진[정정진正精進]·바른 새김[정념正念]·바른 선정[정정正定]의 여덟 가지로 확립되어 있었다. 그리고 그 기본적인 개념은 위 책의 부록으로 첨부했던 소위 《대념처경》에 설명되어 있었다.22 이것을 다시 여기에서 간략히 정리해 본다.

먼저 바른 견해는 사성제와 그 기초가 되는 연기의 이치를 바르게 아는 것을 말한다. 이것은 수행에 의해 체험해야 할 바로 그 대상이다. 위 책자로 설명했던 불교의 근본원리와 관련하여 말한다면, 이것을 체험하는 것이 바로 지혜[明]vijjā이고, 이것에 의해 무명에서 벗어나, 괴로움에서 해탈하는 것이 가능해지는 것이다. 다만 이 정견은 수행을 거쳐 체험된 것은 아니고, 교법에 대한 이해와 믿음을 통해 확립되어져야 할 것이다. 그래서 뒤에서 보는 것처럼 이것은 '바른 견해'라고 하고, 수행을 통해 확인된 바른 견해는 '바른 지혜[正慧]'라고 하여 구분한다. 또는 전자는 '진리를 따르는 바른 견해'라고 하고, 후자는 '진리를 관통하는 바른 견해'라고 해서 구분하기도 한다.

다음 바른 사유는 (감각적 욕망으로부터) 벗어남[無欲]에 대한 사유, 악의 없음[無恚]에 대한 사유, 해치지 않음[不害]에 대한 사

---

22 같은 책 pp.283-285.

유를 말한다고 설명된다. 앞의 바른 견해가 십이연기 중 무명에 대응하는 것이라면, 이 바른 사유는 십이연기 중 형성에 대응되는 것으로서, 세 가지 형성[三行] 중 정신적 형성[意行]을 바르게 하는 것을 말한다.23 그러므로 바른 사유는 바른 견해를 동반하면서, 사유에 있어서 존재를 형성하는 어리석음[愚癡], 탐욕貪欲, 증오[瞋恚]라는 세 가지 악으로부터 벗어나는 것이다. 말하자면 바른 사유는 열 가지 선업[十善業] 중 정신적인 세 가지에 해당하는 것이다. 바른 사유의 내용으로 탐욕으로부터 벗어남에 대한 사유, 진에를 떠나는 악의 없음과 해치지 않음에 대한 사유만을 들고, 어리석음에서 벗어난 사유를 따로 들지 않는 것은, 이것은 앞에 나오는 바른 견해에 의하여 수반된다고 보기 때문일 것이다.24

다음 바른 언어는 열 가지 선업 중 언어적인 네 가지를 말하는 것이니, 거짓말을 삼가고, 이간하는 말을 삼가고, 욕설을 삼가고, 잡담을 삼가는 것이다.

다음 바른 행위는 열 가지 선업 중 신체적인 세 가지를 말하는 것이니, 살생을 삼가고, 도둑질을 삼가고, 삿된 음행을 삼가는 것이다.

다음 바른 생계는 그릇된 생계수단을 버리고 바른 생계수단으로 생활하는 것을 말한다. 경전에서는 '그릇된 생계수단'의 예로서, 무기, 사람, 동물, 술, 독약 등 다섯 가지의 판매업,25 기만, 요

---

23 삼행 중 나머지 두 가지 즉 신체적 형성[身行]과 언어적 형성[口行][語行]은 뒤에 나오는 바른 언어와 바른 행위로서 별도로 설정된다.
24 뒤에서 보는 것처럼 이 팔정도의 각 지분 역시 연기, 즉 조건적 생성관계에 있다고 설명된다. 그래서 바른 견해는 연기의 수반성에 의하여 바른 사유에 수반된다는 것이다.

설妖舌, 점술, 고리대금 등26을 든다.

다음 바른 정진은 ① 아직 일어나지 않은 불선법不善法들이 일어나지 못하게 하기 위해서 의욕을 일으키고 노력하고 힘을 내고 마음을 다잡고 애를 쓰고-이하 이것을 '정진'이라고 표현한다-, ② 이미 일어난 불선법들을 제거하기 위하여 정진하며, ③ 아직 일어나지 않은 유익한 법[善法]들이 일어나게 하기 위해서 정진하고, ④ 이미 일어난 유익한 법들이 지속되고 사라지지 않고 증장하고 충만하고 개발되도록 하기 위해서 정진하는 것을 말한다.

한역 경전에서는 이 네 가지를 차례대로 율의근律儀勤, 단근斷勤, 수근修勤, 수호근守護勤27이라고 하고, 이들을 합쳐 말해서는 사정근四正勤 또는 사정단四正斷이라고 한다. 요컨대 바른 정진은 이 네 가지를 애써 정진하는 것을 말하는 것이지, 단순히 어떤 일을 열심히 노력하는 것을 말하는 것이 아니라는 점에 유의하여야 한다.

다음 바른 새김은 인식이 일어날 때 마음이 분별적인 사유로 오염되지 않도록, 신체[身]·느낌[受]·마음[心]·법法이라는 네 가지 새김의 토대[四念處] 전반에 걸쳐, 현상의 일어나고 사라짐을 밀착해서 알아차리는 것을 말한다. 바로 이것이 마음의 집중과 관찰, 즉 사마타와 위빠사나를 가능하게 하는 수단이므로, 경전에서는 이것을 깨달음에 이르게 하는 '유일한 길ekāyano'이라고 표현한다.

끝으로 바른 선정은 마음을 하나의 대상에 집중시키는 이른바

---

25 한글 AN 제3권 pp.394-395 장사 경[Vaṇijjāsutta].
26 한글 MN 제4권 p.30 커다란 마흔의 경[Mahācattārīsakasutta], 한글 SN 제3권 pp.1020-1021 쑤찌무키의 경[Sūcimukhīsutta] 등.
27 이 네 가지를 우리 말로 번역한다면 차례대로 방지하는 노력, 버리는 노력, 닦는 노력, 수호하는 노력이라고 할 수 있겠다.

심일경성心一境性을 말한다. 위의 《대념처경》에서는 이것을 색계 4선만으로 설명하고 있으나, 이것에 한정되는 것은 아니다. 그러므로 무색계의 4선정뿐만 아니라, 최고단계의 선정이라고 알려져 있는 소위 멸진정滅盡定 내지 상수멸정想受滅定도 여기에 포함된다. 또 나아가 이러한 단계에 이르지 못한 것이지만, 무분별지를 성취할 수 있게 하는 근접삼매[近分定]도 배제되지 않을 것이다.

이 팔정도에서 유념하여야 할 것은 이들 여덟 가지도 십이연기처럼 조건적 생성관계에 있다는 점이다. 이것을 경전에서는 다음과 같이 설명한다.

"명지明智를 따르는 지혜로운 자에게는 바른 견해가 생겨난다. 바른 견해를 지닌 자에게는 바른 사유가 생겨난다. 바른 사유를 지닌 자에게는 바른 언어가 생겨난다. 바른 언어를 지닌 자에게는 바른 행위가 생겨난다. 바른 행위를 지닌 자에게는 바른 생계가 생겨난다. 바른 생계를 지닌 자에게는 바른 정진이 생겨난다. 바른 정진을 지닌 자에게는 바른 새김이 생겨난다. 바른 새김을 지닌 자에게는 바른 집중이 생겨난다."

한글 SN 제5권 p.54 무명의 경[Avijjāsutta]

그렇다면 마지막의 바른 집중, 즉 바른 선정이 수행의 최종 목표인가? 그렇지 않다. 어디까지나 불교 수행의 목표는 현상을 있는 그대로 알고 보는 지혜의 성취이다. 그렇다면 이 바른 선정 다음에는 바른 지혜가 있어야 할 것이다. 그런데 이 '바른 지혜'는 팔정도에서 첫째 지분으로 제시된 바른 견해와 다른 내용이 아니다. 그래서 이것을 거듭 말할 필요가 없어 생략되어 있는 것이다. 말하자면 「바른 견해→바른 사유→바른 언어→바른 행위→바른 생계→바른 정진→바른 새김→바른 선정→바른 지혜=바른 견해」이므로, 바른 선정의 다음을 생략했다는 것이다. 다음의 경전은 이러한 뜻을 분명히 보여주고 있다.

"바른 견해를 가진 자에게 바른 사유가 생긴다. 바른 사유를 하는 자에게 바른 말이 생긴다. 바른 말을 하는 자에게 바른 행위가 생긴다. 바른 행위를 하는 자에게 바른 생계가 생긴다. 바른 생계를 가진 자에게 바른 정진이 생긴다. 바른 정진을 하는 자에게 바른 마음챙김이 생긴다. 바른 마음챙김을 가진 자에게 바른 삼매가 생긴다. 바른 삼매를 가진 자에게 바른 지혜가 생긴다. 바른 지혜를 가진 자에게 바른 해탈이 생긴다."

한글 AN 제6권 p. 370 그릇됨 경[Micchattasutta][28]

여기에서도 우리는 한 가지 중요한 사실을 다시 생각하게 된다. 그것은 다름이 아니라 먼저 바른 견해가 확립되지 않고서는 바른 선정도, 바른 지혜도 성취될 수 없고, 나아가 바른 해탈도 실현될 수 없다는 것이다. 왜냐 하면 우리가 선정과 지혜를 통하여 확인하여야 할 대상은 바로 바른 견해에 의해 확립했던 바로 그것, 사성제와 연기의 이치이기 때문이다. 이러한 이치의 구조는 불교의 근본원리를 설명하는 글에서 이미 설명되었던 것이다.[29]

....
28 같은 책 p.373 명지경[Vijjāsutta] 등에서도 같은 내용이 있다.
29 졸저 『불교는 무엇을 말하는가』 pp.195-197 참조.

그런데 이 팔정도에는 중생의 제도라는 대승의 이상은 물론 고려되고 있지 않다. 그래서 대승불교에서는 대승의 이상을 담은 수행법을 새로이 만들었는데, 이것이 여섯 가지 바라밀다, 즉 육바라밀[六度]이다. 육바라밀은 보통 순서를 매겨, 제1 보시布施, 제2 지계持戒, 제3 인욕忍辱, 제4 정진精進, 제5 선정禪定, 제6 반야바라밀의 순서로 든다. 이것을 전통적인 수행법인 팔정도와 대비해 보면, 제1의 보시와 제3의 인욕이 독립된 항목으로 추가된 것이 특징이라고 할 수 있는데, 이것들은 벌써 그 용어 자체가 이타적인 의미를 품고 있는 것이다.

대승의 경전에서 말하는 육바라밀 하나하나의 의미를 간략히 살펴보면, 우선 보시는 남에게 베푸는 것을 말한다. 베푸는 대상에 따라 갖가지 재물을 베푸는 재시財施, 법을 가르쳐 주는 법시法施, 마음의 두려움을 없애 주는 무외시無畏施의 셋으로 구분한다. 대승에서는 어떤 경우에라도 자신이 줄 수 있는 모든 것을 아낌없이 주는 것을 완전한 보시, 즉 보시바라밀이라고 설명한다. 보시를 범어로 'dāna'라고 하므로, 이것은 단나檀那바라밀 또는 단檀바라밀이라고도 한다.

다음 지계는 계율을 지니고 지키는 것을 말하는데, 대승에서는 남을 위하는 일이라면 비록 정해진 계율에는 어긋나더라도 이것을 두려움 없이 실천하는 것이 계율을 지키는 것이라고 설명한다. 계율을 범어로 'śīla'라고 하므로, 이것은 시라尸羅바라밀 또는 시尸바라밀이라고도 한다.

다음 인욕은 온갖 고난, 박해, 멸시 따위를 참고 견디는 것을 말하는데, 그 정도가 어떠해야 하는지는 뒤의 《금강경》 제4.8.1에 대한 설명에서 볼 수 있을 것이다. 인욕은 범어로 'kṣānti'라고 하므로, 이것은 찬제羼提바라밀이라고도 한다.

마지막으로 정진과 선정은 팔정도에서의 그것과 큰 차이가 없고, 반야는 앞에서 이미 자세히 설명하였다. 그리고 정진과 선정은 그에 해당하는 범어 'vīrya'와 'dhyāna'를 따라 비리야毘梨耶바라밀, 선나禪那바라밀(또는 선禪바라밀)이라고도 부른다. 다만 반야의 경우에는 그 자체가 빠알리어이므로 범어를 따른 명칭은 따로 없다.

물론 여기에서도 최종적인 목표는 제6의 반야이다. 그렇지만 팔정도에서와는 달리 이것은 먼저 제시되지 않았으므로 마지막으로 든 것이다. 여섯 가지를 모두 '바라밀'이라고 이름하기는 하지만, 나머지 다섯 가지와 반야는 같은 차원으로 볼 것은 아니다. 어디까지나 목표는 반야바라밀이기 때문이다. 그래서 최초기의 반야경전인 《소품반야경》에서, 반야바라밀이 나머지 다섯 가지 바라밀의 인도자[導]라고 설명한다.[30]

한편 대승의 중기에 이르면 육바라밀은 십바라밀로 확장되기도 하는데, 나머지 네 가지는 제7 방편方便, 제8 서원[願], 제9 힘[力],

---

[30] 같은 경전 제2권 제4 명주품明呪品에서, 나머지 다섯 가지 바라밀의 이름은 찬탄하여 말씀하시지 않으면서 오직 반야바라밀의 이름만을 찬탄해 말씀하시는 이유를 묻는 아난의 물음에 대해 붓다께서는, "반야바라밀은 다섯 가지 바라밀의 인도자이다. 비유하면 대지 가운데 씨앗을 뿌리면 인연이 화합하여 생장할 수 있지만, 이 땅에 의지하지 않고서는 생장할 수 없는 것과 같다. 아난다여, 이와 같이 다섯 가지 바라밀은 반야바라밀 안에 머물러서 자라날 수 있고, 반야바라밀이 수호하기 때문에 일체지[薩婆若]로 향할 수 있는 것이다."라고 설명하신다.

제10 지혜[智]바라밀이다. 그 중 방편은 중생을 구제하는 교묘한 방편을 완성하는 것을 말하고, 서원은 중생을 구제하려는 뛰어난 서원을 세우는 것을 말하며, 힘은 완전한 깨달음을 얻는데 필요한 모든 힘을 갖추는 것을 말하고, 마지막의 지혜는 중생의 구제를 위하여 일체의 법을 완전히 아는 지혜를 말하는 것이다.

그런데 추가된 이 넷은 제6의 반야바라밀 중 근본되는 무분별지에 의거하여 얻게 되는, 세속의 갖가지 현상들을 분별하여 아는 차별지를 분리하여 나눈 것이다. 그래서 전자는 근본지라고 하고, 후자는 후득지後得智라고 하며, 또 전자는 정체지正體智, 후자는 세속지世俗智라고도 부른다. 또 전자는 이치대로 아는 지혜라는 뜻에서 '여리지如理智'라고 하고, 후자는 현상대로 아는 지혜라는 뜻에서 '여량지如量智'라고 부른다.

나아가 우리말로 간단히 표현하려면 두 가지 모두 지혜라고 부를 수밖에 없지만, 한문 경전에서 '지智'와 '혜慧'를 대비하여 쓰면 전자는 후득지를 가리키고, 후자는 근본지를 가리키는 것이라는 점을 알아 둘 필요가 있다. 그래서 이와 같이 구분할 때에는 제6은 혜慧바라밀이라고 하고, 제10은 지智바라밀이라고 한다. 흔히 '일체지지'라고 해서 '지'라는 글자 두 자를 겹쳐 사용하는 것은 이와 같은 근본지와 후득지를 합쳐서 가리키는 것이다.31 그러므로 육바라밀에서의 반야바라밀은 근본지와 후득지를 포괄하는 것이지만, 십바라밀에서의 반야바라밀은 근본지에 한정된 개념이 된다.

---

31 이 때 근본지는 '일체지'라고 하고, 후득지는 '일체종지一切種智'(내지 종지)라고 하여 구분하기도 한다.

마지막으로 경전의 제목과 관련하여 언급해 둘 것은, 예전의 주석가들이 반야를 해석할 때면 빠짐 없이 언급하다시피 하는 반야의 종류에 대해서이다. 예컨대 법장은 이 경전에 대한 주석 '약소'에서, 반야에는 실상實相반야, 관조觀照반야, 문자文字반야의 세 가지가 있다고 설명한다. 실상반야란 반야에 의해 관찰되는 진실한 성품[所觀眞性] 내지 진실한 모습[實相]을 말하고, 관조반야란 관찰의 주체되는 오묘한 지혜[能觀妙慧]를 말하며, 문자반야란 이 두 가지를 나타내는 경론의 가르침[詮上之敎]을 말한다고 한다.32 그 외에도 이종반야, 오종반야 등 반야의 갖가지 종류를 구분하여 말하기도 하는데, 이들은 모두 분석하기를 즐기는 이론가들의 불필요한 구분이 아닐까 한다. 왜냐 하면 그 중 관조반야를 제외한 나머지들은 모두 반야라고 표현하기에 적절한 것이 아니기 때문이다.

요약해서 이 경전의 제목은 이상에서 본 바와 같은 뜻을 가진 반야바라밀다의 핵심을 드러낸 경전이라는 의미이다.

----

32 큰 괄호 안의 한문 표현은 법장의 약소에 나오는 표현이다.

제2장 반야를 드러내어 말함

1. 반야의 핵심

1.1

관자재보살께서 깊은 반야바라밀다를 觀自在菩薩　行深般若波
행하실 때에 오온이 모두 공空임을 비추 羅蜜多時　照見　五蘊皆空
어 보고 일체의 괴로움[苦厄]을 건너셨다. 度一切苦厄.

앞의 분단법에서 설명한 것처럼 이 부분은 이 경전의 핵심을 요약해 보이는 것이다. 그런데 경전의 핵심인 이 부분의 뜻은 그다지 어렵지 않다. 왜냐 하면 이것은 우리가 계속 보아 온 불교의 근본원리에 해당하는 것이기 때문이다. 물론 이 말은 우리가 불교의 근본원리를 이해하고, 그래서 '공'이라는 표현이 연기의 법칙에 따라 일어난 현상들, 즉 연생법緣生法의 성격을 밝히는 것임을 이해한다는 것을 전제한 것이다.

공空의 이해

그렇지만 불교 용어 중 사람들을 가장 혼란시키는 것은 이 '공'이라는 말이 아닐까 한다. 그래서 본문의 해석에 들어가기 전에 이 '공'이란 말의 쓰임새를 정리해 보고자 한다. 불교에서 '공'은 대략 세 가지 쓰임새로 쓰인다고 말할 수 있겠다.

첫째는 공간적 개념으로 사용되는 경우로서, 범어로 ākāśa(P ākāsa)라고 하는 것이다. 이것도 두 종류로 나누어 볼 수 있는데, 하나는 앞의 제법분류에서 설명한 것처럼 공간적 점유성을 갖는 물질의 운동을 가능하게 하는 절대 공간을 가리키는 경우와, 어떤 물질의 내부의 비어 있는 틈과 같은 상대적 공간을 가리키는 경우이다. 아비달마에서 무위법의 하나로 취급하는 허공은 전자에 속하는데, 이것은 지금 현재 어떤 물질에 의해 점유되고 있는지 여부는 가리지 않는 것이다. 후자는 유위법인 색법에 속하고,[33] 공계空界 내지 공대空大라고 표현된다.

둘째는 '비었다[śūnya(P suñña)]'는 문자적인 의미와 같이 사용되는 경우이다. 그런데 이것은 절대적으로 없다는 것이 아니라, 어떤 현상이 시·공간적으로 한정된 어떤 범주 내에서 비었다는 특별한 의미로 사용된다는 점에 유의하여야 한다. 말하자면 어떤 현

---

[33] 상좌부에서는 색법의 하나로서 분류하고, 설일체유부의 경우 사대四大(지·수·화·풍대)와 함께 색법의 구성요소로서 취급한다.

상이 부재[空śūnya]하지 않고 현재한다는 '불공不空aśūnya'의 대칭어로서 사용되는 것이다. 이 경우의 의미는 아래와 같은 초기경전의 글에서 잘 드러나고 있다.

"아난다여, 이전에도 지금도 나는 자주 공[suññatā]에 든다. 예를 들면 이 미가라마뚜 강당과 같다.

이 미가라마뚜 강당에는 코끼리들, 소들, 말들, 암말들이 공하고[suñño], 금이나 은도 공하고, 여자나 남자들의 모임도 공하다. 그러나 단지 공하지 않은 것[asuññataṁ. 不空]이 있다. 즉 비구들의 승단을 조건으로 하는 유일한 것이다.

그와 마찬가지로 아난다여, 어떤 비구는 마을에 대한 지각에 정신을 기울이지 않고, 사람들에 대한 지각에 정신을 기울이지 않고, 숲에 대한 지각 하나만을 조건으로 정신을 기울인다. 그의 마음은 숲에 대해 지각에 뛰어 들어 그것을 신뢰하고 정립하고 결정한다. 그는 다음과 같이 '마을에 대한 지각을 조건으로 하는 어떠한 고뇌도 여기에는 없다. 사람들에 대한 지각을 조건으로 하는 어떠한 고뇌도 여기에는 없다. 그러나 단지 이러한 고뇌가 있다. 즉 숲에 대한 지각을 조건으로 하는 유일한 것이다.'라고 분명히 안다.

그는 '이 지각의 세계는 마을에 대한 지각에 관하여 공하다'라고 분명히 알며, '이 지각의 세계는 사람들에 대한 지각에 관하여 공하다'라고 분명히 안다. 그러나 '공하지 않은 것이 있다. 즉 숲에 대한 지각을 조건으로 하는 유일한 것이다.'라고 분명히 안다.

그는 거기에 없는 것을 공이라고 여긴다. 하지만 거기에 남아 있는 것은 있으므로 '이것은 있다'라고 분명히 안다. 그러므로 아난다여, 이것은 그에게 진실하고 전도되지 않고 청정한 공이 현현된 것으로 나타난다."
한글 MN 제5권 pp.46-47 공에 대한 작은 경[Cūḷasuññatasutta]

여기에서 이 공은 불공과 대비되어 특별히 지각하고 지견知見해야 할 수행대상으로서 다루어지고 있다. 그래서 이 공은 이어지는 아래의 글에서 드러나는 것처럼, 해탈 대상이 되는 불공으로부터의 해탈을 체험하는 수행의 기초를 형성하고, 나아가 해탈했다는 지견을 가능케 하는 수단으로서 작용하게 된다. 어떻든 이 경우는 수행 수단으로 쓰인다는 특별한 의미가 있지만, 기본적으로 문자적인 의미와 일치한다는 점에서 가장 일상적인 용례라고 말할 수 있다.

"그는 이와 같이 알고 또한 이와 같이 보아서 그 마음이 욕망의 번뇌[欲漏]에서 해탈하고 존재의 번뇌[有漏]에서 해탈하며 무명의 번뇌[無明漏]에서 해탈한다. 해탈하면 그에게 '나는 해탈했다'라는 앎이 생겨난다.
… 그는 이 지각의 세계는 욕망의 번뇌에 관하여 공하다고 분명히 알고, 그는 이 지각의 세계는 존재의 번뇌에 관하여 공하다고 분명히 알고, 그는 이 지각의 세계는 무명의 번뇌에 관하여 공하다고 분명히 안다. 그러나 '여기에 공하지 않는 것이 있다. 즉 생명을 조건으로 여섯 가지 인식기반을 지닌 몸 그 자체를 조건으로 하는 것이다'라고 분명히 안다.

그는 거기에 없는 것을 공이라고 여긴다. 하지만 거기에 남아 있는 것은 있으므로 '이것은 있다'라고 분명히 안다. 그러므로 아난다여, 이것은 그에게 진실하고 전도되지 않고 청정한 공이 현현된 것으로 나타난다."

위와 같은 경 pp.52-53

마지막 셋째는 이 공이 연기의 법칙에 따라 생겨나는, 이른바 있는 것도 아니고 없는 것도 아닌 연생법의 성격을 가리키는 것으로 쓰이는 것으로서, 불교에 고유한 용례이다. 이러한 연생법의 특징은 무상無常하고 괴로우며[苦] 실체가 없는 것[無我]이다. 그래서 무상·고·무아 세 가지를 움직일 수 없는 법의 세 가지 특징[三法印]이라고 말하는 것이다.

마찬가지 이유에서 모든 법은 공空이고 무상無相이다. 그런데 초기경전에서는 공과 무상은 위의 삼법인만큼 자주 언급되고 자세하게 설명되고 있지 않다. 그런 관계로 이 공을 대승불교의 창안물인 것처럼 생각하는 견해도 있지만, 다음과 같은 초기경전의 글을 보면 그것은 전혀 사실이 아님을 알 수 있다.34

"그러므로 비구들이여, 그대들은 이와 같이 '여래께서 설하시는

---

34 다만 초기경전 중에서도 한역 아함경의 경우, '공'이라는 표현이 좀더 빈번하게 사용되고 있지만, 그 경전에 해당하는 니까야에는 '공'에 해당하는 표현이 없는 경우가 많다. 그래서 아함경의 경우는 대승불교 전성기에 한역되면서 당시 확립되어 있던 공사상의 영향을 받아 번역시에 추가된 것이 아닌가 추측되고, 실제로 초기경전에서 '공'이라는 표현이 그렇게 빈번하게 사용되었던 것은 아니라고 이해된다.

모든 법문은 심오하여 그 뜻이 깊고 출세간적이고 공과 상응하므로[suññatapaṭisaṁyuttā] 그것들을 설할 때에는 우리는 잘 듣고 귀를 기울이고 슬기로운 마음을 내고, 받아 지녀서 통달하고자 그 가르침에 관해 사유하리라'라고 배워야 한다."
　　　　　한글 SN 제2권 pp.790-791 북 조임새의 경[Āṇisutta]

"오취온은 무상한 것이고 괴로운 것이고 병든 것이고 종기와 같고 화살과 같고 불행한 것이고 고통스러운 것이고 타자적인 것이고 괴멸적인 것이고 공인 것[suññato]이고 실체가 없는 것[anattato]이라고 이치에 맞게 정신활동을 일으켜야 합니다."
　　　　　한글 SN 제3권 pp.422-423 계행의 경[Sīlasutta]

"비구들이여, 예를 들어 이 갠지스 강이 커다란 포말을 일으키는데, 눈 있는 자가 그것에 대하여 보고 고요히 관찰하여 이치에 맞게 탐구한다고 하자. 그가 그것을 보고 고요히 관찰하여 이치에 맞게 탐구하면, 비어 있음[rittakaññeva]을 발견하고, 공허한 것[tucchakaññeva]을 발견하고,35 실체가 없는 것[asārakaññeva]을 발견한다. 비구들이여, 무엇이 실로 포말의 실체일 수 있겠는가?

비구들이여, 이와 같이 어떠한 물질이 과거에 속하든 미래에 속하든 현재에 속하든, 내적이든 외적이든, 거칠든 미세하든, 저열하든 탁월하든, 멀리 있든 가까이 있든, 무엇이든지 비구가 그것에 대하여 보고 고요히 관찰하여 이치에 맞게 탐구하면, 비어

---

35 이 경전에서는 'suñña' 대신 'ritta'와 'tuccha'라는 용어가 쓰이고 있지만, 그 뜻은 'suñña'와 완전히 같다.

있음을 발견하고, 공한 것을 발견하고, 실체가 없는 것을 발견한다. 비구들이여, 무엇이 실로 물질의 실체일 수 있겠는가?

… 물질은 포말과 같고
느낌은 물거품과 같네
지각은 아지랑이와 같고
형성은 파초와 같고
의식은 환상과 같다고
태양의 후예가 가르치셨네

그 근본을 살펴
있는 그대로 자세히 관찰하고
이치에 맞게 탐구해 보면
비어 있고[rittakaṃ] 공허한 것[tucchakaṃ]이네"
한글 SN 제3권 pp.360-365 포말 비유의 경[Pheṇapiṇḍūpamasutta]

이상의 경전에서 사용된 '공'이라는 표현은 완벽하게 연생법의 특성을 나타내는 것이다. 그렇지만 초기경전에서는 '공'에 관한 정의나 자세한 설명을 찾아보기는 어렵다. 위 경전의 글이나 아래 경전의 글을 종합하면, 실체가 없는 것이 공의 개념요소라는 것을 알 수 있는 정도이다.

"모가라자여, 항상 새김을 확립하고 실체實體를 고집하는 편견을 버리고 세상을 공[suññato]으로 관찰하십시오."

제2장 반야를 드러내어 말함 113

한글 Stn p.517 학인 모가라자의 질문에 대한 경36

그러므로 공이라는 용어의 정의나 보편적인 사용이 대승불교에서 이루어졌다는 것은 부인할 수 없는 사실이다. 공사상을 확립한 인물로 평가되고 있는 용수는 그의 대표적 저작인 《중론中論》 제24 관사제품觀四諦品에서,

"뭇 인연 따라 생겨난 법[衆因緣生法]
이것을 나는 공[無]37이라고 하고[我說卽是無]
또한 이것을 가명假名이라 하며[亦爲是假名]
또한 중도中道의 뜻이라 한다[亦是中道義]

일찍이 어떤 하나의 법도[未曾有一法]
인연 따라 생기지 않음 없었으니[不從因緣生]
이러한 까닭에 일체법으로[是故一切法]
공空 아닌 것 하나도 없다[無不是空者]"

라고 하였는데, 이 게송에 대해 청목靑目38은 "여러 조건이 갖추어져 화합하면 현상을 일으킨다. 이 현상은 여러 인연에 속하기 때

----
36 'Stn'는 최초기 경전으로서 쿳타까 니까야에 포함되어 있는 숫타니빠따 Suttanipāta의 약어이다.
37 이것의 한역어는 '무無'라고 되어 있지만, 범본에는 '공śūnyatām'이라고 표현되어 있다.
38 이 《중론》에 대한 주석을 남긴 것으로 유명하지만, 불멸 후 1천 년 경에 활동한 인도 출신의 스님이라는 것 외에는 알려진 전기가 없다.

문에 자성自性이 없고, 자성이 없기 때문에 공이다[衆緣具足和合而生物. 是物屬衆因緣故無自性, 無自性故空]."라고 주석하였다.

여기에서 공의 정의는 분명해진다. 즉 공이란 조건에 관계없이 독립하여 존속하는 것이 아니므로 자신만의 고유한 성품, 즉 자성自性이나 그 자신만의 진실한 바탕, 즉 실체實體가 없다는 것을 뜻하는 것이다. 왜냐 하면 연기의 법칙에 따라 생겨난 모든 법은 조건에 의존하여 생겨난 것이고, 생겨나자마자 여러 조건에 의해 지속적으로 변화하는 것이므로, 그 자체가 실제로 있는 것이 아닐 뿐만 아니라, 그 자신만의 고유한 성품이라고 하는 것이 있을 리 없기 때문이다. 단적으로 모든 법은 연기한 것이기 때문에 공일 수밖에 없다는 것이다. 따라서 공은 연기와 상응하는 것이고, 그렇기 때문에 공성은 연기의 특성인 것이다.

여기에서 가장 유의할 것은, 자성이나 실체가 없다고 해서 이 공을 '없다'는 것과 바로 연결시켜서는 안 된다는 것이다. 자성이나 실체가 '없다'는 이러한 공의 개념 정의에, '공'이라는 용어 자체가 '비었다'는 뜻을 가진 것이라는 점, 또 이 공이라는 것이 실재에 대한 집착을 깨뜨리기 위하여 세워진 개념이라는 점 등이 어우러져, 이것이 '없다'는 것으로 바로 연결되는 경향이 있는 것이 사실이다. 실제로 승의勝義의 세계, 즉 반야에 의해 알려지고 보여지는 진실의 세계에서는 어떠한 법도 실재[實有]로서 있는 것이 아니라는 점에서 '없다'고 표현할 수 있다. 반야부 경전에서 '없다'고 표현하고 있는 것은 바로 이러한 의미이다.

그러나 이 '없다'는 것은 전혀 아무 것도 없다는 것은 아니다.

말하자면 토끼의 뿔[兎角]이나, 거북의 털[龜毛], 석녀의 아이[石女兒]와 같은 것은 아니다. '공'은 전혀 아무 것도 없는 것을 가리키는 것이 아니라, 연생법이라고 하는 어떤 현상이 세속적으로는 있다는 것을 전제로 하는 개념이라는 것이다. 다시 말해서 '공'이라는 것은, 있는 것도 아니고 없는 것도 아닌 연생법의 성격을 나타내는 것이다.

그렇기 때문에 굳이 어느 편인가 가린다면, 없다는 쪽보다는 있다는 쪽에 가까운 것이라고 이해해야 한다. 즉 비록 실재가 아니기는 하지만 어떤 연생의 법이 있다는 것을 뜻한다. 다만 실재가 아니라는 뜻에서 공이라고 말하는 것일 뿐이다. 따라서 경론의 글에서 이 '공'을 '없다'라고 표현하고 있다고 해서, 이것을 전혀 아무 것도 없는 것으로 오해해서는 안 된다. 이러한 뜻은 뒤에서 경전의 본문을 풀이하는 기회에 다시 한번 자세히 보게 될 것이다.

요컨대 '공'은 불교에서도 이와 같이 여러 가지 용례로 쓰인다. 어떤 의미로 쓰였는지 가려 읽지 않으면 큰 혼란에 빠지게 된다. 사람에 따라서는 원어를 기준으로, 형용사 śūnya(Psuñña)는 단순히 비었다[空]는 뜻-위 둘째의 용례-으로 쓰이고, 명사 śūnyatā(Psuññatā)는 공성空性-셋째의 용례-을 가리키는 것으로 쓰인다고 설명하기도 하지만, 형용사도 공성을 가리키는 경우가 없지 않다. 그러므로 이것은 반드시 정확한 기준이 되지는 않는다. 하물며 명사로서의 공을, 전혀 아무 것도 없다는 뜻으로 이해하고 설명하는 경우도 없지 않다. 공의 용례에 관한 한 스스로 주의깊게 가려야 할 일이다.

경문의 이해

 이와 같은 공에 대한 이해 아래 위 경전의 글을 보면 그 뜻은, 관자재보살께서 깊은 반야바라밀다의 수행에 의하여 오온이 공, 즉 오온에 의해 대표되는 모든 현상[法]의 성품이 공임을 비추어 보고 모든 괴로움에서 벗어나셨다는 것이다. 이것은 이제까지 우리가 배워 온 불교의 근본을 그대로 가리키는 내용이다. 다른 점이 있다면 이를 대승의 관점에서 반야바라밀다라는 용어에 의해 설명하고 있는 것뿐이다. 이것이 결국 불교의 핵심이므로, 이를 경전의 핵심으로 삼은 것은 어떻게 보면 특별한 일이 아니다.

 그런데 이 경전은 무엇 때문에 너무나 당연한 불교의 근본을 새삼스럽게 경전의 주제로 내세우고 있는 것일까? 그 이유는 앞의 대승불교 전개과정에서 자세히 설명한 것처럼, 기존의 부파불교가 제법은 실재한다는 이론을 내세우고 있었기 때문이다. 말하자면 이 경전에서 비판 상대방은 기존의 부파불교이다. 부파불교에서 내세우는 제법의 실재성을, 불교의 근본을 동원하여 비판하는 것이다.

 경전의 글은 네 부분으로 나누어 볼 수 있다. 즉 ① 관자재보살께서 ② 깊은 반야바라밀다를 수행하실 때에 ③ 오온이 모두 공임을 비추어 보고 ④ 일체의 괴로움을 건너셨다 라는 넷이다. 여기에서 요점은 물론 법의 공성[法空]을 가리키는 ③에 있다. ② 반야를 통하여 그것을 통찰함으로써 ④ 일체의 괴로움을 건널 수 있었다는 것이다. 여기에서 ①은 관찰하는 사람이고, ② 행하는 수행, 곧 관찰하는 지혜이며, ③은 관찰해야 할 바, 즉 관찰의 대상이고,

④는 얻는 이익을 말하는 것이라고 말할 수 있겠다.

첫째 관찰하는 사람은 관자재觀自在Avalokiteśvara보살이다. 이 보살은 앞에서도 언급했듯이 대승불교의 출현과 함께, 이미 입멸한 석가모니 붓다나 타방불인 아미타불, 장래불인 미륵불 등을 대신하여 현재 이 자리에서 중생을 구제하는 신앙대상으로 등장한, 자비를 상징하는 대보살이다. 같은 차원에서 문수보살은 지혜를 상징하고, 보현보살은 수행을 상징한다. 이 대보살들의 수행성취 정도는 아라한을 넘어 붓다에 근접하는 수준이라고 이해하면 될 것이다.

그런데 이 보살은 그의 이름 'Avalokiteśvara'의 어원 때문에 두 가지 명칭으로 한역되었다. 즉 구마라집의 경우 뒷음절 'śvara'이 음音을 뜻하는 'svara'인 것으로 보아 관세음觀世音보살 또는 관음보살이라고 번역하였고,39 현장의 경우 뒷음절이 자재신을 가리키는 'iśvara'인 것으로 보아 관자재보살이라고 번역하였다고 한다. 전자의 경우 자비의 측면이 부각되고, 후자의 경우 지혜의 측면이 부각되는데, 반야를 설하는 이 경전의 경우 후자의 명칭이 어울린다. 후자의 경우 이 보살은 수행의 성취가 이미 붓다에 근접할 정도에 이르러, 의도적인 노력 없이도 자재하게 모든 법의

---

39 구마라집 역 《법화경》(제7권) 제25 관세음보살보문품에서, 무슨 인연으로 관세음보살이라 이름하게 되었는지를 묻는 무진의無盡意보살에게 붓다께서 설명하시기를, "만약 한량없는 백천만억의 중생이 여러 고뇌를 받을 때 이 관세음보살의 이름을 듣고 일심으로 이름을 부르면, 관세음보살은 즉시 그 음성을 관찰하고 모두 해탈하게 하여 준다[聞是觀世音菩薩 一心稱名, 觀世音菩薩卽時觀 其音聲 皆得解脫]"라고 설명해 주시는 글이 나온다.

실상을 관찰할 수 있어서 이 이름을 얻게 되었다는 뜻이 될 것이다.

둘째 행하는 수행은 깊은 반야바라밀다를 수행하는 것이다. 곧 반야로써 모든 법의 실상을 관찰하는 수행을 하는 것이니, 반야가 아니면 법의 실상을 관찰할 수 없기 때문이다.

그런데 여기에서 '깊은' 반야바라밀다라고 한 것은 무엇을 의미하는 것일까? 예전부터 여러 가지 해석이 있어 왔다. 예컨대 ① 붓다께서는 밑바닥까지 다 가셨다고 하겠지만, 보살은 세력이 그렇지 못해서 깊이 들어가지 못한다고 풀이하거나, ② 관찰을 수행하는 양상에 있어 행한다거나 행하지 않는다거나 분별하지 않고 행하는 것을 '깊다'라고 한 것이라거나, ③ 아공만을 관찰하는 것은 얕은 것이고, 법공까지 관찰하는 것을 깊은 것이라고 한다는 것 등이다. 모두 다 가능한 견해이겠지만, '깊다'는 표현을 쓴 것이 이 경전의 목적과 무관하지 않을 것이라고 본다면, 이 표현의 의도는 마지막 견해가 설명하는 것에 있는 것이 아닐까 한다.

다음 셋째 관찰해야 할 바는 곧 오온의 공성이다. 여기에서 '오온'의 공성을 관찰대상으로 언급한 것은 기존의 불교에서 제법의 실재를 주장하고 있기 때문임은 물론이다. 그래서 아공만이 아니라 깊은 반야바라밀다에 의해 제법의 공성을 통찰해야 한다는 것을 표방함에 있어, 오온을 제법의 대표자로서 내세운 것이다. 그 의미에 대해서는 앞에서도 이미 밝혔고, 뒤에서도 다시 자세히 살필 것이므로 여기에서는 더 이상 설명하지 않는다.

마지막으로 그 관찰에 의해 얻는 이익은 일체의 괴로움에서 벗어나는 것이다. 불교 수행의 목표는 일체의 괴로움에서 벗어나는 것이고, 이것을 가능하게 하는 것은 분별이 멈추어진 상태에서 이루어지는 관찰 수행에 의해 모든 현상의 실상을 있는 그대로 알고 보게 하는 반야이다. 그러므로 '일체의 괴로움에서 벗어나셨다[度一切苦厄]'라는 이 간단한 표현에 불교의 근본이 들어 있다.

다만 범본에는 이에 해당하는 표현이 없다. 그래서 한역시 이 부분을 첨가한 것으로 보이지만, 글의 취지를 손상하는 바는 없다. 어떤 면에서는 표현의 완성도를 높인 것이라고도 이해할 수 있을 것이다.

그런데 단순히 '고苦'가 아니라 흔히 쓰이지 않는 '고액苦厄'이라는 표현을 쓴 것은 무엇 때문일까? 그렇게 특별한 의미가 있는 것은 아닌 듯하다. 원측 스님의 아래와 같은 설명이 이해에 도움을 준다. 「괴로움[苦]이 곧 재액[厄] 즉 재앙이기 때문에 고액이라고 이름하였다. 혹은 액은 곧 네 가지 액[四厄]이니, 소위 욕망[欲], 존재[有], 견해[見] 및 무명이다. 이러한 네 가지가 모든 유정을 묶어 온갖 괴로움을 받게 하는 것이 마치 수레의 멍에[車軛]와 같다는 것이다. 만약 이 해석에 의한다면 괴로움의 멍에[苦之厄]이기 때문에 고액이라고 이름한 것이 된다.」

2. 자세한 설명
(1) 관찰대상
㈎ 공성을 분별함

1.2

사리자님, 색은 공과 다르지 않고 공이 색과 다르지 않으니, 색이 곧 공이요 공이 곧 색이라, 수·상·행·식 또한 그러합니다. 舍利子, 色不異空 空不異色, 色卽是空 空卽是色, 受想行識 亦復如是.

이제부터는 진실한 뜻을 자세하게 밝히는 부분이다. 이 부분을 원측 스님은 네 구절에 의해 공의 성품을 분별하는 부분[約四句以辨空性]과 여섯 가지 뜻에 의해 공의 모습을 드러내는 부분[依六義以顯空相]으로 나눈다 함은 앞에서 보았는데, 이 1.2분절은 그 중 전자에 해당하는 글이다.

나아가 원측 스님에 의하면, 이 분단의 글도 두 부분으로 나누어진다. 처음 '사리자님'이라고 한 부분은 교화 받을 사람을 표방하는 것[標受化人]이고, 뒤의 그 아래는 공의 성품을 바르게 분별하는 것[正辨空性]이다. 그리고 후자도 다시 두 부분으로 나누어지니, '색은 공과 다르지 않고 공이 색과 다르지 않으니, 색이 곧 공이요 공이 곧 색이라'라고 한 부분은 색온에 의해 네 구절로 분별하는 것이고, 뒤의 '수·상·행·식 또한 그러합니다'라고 한 부분은 나머지 4온을 유추하는 것이다.

교화 받을 사람

먼저 교화 받을 사람으로 사리자를 등장시킨다. 사리자의 빠알리어 이름은 싸리뿟따Sāriputta(범어 이름은 싸리뿟뜨라Sāriputra)이다. 빠알리어 '뿟따'는 아들[子]이라는 뜻이므로 사리Sārī40의 아들이라는 뜻이고, 음역해서는 사리불舍利弗이라고 부른다.

용수의 《대지도론》(제11권)에 의하면, 사리자는 왕사성의 바라문 출신 논사論師의 딸인 사리와 남인도의 바라문 출신 논사인 제사提舍Tissa 사이에 태어난 아들이어서, 이름을 '우바제사優波提舍 Upatissa'41라고 지었으나, 사람들은 사리 부인이 낳았다 하여 사리자라고 불렀다고 한다.42 붓다의 10대 제자 중 지혜 제일이라고 하였으며,43 붓다의 후계자로 지목될 정도의 수제자였지만,44 붓다 재세시에 입멸하였다.

따라서 이 경전에서 사리자를 대역으로 등장시킨 것은 기존 불

---

40 새매를 뜻하는 말로서, 눈이 새매를 닮아 이렇게 이름지었다고 한다.
41 '우바'는 따른다는 뜻이라고 한다.
42 그러나 한글 SN 주석에서는, 그의 아버지의 이름은 방간따Vaṅganta였고, 우빠띳싸 마을에서 태어났으므로 우빠띳사라고 불렀다 한다고 설명하고 있다(제1권 p.177). 그리고 여기에서 싸리뿟따는 붓다의 제자인 앗싸지로부터 인과법에 대한 두 줄의 시로 된 가르침을 듣고 바로 수다원이 되었고, 불교교단에 출가한 지 보름만에 아라한이 되었던 것으로 설명한다.
43 한글 SN 제1권 p.177 및 한글 AN 제1권 p.113 등.
44 한글 Stn p.314 및 한글 MN 제4권 p.70 등.

교를 대표하는 인물로서 비판의 대역이 되기에 가장 적절하다고 보았기 때문일 것이다. 그렇지만 싸리뿟타는 붓다보다 먼저 입멸하지 않았다면 근본불교 교단를 이끌었을, 붓다의 대리인과 같은 분으로서, 기존의 부파불교에 속하는 인물이 아니다. 하물며 연기의 당연한 귀결인 제법의 공성을 알지 못하여 대승보살로부터 일방적으로 그에 관한 설법을 들어야 한다는 것은 적절한 설정이 아니다. 이렇게 보면 대승에서 이 분을 비판의 대역으로 등장시킨 필요성은 이해한다고 하더라도, 그 어투마저 아랫 사람 대하듯 할 수는 없는 일이다. 그래서 이번 개정판에서는 과거, "사리자여, … 수·상·행·식 또한 그러하다"라고 옮겨 왔던 번역문의 어투를 본문과 같이 수정하였다.

공의 성품을 분별함

다음 '색은 공과 다르지 않고 공이 색과 다르지 않으니, 색이 곧 공이요 공이 곧 색이라, 수·상·행·식 또한 그러합니다'는 글은 법의 공성을 밝히는 것이다.

우리 나라에서 이 글은 불교를 대표하는 글귀로 알려져 있을 정도로 유명한 구절이다. 그러면서 이 글귀는 불교의 원리를 모르는 사람에게 그 뜻을 도저히 짐작조차 할 수 없어, 마치 말로 설명할 수 없는 현묘한 도리를 이르는 것처럼 인식되고 있는 것이기도 하다. 그러나 머리말에서도 밝혔듯이 이것은 결코 현묘한 도리를 이르는 것이 아니다. 용어와 불교의 원리가 제대로 알려져 있지 않아 그렇게 보일 뿐, 지극히 서술적인 평상문이다.

우선 색온에 의해 네 구절로 분별하는 글부터 보자. 네 구절이란, '① 색은 공과 다르지 않고 ② 공이 색과 다르지 않으니, ③ 색이 곧 공이요 ④ 공이 곧 색이라'라는 부분이 네 구절로 되어 있다는 것이다. 우리의 귀에 익숙한 한역문으로는 '① 색불이공色不異空 ② 공불이색空不異色 ③ 색즉시공色卽是空 ④ 공즉시색空卽是色'이라고 되어 있다.

이 중 ① 색불이공色不異空과 ③ 색즉시공色卽是空이란 표현의 뜻부터 보자. 여기서 '색色'은 모든 물질적 현상을 가리키는 것이고, 각 개인을 기준으로 할 경우에는 신체적 현상을 가리키는 것이기도 하다. 이것은 대표적인 유위법의 하나로서, 이른바 조건에 의해 일어났다가 조건에 따라 부단히 변화하는 연생법이다. 그리고 이러한 연생법은 앞에서 누누이 설명한 것처럼 연생의 필연적인 귀결로서, 무상無常하고 무아無我이며 고苦이고 무상無相이다. 그리고 이러한 연생법은 또 자성이나 실체가 없다는 의미에서 공空이다. 그러므로 연생법인 색은 공과 다르지 않고, 색은 곧 공이라는 것이다.

나아가 뒤에서 '수·상·행·식 또한 그러합니다'라고 한 것은, 나머지 사온 즉 수·상·행·식도 이 원리로써 유추할 때 당연히 다를 리 없다는 것이다. 그래서 이것을 풀어서 표현한다면, '수受불이공, 수즉시공', '상想불이공 상즉시공', '행行불이공 행즉시공', '식識불이공 식즉시공'이라고 해야 하지만, 줄여서 '수·상·행·식 또한 그러합니다'라고 한 것이다.

그리고 여기에서 더 나아가 보면 수·상·행·식뿐만 아니라, 일체의 연생법이 그러하다고 말해야 할 것이지만 생략하였다. 흔히 유위법만이 공인 것으로 생각하기도 있지만, 무위 역시 근본은 연생이므로[45] 공인 점에서는 차이가 없다. 그래서 반야부의 경전에서는 유위법 뿐만 아니라 무위법 역시 공이라고 해서, 유위공有爲空과 무위공無爲空을 함께 말한다.[46]

따라서 일체법은 필연적으로 공일 수밖에 없고, 그렇다면 일체법은 공과 별개가 아니다. 이것을 위의 경문과 같은 방식으로 표현하면 '법불이공法不異空'이 된다. 여기에서 '불이不異'라고 한 것은 법과 공이 동의어는 아니므로 이렇게 말한 것일 뿐, 일체법은 곧 공이라 표현해도 틀림이 없다. 이것을 위의 경문과 같은 방식으로 표현하면 법즉시공法卽是空이 되는 것이다. 이 일체법을 대표하여 색온의 관점에서 표현했기 때문에 '색불이공'과 '색즉시공'이 된 것일 뿐, 이는 '법불이공', '법즉시공'이란 말과 다름이 없다. 오히려 의미를 잘 드러내자면 이 편이 나을 수도 있을 것이다. 요컨대 모든 것이 연기하는 법계에서 연생인 일체의 법은 모두 공이라는 것이다.

다음 ② '공불이색空不異色'과 ④ '공즉시색空卽是色'의 의미에 대해서 보자. 일체법이 공이라고 함에 있어서, 공空이란 그 일체법과 분리되어 별개로 있는 것이 아니다. 공이란 연생법의 속성을

---

[45] 기본적으로 무위란 이러한 연기적 현상이 유위로서 조작되지 아니하고, 있는 그대로 알려지고 보여지는 것을 말하는 것임은 앞에서 보았다.
[46] 예컨대 앞에 나온 《대품반야경》 제1권, 제5권 등에서 유위공과 무위공을 함께 말하면서, 양자 모두 항상하지도 않고 끊어지지도 않기 때문에 모두 공이라고 말한다.

밝히는 개념이므로, 연생법과 떨어져 있을 수 없는 개념이다. 다시 말해서 연생법이 없다면 공이란 표현도 있을 수 없고, 있을 필요도 없는 것이다. 따라서 공이란 전혀 아무것도 없다는 것이 아니라, 연생법이라는 무엇인가가 있다는 것을 전제로 하는 개념이다. 다만 그것이 자성을 가진, 실체를 가진 것이 아니라는 말일 뿐이다.

따라서 공은 연생법과 다른 것이 아니고[공불이법空不異法], 공이란 바로 연생법 자체를 가리키는 말이나 마찬가지이다[공즉시법空卽是法]. 그래서 만약 그 법이 색법이면 '공불이색, 공즉시색'이 되는 것이고, 그 법이 수, 상, 행, 식이면, 각각 '공불이수, 공즉시수', '공불이상, 공즉시상', '공불이행, 공즉시행', '공불이식, 공즉시식'이 되는 것이다.

여기에서 '공'의 개념을 이와 달리 잘못 이해하면, 특히 이 두 글귀의 뜻을 제대로 이해할 수 없게 된다. 여기에서 공은 전혀 아무것도 없다는 뜻이 아닐 뿐만 아니라, 허공 등과 같은 공간적 개념도 아니며, 어떤 현상의 부재를 지시하는 것도 아니다. 사람에 따라서는 이 공을, 모든 현상의 배후에서 이것을 움직이는 어떤 본체 내지 본질적인 원리 같은 것으로 설명하기도 하지만, 이렇게 이해할 일도 아니다. 이렇게 생각할 것을 염려하여 경전에서는 '공공空空'이라고 해서, 이 공 또한 공이라고 설명한다.[47] 자성이나 실체를 부정하는 이 공에 무슨 자성이나 실체가 있겠는가? 연생적 현상의 특성을 사실적으로 설명하는 말일 뿐이다.

이상이 위 경문이 밝히는 '법공'의 의미이다. 이것이 무슨 현묘

---
47 예컨대 위 《대품반야경》에서도 거듭 '공공'을 말하고 있다.

한 도리를 이르는 말이겠는가? 물론 이 원리는 불교를 알지 못하는 사람들에게는 이해되기 어려운 이치일 수 있다. 그러나 불교의 근본원리를 이해하는 사람에게는 이것은 지극히 당연한 서술문일 뿐이다.

여기에서 이 대목에 관한 현수법장의 주해를 소개하여 이해에 참고로 삼고자 한다.

「사리자는 의심하여 말한다. "우리 소승도 유여의열반의 지위[有餘位]48 중에서, 오온에는 사람이 없다고 본다[見蘊無人]. 그런데 또한 법도 공이라고 하니, 이것과 어떻게 다른가?" 이제 의심을 풀어서 말한다. "그대들의 입장은, 오온 중에는 사람이 없다는 것[蘊中無人]을 온공蘊空이라 이름하고, 오온 자체가 스스로 공이라는 것이 아니므로, 이는 곧 오온은 공과는 다르다는 것이다.49 이제 경전에서는 모든 온의 스스로의 성품이 본래 공[諸蘊自性本空]임을 밝히는 것이니, 그와는 같지 않다. 그래서 '색불이공' 등이라고 한 것이다."

또 의심하여 말하기를, "우리 소승도 무여의열반의 지위[無餘位]에 들면 몸과 지혜가 모두 다해 버린다[身智俱盡]. 이제 또한 공 중에는 색 등이 없다고 하니,50 이것과 어떻게 다른가?" 의심을 풀

---

48 유여의열반을 가리키는 것인데, 유여의열반과 아래에 나오는 무여의열반에 대하여는 졸저 『불교는 무엇을 말하는가』 p.238 참조.
49 여기에서 "오온 자체가 스스로 공이라는 것이 아니므로, 이는 곧 오온은 공과는 다르다는 것"이라는 표현은, 제법의 실재성을 주장하는 부파불교를 향한 것이라고 이해하여야 한다.
50 이것은 뒤의 1.4분절의 (1)의 경문을 가리키는 것이다.

어서 말한다. "그대들의 입장은, 색이 곧 공이라는 것이 아니라[卽色非空] 색을 멸하여 비로소 공이 된다는 것이다[滅色方空]. 지금 경전은 곧 그렇지 않다는 것이니, 색이 바로 공이라는 것이지 색을 멸하여 공이 된다는 것이 아니다. 그러므로 그와는 같지 않다."

이승의 의심은 이 두 가지를 벗어나지 않는다. 그래서 이에 나아가 의심을 풀었다. 다음 겸하여 보살의 의심을 푼다.

《보성론寶性論》에 의하면, 공란의空亂意보살51에게 세 가지 의심이 있다고 하였다.52 첫째는 공이 색과 다르다고 의심해서 색 밖에서 공을 취하는 것[疑空異色 取色外空]이니, 이제 경전에서 색이 공과 다르지 않음을 밝혀서 그 의심을 끊어 주었다. 둘째는 공은 색을 멸한 것이라고 의심해서 단멸된 공을 취하는 것[疑空滅色 取斷滅空]이니, 이제 경전에서 색이 바로 공인 것이지, 색이 멸한 것이 공이 아니라는 것을 밝혀서 그 의심을 끊어 주었다. 셋째는 공이 어떤 물건일 것이라고 의심해서 공을 어떤 존재로서 취하는 것[疑空是物 取空爲有]이다.53 이제 경전에서 공이 곧 색이므로 공으로써

---

51 여래장사상의 선도적 경전인 《승만勝鬘경》(=《승만사자후일승대방편방광경》의 약칭) 제13 자성청정장에서 유래한 표현이다. 문자적으로는, 공에 마음이 혼란한 보살이라는 뜻이지만, 이 개념을 도입한 취지는, '공관을 많이 닦아 공견이 진실한 이해를 방해하고 혼란시켜서, 불성이 있음을 알지 못한다'는 것에 있다(졸역『여래장 경전 모음』p.139 참조).

52 본문의 글은 《보성론》(제4권) 제6 무량번뇌소전품 중의 글(위의 졸역『여래장 경전 모음』pp.382-383 참조)인데, 현존 한역경전의 표현과는 다소 다르다. 《보성론》은 《구경일승究竟一乘보성론》의 약칭으로, 여래장사상을 체계적으로 서술한 대승불교 중기의 대표적 논서 중의 하나이다.

53 이를 《보성론》에서는 다음과 같이 표현하고 있다. "또 다시 어떤 사람은 공을 있는 물건[有物]으로 삼아 '나는 공을 얻어야 한다'라고 하고, 또 '색 등의 법을 떠나 따로 다시 공이 있으니, 나는 수행해서 그 공을 얻도록 해야 한다'

공을 취해서는 안 된다는 것을 밝혀서 그 의심을 끊어 주었다. 세 가지 의심이 이미 끊어졌으니, 참된 공[眞空]이 스스로 드러나는 것이다.」

이상과 같은 주해의 내용을 보면 불교의 근본원리에서 볼 때 의미가 분명한 이 공의 이해에 대해, 당시에도 상당한 의문과 혼란이 있었던 것으로 보인다. 그래서 위와 같은 뜻의 공을, 다른 개념의 공과 구별해서 참된 공, 즉 진공眞空이라고 표현한 것이라고 이해된다. 이러한 진공은 앞에서 본 것처럼 '전혀 아무것도 없다는 것[都無]'이 아니고, 자성이나 실체가 없을 수밖에 없는 연생법이 '있음'을 전제로 하는 것이다. 다만 이러한 연생법은 자기동일성을 갖는 존재가 아니라는 것이다. 그래서 진공과 대비하여 이와 같은 연생법의 있음을 가리켜 가유假有 또는 묘유妙有라고 표현한다. 전자는 '임시로 있음' 내지 '거짓으로 있음'이라는 의미이고, 후자는 '묘하게 있음'이라는 의미이다. 또 허깨비처럼 있는 것이라 하여 환유幻有라고 표현하기도 한다.

요컨대 공은 자성 또는 실체가 없다는 의미에서 '없다'라고 표현되지만, '전혀 없음'은 아니고, 어느 편인가 하면 오히려 가유·묘유·환유로서의 '있음'이다. 그래서 이것을 드러내어 '진공 묘유'라고 표현하기도 해 왔다. 이와 같이 있는 것도 아니면서 없는 것도 아닌 '진공-묘유'를 '중도의 실상'이라고 표현하기도 하는데, 이러한 중도의 실상이 바로 법계의 진실한 모습인 것이다.

라는 이와 같은 마음을 일으킨다."

두 가지 진리 – 세속제와 승의제

마지막으로 앞에서 언급된 두 가지 진리[이제二諦], 즉 세속제世俗諦와 승의제勝義諦(이를 속제俗諦와 진제眞諦라고도 하고, 후자는 특히 으뜸 되는 뜻의 진리라는 의미에서 제일의제第一義諦라고 부른다)에 대하여 정리해 두고자 한다. 앞에서 이미 밝힌 것처럼 전자는 세속의 진리라는 말이고, 후자는 뛰어난 뜻의 진리라는 말이다. 그리고 후자는 기존의 설일체유부나 상좌부에서 실재[實有]라고 파악한 75법 내지 82법의 제법을 가리키는 말로 사용하였고, 이들을 제외한 나머지 법은 모두 세속 관념이나 관습에 의한 것일 뿐, 궁극적으로 실재하는 것이 아니라고 해서 세속제라고 불렀다고 하는 것도 앞에서 보았다.

그렇지만 앞에서 자세히 밝혔듯이 이들 개개의 제법은 실재가 아니다. 이들 역시 연생법의 특성을 그대로 가진 것으로, 그 진실한 모습은 비유비무이고, 그러한 의미에서 공이다. 따라서 이들 제법이 실재라는 의미에서 승의제라고 한 부파불교의 규정은 변경되어야 할 필요가 있다. 그렇게 하지 않는다면 실재하지도 않는 것을 '뛰어난 뜻의 진리[勝義諦]'라고 말한다는 기이한 결과가 되기 때문이다.

이러한 관점에서 어떤 법의 실재성이라는 개념에서 벗어나, 모든 현상의 진실한 모습을 나타내는 진리를 승의제로 하고, 진실한 모습과는 관계 없이 세간의 언설에 의해 개념지어진 법을 세속제로 하는 두 가지 진리의 개념을 정립한 것은 용수이다.[54] 모든 현

----

54 그렇지만 이러한 두 가지 진리를, 법의 실재성이라는 관념에서 탈피해, 법

상의 진실한 모습은 무분별의 반야에 의해 알려진다. 용수에 의하면 그것은 바로 모든 법의 공성이다. 그래서 모든 법의 공성이 바로 승의제이고, 이에 반하여 세간의 언설에 의해 개념지어진 모든 법은 세속제에 속하는 것이 된다. 세속제는 그것이 진실한 모습을 알지 못하는 무명無明에 의해 형성[行]된 것이든, 아니면 진실한 모습을 알면서도 세간을 인도하기 위하여 지혜[明]에 의하여 시설施設paññatti55된 것이든 세속제라는 점에서는 마찬가지이다.

따라서 세속제에 의하면 모든 법은 없는 것이 아니지만, 승의제에 의하면 모든 법은 공이다. 이 공은 전혀 없는 것은 아니고 비유비무이지만, 개념지어진 대로의 자성을 가진 법이란 실제로 없다는 의미에서 '없다[無]'라고 표현된다.56 이 경전의 뒤에서 "그러

의 진실한 모습이라는 관점에서 파악한 것은 용수 이전부터 있었던 사고였던 것으로 보인다. 왜냐 하면 앞에서 설일체유부가 이해하는 두 가지 진리를 설명할 때 인용한 《구사론》(제22권)의 글 바로 다음에는, 선대의 어떤 논사의 말이라면서 다음과 같은 말을 인용하고 있는데, 여기에서 말하는 두 가지 진리는 용수의 관점과 다르지 않기 때문이다. "출세간의 지혜[出世智] 및 그 후에 획득되는 세간에 대한 바른 지혜[此後得世間正智]로써 파악된 모든 법[所取諸法]과 같은 것은 승의제라고 이름하고, 그 밖의 다른 지혜로써 모은 모든 법[所聚諸法]과 같은 것은 세속제라고 이름한다."

55 '시설'의 빠알리어 원어가, 반야paññā에서 파생된 'paññatti'(범어로도 역시 쁘랑냐prajñā에서 나온 'prajñatti')인 것은, 시설이 법계의 진실한 모습을 알면서 세간을 인도하기 위하여 반야에 의하여 베풀어진 것임을 나타낸다. 세속제에는 본문과 같은 두 가지가 있지만, 외형적으로는 서로 구별되지 않을 것이다.

56 《대품반야경》(제25권) 실제품實際品에서, "제일의의 모습은 지음도 없고 함도 없고 남도 없고 표상도 없고 말함도 없다[無作 無爲 無生 無相 無說]. 이것을 제일의라고 하고 또 성품의 공[性空]이라고 하며 또 모든 붓다의 도[諸佛道]라고 한다. 이 중에서는 중생을 얻을 수도 없고, 나아가 아는 자나 보는 자도 얻을 수 없으며, 색·수·상·행·식 내지 팔십종호도 얻을 수 없다"라고 하

므로 공 중에는 색도 없고"로부터 시작해서 모든 법이 다 없다는 표현이 나오는데, 이것이 바로 승의제를 말하고 있는 것이다.

대승경전에서는 세속제와 승의제를 분간할 수 있도록 구분하지 않은 채 자유자재로 혼합하여 사용하는 특색을 나타낸다. 우리는 《금강경》에서 그 대표적인 사용례를 보게 될 것이다. 반드시 분간할 수 없는 것은 아니라 해도 한 문장 안에서 양자를 섞어 사용함으로써, 어떤 점에서는 혼란을 유발하기까지 한다. 그 근본적인 취지는 세속제를 실상과 함께 제시하여, 세속제에 대한 집착을 깨뜨리기 위한 데 있다고 이해할 수 있다. 그렇지만 이를 구분해 읽지 않으면 전후 모순된 말을 하는 것으로 오해할 수 있으므로 세심한 주의를 요한다. 용수 역시 다음과 같이 주의를 촉구한다.57

"모든 붓다께서는 이제二諦에 의해 [諸佛依二諦]
중생들 위해 법 설하신다 [爲衆生說法]
하나는 세속제로써 [一以世俗諦]
다른 하나는 제일의제로써 [二第一義諦]

만약 사람들이 두 가지 진리 [若人不能知]
분별하는 것을 알 수 없다면 [分別於二諦]
곧 심오한 붓다의 법에서 [則於深佛法]
진실한 뜻을 알지 못하리 [不知眞實義]"

고 있는데, 이러한 취지의 글을 반야부의 경전에서는 도처에서 볼 수 있다.
57 역시 《중론》 제24 관사제품에 나오는 게송이다. 앞에 나온 공성을 밝히는 게송은 제18, 19게송이고, 이것은 그 제8, 9게송이다.

만약 모든 법이 공이라면 사성제도, 사향사과四向四果58의 과보도, 삼보三寶 등도 모두 공이어서 실제로는 없을 것이니, 모든 불법佛法은 무너지고 마는 것이 아닐까? 이에 대하여 용수는, 모든 법이 공이기 때문에 위와 같은 모든 불교의 이치가 성립되는 것이고, 모든 법이 공이 아니라고 한다면 이 모든 이치는 성립되지 못한다고 설명한다. 설명의 글이 다소 길지만, 자성自性과 공성空性의 개념을 이해하는데 도움이 되므로 아래에 이를 옮긴다.59

"⑳ 만약 일체가 공하지 않다면 [若一切不空]
　　곧 생겨나고 소멸함도 없을 것이고 [則無有生滅]
　　이와 같다고 한다면 곧 [如是則無有]
　　사성제의 법도 없을 것이다 [四聖諦之法]60

㉑ 고苦가 조건 따라 생기지 않는다면 [苦不從緣生]
　　어떻게 고苦가 있겠는가 [云何當有苦]

---

58 수행에 의해 얻게 되는 수다원, 사다함, 아나함, 아라한의 네 가지 과보(졸저 『불교는 무엇을 말하는가』 pp.227-230)를, 그 경지에 도달한 분[四果]과 그 경지로 향하는 분[四向]의 둘 씩으로 나눈 것을 말한다. 이들을 합쳐 네 쌍의 여덟 종류의 성인이라는 뜻에서 '사쌍팔배四雙八輩'라고 부른다.
59 같은 《중론》 제24 관사제품 제20 내지 40의 게송인데, 게송 앞의 번호는 같은 품의 게송 순서이다.
60 이에 대해 청목은, "만약 일체법이 각각 자성을 가져 공하지 않다고 한다면, 곧 생멸은 없을 것이다. 생멸이 없기 때문에 곧 사성제의 법도 없을 것이다. 왜냐 하면"이라고 주석한다. 그러므로 여기에서 '생겨나고 멸함도 없다'는 것은 자성을 가져서 지키고 있을 것이기 때문이라는 뜻인데, 이것이 이하의 글에서 공하지 않다는 것의 주된 의미이다. 이하 각 게송 말미의 각주에서 이해를 돕기 위하여 그 게송에 대한 청목의 주석을 옮겨 둔다.

무상하다는 것이 고픔의 뜻인데 [無常是苦義]
　　고정된 자성이라면 무상도 없을 것이다 [定性無無常]61

22　만약 고픔에 고정된 자성 있다면 [若苦有定性]
　　무엇 때문에 집集에서 생기겠는가 [何故從集生]
　　그러므로 집集도 없을 것이니 [是故無有集]
　　공의 뜻을 파괴했기 때문이다 [以破空義故]62

23　고픔에 만약 고정된 자성 있다면 [苦若有定性]
　　곧 멸滅도 있지 않아야 하리라 [則不應有滅]
　　그대는 고정된 자성을 집착하므로 [汝著定性故]
　　곧 멸제를 파괴하는 것이다 [卽破於滅諦]63

24　고에 만약 고정된 자성이 있다면 [苦若有定性]
　　곧 도 닦는 것도 없으리니 [則無有修道]
　　만약 도가 닦아 익힐 수 있는 것이라면 [若道可修習]
　　곧 고정된 자성은 없는 것이다 [卽無有定性]64

....
61 "고가 조건 따라 생기지 않기 때문에 고는 없다. 왜냐 하면 경전에서 무상이 고의 뜻이라고 했는데, 만약 고에 고정된 자성이 있다면 어떻게 무상이 있겠는가. 자성을 버리지 않을 것이기 때문이다. 또한"
62 "만약 고에 고정된 자성이 있다고 한다면 곧 다시 생기지 않아야 할 것이다. 먼저부터 이미 있었기 때문이다. 만약 그렇다고 한다면 곧 집제도 없을 것이다. 공의 뜻을 파괴했기 때문이다. 또한"
63 "고에 만약 고정된 자성이 있다고 한다면 곧 멸하지 않을 것이다. 왜냐 하면 자성은 곧 멸함이 없는 것이기 때문이다. 또한"
64 "법이 만약 고정되어 있는 것이라면 곧 도 닦는 것이 있을 수 없다. 왜냐 하

25 만약 고제가 없고 [若無有苦諦]
    그리고 집제와 멸제가 없다면 [及無集滅諦]
    고를 멸할 수 있는 도道로써 [所可滅苦道]
    끝내 어디에 이르겠는가 [竟爲何所至]65

26 만약 고품에 결정코 자성 있어 [若苦定有性]
    먼저부터 볼 수 없었던 것이라면 [先來所不見]
    지금은 어떻게 보겠는가 [於今云何見]
    그 자성은 달라지지 않기 때문에 [其性不異故]66

27 고를 보는 것이 그러하지 못하듯 [如見苦不然]
    집을 끊고 멸을 증득하며 [斷集及證滅]
    도를 닦는 것과 네 가지 과보도 [修道及四果]
    역시 모두 그러하지 못하리라 [是亦皆不然]67

....
면 만약 법이 실제라면 곧 항상할 것이고, 항상하다면 증익할 수 없을 것이기 때문이다. 만약 도가 닦을 수 있는 것이라고 한다면, 도는 곧 고정된 자성이 없는 것이다. 또한"

65 "모든 법이 만약 먼저부터 결정되어 자성이 있는 것이라면, 곧 고·집·멸제는 없을 것이다. 이제 고를 멸하는 도로써 끝내 고를 멸한 어떤 곳에 이르겠는가? 또한"

66 "만약 먼저 범부일 때에 고의 자성을 볼 수 없었다면, 지금도 또한 볼 수 없을 것이다. 왜냐 하면 보지 못했던 자성은 고정되어 있기 때문이다. 또한"

67 "고제의 자성을 먼저 보지 못했던 자는 뒤에도 역시 보지 못하는 것처럼, 이와 같이 집을 끊고 멸을 증득하며 도를 닦는 것 역시 있을 수 없다. 어째서인가? 이 집의 자성은 먼저부터 끊지 못한 것이므로 지금도 끊지 못할 것이니, 자성이 끊을 수 없는 것이기 때문이다. 멸은 먼저부터 증득하지 못한 것이므로 지금도 역시 증득하지 못할 것이니, 먼저부터 증득하지 못한 것이기 때문이다. 도는 먼저부터 닦지 못했던 것이므로 지금도 역시 닦지 못할 것이니,

㉘ 이 네 가지 도과道果의 자성을 [是四道果性]
　먼저부터 얻을 수 없었기 때문이니 [先來不可得]
　모든 법의 자성이 정해져 있다면 [諸法性若定]
　지금 어떻게 얻을 수 있으랴 [今云何可得]68

㉙ 만약 네 가지 과보가 없다면 [若無有四果]
　곧 향함 얻는 이도 없으리니 [則無得向者]
　여덟 가지 성자가 없기 때문에 [以無八聖故]
　곧 승보가 없게 되리라 [則無有僧寶]69

㉚ 사성제가 없기 때문에 [無四聖諦故]
　또한 법보도 없을 것이며 [亦無有法寶]
　법보와 승보가 없는데 [無法寶僧寶]
　어떻게 불보가 있으랴 [云何有佛寶]70

....
먼저부터 닦지 못한 것이기 때문이다. 그러므로 사성제를 보고 끊고 증득하고 닦는다는 네 가지 행은 모두 있을 수 없다. 네 가지 행이 없기 때문에 네 가지 도의 과보[道果]도 역시 없다. 왜냐 하면"

68 "모든 법이 만약 고정된 자성이 있는 것이라면, 네 가지 사문沙門의 과보를 먼저 얻지 못했는데 지금 어떻게 얻을 수 있겠는가? 만약 얻을 수 있다고 한다면, 자성이라는 것에 곧 일정함이 없다는 것이 된다. 또한"

69 "네 가지 사문의 과보가 없기 때문에 곧 과를 얻은 이도, 과를 향하는 이도 없을 것이다. 여덟 가지 성자가 없기 때문에 곧 승보도 없을 것이다. 그렇지만 경전에서는 여덟 가지 현성賢聖을 승보라고 이름한다고 설한다. 또한"

70 "사성제를 수행하여 열반의 법을 얻는다. 만약 사성제가 없다면 곧 법보가 없다. 만약 두 가지 보배가 없다면 어떻게 불보가 있겠는가? 그대는 이러한 인연 때문에, 모든 법의 고정된 자성을 말하므로 곧 삼보를 무너뜨리는 것이다. (문) 그대가 비록 모든 법을 깨뜨리더라도 구경에 아뇩다라삼먁삼보리에 이르는 도는 있다. 이 도를 인연하기 때문에 이름해서 붓다라고 하는 것이

31 그대의 말은 곧 보리를 [汝說則不因]
　　인연하지 않고서도 붓다가 있고 [菩提而有佛]
　　또한 다시 붓다를 인연하지 않고서도 [亦復不因佛]
　　보리가 있다는 것이다 [而有於菩提]71

32 비록 다시 부지런히 정진하여 [雖復勤精進]
　　보리의 도를 수행하더라도 [修行菩提道]
　　만약 먼저부터 붓다의 자성이 아니라면 [若先非佛性]
　　붓다를 이룰 수 없어야 하리라 [不應得成佛]72

33 만약 모든 법이 공하지 않다면 [若諸法不空]
　　죄나 복을 짓는 자도 없으리라 [無作罪福者]
　　공하지 않은데 무엇을 지으랴 [不空何所作]
　　그 자성이 결정되어 있기 때문에 [以其性定故]73

34 그대가 죄나 복에서부터 [汝於罪福中]

다. 대답하여 말하기를"
71 "그대가 말하는 모든 법에 고정된 자성이 있다고 한다면, 곧 보리로 인하여 붓다가 있지 않아야 하고, 붓다로 인하여 보리가 있지 않아야 할 것이다. 이 둘의 자성은 항상 결정되어 있기 때문이다. 또한"
72 "먼저부터 자성이 없었기 때문에, 예컨대 철에는 금의 자성이 없으므로 비록 다시 갖가지로 정제하더라도 끝내 금이 되지 못하는 것과 같으리라. 또한"
73 "만약 모든 법이 공하지 않다면 끝내 죄나 복을 짓는 자도 없을 것이다. 왜냐하면 죄나 복의 자성이 먼저부터 이미 결정되어 있기 때문이다. 또 짓는 것이나 짓는 자가 없기 때문에 또한"

과보를 내지 않는다고 한다면 [不生果報者]
　　　이는 곧 죄나 복을 떠나서 [是則離罪福]
　　　모든 과보가 있다는 것이리 [而有諸果報]74

35　만약 죄나 복에서부터 [若謂從罪福]
　　　모든 과보를 낸다고 한다면 [而生果報者]
　　　과보가 죄나 복에서 나오는데 [果從罪福生]
　　　어떻게 공하지 않다고 말하랴 [云何言不空]75

36　그대가 일체법의 모든 인연과 [汝破一切法]
　　　공의 뜻을 깨뜨린다면 [諸因緣空義]
　　　곧 세속의 나머지 [則破於世俗]
　　　모든 법들도 깨뜨리리라 [諸餘所有法]76

37　만약 공의 뜻을 깨뜨린다면 [若破於空義]
　　　곧 짓는 것[所作]도 없을 것이니 [卽應無所作]

....
74 "그대가 죄나 복의 인연에서부터 모두 과보가 없다고 한다면, 곧 죄나 복의 인연을 떠나서 과보가 있어야 하리라. 왜냐 하면 과보가 인연을 기다리지 않고 나오기 때문이다. (문) 죄나 복을 떠나서는 선악의 과보가 없고, 단지 죄나 복에서부터 선악의 과보가 있을 수 있다. 대답하여 말한다."
75 "만약 죄나 복을 떠나서 선악의 과보가 없다고 한다면, 어떻게 과보가 공하지 않다고 말하겠는가? 만약 그렇게 짓는 자를 떠나서는 죄나 복이 없다고 한다면, 그대가 먼저 모든 법이 공하지 않다고 말한, 이 일은 그럴 수 없다. 또한"
76 "그대가 만약 모든 인연법과 으뜸 되는 공의 뜻을 깨뜨린다면, 곧 일체의 세속법들도 깨뜨리리라. 왜냐 하면"

지음 없이도 지음이 있을 것이고 [無作而有作]

짓지 않아도 지은 자[作者]라 부르리라 [不作名作者]⁷⁷

38 만약 결정된 자성 있다고 한다면 [若有決定性]

세간의 갖가지 모습들은 [世間種種相]

곧 생겨나지 않고 사라지지 않으며 [則不生不滅]

상주하고 무너지지 않아야 하리라 [常住而不壞]⁷⁸

39 만약 공이 없다고 한다면 [若無有空者]

얻지 못한 것은 얻지 않아야 하고 [未得不應得]

또한 번뇌를 끊음도 없으며 [亦無斷煩惱]

또한 괴로움 다하는 일도 없으리 [亦無苦盡事]⁷⁹

---

77 "만약 공의 뜻을 깨뜨린다면, 곧 일체의 과보는 모두 짓는 것도 없고 인연도 없을 것이고, 또 짓지 않아도 지은 것이며, 또 일체의 지은 자들은 지은 것이 있지 않을 것이고, 또 지은 자를 떠나서 업도 있고 과보도 있으며 과보 받는 자도 있을 것이지만, 다만 이 일은 모두 그렇지 않다. 그러므로 공을 깨뜨려서는 안 된다. 또한"

78 "만약 모든 법에 고정된 자성이 있다고 한다면, 곧 세간의 갖가지 모습들인 천신과 인간과 축생과 만물은 모두 태어나지 않고 사라지지 않으면서 상주하고 무너지지 않아야 할 것이다. 왜냐 하면 실제의 자성이 있어서 변이할 수 없기 때문이다. 그런데도 만물에 변이하는 모습이 있고 생멸하면서 변역한다. 그러므로 고정된 자성이 있지 않아야 한다. 또한"

79 "만약 공이라고 하는 법이 없다고 한다면, 곧 세간과 출세간의 모든 공덕을 아직 얻지 못한 자는 모두 얻지 않아야 하고, 또한 번뇌를 끊는 자도 있지 않아야 하며, 또한 괴로움이 다하는 것도 없어야 할 것이다. 왜냐 하면 자성이 결정되어 있기 때문이다."

40 그래서 경전 중에서 말했으니 [是故經中說]
　　만약 연기법[因緣法]을 본다면 [若見因緣法]
　　곧 능히 붓다를 보고 [則爲能見佛]
　　고·집·멸·도를 보는 것이라고 [見苦集滅道]"80

....
80 "만약 일체법은 여러 조건에서 생긴다는 것을 사람이 본다면, 이 사람은 곧 붓다의 법신을 능히 보는 것이니, 지혜를 증익시켜서 능히 고·집·멸·도의 사성제를 볼 것이고, 사성제를 보므로 네 가지 과보를 얻고 모든 고뇌를 소멸시킬 것이다. 그러므로 공의 뜻을 파괴해서는 안 된다. 만약 공의 뜻을 파괴한다면 곧 인연법을 파괴하는 것이고, 인연법을 파괴하는 것은 곧 삼보를 파괴하는 것이며, 만약 삼보를 파괴한다면 곧 스스로 파멸할 것이다."

2. 자세한 설명
(1) 관찰대상
㈏ 공상을 드러냄
㈀ 여섯 가지 뜻에 의해 공상을 드러냄

1.3

　사리자님, 이 모든 법의 공한 모습[空相]　舍利子, 是諸法空相 不生
은 생겨나지도 않고 소멸하지도 않으며,　不滅 不垢不淨 不增不減.
더럽지도 않고 깨끗하지도 않으며, 늘어
나지도 않고 줄어들지도 않습니다.

　　　　　　　　　∽

　이 분단은 반야바라밀다의 진실한 의미를 자세하게 밝히는 부분의 둘째 공의 모습을 드러내는 부분 중, 처음 여섯 가지 뜻에 의해 공상空相, 즉 공의 모습을 드러내는 것이다.
　여기에서 '여섯 가지 뜻[六義]'이라 함은 경문에서, '생겨나지도 않고 소멸하지도 않으며, 더럽지도 않고 깨끗하지도 않으며, 늘어나지도 않고 줄어들지도 않습니다'라고 한 부분을 가리킨다. 한역문으로는 '불생불멸不生不滅, 불구부정不垢不淨, 부증불감不增不減'이라고 읽는데, 예전부터 주석하는 분들은 이것을 세 가지 댓구로 된 여섯 가지 모습이라는 뜻에서 '3대對 6상相'이라고 불렀다. 말하자면 이 3대 6상으로써 공의 모습을 드러내었다는 것이다.
　그러면 공의 모습은 어떠하길래 이 여섯 가지가 이것을 드러낸 것이라는 것일까? 이미 누누이 언급하였듯이 '공'이라는 것은 연생법의 자성이 없고 실체가 없는 성품을 가리키는 용어이다. 따라서 이것은 연기의 법칙이 갖는 성격과 무관하지 않다. 그래서 이 '3대 6상'에 의한 공상의 뜻을 살펴보기 전에 이 연기법의 성격을 간략히 살펴 본다.

연기법의 성격

세상의 모든 현상은 오직 조건적으로만 일어난다고 하는 이 연기의 법칙이 갖는 성격[81]에 관하여 경전은 다음과 같이 설명한다.

"비구들이여, '태어남을 조건으로 늙음과 죽음이 생겨난다'라고, 여래가 출현하거나 여래가 출현하지 않거나 그 세계는 정해져 있으며, 원리로서 확립되어 있으며, 원리로서 결정되어 있으며, 구체적인 것을 조건으로 하는 것이다. 여래는 그것을 올바로 깨닫고 꿰뚫었으며, 올바로 깨닫고 꿰뚫고 나서 설명하고, 교시하고 시설하고 확립하고 개현하고 분석하고 명확하게 밝힌다. 그러므로 '그대들도 보라'고 말하는 것이다.

비구들이여, 태어남을 조건으로 늙음과 죽음이 생겨나는 것과 같이 비구들이여, 여기서 여실한 것[tathatā], 허망하지 않은 것[avitathatā], 다른 것이 아닌 것[anaññathatā], 그것을 조건으로 하

---

[81] 연기의 기본적인 요소인 조건성과 산출성 및 수반성 외에, 연기의 법칙이 갖는 성질을 의미하는 것이다.

는 것[idapaccayatā], 비구들이여 이것을 연기라고 한다."

한글 SN 제2권 pp.143-144 조건의 경[Paccayasutta]

여기에서 "여래가 출현하거나 여래가 출현하지 않거나 그 세계는 정해져 있으며, 원리로서 확립되어 있으며, 원리로서 결정되어 있으며"[82]라고 한 것은, 연기의 법칙은 객관적이고 보편타당한 원리로서 확립되어 있는 법칙이라는 취지일 것이다. 다음 "여래는 그것을 올바로 깨닫고 꿰뚫었으며"라고 한 것은 붓다께서 이를 스스로 체험하여 확인한 것이라는 취지이고, "올바로 깨닫고 꿰뚫고 나서 설명하고, 교시하고 시설하고 확립하고 개현하고 분석하고 명확하게 밝힌다. 그러므로 '그대들도 보라'고 말하는 것이다"라고 한 것은, 누구든지 체험하여 확인할 수 있는 것임을 뜻하는 것이다.

그래서 이 앞 부분의 글은, 연기법은 객관적이고 보편타당한 원리로서 확립되어 있는 법칙이므로, 누구든지 확인할 수 있는 법칙이라는 뜻이 된다. 물론 그렇다고 해서 아무나 일상적으로 이것을 경험하고 확인할 수 있다는 것은 아니다. 붓다께서 설명하고 밝히신 대로 수행하여 정신적 능력을 개발해서 지혜를 얻게 되면 이를 통하여 확인할 수 있다는 취지이다. 어떻든 위와 같은 연기법의 객관적 보편타당성은 비록 비일상적인 것이기는 하지만, 추론이나 믿음이 아니라, 사람의 정신능력에 의하여 체험되고 확인될 수 있는 것이라는 점에 큰 의미가 있다.

---

82 인용 부분의 뒤에 '구체적인 것을 조건으로 하는 것'이라는 부분과, 말미에서 다시 '그것을 조건으로 하는 것'이라는 부분은 연기의 기본적 요소인 조건성을 뜻하는 것이어서, 특히 연기의 특성으로서 본문에서 언급하지 않는다.

다음 인용된 경전의 뒷 부분에서 먼저 '여실한 것[tathatā]'이라고 한 것은 사실[實] 그대로[如]라는 뜻이니, 진실한 법칙이라는 뜻이다. 다음 '허망하지 않은 것[avitathatā]'과 '다른 것이 아닌 것[aññaññathatā]'이라고 한 표현에 대하여, 학자들은 각각 필연성과 불변성을 가리키는 것으로 해석한다.[83] 그러므로 '허망하지 않다'는 것은 예외가 없는 법칙이라는 것이고, '다른 것이 아니다'라는 것은 달라지지 않고 항상 한 법칙이라는 것이다.

위의 설명에서 연기법의 '성격'이라고 하여 분석적으로 살펴보았다. 그래서 학자들은 그 특성을 '객관성, 필연성, 불변성, 부전도성' 등으로 표현하는데, 이것은 우리가 연기의 원리를 이해하면서 본 내용과 특별히 다르지 않다. 말하자면 연기의 법칙은 붓다께서 이를 밝히시기 전부터 항상 있어 온 불변의 진리로서, 누구든지 수행을 통해 확인할 수 있는 법칙이라는 것이다. 그렇다면 이러한 연기의 법칙에 따라 일어나는 모든 법의 공성 역시 항상하며 예외 없고 변함 없는 것으로서, 확인 가능한 성품일 것이다.

여섯 가지의 모습의 뜻

따라서 그와 같은 모든 법의 공의 모습은 항상한 것이므로, 새로이 생겨나는 것도 아닐 것이고, 또 언젠가 없어져 버릴 수도 없을 것이다. 그러니 이것을 '생겨나지도 않고 소멸하지도 않는다'라고 한 것은 지극히 당연한 사실을 표현하는 것이다. 그리고 그렇

---

83 한글 SN 제2권 pp.143-144 참조.

게만 표현해도 그 뜻을 이해할 수 있다.

그런데도 이에 더하여 '더럽지도 않고 깨끗하지도 않으며, 늘어나지도 않고 줄어들지도 않는다'라고 한 것은 무슨 뜻일까? 공의 모습은 항상하고 변함 없으므로, 표현 그대로 이러한 모습은 '더럽지도 않고 깨끗하지도 않으며, 늘어나지도 않고 줄어들지도 않는다'라고 이해해도 크게 문제될 것은 없다.

그렇지만 고래의 주석에서는 공의 모습을 위와 같이 '3대 6상'에 의해 밝힌 이유를 여러 가지로 해석하고 있다. 알기 쉬우면서 취할 만한 두 가지를 소개한다. 하나는 지위의 관점에서 해석하는 것이고, 다른 하나는 법의 관점에서 해석하는 것이다.[84]

첫째 지위의 관점에서 '불생불멸'은 범부의 지위를 나타내고, '불구부정'은 수행자의 지위를 나타내며, '부증불감'은 붓다의 지위를 나타낸다는 것이다. 그래서 처음은 도전道前, 중간은 도중道中, 마지막은 도후道後를 나타낸다고 말하기도 한다. 말하자면 범부들은 여기에서 죽어 저기에서 태어나면서 오랜 세월 생사에 유전하여 생멸하는 지위에 있지만, 이 경우에도 공의 모습은 생멸하는 것이 아니라는 것이다. 다음 수행자들은 번뇌의 때가 아직 다하지 않았으나 이미 청정한 수행을 닦고 있으므로 더럽기도 하고

---

84 첫째 것은 법장과 원측 스님의 주석에 공히 나오는 것이고, 둘째 것은 명나라 시대의 스님 홍찬弘贊이 그의 『반야바라밀다심경첨족添足』에서 설명하는 것이다. 그리고 그 외에도 유력한 해석이 하나 더 있으니, 그것은 유식의 입장에서 해석하는 것이다. 유식을 이해하는 독자를 위하여 그 요지만을 소개하면, "변계소집은 본래 없기 때문에 '불생불멸'이고, 의타기성은 조건 따라 생기기 때문에 '불구부정'이며, 원성실성은 일어나지 않기 때문에 '부증불감'이라는 것"이다(이는 원측 스님의 『심경찬』에서 인용한 것임).

깨끗하기도 한 지위에 있지만, 이 경우에도 공의 모습은 더럽거나 깨끗한 것이 아니라는 것이다. 그리고 마지막은 붓다의 지위에서는 혹惑·업業·고苦의 장애에서 벗어나 불과佛果의 공덕이 원만하므로 장애는 줄고 공덕은 늘어난 지위에 있지만, 이 경우에도 공의 모습은 줄어들거나 늘어나는 것이 아니라는 것이다.

둘째 법의 관점에서 해석하는 것은 다음 1.4분절에 나오는 여섯 가지 버릴 법과의 관계에서 이해하는 것이다. 즉 생멸은 그 (1) 내지 (3)의 온·처·계에 해당하고, 구정垢淨은 (4)와 (5)의 사성제와 십이연기에 해당하며, 증감은 (6)의 지득智得에 해당한다는 것이다. 그래서「오온 등은 진실에 미혹하여 허망함을 좇으므로 생멸을 보게 됨을 말한다. 십이연기에는 유전문과 환멸문의 두 문이 있으니, 유전문은 고·집의 이제二諦로서 세간의 인과이므로 더럽다고 하고, 환멸문은 멸·도의 이제로서 출세간의 인과이므로 깨끗하다고 한 것이다. 보살의 수행은 도에 늘어남이 있고 번뇌에 줄어듦이 있으므로 증감이라 한 것이다」라고 하였다. 그러니 이와 같은 여섯 가지 버릴 법에서 생멸과 구정과 증감의 모습을 보게 되지만, 그 진실한 성품인 공의 모습에는 생멸과 구정과 증감이 없다는 것이다.[85]

---

[85] 법장도 법의 관점에서 해석하고 있는데, 그 내용은 다음과 같다.「이 진공은 비록 색 등과 같지만, 색 등은 조건 따라 일어나는 반면 진공은 생기는 것이 아니고, 색 등은 조건 따라 소멸하는 반면 진공은 소멸하지 않는다. 또 흐름을 따르더라도 더러워지지 않고, 장애를 벗어나더라도 깨끗해지는 것이 아니다. 또 장애가 다하여도 줄어드는 것이 아니며, 공덕이 차더라도 늘어나는 것이 아니다. 이 생멸 등은 유위법의 모습인데, 이를 뒤집어서 진공의 모습을 드러내는 것이니, 그래서 공의 모습이라고 하였다.」

2. 자세한 설명
(1) 관찰대상
(나) 공상을 드러냄
(ㄴ) 공상에 의해 6문의 법을 버림

1.4

그러므로 공 중에는,	是故 空中,
⑴ 색도 없고 수·상·행·식도 없으며,	無色 無受想行識,
⑵ 안·이·비·설·신·의도 없고 색·성·향·미·촉·법도 없으며,	無眼耳鼻舌身意 無色聲香味觸法,
⑶ 안계眼界도 없고 나아가 의식계도 없으며,	無眼界 乃至 無意識界,
⑷ 무명도 없고 또한 무명의 다함도 없으며 나아가 노사도 없고 또한 노사의 다함도 없으며,	無無明 亦無無明盡 乃至 無老死 亦無老死盡,
⑸ 고·집·멸·도도 없고,	無苦集滅道,
⑹ 지혜도 없고 또한 얻음도 없습니다.	無智 亦無得.

※

 이 분절은 공의 모습을 드러내는 부분 중의 둘째, 위와 같은 공의 모습에 의거하여 여섯 부문의 법을 버리는 것[遣六門法]이다. 이 분단의 내용은 앞에서 본 승의제 즉 제일의제를 표현하는 것이다. 그래서 "공 중에는[空中]"이라고 하여 승의제임을 밝히고 있다.

제2장 반야를 드러내어 말함 147

'공'으로 표현되는 진실한 세계를 우리 범부들은 한 번도 본 적이 없다. 이 세상과 다른 어느 곳에 있어서 우리가 본 적이 없는 것이 아니다. 우리가 살고 있는 이 세계가 바로 그 진실한 세계이다. 단지 우리는 시작을 알 수 없는 아득한 옛적부터 무명에 사로잡혀 모든 것을 '존재'로 형성하여 이것과 저것으로 나누어 분별해 왔기 때문에, 그러한 분별이 사라진 진실한 세계를 본 적이 없는 것이다. 이 진실한 세계 중에서는 모든 것이 연기하면서 지속적으로 변화하고 있기 때문에 이것과 저것으로 구별되는 개개의 현상[法]이란 있을 수 없다. 굳이 표현하자면 모든 것이 연기하고 있는 전체로서의 하나의 법계, 이것이 진실한 세계인 것이다.

그런데도 오온을 말하고, 십이처를 말하며, 십팔계를 말하고, 십이연기를 말하며, 사성제를 말하고, 지혜와 증득을 말하는 것은 모두 세간을 따르기 위한 것이다. 그렇게 분별된 모든 법들은 연기한 것이기 때문에 그 진실한 모습은 공이고, 따라서 진실한 세계 중에는 그와 같이 개념지어진 대로의 자성을 가진 법 내지 그러한 실체를 가진 법이란 없다. 여기에서 없다는 법으로 여섯 종류가 나와 있는데, 이것은 모두 '공 중에는'이라는 표현의 한정을 받고 있다는 점을 잊지 말아야 한다.

대승의 관점에서 이와 같이 자성 내지 실체가 부정되는 것에는 유위법은 물론 무위법도 포함된다. 교화를 위하여 붓다께서 시설하신 법 역시 앞에서 논증된 것처럼 자성이 있는 것이 아니므로 당연히 포함될 것이다. 다만 무위법이 포함된다는 것에 대하여는 의아한 느낌이 들지 모르겠다. 그렇지만 무위법이라는 것이 어떤 실체나 자성을 가진 것이 아니라, 연기하는 법계에서 연기한 법이

'존재'로서 조작되지 않고 사실 그대로 알려지고 보여지는 것을 의미하는 것일진대, 여기에 무슨 자성이나 실체란 것이 존재할 여지는 없다. 혼란은 아비달마에서 열반이나 허공을 무위법에 배속시켜, 마치 그러한 별개의 법이 있는 양 분류한 것에서 비롯된 것일 뿐이다.

열반은 물론 아뇩다라삼먁삼보리도 자성이나 실체가 있는 것이 아니다. 그래서 《대품반야경》(제25권) 실제품實際品에서도, "보살마하살이 아뇩다라삼먁삼보리를 얻는다는 것은 제일의 진실한 뜻[第一實義]이 아니다. 왜냐 하면 제일의 중에는 색 내지 아뇩다라삼먁삼보리도 없고, 또 아뇩다라삼먁삼보리를 행하는 자도 없기 때문이다. 이 일체의 법은 모두 세속제로서 설하는 것이지, 제일의가 아니다." 라고 하고 있다. 허공 역시 마찬가지이다.

그러면 이제 공 중에서 버려지는 여섯 부문의 법의 구체적인 내용을 보자. 먼저 (1) 내지 (3)은 소위 삼과법문三科法門이라고 부르는 온·처·계, 즉 오온·십이처·십팔계가 없다는 것이다. 이것을 '삼과' 즉 세 가지 과목이라고 부르는 것은, 이 세 가지는 제법을 분류한 것이라는 점에서 동일한 것이기 때문이다.[86] 다만 관점을

---

86 이렇게 여러 가지로 분류한 이유에 대해《구사론》(제1권)은, "교화될 유정에 세 종류가 있기 때문"이라고 하면서, 중생의 어리석음에는, 마음에 어리석음(물질은 하나로 묶되, 마음을 나누어 설한 오온)·물질에 어리석음(마음은 오히려 묶되, 물질을 여럿으로 나눈 십이처)·양자에 어리석음(마음과 물질 모두를 자세하게 일곱과 열하나로 나눈 십팔계)의 세 종류가 있고, 근기에도 상·중·하의 셋이 있으며, 즐김에도 간략한 것을 즐김·중간을 즐김·자세한 것을 즐김의 셋이 있어, 온·처·계의 세 종류로 설하였다고 설명한다.

달리 해서 분류하였을 뿐이다. 다만 십이처와 십팔계는 무위법을 포함하여 모든 법을 분류한 것이고, 오온은 그 중에서 무위법을 제외한 유위법만을 분류한 것인데, 이 점은 잠시 뒤에 살펴볼 것이다.

처음 (1) "색도 없고 수·상·행·식도 없다"라고 한 것은 곧 오온이 공이라는 것이다. 다음 (2) "안·이·비·설·신·의도 없고 색·성·향·미·촉·법도 없다"고 한 것은 십이처 즉, 우리 내부의 여섯 가지 인식기반[내육처 내지 육내입처]과 그들 각각의 인식대상 여섯 가지[외육처 내지 육외입처]가 모두 공이라는 것이다. 셋째 (3) "안계眼界도 없고 나아가 의식계도 없다"라고 한 것은 안계 내지 의계의 내육계內六界[87]와 색계 내지 법계의 외육계外六界[88] 및 안식계 내지 의식계의 육식계를 합한, 이른바 십팔계가 공이라는 것이다. 이를 '안계 … 나아가 의식계'라고 표현한 것은 '안계 내지 의계의 내육계, 색계 내지 법계의 외육계, 안식계 내지 의식계의 육식계' 중 처음(안계)과 끝(의식계)만 남겨두고 중간의 16계를 생략한 것이다.

여기에서 이 삼과 상호간의 법의 포함관계, 그리고 앞에서 본 제법과의 포함관계에 대하여 정리해 본다. 먼저 십이처와 십팔계는, 안팎의 여섯 가지 인식기반에서 생긴 여섯 가지의 인식 즉 육식계라는 것이, 십이처 중의 의처意處로부터 분리되어 나온 것이

---

87 안계·이계·비계·설계·신계·의계를 말하는 것이다. 이들 중 의계는 의처 중 육식계를 제외한 것인데, 본문의 뒤에서 설명될 것이다.
88 색계·성계·향계·미계·촉계·법계를 말하는 것이다. 이 외육계는 포함하는 내용에서 십이처 중의 외육처와 완전히 같고, 명칭만이 다를 뿐이다.

라는 점이 유일한 차이이다. 그러므로 십이처 중 의처를 제외한 나머지 11처와, 십팔계 중 내5계(의계를 제외한 안·이·비·설·신계)와 외6계를 합한 11계는 포함 내용이 완전히 같고, 의처만이 '의계+육식계'인 관계에 있다.

다음 오온과 십팔계를 대조하면,[89] 우선 십팔계 중 안·이·비·설·신의 내5계와 색·성·향·미·촉의 외5계는 색법에 속하고, 그 외에 법계에 속하는 소위 '법처소섭색'[90] 역시 색법에 속한다. 그러므로 법계의 일부와 위 10계는 오온 중 색온에 속한다. 그리고 의계와 육식계는 오온 중 식온에 포함된다. 오온 중에서 남은 수온·상온·행온은 법계에 속한다. 그러므로 법계는 법처소섭색과 심상응행법 및 심불상응행법[91]을 포함하는 것이다.

마지막으로 제법분류에서 열거된 제법과 삼과三科와의 포함관계를, 설일체유부의 분류를 기준으로 해서 정리해 본다. 우선 색법은 오온 중에서는 색온에 속하지만, 십이처와 십팔계 중에서는 법처소섭색은 법처와 법계에 속하고, 나머지 색법은 안眼 내지 신身과 색色 내지 촉觸의 10처와 10계에 해당한다. 다음 심법은 오온 중에서는 식온, 십이처 중에서는 의처, 십팔계 중에서는 의계

---

89 오온과 십이처의 대조는 오온과 십팔계의 대조를 통하여 확인할 수 있으므로, 별도로 설명하지 않는다.
90 앞의 제법분류에서 설명되었다.
91 심상응행법(=소위 심소법)과 심불상응행법은 모두 유위를 형성하는 '행'에 속하는 것이다. 그러므로 이들은 모두 행온에 포함되어야 할 것이지만, 다만 심상응행법 중 느낌과 지각의 두 가지는 특히 윤회의 근본이 되기 때문(=《구사론》제1권에 의하면, 즐거운 느낌에 의해 온갖 욕망에 탐착하게 되고, 전도된 지각에 의해 온갖 견해에 탐착하게 된다고 함)에 별도의 온으로 세운 것이라고 설명된다.

와 육식계에 속한다. 그리고 심소법 중 느낌과 지각은 오온 중에서는 각각 수온과 식온에, 십이처와 십팔계 중에서는 법처와 법계에 속하고, 나머지 심소법과 심불상응행법은 모두 오온 중에서는 행온, 십이처 중에서는 법처, 십팔계 중에서는 법계에 속한다.

그리고 무위법은 감각적 인식대상이 아니고 정신적 인식대상이므로 법처와 법계에 속한다. 다만 오온은 원래 중생들이 자아라고 집착하는 물질적 현상과 정신적 현상을 모은 것이므로, 물질이나 정신에 속하지 않는 무위법은 오온에는 포함되지 않는다.

이렇게 보면 오온·십이처·십팔계의 삼과가 공이라고 하는 이 대목이 대승에서 비판의 첫째 대상으로 삼았던 바로 그 주제임을 알 수 있다. 수많은 반야부 경전이 말하고자 하는 핵심이 바로 이것인 것이다.

다음 (4) "무명도 없고 또한 무명의 다함도 없으며 나아가 노사도 없고 또한 노사의 다함도 없다"는 것은 십이연기의 각 지분도 공으로서 자성이 없다는 것이다. 여기에서도 중간의 10지분이 생략된 것이다. 그리고 '무명 … 나아가 노사'는 중생이 생사에서 유전하는 구조를 설명하는 유전문流轉門을 가리키고, '무명의 다함 … 나아가 노사의 다함'은 수행에 의해 생사에서의 유전에서 벗어나는 환멸문還滅門을 가리키는 것이다. 그리고 (5) "고·집·멸·도도 없다"는 것은 이른바 사성제의 각 진리[諦]도 공으로서 자성이 없다는 것이다.

이 십이연기의 각 지분이 공이고 사성제의 각 진리가 공이라고 하는 것의 의미는, 앞에서 본 《중론》의 글을 상기해보면 쉽게 이해할 수 있을 것이다. 즉 십이연기의 각 지분이 공이므로 유전의 연기 내지 환멸의 연기가 가능해지는 것이다. 만약 그 각 지분이 어느 하나라도 자성을 갖는다면 그것을 조건으로 하여 그 다음의 지분이 일어난다는 것은 불가능해지므로, 이후의 조건적 발생 즉 연기는 불가능해질 것이기 때문이다.

그리고 사성제가 공이라는 것의 의미는 앞서 본 《중론》의 글이 다루었던 바로 그 주제이다. 사성제 역시 자성이 없음으로써 비로소 괴로움[苦]이 모여서[集] 일어나고, 도道를 닦아 괴로움을 소멸[滅]케 하는 것이 가능해지는 것이다.

이렇게 보면 이 두 부문의 법은 앞의 세 부문의 법과 같은 차원에서 열거된 것이 아니라, 깊은 뜻을 갖고 대비시킨 것임을 알 수 있다. 다시 말하면 기존의 불교에서는 (1) 내지 (3)의 제법이 실재라는 전제에서 교법의 체계화를 이루었다. 따라서 그 실재성을 부정하면 교법의 근본이 무너질 것이라고 생각할 수도 있을 것이다. 그렇지만 그것은 실재와 공의 의미를 바르게 이해하지 못해서 그런 것일 뿐, 반대로 공성이 불교의 근본을 가능케 하고, 실재성이 불교의 근본을 무너뜨리는 결과를 초래한다는 것이다. 앞의 세 부문의 법과 뒤의 세 부문의 법이 순차 열거된 것은 얼핏 보면 같은 차원의 것처럼 보이지만, 그 이면에는 이러한 뜻이 내포되어 있는 것이다.

마지막으로 (6) "지혜[智]도 없고 또한 얻음[得]도 없다"라고 한 것은 '지혜'와 '얻음' 역시 모두 공이고, 승의제로서는 있는 것이 아니라는 의미인 것은 물론이다. 그런데 '지혜'와 '얻음'은 불교에서 여러 가지 의미로 쓰이고, 관점에 따라 여러 가지로 나누어지기도 한다. 그러면 여기에서 말한 것은 구체적으로 무엇을 가리키는 것일까?

범본에 의하면 이것에 해당하는 범어는 'jñāna'와 'prāpti'이다.92 그런데 이들은 '지혜[智]'와 '얻음[得]'이라는 뜻으로 널리 쓰이는 어휘여서, 이들로부터 해답을 얻을 수는 없다. 그래서인지 이것이 구체적으로 무엇을 뜻하는 것인지에 대해서 예전부터 해석이 일치하지는 않았다. 이에 대한 해석들을 나누어 보면 크게 두 가지가 된다. 하나는 이들을 (1) 내지 (5)에서 열거한 법들과 같은 차원에서 병렬한 것으로 이해하는 것이고, 다른 하나는 이들을 앞에 나온 다섯 가지 문항의 의미를 조명하는 차원에서 제시한 것으로 보는 것이다.

먼저 전자의 해석에 의하면, 여기에서 '지혜'는 불교의 궁극적인 목표를 달성하기 위하여 실현하여야 할 지혜를 가리키고, '얻음'은 그것을 통하여 얻게 되는 수행의 과보를 가리키는 것이라고 이해한다.

그런데 이것도 어떤 시각에서 바라보느냐에 따라 차이가 없지 않다. 만약 이것을 근본불교의 시각에서 바라본다면, 괴로움으로부터의 완전한 해탈을 성취한 아라한이 갖추는 것을 가리킬 것이다. 그렇게 본다면 '지혜'란 자신의 해탈을 스스로 확인하는 진지 盡智와 무생지無生智93를 가리키고, '얻음'은 열반을 가리키게 된다.

....
92 범본에서 이 대목은, "지혜도 없고[na jñānaṃ], 얻음도 얻지 못함도 없다[na prāptir nāprāptiḥ]"라고 되어 있다.

그렇지만 만약 이것을 대승불교의 시각에서 바라본다면, 중생의 제도를 위하여 일체지지를 성취한 붓다께서 갖추신 것을 가리킬 것이다. 이렇게 본다면 '지혜'는 위없는 최고의 지혜, 즉 아뇩다라삼먁삼보리를 가리키고, '얻음'은 이 경전의 표현에 의한다면 뒤에 나오는 '구경열반'을 가리키는 것이 될 것이다. 물론 이것은 '지혜'와 '얻음'이라는 어휘가 가리키는 궁극적인 것을 적시하면 그렇다는 것이지, 궁극에 이르는 과정에서 성취하는 여러 가지 지혜와 수행의 과보를 배제한다는 뜻은 아니다. 그래서 이러한 모든 지혜와 얻음 역시 모두 공으로, 승의제에서는 있는 것이 아니라는 것이 위 글의 취지라는 것이다.

예를 들어 《대품반야경》을 보면, "앎[知]이 있고 얻음[得]이 있다는 것은 그 두 가지 법으로써가 아니니, 지금 세간에서의 이름[名字]으로써 앎이 있고 얻음이 있는 것입니다. 세간에서의 이름 때문에 수다원 내지 아라한과 벽지불辟支佛94 및 모든 붓다까지 있는 것이지, 제일의 진실한 뜻 중에서는 앎도 없고 얻음도 없으며[無知無得], 수다원 내지 붓다도 없는 것입니다."라고 하는 글이 있는데,95

---

93 '진지'란 "나는 이미 고를 다 알았고, 집을 다 끊었으며, 멸을 다 증득하였고, 도를 다 닦았다"라고 아는 것이고, '무생지'란 "나는 더 이상 고를 알 것이 없고, 집을 끊을 것이 없으며, 멸을 증득할 것이 없고, 도를 닦을 것이 없다"라고 아는 지혜를 말한다. 이 둘이 소위 해탈지견의 근거가 되는 지혜이다.
94 범어 'pratyekabuddha'(또는 pratyayabuddha. ⓟpaccekabuddha)의 역어로, 스승의 가르침에 의하지 않고 스스로 깨달아 생사에서 해탈하고 궁극적 경지를 증득하였으나, 홀로 다니고 중생의 교화에는 나서지 않는 성자를 가리킨다. 스스로 연기의 이치를 깨달았다 하여 독각獨覺 또는 연각緣覺이라고도 부르는데, 대승에서는 중생교화에 뜻이 없음을 비판하여, 붓다의 제자들을 가리키는 성문聲聞과 함께, 이승二乘의 소승이라고 폄칭한다.
95 제26 무생품無生品(제7권)에 나오는 글이다. 반야부 경전에는 이와 유사한

이 글과 같은 맥락이라고 이해하는 것이다. 이에 의하면 본문의 "지혜도 없고 또한 얻음도 없다"라고 한 것은, 이 글에서 "앎도 없고 얻음도 없다"라고 한 것과 같은 의미가 될 것이다.

다음 후자는 위와 같은 법들이 승의제에서는 역시 없는 것임을 밝히는 그러한 뜻보다는, 앞의 (1) 내지 (5)에서 열거한 법들이 공으로서 승의제에서는 없는 것임을 밝혔으니, 그렇게 알려지는 이치[得]와 그것을 알게 하는 지혜[智]는 실제로 있을 것이 아닌가 생각할 것을 염려하여, 이러한 것들 역시 공임을 밝힌 것이라고 이해하는 것이다. 따라서 여기에서 '지혜'는 이 공의 이치를 비추어 보는 주체인 반야를 가리키고, '얻음'이란 이를 통해 알려지는 대상으로서의 공성과 공상을 가리키는 것이다. 이렇게 보면 이 해석은 비추어보는 주관[智]과 알려지는 객관[得]의 분립分立도 실제로 있는 것이 아님을 나타내는 뜻도 포함하고 있는 것이라고 하겠다.

모든 법은 실재가 아니라 조건적으로 생멸 변화를 지속하고 있을 뿐이라는 사실 그대로의 상태를 '공'이라고 이름한다. 그리고 이 사실을 분별을 통하지 않고, 있는 그대로 알고 보는 것을 '반야'라고 이름하는 것일 뿐이다. 이러한 의미의 공과 반야에 무슨

글이 매우 많다. 앞에서 "제일의 중에는 색 내지 아뇩다라삼먁삼보리도 없다. 이 일체의 법은 모두 세속제로서 설하는 것이지, 제일의가 아니다"라고 한 글이나, 또 같은 경전 제3 습응품習應品(제1권)에서, "또한 수다원도 수다원의 과보도 없고, 사다함도 사다함의 과보도 없으며, 아나함도 아나함의 과보도 없고, 아라한도 아라한의 과보도 없다. 벽지불도 벽지불의 도道도 없고, 붓다도 붓다의 도도 없다"고 한 글들이 그 예이다.

자성이나 실체가 있겠는가? 그래서 앞의 경론들에서 "공 역시 공"이라고 하였고, "일체법으로 공 아닌 것 하나도 없다"라고 하였던 것이다. 그러니 이 공과 반야까지도 실재가 아니고, 실재로서 얻을 수 있는 법이란 단 하나도 없는 것이다. 그래서 뒤에서 보게 될 《금강경》에서도, "조그만 법도 얻을 만한 것이 없다[無有少法可得]"[96]라고 한 것이다.

두 가지 해석 중 어느 편이 타당한 것일까? 전자의 해석은 다른 반야부 경전의 글 내용과 일치하는 것이고, 후자의 해석은 바로 다음에 "얻는 것이 없으므로 보리살타는 반야바라밀다에 의지함으로써"라고 이어지는 글과의 연결에서 강점을 보인다. 반드시 당부當否와 우열을 가려야 하는 것은 아닐 것이다. 그래서 경전에서 이러한 여러 가지 의미를 포함할 수 있는 표현을 사용한 것이 아닐까?

---

96 제4.19분절의 글이다.

2. 자세한 설명
(2) 증득할 과보
(가) 증득할 과보

1.5

① 얻는 것이 없으므로 보리살타는 반야바라밀다에 의지함으로써 마음에 걸림[罣礙]이 없고, 걸림이 없으므로 두려움[恐怖]이 없고 전도된 망상[顚倒夢想]을 멀리 여의어 구경열반에 이릅니다.

② 삼세의 모든 붓다들께서도 반야바라밀다에 의지하기 때문에 아뇩다라삼먁삼보리를 증득하십니다.

以無所得故 菩提薩埵 依般若波羅蜜多故 心無罣礙. 無罣礙故 無有恐怖 遠離顚倒夢想 究竟涅槃.

三世諸佛 依般若波羅蜜多故 得阿耨多羅三藐三菩提.

이 분절과 다음 1.6분절은 합쳐서 자세하게 진실한 뜻을 밝히는 것의 둘째, 반야바라밀다에 의지함으로써 얻게 되는 과보를 밝히는 부분이다. 이것도 두 부분으로 나누어지는데, 이 분절은 증득하는 과보를 밝히고, 뒤의 1.6분절은 뛰어난 공능을 찬탄하는 것이다. 그리고 이 증득하는 과보를 밝히는 글도 다시 두 부분으로 나누어진다. 즉 경문에 부호로 표시한 ①과 ②의 두 부분이다.

그런데 이 두 부분의 관계에 대해서는 해석이 일치하지 않는다. 다수의 견해는 ①은 인위의 보살이 과보 증득하는 것을 밝히는 것이고, ②는 과위의 붓다께서 과보 증득하신 것을 밝힌 것으로 본다. 그렇지만 원측 스님은 이와 달리, 앞의 ①은 과보 증득하는 것을 바로 밝히는 것[正明得果]이고, 뒤의 ②는 예를 들어 증명하는 것[引例證成]으로 본다. 필자는 원측 스님의 견해에 찬동하는데, 그 이유는 아래에서 밝힐 것이다.

과보 얻음을 밝힘

먼저 "얻는 것이 없으므로"라고 한 것은, 이어 나오는 내용의 이유로서 앞의 글을 인용한 것이니, 얻는 것이 없어야 뒤에서 말하는 과보의 증득이 가능하다는 것이다. 여기에서 위 분절 (6)항의 글을, (1) 내지 (5)에서 열거한 법들과 같은 차원에서 병렬한 것으로 이해한다면, 법의 공성을 통찰함으로써 위에서 열거한 6문門의 법들 모두가 진실한 뜻으로는 실재하는 것이 아님을 알고 보아야 한다는 뜻이 될 것이다. 그리고 이것을 앞에 나온 5문門의 의미를 조명하는 차원으로 이해한다면, 그 모든 법들은 물론, 그렇게 비추어 보는 반야와 알려지는 공마저 실제로 있는 것이 아님을 알고 보아야 한다는 뜻이 될 것이다.

어느 쪽이든 그 취지는 기존의 불교처럼 아공만을 보아서는 안 된다는 것을 지적하는 것이다. 그렇게 해서 아무것도 얻는 것이 없어야만 아래에서 말하는 과보를 얻게 된다. 대승의 경전에서 누누이 '얻는 것이 없기 때문에 얻는다[無所得故而得]'[97]라고 표현하는

---

[97] 《유마경》(중권) 제7 관중생품의 글이다. 《대품반야경》(제23권) 제76 일

것은 이러한 뜻을 말하는 것이다.

다음 "보리살타는 반야바라밀다에 의지함으로써 마음에 걸림[罣礙]이 없고, 걸림이 없으므로 두려움[恐怖]이 없고 전도된 망상[顚倒夢想]을 멀리 여의어 구경열반에 이릅니다."라고 한 것은 앞에서 본 것처럼 과보 증득하는 것을 바로 밝히는 것이다. 만약 다수의 견해에 의한다면, 인위의 보살이 과보 증득하는 것을 밝히는 부분이 된다.

그런데 이 글도 세 부분으로 나누어 볼 수 있다. 첫째 '보리살타는'이라 한 것은 수행하여 과보를 얻는 주체를 이르는 것이다. '보리살타'는 앞에서 본 것처럼 범어 bodhisattva(Ⓟbodhisatta)의 음역어로서, 대승의 수행자인 '보살'을 가리키는 말이다. 과보를 얻는 주체로서 '보살'을 든 것은, 대승의 수행자라야만 구경열반이라는 과보를 증득할 수 있다는 것을 밝히고자 하는 것일 것이다. 이하의 모든 표현은 기존의 불교를 염두에 두고 비판적으로 주장을 펴고 있는 것임에 유의할 필요가 있다.

다음 '반야바라밀다에 의지함으로써'라고 한 것은 과보를 얻게 하는 수행이 무엇인지를 밝히는 것이니, 그것은 다름 아닌 반야바라밀다라는 것이다.

념품―念品에서는, "무소득이 곧 도道이고 곧 과果이며 곧 아뇩다라삼먁삼보리이니, 법의 성품[法性]을 무너뜨리지 않기 때문이다. 만약 무소득의 법으로써 도를 얻고자 하고 과를 얻고자 하며 아뇩다라삼먁삼보리를 얻고자 한다면, 법의 성품을 무너뜨리고자 하는 것이 된다."라고 하고, 같은 경전(제21권) 제70 삼혜품三慧品에서는, "무소득이 곧 소득이니, 이로써 무소득을 얻는다."라고 하는데, 이와 유사한 표현이 대승경전에는 무수히 등장한다.

뒤에 '마음에 걸림이 없고' 이하는 바로 과보 얻는 것을 밝히는 글이다. 이 글도 세 부분으로 나누어지니, 'ⓒ 마음에 걸림이 없고'라고 한 부분과, 'ⓒ 걸림이 없으므로 두려움이 없고 전도된 망상을 멀리 여의어'라고 한 부분과, 'ⓒ 구경열반에 이릅니다'라고 한 부분이다.

그리고 이 세 부분 글의 내용은 서로 순차적인 관계에 있는 것으로 이해하는 것이 보통이다.98 그러나 논리적으로 그러한 것일 뿐, 실질적으로는 동격인 관계에 있는 것이 옳다고 생각된다. 한 역용어로 써서 말하자면 보통 [심무가애]→[무유공포+원리전도몽상]→[구경열반]의 관계에 있는 것으로 이해하지만, 실질적으로는 [심무가애]=[무유공포+원리전도몽상]=[구경열반]인 관계에 있다는 것이다.

그리고 여기에서 중간에 있는 '무유공포'와 '원리전도몽상'도 보통 위와 같이 둘을 묶어서 이해하지만, 이를 분리하여 본다고 하더라도 잘못은 없다고 생각된다. 말하자면 [심무가애]=[무유공포]=[원리전도몽상]=[구경열반]으로 보아도 무방하다는 것인데, 이렇게 보는 이유는 아래에서 드러날 것이다.

그리고 이와 같은 모든 설명 역시 기존의 불교에 대한 비판을 겸하고 있는 것이다. 다시 말하면 기존의 불교에서 얻는 열반에서는 여전히 마음에 걸림이 있고, 두려움이 있으며, 전도된 몽상에

---

98 원측 스님은 이 세 부분의 글 중 '마음에 걸림이 없고'라고 한 부분은 바로 앞에서 '반야바라밀다에 의지함으로써'라고 한 부분과 묶어서, 이들은 반야바라밀다에 공능 있음을 밝히는 글이고, 그 아래의 '두려움이 없고' 이하만이 과보 얻음을 밝히는 글이라고 이해한다.

서 벗어나지 못하였고, 구경열반이 아니라는 취지를 담고 있다는 것인데, 그 의미 역시 아래에서 살펴볼 것이다.

그 중 '㉠ 마음에 걸림이 없고'라고 함에서, '걸림[罣礙]'은 범본에 'āvaraṇa'라고 되어 있다. 이것은 가리고 숨기는 것을 뜻하는 말인데, 불교에서는 장애障碍를 가리키는 말로 쓰이고, 대승에서는 특히 번뇌장煩惱障[kleśa-āvaraṇa]과 소지장所知障[jñeya-āvaraṇa]이라는 두 가지 장애[二障]를 가리키는 말로 널리 쓰인다. '번뇌장'이라 함은 번뇌가 유정의 몸과 마음을 어지럽히고 괴롭혀서 열반을 장애하는 것을 말하고, '소지장'이란 알아야 할 경계와 전도됨 없는 성품을 덮어서 보리를 장애하는 것을 말한다고 설명된다. 전자는 '나'에 대한 집착[我執]에서 비롯되는 것이고, 후자는 법에 대한 집착[法執]에서 비롯되는 것이다.99 그러므로 여기에서 '걸림이 없다'는 것은 앞에서 일관되게 펴온 대로 나에 대한 집착과 법에 대한 집착을 모두 여의어 아공과 법공을 통달하고, 그래서 아집과 법집으로 인한 번뇌의 장애와 소지所知의 장애가 모두 없어져, 열반과 보리를 장애하는 것이 없게 되었다는 의미이다.

여기에서 이 부분을 근본불교의 시각과 대비해 보자. 근본불교

---

99 졸역『주석 성유식론』pp.859-860 참조. 이에 대해 규기 스님은 "알아야 할 경계라고 함은 유위·무위를 말하고, 전도됨 없는 성품이라고 함은 진여의 이치를 말한다. 이 경계를 덮어서 지혜가 생기지 않게 하여 능히 보리를 장애함에 의해 소지장이라고 이름한다. 앞의 번뇌장은 번뇌가 곧 장애이고, 이 소지장은 소지를 장애하는 것이다."라고 설명하고 있다. 쉽게 말하면 '소지장'은 알아야 할 것을 알지 못하게 장애하는 것을 말하는데, 이것은 법을 실재로 잘못 아는 것에서 비롯된다는 것이다.

에서도 번뇌가 열반을 장애하고, 이러한 번뇌는 나에 대한 집착에서 비롯된다고 이해한다. 그리고 이러한 나에 대한 집착은 근본적으로 연기의 이치를 알지 못하는 무명에서 기인한다고 본다. 대승의 언어로 말한다면 연기의 이치를 알지 못하여 법에 대한 실상, 즉 법공을 보지 못하여 나에 대한 집착이 일어나고, 이것에서 모든 번뇌가 일어나 열반을 실현하지 못하게 한다는 것이다. 그래서 수행을 통하여 견도하여 반야를 획득하면 가장 먼저 유신견有身見, 즉 나에 대한 집착이 제거되고, 여기에서 더 나아가 닦게 되면 유정을 삼계三界에서 벗어나지 못하게 결박하는 일체의 번뇌100에서 해탈하여 열반을 실현하게 된다.

대승과 다른 점은, 대승에서는 아집과 법집을 분리하여 보는 반면, 근본불교에서는 법집을 아집에 포함시켜 본다. 그래서 아집에서 벗어나는 견도 역시 법에 대한 실상, 즉 모든 법의 무상과 고와 무아를 통찰함을 통하여 이루게 된다. 대승의 언어로 말한다면 법공을 통하여 아공을 알고 보게 되는 것이다. 그러므로 근본불교가 법공을 알고 보지 못한다고 볼 것은 아니다. 대승이 비판하는 기존의 불교, 즉 부파불교 역시 이 점에서는 다르지 않다. 그럼에도 대승에서는 교법 체계화를 위하여 세운 제법의 실재라는 개념에 기초하여 기존의 불교를 비판하면서, 대승 독자의 이론을 세우는 것이다.

어떻든 이와 같이 해서 두 가지 장애가 제거되면 불교가 추구하는 목표는 실현된다. 그러니 두려움이 없고 전도된 망상을 멀리

---
100 이것이 오하분결과 오상분결의 열 가지 번뇌이다.

여의게 되는 것이다. 여기에서 'ⓛ 두려움이 없고 전도된 망상을 멀리 여읜다'는 것은 무엇을 뜻하는 것일까?

우선 여기에서 '두려움이 없다[無有恐怖]'고 한 것은, 범본에서는 'atrasta'라고 표현하고 있다. 붓다 또는 보살이 갖추고 있는 공덕으로서 네 가지 두려움 없음[사무소외四無所畏 또는 사무외]101을 표현할 때에는 보통 'abhaya'라는 어휘를 쓰고, 한역에서도 '무외無畏' 또는 '무소외無所畏'라고 표현하므로, 이것을 가리키는 것은 아닌 것으로 보인다. 그래서 이것은 《아비달마대비바사론》(제75권), 《불지경론佛地經論》(제2권) 등에서 말하는 불활외不活畏·악명외惡名畏·사외死畏·악취외惡趣畏·겁중외怯衆畏의 다섯 가지 두려움[五怖畏]102을 가리키는 것으로 이해하는 것이 보통이다.

....
101 붓다의 사무소외는 설법할 때 지니는 마음의 네 가지 두려움 없음을 말하는 것이다. ① 모든 법을 두루 깨달았기 때문에, 어떤 법을 알지 못한다고 말하더라도 두려워하지 않는다[正等覺無畏]. ② 모든 번뇌를 끊었기 때문에, 어떤 번뇌는 다하지 않았다고 말하더라도 두려워하지 않는다[漏永盡無畏]. ③ 수행에 장애되는 법을 설할 때, 누군가가 수행에 장애되는 법을 받아들여도 실제로 수행에 장애가 되지 않는다고 말하더라도, 그런 일은 있을 수 없으므로 두려워하지 않는다[說障法無畏]. ④ 출세간의 도를 설할 때, 누군가가 출세간의 도를 행하더라도 세간에서 벗어날 수 없다고 말하더라도, 그런 일은 있을 수 없으므로 두려워하지 않는다[說出道無畏].
　다음 보살의 사무소외는, ① 교법을 듣고 잘 기억하여 두려움이 없는 것[能持無畏], ② 상대방의 근기의 예리하고 우둔함을 잘 알고 그에게 맞는 법을 설할 수 있어 두려움이 없는 것[知根無畏], ③ 중생이 제기한 의문에 대해 자세히 설명하여 끊어 줄 수 있어 두려움이 없는 것[決疑無畏], ④ 모든 물음에 대해 자유자재하게 응답할 수 있어 두려움이 없는 것[答報無畏]의 네 가지를 든다.
102 '불활외'란 생계를 잇지 못할까 두려워하는 것이고, '악명외'란 나쁜 평판이 날 것을 두려워하는 것이며, '사외'란 죽음을 두려워하는 것이고, '악취외'란 악취에 태어나지 않을까 두려워하는 것이며, '겁중외'란 대중 앞에서 설법

그렇지만 초기경전에 의하면 이러한 다섯 가지 두려움은 계를 지키기만 해도 벗어날 수 있다는 것이므로,103 반야의 정수를 압축하여 설하는 경전에서 표현하려는 것은 아닐지 모른다. 생각이 여기에 이르면 초기경전에서 아라한이 스스로 성취한 것에서 퇴전할 것을 두려워하여 자살하는 장면이 심심찮게 등장104하는 것을 상기하게 된다. 이에 대하여 《구사론》(제25권)에서는 아라한에게도 여섯 가지 종류의 차별이 있고,105 '부동법不動法'의 아라한이 아니라면 성취한 과보에서 퇴전할 수 있다고 설명하고 있다.

그래서 대승불교 중기에 이르면, 아라한과 벽지불에게는 두려움이 있고 그래서 여래에게 의지하는 것이라고 하면서, 아라한과 벽지불이 열반을 얻었다고 말한 것은 붓다의 방편일 뿐, 열반을 얻으신 것은 오직 여래뿐이라고 말하는 경전이 등장하기에 이른다.106 이렇게 보면 경전의 위 표현은 결국 기존의 불교에서 아라한이 성취하는 열반은 궁극적인 것이 아니라는 것을 지적하고자 하는 취지가 아닐까? 뒤에서 반야바라밀다에 의지해 성취하는 과

하는 것을 두려워하는 것이다.
103 한글 DN 제2권 pp.182-183, 한글 AN 제3권 pp.467-468 등 참조.
104 한글 SN 제1권 p.366, 제3권 pp.324-326 등 참조.
105 첫째 조그만 인연을 만나더라도 얻은 것에서 물러나는 퇴법退法, 둘째 퇴실을 두려워하여 항상 자해할 것을 생각하는 사법思法, 셋째 얻은 것을 기뻐하여 스스로 방호하는 호법護法, 넷째 뛰어난 퇴전의 인연을 떠났으므로 비록 스스로 방호하지 않더라도 퇴전하지 않지만, 뛰어난 가행도 떠나 증진하지도 않는 안주법安住法, 다섯째 성품에 감당할 만한 능력이 있어 즐거이 근기를 단련하여 속히 부동법에 이르는 감달법堪達法, 여섯째 필시 퇴전함이 없는 부동법不動法의 여섯이다.
106 여래장사상의 선구적 경전이라고 할 수 있는 《승만경》 제5 일승장에서 이렇게 말한다(졸역『여래장 경전 모음』pp.103-106 참조).

보로서 '구경열반'을 들고 있는 것을 보면, 이 편이 '두려움이 없다'는 표현으로 나타내려는 것일 가능성이 크다고 생각된다.

다음 '전도된 망상[顚倒夢想]을 멀리 여의어'라고 한 것은 범본에서는 'viparyāsātikrānto'라고 되어 있는데, 이것은 전도를 뜻하는 'viparyāsa(Ⓟvipallāso)'와, 벗어났다[超過] 내지 멀리 떠났다[遠離]는 뜻을 가진 'atikrānt'가 합쳐진 말이다. 그러므로 '전도된 망상'이란 진실과 달리 뒤바뀐 허망한 생각이라는 뜻이다.107

그러면 어떤 것이 전도된 것인가? 초기경전108에서 전도는 무상에 대하여 항상하다고 여기는 것, 괴로움에 대하여 즐겁다고 여기는 것, 실체 없음에 대하여 실체가 있다고 여기는 것, 더러움에 대해 청정하다고 여기는 것의 네 가지(이것을 '4전도'라고 함)를 말하고, 이러한 네 가지 각각에 대하여 다시 지각의 전도[想倒 saññāvipallāso], 마음의 전도[心倒cittavipallāso], 견해의 전도[見倒 diṭṭhivipallāso] 세 가지(이것을 '3전도'라고 함)109씩이 있다고 설명되고 있다. 그리고 후자의 3전도 중에서는 지각의 전도가 근원적인 것으로서, 이러한 지각의 전도가 마음의 전도를 초래하고, 다시 이것이 견해의 전도로 확대된다고 한다.

---

107 이것을 '전도'와, 망상을 뜻하는 '몽상'의 두 가지가 병렬된 것으로 이해하는 견해도 있지만, 원문과는 다소 거리가 있는 해석이다.
108 한글 AN 제4권 pp.150-151.
109 이 3전도의 개념에 대하여 스리랑카의 바지라냐냐 마하나야까 장로는,「어떤 사람이 숲 속에서 움직이는 물체를 보고 귀신이라고 생각한다면 그것은 지각의 전도이고, 그것으로 인해 공포가 생겨나면 그것은 마음의 전도이며, 이 귀신을 제거하기 위해 퇴마의식을 행한다면 그것은 견해의 전도이다.」라고 설명한다(위 한글 AN 제4권 p.150).

이러한 모든 전도는 법의 진실한 모습을 있는 그대로 알고 보지 못하는 것에서 일어나는 것이다. 그러므로 여기에서 '전도된 망상'이라는 것도 법공을 알지 못하여 일어나는 위와 같은 잘못된 생각들을 가리키는 것이다.110

그러므로 이 대목의 글은, 반야바라밀다에 의지함으로써 얻는 것이 없게 되면 앞서 말한 두 가지 장애에서 벗어나게 되고, 그렇게 되면 아무런 두려움 없는 열반을 성취하고 온갖 전도된 망상에서 벗어나게 된다는 것을 말하는 것이다. 이것이 바로 다음에 나오는 '구경열반'임을 말하려는 것이다.

마지막의 '구경열반究竟涅槃'은 범본에서 'niṣṭha-nirvāṇa'라고 표현되어 있는 것을 번역한 것이다. 여기에서 'niṣṭha'란 '~의 위에 있는', 또는 '~에 의지하고 있는'을 뜻하는 말이고, 'nirvāṇa'란 열반을 가리키는 빠알리어 'nibbāna'에 해당하는 말이다. 전자를 한역한 '구경究竟'은 궁극의 경지라는 명사적인 뜻과 함께, 그러한 궁극의 경지에 이른다는 동사적인 뜻을 함께 갖는 말이다. 그러므로 이 경전에서의 '구경열반'이라는 말 역시 열반의 궁극적인 경지를 뜻하는 것으로 이해할 수도 있고, 또한 그러한 궁극의 열반에 이르는 것을 뜻하는 것으로 이해할 수도 있다.

대승불교의 출현 전 '열반'은 중생을 삼계로 매어 묶는 모든 번

---

110 대승불교 중기에 이르면, 불과佛果의 공덕의 '상常·락樂·아我·정淨'을 알지 못하고, 이를 항상하지 않고[無常] 즐겁지 않으며[苦] 실체가 없고[無我] 청정하지 못하다[不淨]고 여기는 것도 역시 '네 가지 전도'라고 가리키기에 이르지만, 이는 대승불교 초기의 반야부 경전에서는 익숙한 사고가 아니었을 것으로 생각된다.

뇌로부터 해탈한 상태를 가리키는 단일한 뜻으로 쓰였다. 다만 그러한 상태를 성취한 성자가 과거의 업보로서 받은 육신[餘依]을 이 세상에서 그대로 갖고 있는가, 그렇지 않은가에 따라 유여의열반과 무여의열반의 구분만이 있었을 뿐이다.

그런데 대승불교가 출현하여 기존의 불교는 법공을 알지 못한다는 이론을 세우면서, 이렇게 법공까지 통찰하는 성자가 성취하는 열반은, 그렇지 못하더라도 성취할 수 있는 기존의 열반과 무언가 다른 점이 있어야 할 필요가 있었을 것이다. 이 경전의 '구경열반'은 그렇게 차별되는 열반으로서 등장한 것으로 생각된다. 그리고 이 '구경열반'의 차별되는 개념요소는 이 경전의 바로 앞에서 표현되고 있는 바로 그것일 것이다. 이를 정리한다면 번뇌의 장애뿐만 아니라 소지의 장애로부터도 벗어나(='심무가애'), 퇴전에 대한 두려움을 비롯한 일체의 두려움이 없고(='무유공포'), 법의 실상을 알고 보지 못하여 생기는 전도된 망상에서 완전히 떠났다(='원리전도몽상')는 것이다.

그렇지만 이러한 개념으로 열반을 차별지으려는 시도는 결실을 맺지 못한 것으로 보인다. 이러한 차별에 의해 기존의 열반을, 알아야 할 것을 알지 못하는 장애에서 벗어나지 못했고 두려움이 있으며 전도된 망상을 떠나지 못했다고 정의하는 것은 아무래도 무리한 일이었을 것이다. 대신 대승불교에서 열반의 차별은 무주처열반apratiṣṭhita-nirvāṇa의 개념에 의해 결실을 맺는다.

무주처열반이란 번뇌장뿐만 아니라 소지장에서도 벗어난 열반을 실현하여, 대비와 반야로 항상 보좌됨으로써 생사에도 머물지 않지만 열반에도 머물지 않고서 유정을 이롭고 안락하게 하는 일을 미래세가 다하도록 한다는 것으로 정의된다.111 이 무주처열반의 개념에 의해서, 열반을 실현하면 다시는 삼계에 태어나지 않으므로 유정을 이롭고 안락하게 하는 일과 무관하게 되는 난점으로부터도 벗어나게 된다.

그래서 주석가 중에는 이 경전의 '구경열반'도 이 무주처열반을 가리키는 것으로 풀이하는 견해도 있다. 그렇지만 최초기 대승경전에 속하는 반야부 경전의 편집시, 무주처열반의 개념이 그만큼 성숙되어 있었다고 보기는 어렵다. 이 점은 뒤에서 《금강경》을 읽으면서 다시 한번 보게 될 것이다. 그런데다가 이 경전에서는 위와 같은 '무주처'의 뜻을 찾아볼 수 있는 대목도 전혀 없다. 그러므로 이 '구경열반'은 무주처열반을 가리키는 것이라기 보다는, 위에서 본 개념요소를 담은 것으로 이해해야 할 것이 아닌가 한다.

예로써 증명함

이어서 경문은 "삼세의 모든 붓다들께서도 반야바라밀다에 의지하기 때문에 아뇩다라삼먁삼보리를 증득하십니다"라고 밝힌다. 그런데 이 글과, 앞에서 보살이 과보 증득하는 것을 밝히는 글과의

---

111 졸역 『주석 성유식론』 p.964. 대승불교에서는 이 무주처열반의 개념과 함께, 일체법의 본래 있는 그대로의 이치를 '본래자성청정열반'이라는 개념으로 세운다. 그래서 열반의 개념에는 기존의 유여의·무여의열반과 함께 네 가지의 차별이 있다는 이론을 확립하기에 이른다(같은 책 pp.963-964).

관계를 어떻게 보아야 할 것인지에 관하여 주석가들의 견해가 일치하지 않는다. 필자는 앞 글이 과보 증득하는 것을 바로 밝히는 것이고, 뒤의 이 글은 예를 들어 증명하는 것으로 보는 원측 스님의 견해에 찬동한다고 하였다. 이 취지를 밝히려면 먼저 뒷 부분의 글 중 '아뇩다라삼먁삼보리'라는 것이 정확히 무엇을 의미하는 것인지부터 살펴보아야 한다.

'아뇩다라삼먁삼보리'는 범어 'anuttara-samyak-saṃbodhi'를 음역한 말로서, 위가 없다[무상無上]는 뜻의 'anuttara'와 'samyak-saṃbodhi'가 합성된 것인데, 뒤의 단어는 빠알리어로는 'sammā-sambodhi'라고 하는 말이다. 이것은 붓다의 열 가지 명호[십호十號]112 중의 하나이고, 붓다 재세시 다른 종교에서도 최고의 깨달음을 성취한 성자를 가리키는 말로 널리 사용되던 'sammā-sambuddha'가 명사화 된 것이다.

여기에서 'sammā'나 'sam'은 모두 바르다, 원만하다, 공평하다, 완전하다는 뜻을 갖는 말인데, 둘을 겹쳐 사용함으로써, 그르지 않고 바르다는 뜻과 함께, 부분적이지 않고 전체적이며 원만하다는 뜻을 담은 것으로 이해한다. 그래서 이를 한역할 때는 이 두 가지 뜻을 담아 정변지正遍知 또는 정등각자正等覺者라고 한다. 이것을 우리말로 번역하면 전자는 바르고 두루하게 아시는 분, 후자

---

112 그것은 아라한[응應 또는 응공應供], 바르고 원만하게 깨달으신 분[정변지正遍知], 명지와 행을 구족하신 분[명행족明行足], 잘 가신 분[선서善逝], 세간을 아시는 분[세간해世間解], 위없는 스승[무상사無上士], 길들이시는 장부[조어장부調御丈夫], 천신과 인간의 스승[천인사天人師], 붓다[佛], 세존世尊의 열 가지이다. 그 뜻에 대해서는 한글《청정도론》제1권 pp.479-502에서 자세히 설명하고 있다.

는 바르고 평등하게 깨달으신 분이 될 것이다.

그런데 대승불교에서는 이것에 대승의 뜻을 담아 해석한다. 즉 처음의 'anuttara'와 끝의 'bodhi'가 위없다[無上]는 뜻과 깨달음[覺]이라는 뜻이므로, 기본적으로 이것은 위없는 최고의 깨달음을 가리키는 말이다. 중간의 'samyak-saṃ'는 그 깨달음의 내용을 나타내는 것인데, 여기에서 처음의 'sam'은 바르다는 정正, 다음의 'yak'은 두루하다는 변遍113 내지 평등하다는 '등等', 뒤의 'sam'은 원만하여 완전하다는 정正의 뜻이다. 그래서 처음의 '정'은 범부와 다른 것을 나타내니, 범부에게는 바른 깨달음이 없기 때문이다. 말하자면 이것은 무분별의 반야를 가리키는 것이다. 다음의 '변'은 이승과 다른 것을 나타내니, 이승의 깨달음은 법공을 알지 못하므로 두루하고 평등한 것이 아니기 때문이라는 것이다. 마지막의 '정'은 보살과 다른 것을 나타내니, 보살의 깨달음은 법공까지 알므로 두루하고 평등한 것이기는 하지만, 아직 원만하고 완전하지 못하기 때문이라고 한다.

요약해서 이것은 붓다의 위없이 바르고 두루하며 원만한 깨달음을 가리키는 말이다. 그래서 이를 의역해서는 무상정변정각 또는 무상정등정각이라고 하고, 줄여서는 무상정등각이라고도 하며, 더 줄여서는 무상각 내지 무상보리,114 나아가 단순히 보리라고도 부른다.

이렇게 보면 여기에서 말하는 아뇩다라삼먁삼보리와 앞 글에서

---

113 이 '편遍'자를 불교에서 두루하다는 뜻으로 쓸 때에는 '변'이라고 읽는다. '徧'자도 마찬가지이다.
114 '아뇩보리'라는 말도 더러 쓰는데, 이것은 무상보리와 같은 뜻이 된다.

말하는 구경열반은 모두 최고의 깨달음을 실현한 붓다의 과보를 나타내는 내용임을 알 수 있다. 그 중 전자는 지혜의 측면을 말하는 것이고, 후자는 장애를 끊었음의 측면을 말하는 것이다. 대승불교에서는 붓다라는 과보[佛果]에 있는 공덕을 단덕斷德·지덕智德·은덕恩德의 삼덕三德으로 설명하기도 하는데,115 앞 글의 구경열반은 그 중 단덕을, 이 글의 아뇩다라삼먁삼보리는 그 중 지덕을 말하는 것이다.116 요컨대 아뇩다라삼먁삼보리나 앞 글의 구경열반은 측면을 달리 해서 보는 것일 뿐, 같은 붓다의 과보를 표현하는 것이다.

그렇다면 이 두 글은 보살과 붓다라는 주어에 매어, 인위의 보살이 과보를 성취하는 것과 과위의 붓다께서 과보를 성취하신 것을 말한 것으로 보는 것은 논리적으로 적절하지 않다. 왜냐 하면 과위의 붓다에게는 성취할 과보가 더 이상 없으므로, 과보 성취하는 것을 다시 말할 필요는 없기 때문이다.

---

115 진제 역의 《(세친석)섭대승론석》(제13권)에서, 《섭대승론》(제3권)에서 "넷째 과果가 원만한 전의[果圓滿轉]이다. 이미 장애를 여읜 사람에 의하여 일체의 표상[相]이 현현하지 아니하고 청정한 진여가 현현顯現하여 일체상의 자재를 얻기에 이른 의지처이기 때문이다."라고 한 글을 해석하여, "삼덕이 구족한 것을 과의 원만이라고 한다. '이미 일체의 장애를 여읜 사람'이란 곧 모든 붓다이다. 능히 이 전의를 얻어 '일체의 표상이 현현하지 아니한다'는 것은 곧 단덕이다. 일체의 표상을 멸하였기 때문이다. '청정한 진여가 현현한다'는 것은 곧 지덕이니, 여리·여량지가 원만하기 때문이다. 이는 일체지 및 일체종지를 갖춘 것은 말한다. '일체상의 자재를 얻음에 이르렀다'는 것은 곧 은덕이다. 일체상에 의지하는 가운데 얻는 자재이니, 이 자재를 얻음에 의해서 일체 중생을 이익케 하는 일을 뜻대로 지을 수 있다. 삼덕은 함께 이 전의를 의지처로 삼는다."라고 설명한다. 삼덕 중 단덕과 지덕은 자리自利의 두 가지 측면을 말하는 것이고, 은덕은 이타의 덕을 말하는 것이다.
116 삼덕 중 은덕은 보통 '자비'라는 말로 표현된다.

이 글의 취지는, 과거의 붓다들께서도 인위의 보살이었을 적에 반야바라밀다에 의지하셨기 때문에 아뇩다라삼먁삼보리를 성취하셨던 것이고, 미래에 붓다께서 나타나신다면 그 분 역시 인위의 보살일 때에 반야바라밀다에 의지하시기 때문에 보리를 성취하실 것이며, 현재에 출현하시는 붓다께서도 역시 인위의 보살일 때에 반야바라밀다에 의지하시기 때문에 보리를 성취하시는 것임을 말하는 것이다. 이렇게 보면 앞 글은 궁극의 과보를 성취하는 것을 바로 밝히는 것이고, 이 글은 과거·현재·미래 삼세의 붓다를 예로써 들어 앞 글을 증명하는 것으로 이해하는 것이 논리적으로 합당하다는 것을 알 수 있다.

2. 자세한 설명
(2) 증득할 과보
(나) 뛰어난 공능을 찬탄함

1.6

그러므로 반야바라밀다는 크게 신비한 주문이고 크게 밝은 주문이며 위없는 주문이고 견줄 것 없는 주문으로, 능히 일체의 고통을 없애주고 진실하여 헛되지 않은 것이라고 알아야 합니다.

故知般若波羅蜜多 是大神呪 是大明呪 是無上呪 是無等等呪, 能除一切苦 眞實不虛.

～

이 경문은 현설반야의 마지막 글로서, 반야바라밀다의 뛰어난 공능을 찬탄하는 부분이라고 이해하는 데 별 이론이 없다. 그렇지만 이 짧은 글의 구조를 이해하는 데에도 견해가 여러 가지로 나뉜다. 여기에서는 가장 간명하게, "견줄 것 없는 주문으로"까지의 글의 전반부는 나누어 찬탄하는 것이고, 후반부는 총체적으로 맺는 것으로 이해하기로 한다.117

먼저 반야바라밀다의 뛰어난 공덕을 나누어 찬탄함에 있어, "반

---

117 이것은 법장의 해석에 따른 것이다. 다른 해석을 소개하면, 원측 스님의 경우 전반부는 자리에 관한 것이고, 후반부는 이타에 관한 것으로 보고, 규기 스님의 경우 전반부는 공덕을 갖추었음을 밝힌 것이고, 후반부 중 '능제일체고'는 악을 깨뜨리는 것을 밝힌 것이며, 마지막의 '진실불허'는 의심을 없애어 믿기를 권하는 것으로 이해한다.

야바라밀다는 크게 신비한 주문이고 크게 밝은 주문이며 위없는 주문이고 견줄 것 없는 주문"이라고 한다.

여기에서 '주문[呪]'은 범본에서 '만뜨라mantra'로 표현되어 있는 것을 번역한 것이다. 이것은 원래 문자나 언어를 가리키는 말이었지만, 종교적으로 찬가나 제례사 또는 기도문 등을 가리키는 말로 빈번히 사용되면서, 불가사의한 효험을 갖는 간략한 말, 즉 주문을 가리키는 것으로 쓰여왔다고 한다. 그런데 그 기원은 멀리 《베다》시대까지 거슬러 올라간다고 하니, 인도사회에서 어느 정도 널리 유포되어 있었을지 짐작할 만하다.

그런데 불교의 근본원리는 매우 합리적이고 이성적인 것으로, 이러한 주술적인 것과는 거리가 먼 것이라는 점은 의심의 여지가 없다. 그렇지만 그 수행의 결과로서의 지혜는 세간에 전혀 알려져 있지 않았던 것이므로 세간의 언어로써는 나타낼 수 없다는 점에서, 극히 신비하고 불가사의한 것이라고 말할 수 있다. 그래서인지 이 지혜[明]를 가리키는 빠알리어 vijjā와 범어 vidyā-이것은 무명을 가리키는 avijjā와 avidyā의 상대어이다-에는 비법秘法이나 주문呪文이라는 뜻도 함께 포함되어 있다고 한다. 이 경전에서 '밝은 주문[明呪]'이라고 번역된 것의 범어 원어도 다름 아닌 'vidyā-mantra'이다. 이 점에서 이러한 불교의 지혜를 가리키는 반야는 주문과 연결될 소지가 있었던 것이다.

그런데다가 근본불교 당시에도 주문의 효과를 완전히 부인하지는 않았다. 왜냐 하면 이러한 의미의 주문과 성격이 다르기는 해도, 호신護身을 위한 주문인 '빠릿따paritta護呪'의 효험을 인정하는 글이 초기경전에도 적지 않게 등장하기 때문이다.118 반야경전의 편집자는 이러한 모든 사정에 착안하여, 경전의 편집 당시 이 반야바라밀다를 주문과 연결하려는 구상을 이미 세워두고 있었던 것으로 보인다. 반야바라밀다가 이렇게 주문으로 연결된 것이 최초기의 반야경전에서 이미 등장하고 있는 것119은 이것을 반증하는 것이다.

그렇다면 그 이유는 무엇이었을까? 그것은 두말할 것도 없이 쉬운 수행의 길을 제시해야 할 필요 때문이다. 아무리 반야의 내용을 쉽고 단순하게 설명한다고 해도, 관심을 갖고 깊이 공부하지 않는 한 이를 이해한다는 것은 매우 어렵다. 그렇다고 해서 이 대중들을 포기한다는 것은 대승이기를 포기하는 것이다. '대중들에게 익숙한 쉬운 주문을 만들어서, 이것이 반야를 성취하게 하는 효험을 가진 것으로 제시하자', 이것은 그렇게 생각하기 어려운 구상은 아니었을 것이다.

후일 대승불교에서는 이것이 발전하여 여러 가지 다라니가 경전에 도입된다. 그 대표적인 것으로 《천수경千手經》에 나오는 천

---

118 《잡아함경》(제9권) 제252 우파선나경優波先那經에는, 독사에 물린 우파선나 비구의 소식을 들은 붓다께서, 이 호주를 외웠더라면 독사에게 물리지 않았을 것이라며 일러주는 내용이 있는데, 한글대장경에 번역되어 있는 주문은 다음과 같다. "우단바리 단바리 단륙 파라단륙 나데 숙나데 기바데 무나이 삼마이 단테 니라기시 바라구볘우리 우오리 스바하" 또 《장아함경》(제12권) 제19 대회경大會經의 여러 곳에서도 여러 주문을 읊는 내용이 보인다. 다만 이에 상응하는 한글 SN 제4권 pp.226-228 우파쎄나경[Upasenasutta]이나, 한글 DN 제2권 대회경[Mahāsamayasutta]에는 주문 부분이 없다.
119 최초기의 반야경전으로 평가되고 있는 《팔천송반야경》 제3장과, 이 경전의 한역본인 《소품반야경》(제2권) 제4 명주품, 《도행반야경》(제2권) 제3 공덕품 등에 이 경전과 거의 같은 표현이 있다.

수다라니陀羅尼,120 《수능엄경首楞嚴經》에 나오는 능엄주121 등을 들 수 있다. 다라니dhāraṇī란 비교적 긴 주문을 가리키는데, 한 자 한 구마다 깊은 뜻을 지니고 있다는 의미, 또는 마음에 지녀 잊지 않게 한다는 의미에서 총지總持라고 번역되고, 능히 악법을 물리치고 선법을 지켜 준다는 의미에서 능차能遮 또는 능지能持라고도 번역되며, 또 진실한 말씀이라는 뜻에서 진언眞言이라고도 번역한다.

그러면 이러한 주문에 과연 그러한 뛰어난 효험이 있는가 라는 의문을 제기하지 않을 수 없는데, 이 점에 대하여는 다음 장에서 살펴보기로 한다.

이제 경문의 의미에 대해 살펴 보기로 하자. 경문은 '그러므로 알아야 합니다[故知]'라고 하여 앞 글을 이어받아서, 먼저 반야바라밀다의 뛰어난 공능을 4구로써 나누어 찬탄한다.

첫째 ① '크게 신비한 주문[大神呪]'이라고 한 것은 그 효과의 신비스러움이 생각으로 헤아릴 수 있는 것이 아니라는 뜻이다. 둘째 ② '크게 밝은 주문[大明呪]'이라고 한 것에서 '밝음[明]vidyā'이 앞서 본 것처럼 무명의 상대어임을 감안하면, 능히 무명의 어두움을 남김없이 사라지게 하기 때문에 크게 밝은 것이 된다. 셋째 ③ '위없는 주문[無上呪]'이라 함은, 이 반야바라밀다를 능가하는 것이

....
120 유명한 "수리 수리 마하수리 수수리 사바하"라는 정구업淨口業진언이 여기에 들어 있다.
121 총 439구句에 이르는 매우 긴 주문인데, 같은 경전 제7권에는 이 주문이 시방의 일체 제불을 내는 것이라는 등 주문의 효험이 매우 뛰어나고 광범위한 것으로 설명되고 있다.

있을 수 없다는 의미이다. 넷째 ④ '견줄 것 없는 주문[無等等呪]'이라 함은 약간의 설명이 필요하다. '견줄 것 없는'이라고 번역된 '무등등無等等'은 같은 뜻의 범어 'asamasama'를 번역한 것인데, 여기에서 '무등無等asama'은 '그것과 동등한 것이 없다'라는 뜻에서 붓다 내지 붓다의 도[佛道]를 가리키는 별명으로 쓰이는 말이다.122 '무등등'은 이러한 '무등'과 같다[等]는 것이므로, 붓다 내지 붓다의 도와 동등하다는 뜻이 된다.123 그러므로 '무등등'은 붓다 외에는 이것과 견줄 것이 없다는 뜻으로, 탁월함의 극치를 표현하는 것이다.

그런데 법장 스님은 이 4구를 세 가지 관점에서 해석하고 있는데, 참고할 만하므로 여기에 소개한다.

먼저 법의 관점에서 해석하면, 반야바라밀다는 첫째 장애를 없애주는 것이 헛되지 않으므로 신비한 주문이라고 하고, 둘째 지혜로써 비추어 어둠이 없으므로 밝은 주문이라고 하며, 셋째 다시 더 더하고 초과할 것이 없으므로 위없는 주문이라고 하고, 넷째 홀로 뛰어나 짝할 것이 없으므로 견줄 것 없는 주문이라고 한다.

다음 공능의 관점에서 해석하면, 첫째 능히 번뇌를 깨뜨리므로 신비하다고 하고, 둘째 능히 무명을 깨뜨리므로 밝다고 하며, 셋째 인행因行을 원만하게 하므로 위없다고 하고, 넷째 과덕果德을 원만하게 하므로 견줄 것 없다고 한다.

---

122 《대지도론》 제2권에서는, 이 '무등'을 붓다를 가리키는 여러 명호들 중의 하나로서 열거하고 있다.
123 수나라 길장吉藏 스님의 《법화경》 주석서 『법화의소法華義疏』 제12권에, 「붓다의 도[佛道]는 그와 동등한 것이 없는데, 오직 붓다만이 다른 붓다와 동등하므로 이 도를 '무등등'이라고 이름한다.」라는 설명이 있다.

끝으로 지위의 관점에서 해석하면, 첫째는 범부를 초과하는 것을 말하고, 둘째는 소승을 초월하는 것을 말하며, 셋째는 인위를 초월함을 말하고, 넷째는 과위의 같음을 말한다고 한다.

다음 경문은 반야바라밀다의 뛰어난 공능을 총체적으로 찬탄하여 "능히 일체의 고통을 없애주고 진실하여 헛되지 않다"라고 맺는다.

먼저 앞에서 '능히 일체의 고통을 없애준다'는 것은 불교의 목적을 한 마디로 나타내는 말이다. 그런데 이 목적을 달성케 하는 유일한 길은 지혜 즉 반야를 성취하는 것이다. 그러므로 '지혜=반야를 통하여 일체의 괴로움을 없앤다'는 이것이 불교의 전부이다. 이 점은 근본불교와 대승불교가 다르지 않다. 다만 이것을 대승의 관점에서 해석한다면, 반야바라밀다는 "능히 자신의 고통을 없애줄 뿐만 아니라, 능히 남의 고통도 없애주는 것이다."라는 뜻이 될 것이다.124

나아가 경문은 "진실하여 헛되지 않다"라고 맺는다. 요컨대 이 반야바라밀다는 모든 불교의 목표를 성취하는 유일한 길이다. 그대가 알고 보지 못했다고 해서 의심하지 말라. 진실하여 헛되지 않다.

---

124 앞에서 원측 스님은 이 대목이 이타를 가리키는 것으로 분류하였지만, 이를 이타의 관점만으로 한정하여야 할 이유는 없다는 점에서 따르지 않았다.

제3장 비밀로 말하는 반야

2

그러므로 반야바라밀다 주문을 말합니 故說般若波羅蜜多呪. 卽
다. 곧 주문은 이러합니다. 說呪曰.

아제아제 바라아제 揭諦揭諦 波羅揭諦
바라승아제 모지사바하 波羅僧揭諦 菩提沙婆訶

끝으로 경전은 그 공능을 찬탄한 반야바라밀다와 같은 효험을 갖는 주문을 설한다. 이 주문을 지녀 외우면 법계의 실제의 모습을 있는 그대로 알고 볼 수 있게 되어 일체의 고통에서 벗어날 수 있다는 취지이다.
그러면 과연 이 주문이 그러한 뛰어난 효험을 갖는 것일까? 우리는 앞에서 대승경전 성립의 역사적 유래를 알아 보았지만, 그럼에도 불구하고 이들 경전의 성립배경을 정확히 알지 못한다. 그런데 광본에 의하면 이 경전에서 관자재보살이 한 설법은 붓다의 면전에서 설해지고, 붓다의 찬탄을 받은 것이다. 어떻게 범부의 얕은 지혜로 추리하여 그 뜻을 부정할 수 있겠는가? 함부로 속단해서는 안될 일이다.

그렇지만 불교가 추구하는 가치는 어떤 절대자에 의해 주어지는 것이 아니다. 우리가 불교의 근본원리에서 배운 바에 의하면, 반야의 성취는 먼저 정견을 확립하고 선정과 관찰을 닦는 스스로의 노력에 의하여 이루어지는 것이다. 만약 이것이 절대자에 의해 주어질 수도 있는 것이라면, 주문의 암송에 의해서도 실현될 수 있다고 하겠지만, 불교의 근본에서는 그러한 이치를 발견할 수 없다.

그렇다면 이러한 경전의 글은 우리가 배운 불교의 근본원리와 조화되기 어려운 성질의 것이다. 그런데 어떻게 해서 이러한 구상이 있게 되었을까? 아무리 중생 교화를 위한 방편으로서의 이행도라고 해도 그것이 완전히 허망한 것이어서는 안 된다. 그렇다면 무언가 상당한 이유가 있는 것이라고 보아야 할 것이다. 그것은 과연 무엇일까?

먼저 생각해 볼 수 있는 것은 이것이 불교적 수행의 기초가 될 수 있다는 점이다. 산만한 마음으로 입으로만 주문을 외는 것이 아니라, 마음을 하나로 모아 지극한 마음으로 주문을 암송한다면, 이것은 마음챙김[念]sati과 유사한 효과를 가질 수 있다. 그렇다면 이것은 선정이나 관찰, 즉 사마타나 위빠사나 수행의 기초가 될 수 있을 것이다. 더구나 불교의 원리를 이해하면서 반야바라밀다를 추구하는 일심에 의한 주문의 암송이라면, 바른 견해[正見]를 수반하는 것일 터이므로 그 효과를 가볍게 보기 어려울 것이다.

다음 생각할 수 있는 것으로는 이것이 수행의 효과를 가져오지 못한다고 하더라도 적어도 선근善根을 깊이 심는 효과가 있을 것이라는 점이다. 반야바라밀다를 구하는 마음으로 항상 주문을 지니고 암송하는 사람이라면 악업을 행한다는 것은 상상하기 어렵고, 그럴 경우 그들이 현생에서 고통을 덜 수 있을 뿐 아니라, 그것이 내생의 선근이 되리라는 점은 누구도 부인하기 어려울 것이다. 본격적인 수행에 참여하기 어려운 대중들에게 희망을 주고, 그들을 붓다의 가르침 영역 안으로 포용해야 한다는 사명을 스스로 짊어진 대승불교운동가들에게는, 이 편이 보다 주된 목적이었을지도 모른다.

이제 끝으로 반야바라밀다 주문에 대하여 알아보자. 주문은 그것의 암송이 효험을 가져오는 것이지, 그 뜻의 이해에 무슨 효과가 있는 것은 아닐 것이다. 그래서 예전부터 주문은 억지로 풀어서 해석하지 않는 것이 원칙이라고 강조하여 왔는데,125 그러면서도 호기심은 어쩔 수 없어서인지 그에 부가하여 뜻풀이를 해 오고는 하였다. 그래서 여기에서도 대체적인 뜻풀이를 덧붙인다.

이 주문은 우리말로는 한자음과 달리 "아제아제 바라아제 바라승아제 모지사바하"라고 읽는데, 이는 범어 원문의 발음과도 다르

---

125 법장도, "이러한 모든 붓다의 비밀한 말씀은 인위에 있는 사람이 이해할 수 있는 것이 아니므로 다만 외우고 지녀 장애를 없애고 복을 늘려야 하는 것이지, 억지로 꼭 풀이할 것이 아니다."라고 하고 있다.

다. 범어 원문은 "gate gate pāragate pārasaṃgate bodhi svāhā" 로서, 우리말로 읽자면 "가테 가테 파라가테 파라 상가테 보디 스바하"가 된다. 혹은 범어 't'와 'p'는 무성무기無聲無氣음이라고 해서 우리말의 된소리에 가깝게 발음되는 것이고, 모음 위에 '-'은 장모음의 표시이므로, '가떼 가떼 빠아라가떼 빠아라 상가떼 보디 스바아하아'라고 읽는 것이 범어 발음에 가까울지 모르겠다.

어떻든 여기에서 '가테'는 '가다'라는 뜻의 'gam'에서 나온 것이고, '파라'는 바라밀다와 같이 '저 언덕'을 가리키는 것이며, '파라 상가테'의 '상'은 '함께' 또는 '완전히'라는 뜻, 그리고 '보디'는 '깨달음'이라는 뜻, '스바하'는 '빠르다'는 뜻과 함께, 소원의 성취를 기원하는 감탄사의 의미도 있다고 한다. 그런데 위 어휘들은 속어적인 어미 변화를 포함하고 있어서 그 의미가 반드시 명확하지는 않다고 하고, 그래서 역자에 따라 번역이 일정치 아니하다.126 대체적인 이해에 따라 이를 번역한다면, "가자 가자 저 언덕으로 가자, 완전히 저 언덕으로 건너가자, 속히 깨달음의 저 언덕으로"라는 뜻이 된다.

한편 이 주문에는 구절별로 감추어진 뜻이 있다고 설명하기도 하는데, 의미가 있어 보이는 몇 가지를 소개한다. 먼저 원측 스님은 주문을, ① 가테 가테 ② 파라가테 ③ 파라 상가테 ④ 보디 스바하의 4구로 나누어, 첫 2구는 법의 관점에서 뛰어남을 찬탄하는 것이고, 뒤의 2구는 사람의 관점에서 뛰어남을 찬탄하는 것이

---

126 참고로 이 경전의 대표적인 영역본인 에드워드Edward 콘즈Conze의 'The Heart Sutra'에서는 이 주문을, "Gone, gone, gone beyond, gone altogether beyond, O what an awakening, all-hail."이라고 번역하고 있다.

라고 한다. 즉 ①은 인위의 반야가 뛰어남을, ②는 과위의 열반의 피안이 뛰어남을 각각 찬탄하는 것이고, ③은 인위의 보살을, ④는 과위에서 삼신三身의 과보를 얻은 분을 찬탄하는 것이라는 것이다.

원측 스님은 또 이 4구는 삼보三寶의 뛰어남을 찬탄하는 것으로, 처음의 2구는 수행[行]과 과보[果]의 법보를 각각 찬탄하는 것이고, 뒤의 2구는 승보와 불보를 각각 찬탄하는 것이라고 설명하기도 한다.

한편 달라이라마는 이 주문은 5구에 의해 다섯 단계의 수행을 가리키는 것이라고 풀이한다.127 즉 처음의 '가테'는 공덕을 쌓는 자량도資糧道, 다음의 '가테'는 공성을 깊이 이해하게 되는 가행도加行道, 다음의 '파라가테'는 공성을 개념의 매개 없이 직접 깨닫는 견도見道, 그 다음의 '파라상가테'는 끊임없는 수행을 통하여 공성에 익숙해지는 수도修道, 마지막의 '보디 스바하'는 더 배울 것 없는 무학도無學道의 단계를 각각 가리킨다는 것이다.

법장은 그의 『약소』 말미에서, "간략히 해석하고 붓을 놓으며 마음에 품은 바를 다음과 같이 읊어본다"라고 하면서, 게송 1수를 남기고 있는데, 이의 인용으로 이 경전 읽기의 맺음을 대신한다.128

---

127 주민황 역 『달라이라마의 반야심경』 pp.161~162(2003년 도서출판 무우수).
128 이 책의 초판에서는 앞에 나온 선사 홍찬의 『첨족』의 글로써 맺었으나, 불교의 근본원리로 이 경전을 읽는다는 글의 관점과 어울리지 않는 부분이 있어, 개정판에서는 이를 바꾸었다.

반야바라밀은 깊고도 그윽해 [般若深邃]
겁 거듭해도 만나기 어렵네 [累劫難逢]
분수 따라 찬탄해 풀었으니 [隨分讚釋]
진실한 근본 깨닫기 바라네 [冀會眞宗]

제2부

금강경 읽기

제1장 금강경의 위치와 판본

《금강경》은 매우 방대한 반야경전의 핵심이 정밀하게 축약되어 있는 반야경전의 대표적인 경전이다. 이 경전은 표현이나 형식이 대단히 소박하고, '공'이나 '대승'이라는 표현도 전혀 등장하지 않아 최초기의 대승경전으로 보는 견해도 있다. 그렇지만 초기 역경가들에 의해 한역된 흔적이 없고, 용수의 저작에도 언급되지 않고 있으며, 그 내용이 매우 정밀한 점 등에 비추어 볼 때 반야부 경전의 기본내용이 확립된 후에 성립된 경전으로 이해하는 견해가 유력하며, 그 성립시기는 대체로 2세기 전반일 것으로 보는 것이 일반적이라 함은 앞에서 본 바와 같다.

이 경전은 육조 혜능 이래 중국 선종에서 가장 중시된 경전이었고, 우리나라에서도 단일 종단으로는 가장 큰 조계종에서 소의경전으로 삼고 있다. 뿐만 아니라 인도와 티베트는 물론 구미에서도 매우 소중히 여기는 경전이어서, 한마디로 대승불교의 가장 기본적이고 대표적인 경전이라고 할 수 있는 경전이다.

이러한《금강경》의 범어 원전은 현재까지 대략 5종이 발견되

었다고 하고,¹ 오래전부터 티베트어, 몽고어 등 각국 언어로 번역
되었다. 우리 나라에 전달되었던 것은 한역인데, 한역에는 6종이
있는 것으로 알려져 있다. 최초의 한역은 구마라집이 402년에 번
역한 《금강반야바라밀경》(1권)으로, 가장 널리 알려진 것이다.
다음 509년 보리유지菩提流支의 《금강반야바라밀경》, 562년 진제
眞諦의 《금강반야바라밀경》, 592년 달마급다達摩笈多의 《금강능
단반야바라밀경》, 660년 경 현장의 《능단금강반야바라밀경》,²
끝으로 703년 의정義淨의 《능단금강반야바라밀경》의 순으로 번
역이 이루어졌다.

그리고 이 《금강경》에 대해서는 육조 혜능의 구결口訣로 된 해
의解義 서문에 이미 800종의 주해가 있다고 밝히고 있었을 정도로
주해가 많다. 현재까지 수천 종이 있는 것으로 추산된다. 그만큼
이 경전이 중시되면서도 이해하기 어려운 경전임을 반증하는 것
이다. 그런데 이 경전이 입문자에게 더욱 이해하기 어려웠던 데에
는 몇 가지 원인이 더 있었던 것으로 생각된다.

그 첫째는 필자가 기회있을 때마다 지적하였듯이, 불교의 근본
원리에 대한 이해 없이 이 경전을 그 자체만으로 이해하려 했던
점이다. 거듭 말하자면 불교의 근본원리에 대한 이해 없이 이 경
전의 뜻을 이해한다는 것은 불가능하다. 그래서 만약 불교의 근본
원리에 대한 이해 없이 이 책을 접하게 된 독자가 있다면, 이제라

---

1 전재성 역주 『금강경』 pp.441-442(2003년 한국빠알리성전협회).
2 현장은 이 경전을 두 번 번역하였다고 하는데, 우리에게 알려져 있는 이것은
600권의 《대반야경》 중 제577권에 제9 능단금강분能斷金剛分으로 포함되어
있는 두 번째 번역본이다.

도 그에 대한 이해를 선행시킨 다음 이 책을 보도록 권하고 싶다.

다음으로는 이 경전에 등장하는 승의제와 세속제를 구분하여 이해할 수 있어야 한다는 점이다. 세속제와 승의제가 교차하여 등장하는 이 경전은, 이를 구분하지 못하면 전후 모순된 내용을 늘어놓는 것으로 오해할 수밖에 없게 된다. 그래서 우리는 이미 앞에서 이 두 가지 진리의 구분에 관하여 간략히 살펴보았다.

그 다음 또 들지 않을 수 없는 것은, 우리는 보통 구마라집이 한역한 《금강경》을 보는 경우가 대부분인데, 그의 번역은 범어 원문의 직역보다는 뜻에 의해 의역을 한 부분이 많다는 점이다. 따라서 이해가 어려울 때 한역되어 있는 문자에 천착하게 되면, 구마라집의 수준을 따르지 못해 잘못 이해하게 될 가능성이 많게 된다. 따라서 이 책에서는 의미의 이해가 어려운 부분은 범어 원문3과, 비교적 원문의 직역에 가까운 현장이나 보리유지의 번역본4 등을 대조하여 오해의 소지를 줄였다.

마지막으로 《금강경》 분단分段의 문제도 있어 보인다는 점이다. 원래 《금강경》은 내용이 구분되어 있지 않지만, 언제부터인가 우리는 주로 양 나라의 소명昭明태자5가 32품으로 분단한 것을 보아 왔다. 그런데 이 분단은 내용의 구분과 연결에 부적절한 점이 없지 않다. 경전의 분단은 오히려 세친世親이 제시한 27가지 의심에 대한 해답[이를 흔히 '27단의斷疑'라고 부른다]6이라는 관

---

3 다만 범어 원전의 이해는 주로 국내 번역본에 의존하였다.
4 특히 보리유지의 번역은 구마라집의 번역을 기초로 하면서, 구마라집이 의역하거나 생략한 부분을 직역에 가깝게 번역한 것이어서, 현장 역본 못지 않게 대조에 도움을 준다.
5 졸저『육조단경 읽기』p.18 참조.

점에서 이해하는 것이 알기 쉽다. 그래서 이 책에서는 이 세친의 27단의에 기초하여 당나라 스님 규봉종밀圭峰宗密(780-841)이 쓴 주해7에 나오는 분단방법에 의하여 이해의 체계를 세웠다. 다만 경문 안에는 종전의 분단방법에 익숙한 독자를 위하여, 소명태자가 남긴 32품의 제목을 삽입해 두었다.

....

6 세친이 지은 《금강반야바라밀경론》(3권. 보리류지 한역)에 나오는 것이다. 이에 대하여 뒤에 나오는 규봉종밀의 『금강반야경소론찬요』는, 「천축에 무착無着보살이 있어 일광정日光定에 들어 도솔천에 올라 미륵보살을 친견하고 80행의 게송을 받으시고, 이를 세친[天親]에게 전수하시니, 세친은 장행의 해석을 지어 세 권의 논을 만들어, 의심과 집착을 끊음[斷疑執]에 의해 해석하셨다. 무착은 또 별도로 2권의 논을 지어 수행의 지위를 나타냄[顯行位]에 의해 해석하셨다.」라고 하고 있는데, 세친과 무착의 금강경 주해에 대하여는 당시 이러한 전설이 널리 퍼져 있었다고 한다. 무착이 지었다는 논서는 《금강반야론》으로, 달마급다에 의해 한역된 것이 2종(2권본과 3권본) 남아 있는데, 여기에서는 3권본을 참고하였다.

7 이것이 『금강반야경소론찬요纂要』(2권. 이하 『찬요』라고만 약칭함)이다. 이에 대하여 송나라의 스님 장수자선長水子璿(964-1038)이 풀이를 붙인 주해서가 『금강경찬요간정기刊定記』(7권. 이하 『간정기』라고만 약칭함)인데, 이 문헌들을 기초로 한 역해서가 우리나라에 2종 나와 있다. 하나는 연관然觀스님의 『금강경간정기』로 1996년 선우도량출판부에서 간행된 것이고, 다른 하나는 김월운月雲스님의 『금강경강화』로 2004년 동문선에서 간행된 것이다.

제2장 경전의 제목과 서문

1. 경전의 제목

이 경전을 구마라집 등은 '금강반야바라밀경'이라고 번역하고, 현장 등은 '능단能斷금강반야바라밀경'이라고 번역하였는데(달마 급다는 '능단'과 '금강'의 위치를 바꾸어 '금강능단반야바라밀경'이라고 하였음), 그 범어 제목은 'Vajracchedikā-prajñāpāramitā-sūtra'이다. 여기에서 뒷 부분 'prajñāpāramitā-sūtra'는 반야바라밀다 경전을 뜻하는 것임은 앞에서 보았다. 그리고 범어 제목의 앞 부분 'Vajracchedikā' 중 'chedikā'는 자른다는 'chid'에서 나온 말로서 '자르는 것'이라는 뜻이므로 '능단能斷'이라고 번역되었고, 그 앞의 'vajra'가 '금강'으로 번역된 것이다.

그런데 여기에서 'vajra'는 세상에서 가장 단단하다고 하는 물질인 금강석을 가리키기도 한다. 그래서 한역시 '금강'으로 번역되었고, 서구에서도 대체로 이러한 뜻으로 이해한다.[8] 그렇지만 이

----
[8] 그래서 이 경전은 영어로 'The Diamond Sutra'라고 부른다.

것은 인도에서는 원래 벼락[霹靂] 내지 번개[雷電]를 가리키는 말로서, 신들의 제왕이라는 인드라Indra9의 첫째가는 무기로 이해되었고, 그래서 이는 인드라가 이 벼락 내지 번개를 부르는 도구로 쓰는 '금강저金剛杵'를 가리키는 말로도 사용된다고 한다. 그 뜻이 어느 쪽이든 이 'Vajracchedikā'는 뒤에 나오는 반야를 비유하는 말이다.

그런데 이것은 두 단어 'vajra'와 'cchedikā', 즉 '능단'과 '금강'의 관계를 어떻게 보는가에 따라 뜻이 달라진다. 즉 능단과 금강을 동격의 관계로 볼 수도 있고, 능단의 대상이 금강인 관계로 이해할 수도 있다.10 만약 이것을 전자로 이해한다면 금강이 곧 능단이므로 '(어떤 것도) 잘라 버리는 금강(과 같은 반야)'라는 뜻이 되고,11 후자로 이해한다면 금강이 능단의 대상이므로 '(가장 단단하다는 물질인) 금강마저도 잘라 버리는 것(=반야)'이라는 뜻이 된다.

어떤 의미로 새겨도 뜻이 통한다. 그래서 예전부터 이 말에는

....
9 대표적인 호법선신으로, 욕계의 두 번째 하늘인 삼십삼천(일명 도리천)의 제왕이다. 천제석天帝釋, 천제, 제석帝釋, 제석천, 석제환인釋提桓因 등으로 한역된다.
10 자은규기의 《금강경찬술贊述》(상권)에서도, "지금 만약 파괴되는 것[所破]을 금강이라고 이름한 것이라면 '금강의 반야[金剛之般若]'라는 것이고, 능히 파괴하고 부러뜨리는 것[能破摧]을 금강이라고 이름한 것이라고 한다면 '금강이 곧 반야[金剛卽般若]'라는 것이라고 알아야 한다."라고 설명하고 있다.
11 경전에서 '금강'은 주로 이러한 뜻의 비유 즉, 무엇으로써도 이것을 파괴할 수 없지만, 이것은 어떤 번뇌도 파괴하지 못하는 것이 없음을 비유하는 것으로 사용된다. 예컨대 《대반열반경》(36권본의 제9권) 제16 보살품에서, "비유하면 금강은 이를 파괴할 수 있는 것이 없지만, 능히 모든 물건을 파괴할 수 있음과 같다[譬如金剛 無能壞者, 悉能破壞一切之物]."라고 하는 등과 같다.

이러한 두 가지 뜻이 모두 있는 것으로 이해하여 왔다. 다만 현장의 번역에는 원문에 충실해야 한다는 의지가 담겨 있고, 구마라집 등의 번역에는 반드시 '능단'이라는 표현을 있어야만 이러한 의미가 드러나는 것은 아니라는 이해가 깔려 있다. 경전의 이름에서 벌써 두 분의 역경 방법의 차이가 드러나고 있다.

이로써 제목에 대한 이해를 마치고 경문 읽기에 들어가되, 여기 제2장에서는 서분만을 증신서證信序와 발기서發起序의 두 과목으로 나누어 보고, 정종분과 유통분은 장을 바꾸어 읽도록 하겠다.

2. 증신서證信序

1.1
(제1품 법회가 열린 인연)12
    이와 같이 내가 들었다.
    한 때 붓다께서 사위국의 기수 급고독원에서 일천이백오십 명의 큰 비구 승가와 함께 계셨다.

(第一品 法會因由分)
如是我聞.
一時佛 在舍衛國 祇樹給孤獨園 與大比丘衆 千二百五十人俱.

    앞에서 불교경전은 대부분 서분, 정종분, 유통분의 세 부분으로 구성된다고 하였는데, 그 중 서분은 다시 두 종류로 나누어진다. 하나는 모든 경전에 공통되는 서문이고, 다른 하나는 그 특정 경전이 설해진 인연을 밝히는, 말하자면 특정 경전에 고유한 서문이다. 전자는 통서通序라고 하고, 후자는 별서別序라고 한다.
    그런데 통서에서는 '증신서證信序'라고 하여, 그 경전의 글이 믿어야 할 것임을 증명하기 위하여 여섯 가지 사항을 밝히는 것이 보통이다. 이 경전의 1.1분절의 글은 바로 그것에 해당하는 것이다. 그리고 여섯 가지 사항은 '신信'·'문聞'·'시時'·'주主'·'처處'·'중衆'이라고 설명되는데, 이를 '육사성취六事成就' 내지 '육성취六成就'라고 표현한다.
    이렇게 경문을 시작하게 된 사연을 《대지도론》(제2권)은 다음

---

12 이 부분이 소명태자가 분단하면서 붙인 제목이다.

과 같이 전하고 있다.

「붓다께서 열반에 드실 때에 꾸시나라[俱夷那竭]의 살라sāla나무 두 그루 사이에서 머리를 북쪽으로 하고 누워서 열반에 드시려 하였다. 그 때 아난다는 친척으로서의 애정이 각별하여 근심과 걱정에 빠져 헤어나지 못하였다.

이 때 아누룻다[阿泥盧豆]13 장로는 아난다에게 이렇게 말하였다. "그대는 붓다의 법장法藏을 지킬 사람이다. 범부들처럼 근심의 바다에 빠져 있어서는 안 된다. 온갖 유위법은 모두 무상한 모습이니, 그대는 지나치게 상심치 말라. 또 붓다께서 몸소 그대에게 법을 전해 주셨거늘, 그대가 지금 상심에 빠져 버린다면 맡은 소임을 잃어 버리는 것이다. 그대는 지금 붓다께 이렇게 물어야 한다. '붓다께서 열반에 드신 뒤에 우리들은 어떻게 도를 닦아야 합니까? 누구를 스승으로 삼아야 합니까? 말이 험한 찬나Channa車匿14와는 함께 어떻게 살아야 합니까? 불경의 첫머리에는 무슨 말을 두어야 합니까?' 라는 등 갖가지 장래의 일을 붓다께 물으라."

아난다가 이 말을 듣고 상심에서 조금 깨어나 도력을 회복하고는, 붓다께서 누우신 침상 곁에 기대서서 위의 일을 붓다

---

13 붓다의 사촌동생으로, 아난다에게는 사촌형이 되는 분이다. 한역으로는 보통 아나율阿那律이라고 부른다. 붓다의 10대 제자 중 한 분으로, 붓다에 의해 천안天眼 제일이라는 평가를 받았다(한글 AN 제1권 p.114).
14 붓다께서 출가하실 때 말을 몬 마부였는데, 붓다께서 성도하신 후 까삘라왓투를 방문하셨을 때 출가하였다. 그는 자만심이 너무 강하여 교단에서 여러 가지 말썽을 일으켜왔다고 한다.

께 여쭈었다. 붓다께서 아난다에게 이렇게 말씀하셨다. "…또 내가 삼아승기 겁15 동안 모은 법보장法寶藏의 첫머리에는 '이와 같이 내가 들었다. 어느 때 붓다께서 어느 쪽 어느 나라 어느 곳의 숲 속에 계셨다[如是我聞. 一時佛 在某方某國土 某處樹林中].'라고 하라. 왜냐 하면 과거 모든 불경의 첫머리에도 이 말을 두었고, 미래의 모든 불경의 첫머리에도 이 말을 둘 것이며, 현재 모든 붓다들께서 마지막 열반에 드실 때에도 불경의 첫머리에 이 말을 두도록 가르치시기 때문이다."」

첫째 '신信', 둘째 '문聞'이라고 한 것은, 위와 같이 가르치신 말씀 중 '이와 같이 내가 들었다[如是我聞]'라고 한 부분을 가리키는 것이다. '이와 같이'가 신信에 해당하고, '내가 들었다'가 문聞에 해당한다.

여기에서 '이와 같이'라는 말이 뜻하는 바는, '들은 그대로'이지 가감한 것이 아니므로 믿어야 할 것이라는 취지이다. '내가 들었다'라고 한 것은 '들은 대로'이지 자신의 소견을 말한 것이 아니라는 것이다. 그래서 믿음[信]과 들음[聞]이 각각 성취된다는 것이다. 경전의 첫머리를 이와 같이 시작하는 것은 빠알리 니까야의 경우도 마찬가지이다.16

---

15 '삼아승기 겁'의 의미에 대해서는 뒤의 제4.10.3분절의 ⑧의 경문에 대한 설명 중에서 볼 것이다.
16 다만 빠알리어 'evam me sutam'이나 범어 'evam mayā śrutam'은, "이와 같이[evam] 나에게[me=mayā] 들렸다[sutam=śrutam]"라고 해서 수동태의 글로 되어 있다. 그렇지만 한역의 '여시아문'이라는 표현 역시 수동태로 번역될 수도 있는 구조이다.

셋째 '시時'란 '한 때[一時]'라고 한 부분에 해당하는 것이다. 이렇게 설법이 이루어진 시기를 특정하지 않고 '한 때'라고 표현한 이유는, 지역마다 시간이 같지 않기 때문이라고 설명하는 것이 보통이다. 그렇지만 실제의 이유는 붓다의 설법 대부분이 기록을 염두에 두고 이루어진 것이 아닌데다가, 연대기年代記에 익숙하지 않았던 고대 인도사회의 일이어서 시기를 특정하기 어렵기 때문이 아니었을까 생각된다.

넷째 '주主'는 설법의 주체를 뜻하는 것으로, 이 경전에서는 '붓다께서'라고 한 부분에 해당한다.

다섯째 '처處'는 설법이 이루어진 장소를 말하는 것으로서, 이 경전에서 '사위국의 기수급고독원에서'라고 한 부분에 해당한다. 사위국은 범어로 슈라바스티Śrāvastī, 빠알리어로 싸밧티Sāvatthī라고 하는데, 붓다 재세시 인도에서 두 번째로 강대국17이었던 꼬살라Kosala국의 수도였다. 한역으로는 사위성, 실라벌室羅筏, 실라벌성이라고도 한다.18 이 도시는 한 때 90만 가구가 사는 큰 도시였고, 붓다께서는 45년간의 전법기간 중 만년의 25년 가량을 이 곳에서 지내셨다고 한다.

....
17 붓다 재세시 인도는 열여섯 개의 크고 작은 나라로 나누어져 있었다. 그 중 첫 번째의 강대국은 중인도에 있던 마가다Magadha국으로, 수도는 라자가하Rājagaha(한역명 왕사성王舍城), 왕은 빔비싸라Bimbisāra왕이었다. 이들 역시 불교 경전에 자주 등장하는 이름이다.
18 이렇게 도성의 이름에 '국'이라 하여 나라라는 이름을 붙인 것은, 당시 꼬살라국이 싸라부Sarabhū강에 의해 남꼬살라와 북꼬살라로 나누어져 있었기 때문에 남꼬살라와 구별하기 위하여 이렇게 불렀다고 한다.

'기수급고독원祇樹給孤獨園'은 기타祇陀Jeta 태자의 숲[祇樹]에 있는, 급고독給孤獨 장자가 기증한 승원僧園이라는 뜻이다. 이 승원에는 기원정사祇園精舍라는 절이 있었으며, 붓다께서는 만년의 25년 중 19년 가량을 이 곳에 머무셨다.19

그리고 이러한 명칭이 붙은 것에는 사연이 있다. 급고독이란 아나타삔디까Anāthapiṇḍika의 의역어로, 의지할 데 없는 고독한 사람들[anātha]에게 먹을 것을 공급하는 사람[piṇḍika]이라는 뜻인데, 붓다 재세시 큰 부호로서 널리 자선을 베풀었던 쑤닷따Sudatta 장자20의 별명이다. 그는 붓다께서 성도하신 다음 해에 붓다를 처음 뵙고 귀의하면서, 붓다께서 거처하실 절 지을 곳을 찾던 중 제타숲[Jetavana]을 발견하였는데, 이 명칭은 이 숲이 당시 꼬살라의 국왕 빠세나디Pasenadi(한역명 파사익波斯匿왕)의 아들인 제타[한역명 기타祇陀] 태자의 소유였기 때문이다.

급고독 장자가 팔기를 요청하자, 팔 마음이 없던 제타 태자는 그 땅을 금으로 덮으면 덮은 만큼 팔겠다 하였더니, 급고독 장자가 금화로 땅을 덮기 시작하였다고 한다. 놀란 제타 태자가 무슨 용도로 쓸 것이냐고 물으니, 절을 지어 붓다께 기증할 것이라고 대답한 것을 계기로, 의기투합한 두 사람이 힘을 합쳐 절을 지어 붓다께 기증하였다고 한다. 그래서 이 승원은 두 사람의 이름을 따서 기수급고독원이 되었고, 절은 '기(수급고독)원'에 있는 절이

---

19 나머지 6년 가량은 싸밧티의 동쪽에 있던 미가라마뚜Migāramātu강당(한역명 녹자모鹿子母강당)에서 머무셨다고 한다.
20 한역명으로는 수달須達, 또는 수달다須達多라고 하는데, 그는 이 경전에 붓다의 대역으로 등장하는 수보리의 형이다.

라는 뜻에서 기원정사로 부르게 되었다.

 끝으로 여섯째 '중衆'은 청중을 가리키는 것으로, 이 경전에서 '일천이백오십 명의 큰 비구 승가와 함께 계셨다'라고 한 부분에 해당한다.21 함께 한 비구 승가의 수가 일천이백오십 명이 된 사연에 관하여 《과거현재인과경》(제3, 4권)은 다음과 같이 설명하고 있다. 붓다께서 성도하신 후 성도 전에 함께 수행했던 아야阿若교진여憍陳如(빠알리어명 앙냐Añña꼰당냐Koṇḍañña) 등 다섯 비구를 가장 먼저 교화하셨고, 그 후 장자의 아들 야사耶舍와 그의 친구 오십 명을 교화하셨으며, 그 후 가섭迦葉 3형제22와 그의 제자 일천 명을 교화하셨고, 그 후 사리불과 대목건련 및 그들의 제자 각 일백 명씩 합계 이백 명을 교화하셔서, 이들 1,250명23의 아라한들이 평상시 붓다를 수행하고 다녔다는 것이다. 그래서 이들을 상수常隨대중이라고 표현하기도 한다.
 '큰 비구 승가와 함께[與大比丘衆]'라고 한 대목에서 '큰[大]'이라고 한 말이 어떤 의미인지에 관하여 두 가지 해석이 있을 수 있

---

21 이것은 앞에 나온 사연 중, 붓다께서 경전 첫머리에 두도록 이르신 사항에는 들어 있지 않은 것인데, 경전 결집자의 안목에 의해 포함된 것이라고 이해된다.
22 붓다 입멸 후 맏제자로서 결집을 주재하였던 마하가섭과는 다른 인물들이다. 삼형제의 이름은 순서대로 우루빈라優樓頻螺ⓅUrubela가섭, 나제那提ⓅNadī가섭, 가야伽耶ⓅGaya가섭이다. 삼형제는 모두 불을 섬기던 외도로, 우루빈라는 우루벨라의 네란자라 강 상류에서 제자 500명을 거느리고, 나제는 중류에서 제자 300명을 거느리고, 가야는 하류에서 제자 200명을 거느리고 함께 살고 있었다고 한다(한글 AN 제1권 p.127).
23 경전에 나오는 숫자를 모두 합치면 1,261명(5+51+1,003+202)이 되지만, 큰 수효(50+1,000+200)만을 합쳐 1,250명이라고 한 것이다.

다. 첫째 이것이 뒤의 '승가[衆]'를 수식하는 것으로 보면, 승가의 규모가 일천이백오십 명이나 되는 큰 규모였다는 뜻이 된다. 둘째 이것이 '비구'를 수식하는 것으로 보면, 함께 한 비구들이 '큰' 분이었다는 뜻이 된다. 'mahatā bhikṣusaṃghena'라고 되어 있는 범어 원문은 첫째의 의미인 것으로 이해되지만, 예전부터 둘째의 뜻으로 새기는 주석도 적지 않았다. 예컨대 자은규기는 이 '큰'에 다섯 가지 뜻이 있다고 하였다.24 그것은 명성[名稱]이 크고, 지위[位次]가 크고, 공덕이 크고, 수행이 크고, 따르는 대중[徒衆]이 크다는 것이다.

그리고 '비구bhikṣu[ⓟbhikkhu]'는 생업에 종사하지 않고 걸식하는 수행자를 가리키는 말이다. 의역하지 않고 범어 그대로 두는 이유에 대하여, 장수자선의 『간정기』(회권제2)25는 세 가지 뜻이 있기 때문이라고 설명한다. 첫째는 악마를 두렵게 한다[怖魔]는 뜻, 둘째는 걸식하는 사람[乞士]이라는 뜻, 청정한 계율[淨戒]이라는 뜻이다. '승가[衆]saṃgha'는 불교 수행자의 집단, 즉 승단을 가리키는 말이다.

이 비구 승가는 붓다 재세시의 출가 수행자 집단을 가리키는 표현이다. 이들은 대승불교의 비판의 대상이다. 그래서 대승경전에서는 이 비구 승가 외에 보살 대중들도 청중으로 등장시키는 것이 보통인데, 이 경전에서는 이들이 빠져 있는 점이 특이하다. 다만

---

24 같은 스님의 『금강경찬술贊述』(이하 『찬술』이라고 약칭함) 상권에서의 설명이다.
25 이하 『찬요』와 『간정기』의 권수는, 만속장경 제39권 p.726 이하에 두 글이 경문과 함께 전10권으로 편집되어 있는 『금강경찬요간정기(과회권科會卷)』의 권수를 '회권會卷'이라는 명칭을 붙여 표시한다.

현존 범어본에는 '많은 보살마하살들과 함께 (계셨다)'라는 표현이 들어 있기는 하다. 그렇지만 직역에 충실한 현장의 한역본에도 이 부분이 빠져 있으므로, 이 표현은 후대에 삽입된 것일 가능성도 없지 않다.

3. 발기서 發起序

1.2

 그 때 세존께서는 공양시간이 되어 가사를 입고 발우를 들고 사위대성에 들어가 밥을 비시었다. 그 성 안에서 차례로 비시고는 다시 계시던 곳으로 돌아와 밥을 드시고, 가사와 발우를 거두고 발을 씻고 나서 자리를 펴고 앉으셨다.

爾時 世尊 食時 著衣持鉢 入舍衛大城 乞食. 於其城中 次第乞已 還至本處 飯食訖, 收衣鉢 洗足已 敷座而坐.

 이 분절은 이 경전에 고유한 소위 별서別序로, 발기서라고도 부르는 부분이다.

 '세존'은 앞에서도 여러 번 나왔듯이 붓다에 대한 존칭이다.

 여기에서 '공양시간[食時]'은 오전 9시 경부터 11시 경 사이 즉 사시巳時를 가리킨다. 그래서 발우를 가지고 밥을 비는 소위 탁발托鉢에 나서는 시간은 아침 7시 내지 9시 경이 된다고 한다.

 '가사를 입고 발우를 든다'고 할 때에 '가사'는 대가사大袈裟를 말하는 것이다. 붓다 재세시 수행자들은 상·하의와 대가사의 세 벌의 옷[三衣]26을 가졌다. 평상시에는 상·하의만 입었고, 외출할 때에는 그 위에 대가사를 입고, 발우를 들고 외출하였다. 그래서

---

26 상의를 울다라승鬱多羅僧, 하의를 안타위安陀衛 또는 안타혜安陀惠, 대가사를 승가리僧伽梨라고 하는데, 이것은 빠알리어 uttarāsaṅga, antaravāsaka, saṅghāṭī를 각각 음역한 것이다.

수행자는 항상 '삼의일발三衣一鉢'을 지닌다고 하는데, 경전의 글은 이것을 설명한 것이다. '발우'는 수행자가 사용하는 밥그릇을 말하는데, 소재에 따라 철발鐵鉢, 와발瓦鉢, 목발木鉢, 석발石鉢등이 있다. 우리나라에서는 주로 목발을 사용한다고 한다.

탁발을 할 때 '차례로 빈다[次第乞]'는 것은 12두타행頭陀行27의 하나로, 걸식할 때 평등한 마음으로 빈부귀천을 가리지 않고 일곱 집만 차례대로 탁발해서 마치는 것을 말한다.28 따라서 '차례로 비시었다[次第乞已]'라고 한 것은 차례로 일곱 집의 탁발을 해서 마치셨다는 것이지, 충분한 밥을 비시었다는 것을 뜻하는 것은 아니다.

---

27 '두타'란 흔들어 떨어뜨린다는 뜻의 범어 'dhuta'(ⓟdhūta)의 음역어이다. 심신에 묻은 때를 흔들어 떨어뜨린다는 의미에서, 의·식·주에 관한 탐욕을 없애는 수행을 가리키는 말로 쓰인다. '12두타행'이란, ① 한적한 곳에 머무는 것[在阿蘭若處], ② 늘 걸식을 행하는 것[常行乞食], ③ 차례로 걸식하는 것[次第乞食], ④ 한 끼만 먹는 것[受一食], ⑤ 과식하지 않는 것[節量食], ⑥ 정오가 지나면 먹지 않는 것[中後不得食漿], ⑦ 누더기를 입는 것[著弊衲衣], ⑧ 세 벌만을 갖는 것[但三衣], ⑨ 무덤가에 머무는 것[塚間住], ⑩ 나무 밑에서 쉬는 것[樹下止], ⑪ 한데에 앉는 것[露地坐], ⑫ 눕지 않는 것[但坐不臥]의 열두 가지를 말한다.
28 따라서 일곱 집에서 탁발해서도 밥을 얻지 못하면 그 날은 먹지 않는다고 한다. 《수능엄경》 제1권에, 수보리는 부담을 덜어 주기 위하여 가난한 집을 피하여 탁발을 하고, 마하가섭은 인연을 심어 주기 위하여 가난한 집을 택해서 탁발한 것에 대하여, 붓다께서 모두, "아라한으로서 마음이 평등치 못하다"고 꾸짖으신 것을 아난다가 회상하는 장면이 나온다.

제3장 정종분

1. 수보리가 설법을 청하다 [善現申請]

2.1

(제2품 수보리가 설법을 청하다)　　　　(第二品 善現啓請分)

그 때 장로長老 수보리가 대중들 가운데 있다가 자리에서 일어나 오른쪽 어깨를 벗어메고 오른쪽 무릎을 꿇고서 합장하고 공경하게 붓다께 여쭈었다.

"희유希有합니다, 세존이시여. 여래께서는 보살들을 잘 호념護念하시고 보살들을 잘 부촉付囑하십니다. 세존이시여, 선남자 선여인이 아뇩다라삼먁삼보리의 마음을 일으키고서는 어떻게 머물러야 하고 어떻게 그 마음을 항복시켜야 합니까?"

時 長老 須菩提 在大衆中 卽從座起 偏袒右肩 右膝著地 合掌恭敬 而白佛言.

"希有, 世尊. 如來 善護念諸菩薩 善付囑諸菩薩. 世尊, 善男子善女人 發阿耨多羅三藐三菩提心 云何應住　云何降伏其心?"

여기서부터가 이 경전의 본론인 정종분이다. 이 경전에 대해서는 예전부터 주석이 매우 많았다는 것을 앞에서 언급하였다. 그래서인지 경전의 글을 나누는 방법도 매우 다양하다. 극단적으로 말한다면 주석하는 사람마다 나누는 방법이 다르다고 말할 수 있을 정도이다. 그래서 여기에서는 다만 이 책에서 의지하기로 한 방법, 즉 세친의 27단의 斷疑에 기초한 규봉종밀의 『찬요』가 나누는 방법에 따라 설명하기로 하겠다.

이에 의하면 정종분은 크게 네 부분으로 나누어진다. (1) 수보리가 설법을 청하는 부분, (2) 여래께서 칭찬하시며 설법을 허락하시는 부분, (3) 수보리가 듣기를 바라는 부분, (4) 여래께서 곧바로 말씀하시는 부분이다. 그리고 네 번째 여래께서 말씀하시는 부분은 첫째 질문한 것에 바로 답하는 부분과, 둘째 자취를 따라 의심을 끊어주는 부분으로 나뉘는데, 후자가 바로 스물일곱 가지 의심을 끊어주는 내용이다. 그리고 마지막 스물일곱 번째 의심을 끊어주는 부분이 끝나면서 정종분, 즉 경전의 본론이 끝나고, 간략한 유통분이 이어지는 구조로 되어 있다.

여기 2.1분절은 정종분 네 부분 중의 첫 번째, 수보리가 설법을 청하는 부분이다. 이 부분의 글은 두 부분으로 나누어 볼 수 있다. 앞은 설법을 청하는 위의威儀를 밝히는 부분이고, 뒤는 설법을 청하는 부분이다. 그리고 후자도 두 부분으로 나누어 볼 수 있으니, 그 처음 문장은 붓다를 찬탄하는 부분이고, 뒷 문장은 바로 설법을 청하는 부분이다.

먼저 설법을 청하는 위의를 밝히는 글에 나아가 본다. 설법을 청하는 사람은 장로 수보리이다. 수보리의 빠알리어명은 쑤부띠Subbūti로, 쑤마나쎗티Sumanaseṭṭhi의 아들이고, 급고독장자 쑤닷따의 동생이다. 한역해서는 음역하여 순야다須若多라고 하고, 의역하여 선현善現, 선길善吉, 공생空生, 묘생妙生 등이라고 부른다. 그는 빠알리 니까야에서는 붓다로부터 '무쟁無諍에 머무는 자 중 제일[무쟁제일]'이라는 평가를 받은 인물로 기록되어 있지만,29 한역 아함에서는 '공을 앎에 있어 제일[해공解空제일]'이라는 평가를 받았다고 기록되어 있다.30 이 경전에서 붓다의 대역으로 수보리가 등장한 것은, 아무래도 해공제일이라는 평가를 받았기 때문이 아닐까 한다.

"① 자리에서 일어나 ② 오른쪽 어깨를 벗어메고 ③ 오른쪽 무릎을 꿇고서 ④ 합장하고 ⑤ 공경하게 여쭈었다"라는 것은 제자가 붓다께 법을 묻는 예법으로 '제자오례弟子五禮'라고 한다. 그 중 ① 자리에서 일어나는 것은 스승과 제자의 지위가 다르므로, 앉아서 질문하는 것은 예의가 아니기 때문이다. ② 오른쪽 어깨를 벗어멘다[편단우견偏袒右肩]는 것은 고대 인도의 예법 중 하나로, 자신의 오른팔을 드러냄으로써 무기를 숨기고 있지 않다는 것을 나타내는 것이라 한다. ③ 오른쪽 무릎을 꿇는 것은 이치에 순응하는 마음으로 낮은 자세를 보인 것이고,31 ④ 합장하는 것은 마음을 집

---

29 한글 AN 제1권 p.118. '무쟁'의 뜻은 뒤의 제4.4분절에서 볼 것이다.
30 《증일아함경》(제46권) 제49 목우품牧牛品 3경.
31 '오른 쪽'은 순리順理를 뜻하고, 무릎은 굴신할 수 있으므로 순리하는 마음을 표현한 것이며, 땅에 꿇는 것은 낮은 자세를 보인 것이라고 해석한다.

중하는 것을 나타낸 것이며, ⑤ 공경하게 여쭈는 것은 공경하는 위의를 총결하는 것이다.

다음 붓다를 찬탄하는 부분은, "희유합니다, 세존이시여. 여래께서는 보살들을 잘 호념하시고 보살들을 잘 부촉하십니다."라고 되어 있다.

먼저 '희유합니다'는 경이롭다는 뜻의 범어 'āścaryaṃ'을 번역한 것이다. 무엇이 희유하고 경이롭다는 것인가 하면, 바로 뒤에 나오는 바, 즉 여래께서 보살들을 잘 호념하시고 보살들을 잘 부촉하시는 점이다.

다음 '잘 호념하시고[선호념善護念], 잘 부촉하십니다[선부촉善付囑]'라고 한 부분에서, '호념'이란 보호하는 생각을 하고, 그래서 잊지 않고 보호해 지켜준다는 뜻이다. '부촉'이란 부탁하여 맡긴다는 뜻이다. 범본의 표현도 같은 뜻으로 이해된다.32

이 말의 구체적인 의미는 종밀의 『찬요』(회권제4)가 다음과 같이 매우 간명하게 전달해 준다. 「논論33에서 이르기를, '선호념'이라 함은 근기가 성숙한 보살[根熟菩薩]에 의거하여 말한 것이니, 말하자면 지혜의 힘[智慧力]을 주어 불법佛法을 성취하게 하고, 교화의 힘[敎化力]을 주어 중생을 섭수하게 하는 것이다. '선부촉'이라 함은 근기가 아직 성숙치 못한 보살[根未熟菩薩]에 의거하여 말한

---

32 범본에서 '호념'에 해당하는 것은 'anugraheṇa'로 되어 있는데, 이는 자비, 사랑, 은총, 호의 등의 뜻을 갖고, '부촉'에 해당하는 것은 'parīdanayā'로 되어 있는데, 이는 부촉, 은혜 등의 뜻을 갖는 말이다. 현장은 '호념'은 '섭수攝受'라고 번역하고, '부촉'은 같이 '부촉'으로 번역하고 있다.
33 세친의 《금강반야바라밀경론》 상권을 가리킨다.

것이니, 그들이 퇴실退失할 것을 염려하여 지혜 있는 자[智者]에게 맡겨 인도[付授]한다는 것이다. '부付'란 작은 자를 큰 자에게 맡기는 것이고, '촉囑'이란 큰 자에게 위촉하여 작은 자를 교화시키는 것이다.」 여기에서 근기가 성숙한 보살에게 주는 '지혜의 힘'은 근본지를 말하고, '교화의 힘'은 후득지를 말하는 것이다. 전자로써 자리自利를 완성하게 하고, 후자로써 이타利他를 행하게 하는 것이다.

마지막으로 설법을 청함에 있어, "선남자 선여인이 아뇩다라삼먁삼보리의 마음을 일으키고서는 어떻게 머물러야 하고 어떻게 그 마음을 항복시켜야 합니까?"라고 질문한다. '아뇩다라삼먁삼보리의 마음을 일으킨다'는 것은 위없는 최고의 깨달음을 이루겠다는 마음을 일으키는 것인데, 보통 줄여서 '발보리심發菩提心'이라고 한다. 이것이 모든 깨달음의 원천이 되는 것이라 하여 대승경전에서는 매우 귀중하게 여기는 것이다.

이것은 기존불교의 수행자가 일으키는 마음과는 다른 것이다. 대승이 비판하는 기존불교의 수행자는 아뇩다라삼먁삼보리에 대한 마음이 아니라, 열반을 실현하겠다는 마음을 일으킨다. 그렇지만 열반을 실현한다고 해서 중생 제도를 위한 능력까지 완전히 갖추게 되는 것은 아니라는 것이 대승의 시각이다. 그래서 이 마음에는 이타의 이상이 결여되어 있다고 비판하는 것이다.

따라서 아뇩다라삼먁삼보리에 대한 마음을 일으킨다는 것은 대승의 수행자가 되기를 결심했다는 것을 뜻한다. 다만 범어 원문은 '보살승菩薩乘bodhisattvayāna으로 나아가고자 하는 선남자 선여인'

이라고 되어 있어, 한역본과는 표현이 다소 다르다. 그렇지만 '보살bodhisattva'은 보리[bodhi], 즉 아뇩다라삼먁삼보리를 구하는 유정[sattva]이라는 뜻이므로, 표현의 차이에 불구하고 그 뜻은 서로 같다.

여기에서 "(선남자 선여인이 아뇩다라삼먁삼보리의 마음을 일으키고서는) 어떻게 머물러야 하고[운하응주云何應住] 어떻게 그 마음을 항복시켜야 합니까[운하항복기심云何降伏其心]?"라는 것이 소위 청법請法의 요지이다. 그런데 범어 원문은 이렇게 두 가지로만 되어 있는 것이 아니라, 어떻게 머물러야 하고, 어떻게 수행해야 하며, 어떻게 마음을 항복받아야 하는가의 세 가지로 되어 있다. 그래서 현장의 번역본에는 "어떻게 머물러야 하고[云何住], 어떻게 수행해야 하며[云何修行], 어떻게 그 마음을 섭복攝伏해야 하는가[云何攝伏其心]"의 세 가지로 되어 있다.34

이 경전을 주해하는 문헌들에서는 이 셋을 줄여서 '주住·수修·항降'이라고 표현한다. 여기에서 '주住'는 마음을 어디에 두어야 하는가 라는 것으로서, 보살의 서원誓願과 관련하여 어떻게 뜻을 세워야 하는가 라는 의미이다. 다음 '수修'는 말 그대로 어떻게 수행해야 하는가 라는 것이며, 그리고 '항降'이란 현장의 '섭복攝伏'이라는 번역이 의미하듯이, 어떻게 마음을 꺼잡고 길들여야 하는가 라는 것이다.

이 세 가지는 그에 대한 붓다의 대답과 구조적으로 연관되어 있

---

34 보리유지 역본에는 구마라집 역과 같은 내용에 '云何修行'을 삽입하여, "應云何住 云何修行 云何降伏其心"이라고 되어 있다.

다. 말하자면 이에 대해 붓다께서 어떻게 대답하실 것이고, 그 구조는 어떠할 것이라는 점을 염두에 두고 한 질문이라는 뜻이다. 즉 붓다로부터 '주'에 대하여는 네 가지 마음[四心]에 머물러야 하고, '수'에 대하여는 육바라밀[六度]을 닦아야 한다고 하면서, 이 '주'와 '수' 모두에 있어서 상相을 가져서는 안 된다고 하는 답이 제시될 것을 전제로 한 것이라는 의미이다. 그러므로 이 경전을 읽음에 있어서는 항상 이 구조를 염두에 두고 있을 필요가 있다.

이렇게 볼 때 구마라집의 번역보다 현장의 번역이 원문에도 충실할 뿐 아니라 이해하기도 쉽다. 구마라집이 셋 중 수행을 생략하여 번역한 이유에 대해서는 다른 해석이 있을 수 있지만, 필자로서는 서원과 실천은 떨어질 수 없는 관계에 있다는 뜻에서, 머묾[住]과 수행[修]이 별개가 아니라고 본 것이라고 이해한다.35 그 근거는 뒤의 제3.2분절의 말미를, "수보리여, 보살은 다만 이렇게 가르쳐 준 대로 머물러야 한다[但應如所敎住]"라고 번역한 것에서 찾을 수 있는데, 그 취지는 그 곳에서 자세히 밝힐 것이다.

---

35 그 외에도 서원을 세워 네 가지 마음에 머물고[住] 마음을 항복시키는 것[降]이 바로 수행이라고 이해한 것이라거나, 혹은 마음의 항복[降]이 바로 수행[修]이고, 수행이 바로 마음의 항복으로, 둘은 별개가 아니라고 이해한 것이라는 해석도 있을 수 있다.

2. 여래께서 칭찬하시고 설법을 허락하시다 [如來讚許]

2.2

붓다께서 말씀하셨다.

"참으로 잘 말했다, 수보리여. 그대가 말한 것처럼 여래는 보살들을 잘 호념하고 보살들을 잘 부촉한다.

그대는 이제 잘 들어라[諦聽], 그대에게 말해 주겠다. 선남자 선여인이 아뇩다라삼먁삼보리의 마음을 일으키고서는 이와 같이 머물러야 하고 이와 같이 그 마음을 항복시켜야 한다."

佛言.

"善哉善哉. 須菩提. 如汝所說 如來 善護念諸菩薩 善付囑諸菩薩.

汝今諦聽, 當爲汝說.

善男子善女人 發阿耨多羅三藐三菩提心 應如是住 應如是降伏其心."

이 분절은 정종분 네 부분 중의 두 번째, 여래께서 칭찬하시고 설법을 허락하시는 부분이다.

이 글은 수보리가 설법을 청하는 내용에 대응하여 두 부분으로 나누어진다. 먼저 '보살들을 잘 부촉한다'까지는 수보리가 붓다를 찬탄한 것에 대해 이를 칭찬하면서 인정하는 것이고, 다음 그 아래 '그대는 이제 잘 들어라'[36] 이하의 글은 수보리가 설법을 청함에 대해, 설할 것을 허락하는 부분이다.

---

36 여기에서 한문 '諦'는 자세히 잘 살펴서 라는 뜻인데, 이러한 뜻일 때에는 '체'라고 읽는다. 이것이 불교의 진리를 가리키는 뜻으로 쓰일 때에는 '제'라고 읽는다 함은 앞에서 보았다.

뒤의 글도 범어 원문과 현장 번역본의 경우 '이와 같이 머물러야 하고' 다음에, '이와 같이 수행해야 하며'라고 하는 글이 포함되어 있음은 물론이다.

3. 수보리가 듣기를 바라다[善現佇聞]

2.3
"예 세존이시여, 듣고 싶습니다."　　　"唯然 世尊, 願樂欲聞."

~

 이 분절은 정종분 네 부분 중의 세 번째, 수보리가 듣기를 바라는 뜻을 말하는 부분이다.
 이 대목에 대해서 특히 설명을 더해야 할 필요는 없지만, 이 대목에 관한 『찬요』(회권제4)의 주해는 한번 읽어둘 만하다. 「'唯'란 순종하는 말로서, 공손히 대답할 때에는 '唯'라고 하고, 함부로 대답할 때에는 '阿'라고 한다. 《십지경十地經》에서 이르기를, "목마른 자가 찬 물을 생각하듯[渴思冷水], 주린 자가 맛있는 음식을 생각하듯[饑思美食], 병자가 좋은 약을 생각하듯[病思良藥], 벌떼가 꿀에 얽혀붙듯[衆峰依蜜], 저희들도 역시 그와 같이 감로와 같은 법 듣기를 원하나이다."라고 하였다.」

4. 여래께서 곧바로 설하시다[如來正說]

(1) 근본법문

3.1
(제3품 대승의 바른 종지)

붓다께서 수보리에게 말씀하셨다.

"모든 보살마하살들은 응당 이렇게 그 마음을 항복시켜야 한다. '세상의 일체 중생의 무리들, 알에서 났거나 태에서 났거나 습기에서 났거나 변화해서 났거나, 신체가 있거나 신체가 없거나, 지각이 있거나[有想] 지각이 없거나[無想] 지각 있는 것도 아니고 지각 없는 것도 아니거나[非有想非無想], 내가 모두 이들을 무여열반[無餘涅槃]에 들어 멸도하도록 하리라'라고.

이렇게 해서 한량없고 수없고 가이없는 중생들을 멸도하게 하되, '진실로 멸도를 얻은 중생은 없다'라고.

어째서이겠는가? 수보리여, 만약 보살에게 '나'란 상[我相], '사람'이란 상[人相], '중생'이란 상[衆生相], '수자'란 상[壽者相]이 있다면 곧 보살이 아니기 때문이다."

(第三品 大乘正宗分)

佛告 須菩提.

"諸菩薩摩訶薩 應如是 降伏其心. '所有一切衆生之類, 若卵生 若胎生 若濕生 若化生, 若有色 若無色, 若有想 若無想 若非有想非無想,

我皆令入 無餘涅槃 而滅度之'.

如是滅度 無量無數無邊衆生, '實無衆生 得滅度者'.

何以故? 須菩提, 若菩薩 有我相 人相 衆生相 壽者相 卽非菩薩."

여기서부터는 정종분의 네 부분 중 네 번째, 여래께서 법을 설하시는 부분이다. 그리고 이 네 번째 글은 다시 크게 두 부분으로 나누어진다. 처음은 수보리의 질문에 곧바로 답하시는 부분이고, 다음 제4.1분절 이하는 그 답과 관련하여 일어나는 의심들을 풀어주시는 부분이다. 여기에서 전자는 이 경전의 근본되는 가르침이므로 이를 '근본법문'이라고 부르고, 후자는 의심을 끊어주는 가르침이라는 뜻에서 '단의斷疑법문'이라고 부르겠다. 이 3.1분절과 다음의 3.2분절은 근본법문에 해당하는 것이다.

그러므로 이 두 분절에서 수보리가 물은 '주·수·항'에 대한 답이 이루어진다. 이 3.1분절은 그 중 '주'에 대한 답이고, 다음 3.2분절은 '수'에 대한 답이면서, 그 각각의 답에 모두 '항'을 동반하고 있다. 앞에서도 말했듯이 '주'에서도 '항'이 동반되고, '수'에서도 '항'이 동반된다. 그래서 글의 첫머리를 "보살마하살들은 응당 이렇게 그 마음을 항복시켜야 한다"라고 해서, '주'와 '수'에 공통으로 동반되어야 하는 '항'을 나타내고 있다. 그런 다음 '주'와 '수'에 대하여 각각 답하시면서, 동반되어야 할 '항'에 대한 것을 함께 말씀하시는 구조로 글은 진행된다.

이 3.1분절은 그 중 '주', 즉 어떻게 뜻을 세워야 하는가에 대해 답하는 것인데, 그에 동반되어야 하는 '항'에 대한 답이 함께 제시된다.

그리고 그 요지는 네 가지 마음[四心]으로 표현된다. 네 가지 마음이란 광대한 마음[廣大心], 으뜸 되는 마음[第一心], 항상한 마음

[常心], 전도되지 않은 마음[不顚倒心]이다. 이것은 무착이 도솔천에서 미륵으로부터 듣고 왔다는 게송—이를 아래에서는 '미륵송'이라고 부르겠다—의 풀이로부터 연유한 것이다. 즉 미륵송은 이 대목에 관하여, "광대하고 으뜸 되며 항상도 하고[廣大第一常], 그 마음 전도되지 않으시면서[其心不顚倒], 이익 주는 깊은 마음에 머무시니[利益深心住],37 이 대승의 공덕 가득하도다[此乘功德滿]"라고 하고 있는데, 앞 2행에서 네 가지 마음을 나타내고 있는 것이다.

그러면 경문과 이 네 가지 마음은 어떻게 관련되는가? ① 제도하려는 서원을 내는 대상이 이 '세상의 일체 중생의 무리들 모두'이므로 광대한 마음이고, ② 그들을 '무여열반에 들어 멸도하도록 하리라'라고 서원하므로 으뜸 되는 마음이며, ③ 그렇게 해서 중생들을 제도하되 '진실로 멸도를 얻은 중생은 없다'라고 마음을 항복시키는 것이 항상한 마음이고, ④ 그러면서 '나란 상·사람이란 상·중생이란 상·수자란 상이 없으므로' 전도되지 않은 마음38이다. 네 가지 중 처음의 둘은 '주'에 대한 것이고, 뒤의 둘은 '항'에 대한 것이다.

이것은 대승불교의 시각을 잘 드러내 보이는 대목이다. 수보리의 질문은 무상정등각을 이루겠다는 마음을 일으킨 사람이 어떠

---

37 한역문의 이 '利益深心住'는, 무착이 그의 《금강반야론》에서 이 경전의 글을 소위 '십팔주十八住', 즉 열여덟 가지 수행의 지위를 나타내는 것으로 해석함에 있어, 제1의 지위로 든 '발심주發心住'를 가리키는 명칭이다. 무착은 이 분절의 경문이 제1주에 해당하는 것으로 해석하였다.

38 소위 무상無常·고·무아·부정不淨인 것을 상·락·아·정인 것으로 여겨 집착하는 것을 전도라고 한다는 것을 앞에서 보았는데, 상이 없는 것[無相]을 상相으로 인식하는 것 역시 같은 차원의 전도이다.

한 마음을 가져야 하는가 라는 것이었다. 기존불교라면 당연히 선정 및 지혜의 수행과 이를 통한 열반의 증득이라는 답이 제시되었을 것이다. 그렇지만 대승불교에서는 모든 중생의 제도를 그 대답으로서 제시한다는 점이다. 이것은 중생의 제도가 무상정등각의 전제 내지 구성요소가 된다는 의미이고, 중생의 제도 없이는 무상정등각도 없다는 선언에 다름 아닌 것이다.

그렇다면 대승불교는 과연 근본불교의 가르침과 그 근본이 달라진 것인가? 다음 분절에서 '수' 즉, 어떻게 수행해야 하는가에 대한 답이 보시로만 제시되고 있기 때문에 더욱 그러한 의문이 있을 수 있다. 그렇지만 결론은 결코 그렇지 않다. 그렇다면 불교의 근본은 어디에 있는가? 그것은 바로 '항'에 놓여 있다. 즉 '주'와 '수'에 있어서 상相에 머물지 않아야 한다고 하고 있는데, 이것은 연기하는 법계의 실상, 즉 상이 있지 않다는 것을 사실 그대로 알고 보아야 한다는 것을 의미하는 것이다. 따라서 불교의 근본은 이 '무상無相'을 통하여 제시되고 있다. 그렇기 때문에 이 '항'이 두 가지 모두에 공통으로 동반되는 기초가 되어야 하고, 그래서 이 경전의 중심사상이 무상이라고 이해되고 있는 것이다.

이러한 이해 아래 경문의 구체적인 뜻을 살펴보자.

먼저 '광대한 마음'이다. '세상의 일체 중생의 무리들[所有一切衆生之類]'이라고 함에 있어서, '중생ⓈsattvaⓅsatta'은 소위 관습적인 의미에서의 일체의 생명체를 뜻하는 것이다. 말하자면 중생의 실체 또는 그러한 개체가 있음을 인정하는 것이 아니라, 정신적 신체적 현상들의 집합에 대하여 세상 사람들이 관습적으로 부여한

명칭을 가리키는 것이다.39

불교에서 '중생'은 그러한 의미 외에, 법계의 실상에 무지하여 오온을 나라고 집착하고 거기에 얽매여 있는 범부를 가리키는 경우도 적지 않지만,40 여기에서는 그러한 집착이나 얽매임에서 어느 정도 벗어난 자까지도 포함하는 관습적인 사용법에 따른 개념이라는 뜻이다. 굳이 구분한다면 뒤에서 말하는 '무여열반'에 이미 든 중생은 더 이상 제도할 필요가 없으므로 제외될 것이다.

다음 '알에서 났거나' 이하는 아홉 종류의 중생[소위 구류九類중생]을 예로 들어 모든 중생들을 망라하는 것임을 밝힌다. 그 중 처음의 넷은 처음 태어날 때의 차이[소위 수생차별受生差別]에 따라 '사생四生'으로 구분된 것이다. '알에서 난 것[난생卵生]'은 말 그대로 알에서 난 것을 말하고, '태에서 난 것[태생胎生]'은 태장胎臟에서 태어난 것을 말하며, '습기에서 난 것[습생濕生]'은 습기에 의지해서 태어난 것을 말하고, '변화해서 난 것[화생化生]'은 천상

---

39 예컨대 아래와 같은 한글 SN 제2권 분별의 경[Vibhaṅgasutta](p.60)에서 표현된 '중생'은 바로 이러한 의미로 쓰인 것이다. "태어남이란 무엇인가? 낱낱의 중생들의 유형에 따라 낱낱의 중생들이 출생하고 탄생하고 강생降生하고 전생轉生하고 모든 온蘊들이 나타나고 인식기반[入處]을 얻는다. 비구들이여, 이것을 태어남이라고 한다." 이 경전의 주석서에 의하면, 여기에서 '강생'은 알이나 태에서 태어나는 것을, '전생'은 습기에서 태어나거나 변화하여 태어나는 것을 가리킨다.
40 예컨대 한글 SN 제3권 중생경[Sattasutta](pp.490-491)에서 붓다께서, "물질에 대하여 욕망이 있고 탐욕이 있고 환락이 있고 갈애가 있는데, 거기에 붙들려서 꼼짝 못하기 때문에 중생이라고 한다. 느낌·지각·형성·의식에 대하여 욕망이 있고 탐욕이 있고 환락이 있고 갈애가 있는데, 거기에 붙들려서 꼼짝 못하기 때문에 중생이라고 한다."라고 설명하시는데, 이러한 차원의 개념을 말한다.

의 신들이나 지옥의 중생처럼 변화해서 다음 생을 받은 것을 가리킨다.

그런데 중생은 모두 욕계·색계·무색계의 삼계三界에서 살고 있고, 중생이 윤회하는 세계에는 지옥·아귀·축생·아수라·인간·천신의 여섯 가지[육취六趣 내지 육도六道,六塗]가 있다. 그래서 중생의 갈래를 총칭하여 표현할 때 흔히 '계界·취趣·생生'이라고 부르는데, 이것은 이 삼계·육취·사생의 약자인 것이다. 그러면 위의 사생과 삼계·육취와의 포함관계는 어떠한가?41 이를 이해하기 위하여 먼저 삼계와 육취의 관계부터 이해할 필요가 있다.

육취는 우선 나쁜 세계[악취惡趣 내지 악도惡道]와 좋은 세계[선취善趣]로 구분된다. 지옥·아귀·축생의 셋은 전자에 속하고[삼악취 내지 삼악도], 인간·천신의 둘은 후자에 속한다. 아수라는 전자로 분류되기도 하고, 후자로 분류되기도 하여 분명치 않다.42 이들 중 천신은 하늘에 살고, 나머지 오취의 중생은 하늘 아래의 욕계에 산다고 설명된다.43 그리고 천신이 사는 하늘은 욕계에 여섯[이를 흔히 '욕계육천欲界六天'이라고 부른다], 색계에 스물여덟, 무색계에 네 가지가 있다고 하는데, 《구사론》(제8권)의 설명에

---

41 이것은 이 경전의 이해에 반드시 필요한 것은 아니다. 그렇지만 불교를 공부하게 되면 항상 만나는 개념이므로 전체적인 상관관계를 한번 정리해 둘 필요가 있다.
42 상좌부에서는 악취로 분류하고(『아비담마 길라잡이』 상권 p.420), 유부에서는 아귀의 일종으로 보는 반면, 대승에서는 천신, 아귀, 축생에 속하는 세 종류가 있다는 견해도 있고, 천신의 한 종류라고 보는 견해도 있다(《불지경론》 제6권, 규기의 《설무구칭경소》 제2권본本 등 참조).
43 아수라를 천신의 일종으로 보는 견해도 그 주처는 수미산 북쪽의 큰 바다 밑이라고 한다(위 《설무구칭경소》 제2권본本).

무색계		비상비비상처非想非非想處(유정천有頂天) 무소유처無所有處 식무변처識無邊處 공무변처空無邊處	
색계	제4선	색구경천色究竟天	5정거천淨居天 (*대자재궁大自在宮)
		선견천善見天	
		선현천善現天	
		무열천無熱天	
		무번천無煩天	
		광과천廣果天-*무상유정천無想有情天	
		복생천福生天	
		무운천無雲天	
	제3선	변정천遍淨天	
		무량정천無量淨天	
		소정천少淨天	
	제2선	극광정천極光淨天	
		무량광천無量光天	
		소광천少光天	
	초선	범보천梵輔天-*대범천大梵天	
		범중천梵衆天	
욕계		타화자재천他化自在天	
		화락천化樂天(낙변화천樂變化天)	
		도솔천兜率天	
		야마천夜摩天	
		삼십삼천三十三天(도리천忉利天)	
		사천왕천四天王天	

* 대범천은 범보천에 있는 높은 누각으로 범왕이 거처하는 곳인데, 독립된 하늘로 보지 않는 쪽이 유력하다. 광과천에 있는 무상유정천, 5정거천 상의 대자재궁 역시 같다.
** 욕·색계는 인간계로부터 높은 순서대로이나, 무색계는 색법이 없으므로 공간적 개념이 아니다.

의하여 이를 정리하면 앞 면의 도표와 같다.

다음 이들을 사생으로 구분하면 그 포섭관계는 어떻게 될까? 이에 대하여 『찬요』(회권제4)는, 「천신과 지옥은 화생이고, 아귀는 태생과 화생에 통하며, 사람과 축생은 각각 사생 모두 있다.」라고 설명한다.44 이들 중 사람에게 네 가지 모두가 있다는 부분은 다소 의아할 수 있는데, 『간정기』(회권제4)에서 그 하나하나의 예를 들어 설명하고 있다. 번잡함을 피해 인용하지 않으니, 궁금한 독자는 직접 찾아보기 바란다.

다음 '신체가 있는 것'과 '신체가 없는 것'은 한역문의 '유색有色'과 '무색無色'을 번역한 것이다. 여기에서 '색'이란 색온, 즉 신체를 가리키는 것이다. 그러므로 유색은 신체가 있는 것이고, 무색은 신체 없이 수·상·행·식의 4온만을 가진 중생을 말한다. 따라서 '신체가 없는 것'은 무색계의 중생을 말하고, '신체가 있는 것'은 욕계와 색계의 중생을 말하는 것이다.

끝으로 '지각이 있거나, 지각이 없거나, 지각 있는 것도 아니고 지각 없는 것도 아닌 것'이라고 한 것이 무엇을 말하는 것인가에 관하여는 견해가 두 가지로 나뉜다. 하나는 이것이 무색계의 중생을 구분한 것으로서, '지각이 있는 것[有想]'은 공무변처와 식무변처의 중생을, '지각이 없는 것[無想]'은 무소유처의 중생을, '지각 있는 것도 아니고 지각 없는 것도 아닌 것[非有想非無想]'은 비상비비상처의 중생을 각각 가리키는 것으로 본다. 다른 하나는 이것이 일체의 중생을 지각[想] 유무의 시각에서 구분한 것이라고 본다. 그래서 마지막의 '지각 있는 것도 아니고 지각 없는 것도 아닌 것'

---

44 여기에서도 오취만으로 설명하고 있으므로 아수라에 대한 설명은 없다.

이 비상비비상처의 중생을 가리키는 것으로 보는 것은 같지만, '지각이 없는 것'이란 무상유정천無想有頂天의 중생45을 가리키고, '지각이 있는 것'이란 비상비비상처의 중생과 무상유정천의 중생을 제외한, 지각을 지닌 일체의 중생을 포함한다고 본다.

그런데 앞에서 본 《맛지마 니까야》(제5권) 공에 대한 작은 경에 나오는 붓다의 설명에 의하면, 무소유처의 중생에게도 지각이 없지 않다. 이해를 돕기 위하여 해당 경문을 아래에 옮긴다.

"아난다여, 어떤 비구는 공무변처에 대한 지각에 정신을 기울이지 않고, 식무변처에 대한 지각에 정신을 기울이지 않고, 무소유처에 대한 지각[ākicaññāyatana-saññaṁ] 하나만을 조건으로 정신을 기울인다. 그의 마음은 무소유처에 대해 지각에 뛰어들어 그것을 신뢰하고 정립하고 결정한다. 그는 다음과 같이, '공무변처에 대한 지각을 조건으로 하는 어떠한 고뇌도 여기에는 없다. 식무변처에 대한 지각을 조건으로 하는 어떠한 고뇌도 여기에는 없다. 그러나 유일한 고뇌가 있다. 즉 무소유처에 대한 지각을 조건으로 하는 유일한 것이다.'라고 분명히 안다.

그는 '이 지각의 세계는 공무변처에 대한 지각에 관하여 공하다'라고 분명히 알며, '이 지각의 세계는 식무변처에 대한 지각에 관하여 공하다'라고 분명히 안다. 그러나 '지금은 공하지 않은 것

---

45 앞의 도표에서 본 색계 제4천의 세 번째 하늘인 광과천에 있는 처소를 가리킨다. 《구사론》(제5권)의 설명에 의하면, 이 곳은 무상정無想定을 닦아서 그 과보로 태어나는 곳으로서, 여기에 태어나면 그 곳에 존속하는 동안은 심왕과 심소가 작용하지 않고, 여기에서 죽을 때에 심식작용이 다시 생겨나면서 욕계에 태어난다고 한다.

이 있다. 즉 무소유처에 대한 지각을 조건으로 하는 유일한 것이다.'라고 분명히 안다. 그는 거기에 없는 것을 공이라고 여긴다. 하지만 거기에 남아 있는 것은 있으므로 '이것은 있다'라고 분명히 안다. 그러므로 아난다여, 이것은 그에게 진실하고 전도되지 않고 청정한 공이 현현된 것으로 나타난다. …"

한글 MN 제5권 공에 대한 작은 경 pp.49-50

'무소유처에 대한 지각[ākicaññāyatana-saññaṁ]'이 분명히 있음을 밝히고 있는 것이다. 그러므로 두 가지 중 전자의 견해는 취하기 어렵다.46

이렇게 보면 앞의 사생의 구분이나, 다음의 신체 유무에 의한 구분뿐만 아니라, 마지막의 이 지각 유무에 의한 구분도 일체의 중생을 구분한 것인 셈이다. 결국 이 부분 경전의 글은 혹시라도 누락되는 중생이 있을까 염려하여, 삼중의 포위망에 의하여 모든 중생을 포섭한 것이라고 이해하면 되겠다.

둘째 으뜸 되는 마음이다. 이것은 이러한 중생들 일체를 '내가 모두 이들을 무여열반에 들어 멸도하도록 하리라[我皆令入 無餘涅槃 而滅度之]'고 서원을 세운다는 것이다.

여기에서 우선 '멸도滅度'는 '멸'과 '도'가 결합된 말이다. 그런데 '멸'은 번뇌의 소멸 내지 그 결과로서의 적멸을 뜻하고, '도'는 피안으로 건넘을 뜻하는 것이므로, 모두 열반을 가리키는 말이다. 그리고 '멸도'에는 '열반' 자체를 가리키는 명사적인 의미 외에,

---

46 《대지도론》(제69권)도 후자의 견해에 의하고 있다.

'반열반般涅槃' 즉 열반에 든다 또는 열반을 실현한다 라는 동사적인 의미도 있는데, 용례로서는 후자 쪽이 많지 않은가 생각된다. 범어 원문47과 대조하면 여기에서도 반열반한다는 동사적인 의미로 사용된 것이다.

다음 '무여열반'은 범본의 'anupadhiśeṣa-nirvāṇa'48을 번역한 것인데, 이것은 불교의 근본원리에서 본 두 가지 열반49 중 무여의열반[anupādisesa-nibbāna]과 표현이 비슷하다. 그렇지만 그 의미까지 같다고는 볼 수 없다. 왜냐 하면 무여의열반은 이미 열반을 실현한 성자가 이른바 '죽음'을 맞아, 남아 있던 의지처[餘依]인 육신까지 소멸하는 것을 가리키는 것인데, 경문의 무여열반을 이것과 같은 것으로 이해하면, 그 중생을 열반에 들게 하고, 나아가 소위 '죽음'에까지 이르도록 하겠다는 뜻이 되기 때문이다. 이렇게까지 표현할 이유는 없을 것이다.

그래서 예전부터 다수의 주석가들은 여기에서의 '무여열반'은 대승에서 새로이 창안한 열반, 즉 무주처열반을 가리키는 것으로 이해한다.50 그래서 이 부분의 경문의 뜻을, 그 일체의 중생들을 모두 열반에 이르게 하되, 중생의 제도를 위하여 열반에도 머물지

---

47 이 부분의 범어 원문은 '(그들은 또한 나에 의해서 모두) 무여열반의 세계에[anupadhiśeṣa-nirvāṇa-dhātau] 반열반하도록 하리라[parinirvāpayitavyāḥ]'라고 되어 있으므로, '멸도'는 여기에서의 '반열반'을 번역한 것이다. 그래서 현장은 이 부분을 "我當皆令 於無餘依妙涅槃界 而般涅槃"으로 번역하고 있다.
48 범문은 앞에서 본 것처럼 이 'anupadhiśeṣa-nirvāṇa' 뒤에, '세계에'라고 하는 'dhātau'라는 표현이 붙어 있다.
49 졸저 『불교는 무엇을 말하는가』 pp.238-242 참조.
50 종밀의 『찬요』(회권제4)도, 「곧 무주처열반이니, 이승二乘과는 같지 않으므로 으뜸이라고 하였다.」라고 하고 있다.

않는 이상적인 보살로 인도하겠다는 서원을 세운다는 것으로 이해하는 것이다.

충분히 의미가 통한다. 그렇지만 의문이 없지 않다. 과연 이 경전의 편집시 무주처열반의 개념이 그만큼 정립되어 있었을까? 뒤에서 다시 보겠지만, 이 경전에는 무주처열반의 사상이 짙게 깔려 있다.51 그렇지만 그렇다고 해서 무주처열반의 개념까지 성숙되어 있었다고 보기는 어렵다. '무주처열반'이라는 용어는 용수의 저술에서도 찾을 수 없고, 대승 중기에 성립된 《대반열반경》에서야 단초가 발견되는 정도이다.52 만약 당시에 이미 무주처열반의 개념이 정립되어 있었다면, 무엇 때문에 의미의 관련성을 알아 보기도 어려운 '무여열반'이라는 용어를 굳이 썼을 것인가?

만약 이것이 무주처열반을 가리키는 것이 아니라면, 무엇을 뜻하는 것으로 이해해야 할까? 무여열반을 뜻하는 범어 중 '무여'에 해당하는 부분을 분석하면 'an-upadhi-śeṣa'로 되어 있다. 여기에서 'an'은 부정否定의 접두어이고, 'upadhi'는 추가 내지 부가, 기

---

51 이 경전에서 한량없는 중생을 제도하겠다는 서원을 세우되, 중생이라는 상이 없어야 하고, 보시를 행하되, 법이라는 상에 머물지 않아야 한다는 여래의 근본법문도, 생사에도 머물지 않지만 열반에도 머물지 않는다는 무주처열반과 구조를 같이 하는 법문이다. 그리고 이 경전의 편집시로부터 그렇게 멀지 않은 시기에 편집된 것으로 보이는 《유마경》에서도, "열반을 좋아하지도 않고, 세간을 싫어하지도 않는다."(졸역 『설무구칭경·유마경』 p.673)라거나, "유위를 다하여서도 안 되고, 무위에 머물러서도 안 된다."(같은 책 p.702)라는 등 같은 구조의 글이 여러 곳에서 발견된다.
52 남본(36권본) 제23권(제40권본에서는 제25권)에, "열반의 체 또한 이와 같아서 주처住處가 없다[涅槃之體 亦復如是 無有住處]."라는 글이 보인다.

초 내지 근본, 집착 등의 뜻을 가진 말이며, 'śeṣa'는 남아 있다는 뜻이다.53 그러므로 여기에서 '무여'는 추가 내지 부가할 것이 남아 있지 않다, 집착이 남아 있지 않다는 등의 뜻을 갖는다.

여기에서는 후자보다 전자의 뜻이 주목된다.54 이 말로써 기존 불교의 열반에는 무언가 추가할 것 내지 부가할 것이 남아 있다는 것을 암시하는 것처럼 보이기 때문이다. 만약 그런 뜻이라면 앞의 《반야심경》에 나온 '구경열반'과 크게 의미가 다르지 않을 것이다. 즉 기존 불교의 열반은 이를 성취했다 해도 무언가 마음에 걸림이 남아 있고 두려움이 남아 있으며 전도된 망상이 남아 있어서, 미진한 것이라는 것이다. 이렇게 보면 무여열반은 이러한 미진함이 전혀 남아 있지 않은, 완전한 열반이라는 의미가 된다.55

그리고 이러한 해석에 의하면 으뜸 되는 마음은, 일체의 중생들이 이러한 미진함이 전혀 남지 않은 무여열반에 들어 멸도하도록

---

53 무여의열반을 가리키는 빠알리어 'anupādisesa'와는 약간 구성이 다르다. 앞의 'an'과 뒤의 'sesa'는 서로 뜻이 같지만, 중간의 'upādi'는 범어 'upadhi'와는 달리, 생명의 연료를 뜻하는 말이기 때문이다. 다만 범어에서는 무여의 열반을 가리킬 때에도 중간에 'upādi'(이는 범어에서도 신체를 가리키는 뜻이 있다)를 두는 것이 아니라, 여기에서의 무여열반과 같이 'upadhi'를 두는데, 이 경우에는 'upadhi'가 갖는 기초 내지 근본이라는 뜻을 취하는 것이 아닐까 한다.
54 왜냐 하면 기존 불교에서도 열반을 성취한 성자에게 무슨 집착이 남아 있다고 볼 것은 아니기 때문이다.
55 수나라 시대의 중국 스님 길장吉藏(549~623)은 그의 『금강반야경소』(전 4권 중 제2권)에서, 「여기에서 말한 '무여'는 회신멸지灰身滅智(=무여의열반)하는 소승의 무여가 아니다. 이것은 번뇌가 다하지 않음이 없으므로 다시 남은 번뇌가 없고, 공덕이 원만하지 않음이 없으므로 다시 남은 공덕이 없기 때문에 '무여'라고 한 것이다.」라고 주석하고 있다. 본문의 해석과 동일한 뜻은 아니지만, 뜻이 서로 통하는 주석이다.

제도하겠다는 서원을 일으켜야 한다는 것이 될 것이다.

　이상의 두 가지 마음은 소위 '주'에 대한 것이고, 다음의 두 가지는 소위 '항'에 대한 것이다.
　먼저 셋째 항상한 마음이다. "이렇게 해서 한량없고 수없고 가이없는 중생들을 멸도하게 하되, '진실로 멸도를 얻은 중생은 없다'라고" 마음을 항복시켜야 한다고 한다. 그러면서 아래에서 그 이유를 설명하기를, "보살에게 중생이란 상이 없어야 하기 때문"이라고 한다. 진실의 세계에서는 뒤에서 설명되듯이 실제로 중생이 있지 않기 때문에, 보살에게 중생이라는 지각이 일어나지 않는다.
　만약 보살에게 중생이라는 지각이 일어난다고 한다면, 멸도해야 할 한량없고 수없는 중생 때문에 피곤한 마음이 일어날 수 있다. 그럴 경우 당초 세운 서원에서 물러나려는 마음도 일어날 수 있을 것이므로, 항상한 마음이 될 수 없다. 보살에게 중생이라는 지각이 일어나지 않고, 그래서 중생이라는 상相이 없어야만, 이 마음이 항상할 수 있다. 그래서 이 부분의 글이 항상한 마음을 나타내고 있다는 것이다. 이 '중생이란 상'에 대해서는 아래에서 함께 살펴 볼 것이다.

　마지막으로 넷째 전도되지 않은 마음이다. 경문은 '진실로 멸도를 얻은 중생은 없다'라고 하는 마음의 항복이 가능한 이유를, "왜냐 하면 만약 보살에게 나란 상·사람이란 상·중생이란 상·수자란 상이 있다면 보살이 아니기 때문이다."라고 설명한다. 무상無常한 것을 항상한 것[常]으로, 괴로운 것[苦]을 즐거운 것[樂]으로, 실체가 없는 것[無我]을 실체 있는 것[我]으로, 깨끗하지 못한 것[不淨]을 깨끗한 것[淨]으로 여기는 것이 전도의 가장 기본적인 뜻임은 앞에서 이미 보았다. 나아가 자성이 없는 것[空]을 자성 있는 것으로, 표상이 없는 것[無相]을 표상 있는 것으로 여기는 것도 같은 차원의 전도이다. 그래서 여기에서 전도되지 않은 마음은 표상[相]의 차원에서 제시된 것이다.

먼저 글 중에서 '나란 상[我相]·사람이란 상[人相]·중생이란 상[衆生相]·수자란 상[壽者相]'은 이 경전으로 인해 워낙 유명해져서 한역어 그대로 '아상·인상·중생상·수자상'이라고 불려진다. 이 넷을 통칭해서는 '사상四相'이라고 하는데, 이 사상은 모두 유신견有身見, 즉 연기의 이치에 따라 상속하는 오온과는 별도로, 오온을 주재하거나 통일하는 별개의 개체가 있다고 생각하는 전도된 견해들이다. 유신견에 대해서는 불교의 근본원리를 설명하는 곳에서 비교적 자세히 살펴 보았으므로,56 여기에서 다시 설명하지는 않겠다.

다만 이 네 가지 상은 범본에서는 'ātmasaṃjñā, pudgalasaṃjñā, sattvasaṃjñā, jīvasaṃjñā'라고 하여, '아·인·중생·수자'라는 말 뒤에 '상相'이 아니라 지각을 뜻하는 'saṃjñā[想]'-이것은 빠알리어 'saññā[想]'와 완전히 같은 말이다-이라는 말이 붙어 있는 점에서, 한역문과는 차이가 있다. 이 '상想'을 '상相'으로 번역한 것은 구마라집의 안목이 드러나는 대목이다.

주지하다시피 '지각[想]'이란 인식대상의 표상[相]을 취하는 심

---

56 졸저 『불교는 무엇을 말하는가』 p.53 전후를 말한다.

리작용이므로,57 지각과 표상은 불가분적인 관계에 있는 개념이다. 그런데 이들 '유신有身', 즉 상속하는 오온과는 별개로 존재한다고 하는 어떤 개체에 대한 지각은, 색·성·향·미·촉·법 등의 일차적 인식대상에 대한 지각과는 다르다. 말하자면 이것은 어느 정도 사유 과정을 거친 이차적인 개념에 대한 지각이다. 엄밀히 말하면 이들은 인식대상의 표상에 대한 지각이라기 보다는, 견해에 속하는 것이다. 그래서 이들 네 가지는 유신견이라고 하는 것이며, 나아가 뒤의 제4.10.3분절 등에서는 이들은 다시 '아견·인견·중생견·수자견'이라고 하여 '견해dṛṣṭi[見]'라고 표현하기에 이른다. 이 경전의 핵심 종지가 무상無相이라는 점을 감안하면, '지각'이라기 보다는 '표상[相]'이라고 표현하는 편이 이 경전의 종지와 대비되면서 더 잘 어울릴 수 있다. 이것이 구마라집의 안목이었으리라는 것이다.

그러면 이 네 가지 상은 구체적으로 어떻게 다른 것일까?58 먼저 네 가지 상 중 유신견을 다룬 곳에서 나오는 '나'와 '중생'이라는 개념과 관련된 두 가지, 즉 아상과 중생상은 비교적 이해하기가 쉬울 것이다. 즉 '아상我相'은 오온과는 별개인 개체로서의 '나'

---

57 위의 졸저 p.40 참조.
58 이 경전을 볼 때 많은 사람들은 이 네 가지의 의미 차이에 대해 큰 관심을 갖는다. 그렇지만 이들은 명칭만 다를 뿐, 모두 유신견이라는 점을 안다면, 그 의미의 차이는 중요하지 않다. 왜냐 하면 뒤에서 보는 것처럼 네 가지 외에도 많은 명칭들이 있지만, 명칭의 특수성 때문에 그 의미를 서로 구분하여 이해하는 것이 쉽지 않은데, 어렵게 이해했다 한들 결국 그것은 유신견을 가리키는 것일 뿐이기 때문이다.

라는 것이 있어 오온을 주재하고 있다고 여기는 것을 말하고, '중생상衆生相'은 상속하는 오온과는 별개인 생명체로서의 중생이라는 실체가 있다고 여기는 것을 말한다.59

다음 '인상人相'은 한역어로만 이해하면, 상속하는 오온과는 별도로 '사람'이라는 것의 실체가 있다고 여기는 것을 말한다. 그런데 여기에서의 '인상'은 범본의 'pudgala-saṃjñā'를 번역한 것인데, 이것은 위에서 말한 '인상'과는 다소 개념이 다르다. 왜냐하면 여기에서 '뿌드갈라pudgala'는 상속하는 오온과는 별도로 이것이 있어, 오온을 취하여 생을 존속시키다가, 수명이 다하면 오온을 버리고 다시 다른 오온을 취하여 생을 존속시키는 것을 가리키는 말이기 때문이다.

그래서 한역시 처음에는 이것을 자주[數] 오온을 취하여[取] 윤회하는 것[趣]이라는 뜻에서 '삭취취數取趣'라고 의역하였지만, 이 역어로는 의미가 잘 이해되지 않고 한문권에 익숙하지도 않으므로, 후대에는 음역하여 '보특가라補特伽羅'라고 번역하였다.60 그러므로 이것은 '사람'이라는 뜻보다는 '영혼'이라는 것에 가까운 말이다. 그래서 '영혼이라는 상'이라고 번역하는 편이 원어의 뜻에 가깝지만, 한역어 '인상人相'이 주는 의미를 무시할 수 없어 '사람이란 상'으로 번역하였다. 이러한 배경에 유념할 필요가 있는 용어이다.

----

59 마치 운송에 적합하도록 조합한 부품의 집합을 세상 사람들의 관념에 따라 수레라고 부르는 것일 뿐, 그들 부품의 집합과 별도로 수레의 실체가 있는 것이 아님에도 불구하고, 그러한 실체가 있는 것으로 여기는 것과 같음은 위의 졸저에서 설명된 것과 같다.
60 그래서 현장은 이것을 '보특가라상補特伽羅想'이라고 번역하였다.

다음 '수자라는 상[壽者相]'이라고 함에서 '수壽'는 수명을 가리키는 말이다. 그래서 이것도 한역어로만 보면, 상속하는 오온과는 별도로 수명을 가진 주체[壽者]가 있다고 여기는 것을 말한다고 생각할 수 있다.

그러나 이것은 범본의 'jīva-saṃjñā'를 번역한 것인데, 여기에서 'jīva'는 중생의 수명을 존속시키는 영속적인 실체로서의 생명력 같은 것을 말한다.61 그러므로 이 'jīva-saṃjñā'는 상속하는 오온과는 별도로 이 '지바jīva'라고 하는 것이 있어 중생의 수명을 유지하게 한다고 여기는 것을 말하는 것이다. 이것을 '생명' 내지 '생명력'이라고 번역하면 의미는 비슷하지만, 위와 같은 '지바'의 의미가 잘 전달될 것 같지 않다. 그래서 여기에서는 한역어 그대로 '수자라는 상'으로 번역하였다.

이와 같이 이들 네 가지 상은 의미는 서로 다르지만, 모두 유신견을 가리키는 것이라는 점에서는 같다. 이 경전의 현장 역본은 이 네 가지 상 외에 '사부라는 상[士夫想], 의생이라는 상[意生想], 마납파라는 상[摩納婆想], 작자라는 상[作者想], 수자라는 상[受者想]'의 다섯 가지를 더 열거하고 있는데,62 이들 다섯 가지 역시 유신

---

61 자이나교에서는 '지바'가 영혼과 유사한 개념으로도 쓰인다. 그렇지만 《대지도론》에서, "수자도 없다고 한 것에서 '수壽'란 명근命根을 말한다."(제67권)라고 하고, "명근을 성취하기 때문에 수자라고 하고, 명자命者라고 이름한다."(제35권)라고 하는 등의 설명을 보면, 불교에서는 본문과 같은 뜻으로 받아들이고 있는 것으로 보인다.
62 직역에 충실한 현장의 번역스타일을 생각하면, 이 아홉 가지가 열거된 범본이 있었을 것으로 추측된다. 여기에서 사부상은 'puruṣa-saṃjñā', 의생상은 'manuja-saṃjñā', 마납파상은 'māṇava-saṃjñā'의 역어인 것으로 추정한

견을 가리킨다는 점에서는 역시 같다.

그러므로 이들은 모두 상속하는 오온에 대하여 부여된 세간의 관습에 따른 명칭일 뿐, 실제로 그와 같은 것이 있는 것이 아니다. 그럼에도 불구하고 이들이 실제로 있다고 생각하는 것—이것이 바로 오취온이다—은 지각의 전도이고, 견해의 전도이다. 이러한 전도가 근본적으로 모든 괴로움의 원인이므로 수행에 의해 이것이 실재하지 않는다는 것을 있는 그대로 알고 보아야 한다. 이것이 불교이론의 기본구조이다.

그래서 수행에 의해 깨달음에 이르게 되면, 가장 먼저 타파되는 것이 이 유신견이다.63 경문에서 "만약 보살에게 나란 상, 사람이란 상, 중생이란 상, 수자란 상이 있다면 곧 보살이 아니기 때문이다."라는 것은 이것을 뜻하는 말이다. 다시 말해서 보살에게 이러한 상이 없다는 것은, 의식적으로 이러한 마음가짐을 갖도록 해야 한다는 것이 아니다. 진실로 그러한 상이 없다는 것을 수행을 통해 알고 보아야 한다는 것이다. 이 경전에서 누누이 등장하는 '무상無相'은 물론, 불교에서 말하는 '무상無相'이란 모두 이러한 의미

다. 푸루샤는 영원불멸의 근본인간[原人]과 같은 개념이고, 마누자는 최초의 인간이라고 하는 마누의 자손이라는 의미이며, 마나바는 소년 내지 청년을 가리키는 것이다. 그리고 '작자'와 '수자受者'는 행위의 주체와 그 과보를 받는 주체를 각각 가리키는 것이므로, 다섯 가지 모두 유신견에 포섭되는 개념들이다. 현장 역본에서는 네 가지 상의 명칭도 원문에 충실하게 '我想, 補特伽羅想, 有情想, 命者想'으로 되어 있다. 특히 현장은 범어 'sattva🅿satta'를 '중생'이 아니라 '유정'이라고 옮긴다. 한문 '중생'은 심리작용이 있는 '유정'과 심리작용을 하지 않는 초목草木 등의 '무정'을 모두 포함하는 용어인데, 범어 'sattva🅿satta'는 그 중 유정만을 가리키는 용어라는 취지이다.
63 앞의 졸저 p.228 참조.

라는 것을 알고 있어야 한다.

마찬가지로 항상한 마음을 나타내는 글에서 '진실로 멸도를 얻은 중생은 없다'라고 마음을 항복받아야 한다는 것도, '내가 중생으로 하여금 멸도를 얻게 했다'라는 자만하는 마음이나 집착하는 마음을 버려야 한다는 차원이 아니다. 전도를 벗어나 '멸도를 얻은 중생이 없다는 진실'을 알고 보아야 한다는 것이다.

만약 진실을 있는 그대로 알고 본다면, 주관과 객관의 분별이 있을 수 없고, 나와 남의 분별이 있을 수 없다. 그러면 보살과 중생 사이에도 분별이 없을 것이니, 중생의 멸도를 보살 자신의 멸도와 같이 보게 될 것이고, 한량없는 중생을 멸도하게 하면서도 피로한 생각을 내지 않을 것이다. 그러므로 곧 항상한 마음이 된다는 것이다. 만약 의식적인 것이라면 결코 항상할 수는 없을 것이다. 있는 그대로 진실을 알고 보기 때문에 항상할 수 있는 것이다.

이것이 바로 경전의 글이 의미하는 것이다.

이상으로 이 분절의 글에 대한 설명을 마치면서, 사소한 한 가지 사항을 지적한다. 그것은 이 분절의 글 중 항상한 마음과 전도되지 않은 마음의 연결 부분에서, 어색함이 느껴지는 점이다. 즉 "… 중생들을 멸도하게 하되, '실로 멸도를 얻은 중생은 없다'라고 마음을 항복시켜야 한다."에서 바로, "어째서이겠는가? 만약 보살에게 나란 상·사람이란 상·중생이란 상·수자란 상이 있다면 곧 보살이 아니기 때문이다."라고 연결되는 것이 다소 어색하다는 것이다.

이것은 범본 중 중간에 있는 문장이 생략되어 번역되었기 때문이다. 범어 원문에는 중간에, "그것은 무슨 이유에서인가? 만약 수보리여, 보살에게 중생이라는 지각이 생긴다면 그는 보살이라고 말할 수 없기 때문이다."라고 하는 글이 들어 있다.64 구마라집으로서는 네 가지 지각은 모두 유신견의 다른 이름일 뿐, 의미에 큰 차이가 있는 것은 아니므로, 이렇게 앞 부분을 생략하여 번역해도 무방하다고 본 것이겠지만, 글의 흐름에 다소 어색함이 느껴지는 것은 부정할 수 없다.

....
64 그래서 앞뒤를 포함하여 범문을 번역하면, "… 어떠한 중생도 반열반에 든 자는 없다. 그것은 무슨 이유에서인가? 만약 수보리여, 보살에게 중생이라는 지각이 생긴다면 그는 보살이라고 말할 수 없기 때문이다. 그것은 무슨 이유에서인가? 수보리여, 그에게 나라는 지각이 생기거나, 중생이라는 지각, 수자라는 지각, 사람이라는 지각이 생긴다면, 그는 보살이라고 말할 수 없기 때문이다."라고 되어 있다. 그래서 현장은 이 부분을, "何以故 善現, 若諸菩薩摩訶薩 有情想轉 不應說名菩薩摩訶薩."이라고 한 다음, 다시 "所以者何 善現, 若諸菩薩摩訶薩 有情想轉, 如是命者想 士夫想 補特伽羅想 意生想 摩納婆想 作者想 受者想轉, 當知亦爾."라고 하여, 원문에 따라 번역하고 있다.

3.2

(제4품 묘한 행은 머묾이 없다)　　(第四品 妙行無住分)

"① 또 다음 수보리여, 보살은 응당 법에 머무는 바 없이 보시를 행하여야 한다.

② 이른바 색에 머물지 않고 보시하고, 성·향·미·촉·법에 머물지 않고 보시하여야 한다.

③ 수보리여, 보살은 응당 이와 같이 보시하되 상相에 머물지 않아야 한다.

④ 왜냐 하면 만약 보살이 상에 머물지 않고 보시한다면 그 복덕이 생각으로 헤아릴 수 없기 때문이다.

수보리여, 그대 생각에는 어떤가, 동방의 허공을 생각으로 헤아릴 수 있겠는가?"

"헤아릴 수 없습니다, 세존이시여."

"수보리여, 남서북방과 네 간방[四維]과 상하의 허공을 생각으로 헤아릴 수 있겠는가?"

"헤아릴 수 없습니다, 세존이시여."

"수보리여, 보살이 상에 머묾 없이 보시함[無住相布施]의 복덕도 또한 이와 같이 생각으로 헤아릴 수 없는 것이다.

⑤ 수보리여, 보살은 다만 이렇게 가르쳐 준 대로 머물러야 한다."

"復次 須菩提, 菩薩 於法 應無所住 行於布施.

所謂 不住色 布施, 不住 聲香味觸法 布施.

須菩提, 菩薩 應如是布施 不住於相.

何以故 若菩薩 不住相布施 其福德 不可思量.

須菩提, 於意云何, 東方 虛空 可思量不?"

"不也, 世尊."

"須菩提, 南西北方 四維 上下 虛空 可思量不?"

"不也, 世尊."

"須菩提, 菩薩 無住相布施福德 亦復如是 不可思量.

須菩提, 菩薩但應如所教住."

여기서부터는 여래의 근본법문 중 두 번째 글이다. 여기에서 수보리가 물은 '주·수·항' 중, '수'와 함께 그에 동반되는 '항'에 대한 답이 제시된다. 그러므로 이 분절의 경문은 ① 내지 ⑤의 다섯 단락으로 나누어지지만, 그 내용은 이러한 주제에 따라 두 가지로 나눌 수 있다. 하나는 보시하여야 한다는 것으로 이것이 '수'에 대한 것이고, 다른 하나는 상에 머물지 않아야 한다는 것으로 이것이 '항'에 대한 것이다. 이 두 가지 주제가 경문 전체를 관통하면서 글을 조직하고 있다.

다섯 단락의 글 중 먼저 ①은 '수'와 '항'에 대한 답을 총체적으로 표방하는 것이고, ②는 총체적으로 표방한 앞의 글을 풀어서 해석하는 것이며, ③은 총체적으로 맺는 것이고, ④는 비유를 통하여 이익을 나타내는 것이며, ⑤는 맺고 권하는 것이다.

먼저 ① 총체적으로 표방하여, "보살은 응당 법에 머물지 않고 보시하여야 한다."고 하고, ② 이를 해석하여, "색에 머물지 않고 보시하고 성·향·미·촉·법에 머물지 않고 보시하여야 한다."고 한 다음, ③ 맺어서, "이와 같이 보시하되 상에 머물지 않아야 한다."라고 한다. 글은 매우 단순하다. '항'은 모두 '머물지 않는다[不住]'라고 표현되면서, '법'에서 시작하여 '색·성·향·미·촉·법'을 거쳐 마지막의 '상相'에 수렴되어서, '상에 머물지 않아야 한다[不住於相]'로 맺어진다. 그리고 '수'는 시종 '보시'하여야 한다 라고 제시된다.

여기에서 '항'으로서, 머물지 않아야 할 바의 ① '법'은, 외부대상인 ② '색·성·향·미·촉·법'을 대표한 것이라는 것을 알 수 있다. 그리고 그 외부대상의 무엇에 머물지 않아야 하는 것인가 하면, ③ 그 '상'에 머물지 않아야 한다는 것이다. 그러므로 이것은 요약하면 법의 상[法相]에 머물지 말라는 것이니, 앞의 '주'에 대한 답에서 중생상으로 대표되는 아상我相에 머물지 말라고 한 것에 상응하는 것이다. 바꿔 말하면 앞의 '주'에서는 아공의 시각에서 무상을 말한 것이고, 이 곳의 '수'에서는 법공의 관점에서 무상을 말하고 있는 것이다.

범본에서는 이 대목이 "상相의 지각[nimitta-saṃjñā][相想]65에 머물지 않고 보시하여야 한다."라고 되어 있어, 한역문에서의 '상相'이 '상相의 지각[想]'이라고 표현되어 있다. 이 원문의 표현은 무상無相의 의미를 좀더 잘 나타내는 것으로 생각된다. 왜냐 하면 이 표현에는 대상의 표상[相] 자체를 지각[想]하지 않는다는 의미가 내포되어 있기 때문이다.

그러므로 이것은 앞의 '사상'에서의 '상'이 'saṃjñā'라고 되어 있는 것과는 다르다. 이와 같이 원어가 다른 것은, '사상'에 있어서의 지각이 내적인 사유과정을 거친 개념에 대한 이차적 지각이라면, 여기에서의 상의 지각은 외부대상에 대한 일차적인 지각이기 때문이 아닐까 한다. 이차적인 지각saṃjñā[想]마저 그 본질에 착안하여 '상相'이라고 번역한 구마라집으로서는, 일차적인 지각에 해당하는 것을 그와 달리 구분하여 번역할 필요를 느끼지 못했을 것이다.

---

65 그래서 현장은 이 '상의 지각'을 원문대로 '相想'이라고 번역하고 있다.

한편 경문은 '수' 즉, 어떻게 수행하여야 하는가에 대한 답을 '보시' 하나로만 제시하고 있다. 그렇지만 이 보시가 나머지 다섯 바라밀을 포함하여 육바라밀 전부를 가리키는 것으로 이해해야 한다는 것이 예전부터의 일치된 해석이었다.

이러한 해석은 미륵송에서도 나타나 있다. "보시는 뜻으로 여섯을 포섭한다[檀義攝於六] 자생資生과 무외無畏와 법[資生無畏法] 이들 중 하나 둘 셋을 포섭하니[此中一二三] 이름하여 수행주66라고 한다[名爲修行住]"라고 한 것이 그것이다. 이 게송은 보시에는 자생시·무외시·법시라는 세 가지 뜻이 있는데, 그 중 '자생시'는 여섯 바라밀 중 보시바라밀 하나를, '무외시'는 지계와 인욕바라밀의 둘을, '법시'는 정진과 선정 및 반야바라밀의 셋을 각각 포섭하므로, 보시가 여섯 바라밀을 모두를 포섭한다는 뜻이다.

자생시는 재물을 보시하는 것이므로67 보시바라밀을 포섭한다. 계를 지키고[持戒] 고난을 참고 견디는 것[忍辱]은 두려움을 없애 주는 것에 통하므로, 지계와 인욕은 무외시에 포함된다. 나머지 세 가지 바라밀이 법시에 포함되는 이유에 대해 예컨대 길장 스님은, 「정진은 곧 법을 설함에 싫증냄이 없는 것이고, 선정은 곧 남의 마음을 알아야 바야흐로 능히 법을 설할 수 있는 것이며, 반야는 바르게 법을 설할 수 있는 것이다.」68라고 설명한다.

---

66 무착은 이 분절의 경문이 '십팔주十八住' 중 제2주, 바라밀과 상응하는 수행에 머무는 지위[波羅蜜相應行住]에 해당하는 것으로 해석하였는데, 본문의 '수행주'는 이것을 가리키는 명칭이다.
67 '자생'이란 생활 내지 생계[生]를 돕는다[資]는 뜻이므로, 재물을 뜻하는 말이다. 따라서 자생시는 앞에서 본 '재시財施'를 가리킨다.
68 같은 스님의 소 제2권.

여기에서 한 가지 눈여겨 보아야 할 것은, 육바라밀 전부가 이타행으로 이해되고 있다는 점이다. 원래 육바라밀은 근본불교의 팔정도에 이타적 요소가 희박하다는 점 때문에 이타적 요소를 가미하여 마련된 수행법이기는 하지만, 그렇다고 하여 이타행이라고만 볼 것은 아니다. 보시·지계·인욕의 셋에 이타적인 요소가 깊이 스며있기는 하지만, 그 근본은 어디까지나 자리적이고, 그리고 나머지 셋은 자리적 개념이 지배적인 수행이다. 그러므로 육바라밀은 강화된 이타적 요소에 불구하고, 근본적으로는 자리적 수행법이다. 그럼에도 이 경전에서 이것을 전적인 이타행으로 파악한 근거는, 상에 머물지 않는다는 소위 '항'에 이미 자리행이 모두 포함되어 있다고 볼 수 있기 때문이다.

그러면 여기에서 '보시하되 상에 머물지 않는다'는 것은 현실적으로 어떻게 해야 한다는 것인가? 예전부터의 주석에서는 두 가지 내용이 설명되고 있는데, 모두 세 가지로 설명된다는 공통점이 있다.

그 중 하나는 미륵송에서 나온 것으로, 자신自身과 보은報恩과 과보果報의 세 가지에 집착하지 않아야 한다는 것이다. 여기에서 '자신'이라고 말한 것은 자신을 보존하기 위해 보시하지 않으려는 것을 뜻하고, '보은'이라고 말한 것은 과거의 은혜를 갚는다는 생각으로 보시하는 것을 뜻하며, '과보'라고 말한 것은 미래의 보답을 바라고 보시하는 것을 뜻한다.

나머지 하나는 세친의 주석에서 나온 것으로, 보시하는 물건[施物], 받는 자[受者], 주는 자[施者]의 세 가지를 보지 않아야 한다는 것이다. 이것은 실제로는 대승초기의 경전에서 세 가지가 청정해야 한다는 '삼륜三輪청정'69이라는 말로 이미 등장했던 것이다. 그 뜻을 잘 설명하고 있는 《대품반야경》70의 글을 인용해 본다.

"만약 보살마하살이 시주施主가 되면 사문이나 바라문이나 빈궁한 걸인에게 보시한다. 밥이 필요하면 밥을 주고, 마실 것이 필요하면 마실 것을 주며, 옷이 필요하면 옷을 주고, 침구나 앉을 것, 거처, 향, 꽃, 영락, 의약품 등의 갖가지 필요한 살림도구와, 처자, 국토, 머리, 눈, 손, 발, 뼈마디 등 안팎의 물건들을 모두 다 베풀어 주되, 보시할 때에 이렇게 생각한다. '나는 주고 오는 받으며, 나는 간탐慳貪하지 않고 나는 시주가 되며 나는 능히 일체를 버리고 나는 붓다의 가르침에 따라 보시하며 나는 단나檀那바라밀을 행한다.'라고. …

이 사람의 보시에는 세 가지 장애[碍]가 있다. 어떤 것이 세 가지인가? 나라는 상[我相]과 남이라는 상[他相]과 보시한다는 상[施相]이다. 이 세 가지 상에 집착하여 보시하면 이것을 세간의 단나바라밀이라고 이름한다. 무슨 인연으로 세간이라 이름하는가 하면, 세간 가운데서 움직이지도 못하고 벗어나지도 못하므로 이를 세간의 단나바라밀이라 하는 것이다.

어떤 것을 출세간의 단나바라밀이라 이름하는가? 이른바 세

---

69 보시하는 물건, 받는 자, 주는 자의 세 가지를 '삼륜'이라고 해서, 이 세 가지가 청정해야 한다는 의미이다.
70 《대품반야경》(제7권) 제26 무생품의 글인데, 반야부 경전에는 유사한 글이 매우 많다.

부분이 청정한 것[三分淸淨]이다. 어떤 것이 세 부분인가? 보살마하살이 보시할 때에 나를 얻을 수 없고, 받는 이를 보지 않으며, 보시하는 물건도 있을 수 없고 또한 그 과보도 바라지 않는 것이다. 이것을 보살마하살의 세 부분이 청정한 단나바라밀이라 이름하는 것이다.

또한 사리불이여, 보살마하살은 보시할 때에 일체의 중생에게 베풀어 주지만 중생 또한 있을 수 없으니, 이런 보시로써 아뇩다라삼먁삼보리에 회향하면서, 나아가 미세한 법상法相에 이르기까지도 보지 않는다. 사리불이여, 이것을 출세간의 단나바라밀이라고 이름한다. 무엇 때문에 출세간이라 하는가 하면, 세간 가운데서 움직일 수도 있고 벗어날 수도 있기 때문이다."

다음 ④ 비유를 통하여 이익을 나타낸다. 보시에는 많은 이익이 따른다. 초기경전에서 붓다께서는 지금 여기에서 스스로 보아 알 수 있는 보시의 결실을 다섯 가지로 천명하셨다.71 첫째 많은 사람들이 좋아하고 마음에 들어 한다. 둘째 선한 사람들이 가까이 한다. 셋째 좋은 평판이 따른다. 넷째 어떠한 모임에서도 떳떳하다. 이 네 가지는 현세에 얻는 결실이다. 다섯째 내생에 선한 세계에 부유하게 태어난다.72 이것은 상에 머물러서 하는 보시라고 해

---

71 한글 AN 제3권 시하Sīha의 경 pp.114-116 및 보시의 이익의 경 p.118.
72 위 한글 AN에서는 내생의 과보로서 '선한 세계에 태어난다'는 것만 밝히셨지만, 한글 MN 제5권 업에 대한 작은 분석의 경 pp.260-261에서는 내생에 부유하게 태어난다는 것을 밝히셨다. 이 다섯 번째의 과보는 모두가 지금 여기에서 스스로 보아 알 수 있는 것은 아닐 것이다. 그래서 설법을 듣는 시하 Sīha는, 앞의 네 가지는 자신도 스스로 보아 알 수 있지만, 다섯 번째의 과보

서 다르지 않다. 어떤 점에서는 보시와 그 결실에 대한 지각이 지속적인 보시를 가능하게 하는 원동력일 수도 있을 것이다.

이 글은 혹시 보시에 대한 지각이 없다면 보시의 이익이 성취되지 않을지도 모른다는 의문이 있을 수 있기 때문에 그 의문을 풀어주기 위한 것이다. 말하자면 상에 머물지 않고 보시한다는 것은 세 가지[三輪]의 성품이 공空임을 알고 본다는 것일텐데, 세 가지의 성품이 공이라면 보시에 무슨 이익이 있겠는가 라고 의심할 수 있다는 것이다.

글은 세 단계로 구성된다. 처음 한 문장은 법, 즉 가르침 내지 이치를 말하는 것이고, 다음 두 번의 문답은 비유를 말하는 것이며, 마지막의 한 문장은 법과 비유를 일치시키는 것이다. 불교경전에서는 이와 같은 구조로 된 비유적인 설명이 많은데, 처음을 '법法'이라고 하고, 다음을 '비유[喩]'라고 하며, 마지막에서 법과 비유를 일치시켜 말하는 것을 '합合'이라고 한다. 그래서 이들을 차례대로 법설, 비설, 합설이라고 부른다.

먼저 법으로 말하기를, 상에 머물지 않고 하는 보시의 복덕은 생각으로 헤아릴 수 없다고 한다. 앞에서 본 《대품반야경》의 표현에 의하면, 상에 머물러서 하는 보시는 세간의 보시이고, 상에 머물지 않고 하는 보시는 출세간의 보시이다. 붓다께서 말씀하신 보시의 결실은 세간의 보시에 따른 결실이다. 세간적 보시의 결실은 세간적인 것이므로, 유형적이고 유위적이다. 그러므로 그 결실은 유한하고, 따라서 그것은 생각할 수도 있고 계량할 수도 있다.

그렇지만 출세간적 보시의 결실은 이와 같은 것이 아니다. 그것

는 세존에 대한 믿음으로 받아들인다고 말한다.

은 무상을 통찰함으로써 출세간을 실현하는 것이다. 물론 출세간적 보시에도 세간적 결실이 따르지 않는 것은 아닐 것이다. 그렇지만 이것은 출세간적 보시를 행하는 사람의 관심대상이 아니다. 그의 보시는 무상을 통찰함에 따른 자연스런 행위일 뿐이다. 그의 관심은 '세간 가운데에서 움직일 수도 있고 벗어날 수도 있는' 출세간을 성취함에 있다. 이와 같은 결실은 유형적이고 유위적인 것이 아니다. 그러므로 이것은 한계가 있을 수 없고, 따라서 이것은 결코 생각으로 헤아릴 수 없다. 이것이 경문이 뜻하는 것이다.

다음 비유로 말하기를, 시방의 허공과 비교한다. 동·서·남·북을 사방四方이라고 하고, 그 사이의 네 간방을 사유四維라고 해서, 이 둘을 합쳐서 팔방八方이라고 한다. 여기에 상하를 합쳐 시방十方이라고 하는데, 이 시방의 허공과 비교한다. 허공과 비교하는 취지는, 세상의 어떤 물건, 예컨대 아무리 큰 산, 아무리 큰 바다, 아무리 큰 대륙이라 해도 모두 한계와 끝이 있지만, 허공만은 한계와 끝이 없기 때문이다. 상에 머물지 않고서 하는 보시의 복덕은 시방의 허공처럼 한계와 끝이 없어 생각으로 헤아릴 수 없다는 것을 결론으로 말하기 위한 비유이다.

다음 법과 비유를 일치시켜, 보살이 상에 머묾 없이 보시함의 복덕도 또한 시방의 허공과 같이 생각으로 헤아릴 수 없다고 한다. 여기에서 저 유명한 '상에 머묾 없이 하는 보시', 즉 '무주상보시無住相布施'라는 말이 등장한다. 무주상보시를 행할 경지에 이르렀다면 그의 출세간은 이미 보장된 것과 다름이 없다. 그러면서도 보시를 행하므로 중생 제도를 위하여 열반에도 머물지 않는 이상적인 보살이라 할 것이다. 붓다의 과보마저 멀지 않다고 할 것이다. 이러한 복덕에 어찌 한량이 있을 것이며, 이것을 어찌 생각으로 헤아릴 수 있겠는가?

마지막으로 ⑤ "수보리여, 보살은 다만 이렇게 가르쳐 준 대로 머물러야 한다[應如所敎住]"라고 하여 맺고 권한다. 여기에서 '이렇게 머물러야 한다'라고 한 것은 구마라집의 의역이다. 범어 원문은 이 부분이, "보살승으로 나아가는 사람은 상의 지각에도 머물지 않는 그러한 보시를 행하여야 한다"라고 되어 있다.73

여기에서 수보리가 설법을 청하면서 묻는 '주·수·항' 세 가지 사항 중 '수'를 제외하고 번역한 구마라집의 의도가 드러난다. 원문의 '보시를 행하여야 한다'는 '수修'를, '(이렇게 가르쳐 준 대로) 머물러야 한다[應住]'라고 하여 '주住'라고 번역함으로써, 서원[주]과 그 실천인 수행[수]을 묶어서 모두 '주'로 파악하는 번역자의 시각이 나타나고 있기 때문이다. 그래서 구마라집은 '주·수·항' 세 가지 사항 중 '수'를 제외하고 번역한 것이다.

구마라집이 이렇게 파악하는 것은, 이렇게 하나로 묶인 '주'를, '항'의 머물지 않음[부주不住]과 대비시키려는 취지였을 것이다. 그러한 대비에 의해 깊은 뜻을 보일 수 있기 때문이다. 우선 서원을 세워 보시하는 것이 참으로 머물 자리[住]임을 나타내고, 그럼으로써 이 머묾은 열반에 머물지 않음[不住]이라는 것을 암시한다. 다른 한편 이와 대비하면 '항'의 상에 머물지 않음은 생사에 머물

---

73 보리유지는 "다만 이와 같이 보시를 행하여야 한다[但應如是行於布施]"라고 번역하고, 현장은 원문에 따라 "이와 같이 상의 지각에 머물지 않는 그러한 보시를 행하여야 한다[如是如不住相想 應行布施]"라고 번역하고 있다.

지 않음을 암시하게 된다. 바로 이것은 무주처열반의 사상을 나타내는 것이다. 이 경전의 편집 당시 비록 '무주처열반'의 개념은 성숙하지 않았지만, 그 사상은 이미 뿌리내리고 있었다. 구마라집으로서는 이것을 보이고 싶었는지도 모른다.

ᄿ

이것으로 근본법문은 끝났다. 그런데도 경전이 끝나지 않고 계속된 이유를, 『간정기』(회권제4)는 다음과 같이 설명한다. 「세 가지 물음에 대해 답한 후에는 곧 경전의 끝인 유통분에 들어가야 할 것이지만, 수보리가 여래께서 답하신 것에 대해서 의심을 일으켰기 때문에 이를 끊어 주었다. 끊어 준 후에도 또 다시 일으켜 점차 의심이 많아졌으므로, 집착이 다하고 의심이 제거되어 27단 段에 가서야 끝마치게 된다. 그래서 다시 아래의 경문이 있게 된 것이다.」 그러므로 이 경전이 말하고자 하는 주제는 이 근본법문으로써 모두 표현된 것이다.

그러면 여기에서 이 근본법문이 말하고자 하는 것이 무엇인지 정리해 보자. 붓다의 근본법문의 요지는, 「보살이라면 중생 제도에 대한 서원을 세우고[주], 바라밀행을 닦되[수], 상에 머물러서는 안 된다[항]」라는 것이다. 그러면서 상에 머물러서는 안 된다는 '항'을, 3.1분절의 '주'에서는 아상我相[74]에 대응해서 '아我 무상'

....
[74] 이 경전에서 네 가지 상 또는 아홉 가지 상을 대표하는 것은 소위 '중생상'이지만, 이들 모든 상은 소위 '아공'을 알지 못하여 일어나는 전도라는 점에서 그 대표자는 '아상'이라고 말할 수 있다. 그래서 무상의 관점에서 전도된 것을 표현할 때 아공에 대응해서는 아상이라고 하고, 법공에 대응해서는 법상이라고 말한다.

으로 제시하고, 3.2분절의 '수'에서는 법상法相에 대응해서 '법法 무상'으로 제시한다. 이것이 근본법문의 전체 구조인데, 이 구조 에는 다음과 같은 뜻이 내포되어 있다.

첫째 이타행과 자리행을 함께 닦아야 한다는 시각을 제시한다. 물론 이것은 불교의 근본과 대승의 이상을 함께 해야 한다는 것을 의미하는 것이다. 즉 여기에서 '주'와 '수'는 이타利他를 가리키고, '항'은 자리自利를 가리킨다. 여기에서 불교의 근본은 '항'에 놓여 있고, 대승의 이상은 '주'와 '수'에 놓여 있다. 대승의 이상은 '주' 와 '수'에 있지만, 그렇다고 '항'으로 표현되는 불교의 근본을 제외 해 버리면 불교가 아니게 되어 버린다. 그래서 '주'·'수'와 '항'을 겸함으로써, 불교의 근본과 대승의 이상을 함께 닦아야 한다는 것 이다.

둘째 '무상'을 통하여 불교의 근본을 제시함에 있어서도 대승의 비판을 담고 있다. 즉 '주'에서의 '항'으로는 '아 무상'을 제시하고, '수'에서의 '항'으로는 '법 무상'을 제시하고 있는데, 이것은 아공 과 법공을 함께 통달해야 한다는 것을 뜻하는 것이다. 대승경전에 서 불교의 근본을 말할 때에 아공은 생략하여 설하지 않는 경우는 있지만, 법공은 결코 생략하는 법이 없다.

셋째 여기에는 무주처열반의 사상도 포함되어 있다. 무주처열 반을 나타내는 전형적인 구조는 '생사에도 머물지 않지만, 열반에 도 머물지 않는다'는 것이다. 그런데 앞서 본 붓다의 근본법문의 요지는, 무주처열반의 전형적인 구조와 일치하는 것이다. 여기에 서 서원을 세워 실천하는 것은 열반에 머물러 있어서는 안 된다는 것이고, 상에 머물지 말라는 것은 생사에 머물러 있어서는 안 된다는 것이다. 상에 머물러 있다는 것은 법계의 실상으로서의 무상을 알고 보지 못한다는 것이고, 이것은 곧 생사를 거듭하는 윤회에서 벗어나지 못하는 것을 의미하기 때문이다.

혹시 서원을 세워 실천하라는 것을, 열반에 머물러 있어서는 안 된다는 것으로 해석하는 것이 비약으로 느껴질지 모른다. 그러나 이 경전에서의 주된 청중이 이미 열반을 실현한 아라한으로 평가되고 있는 일천이백오십 명의 비구 대중이라는 점을 감안하면 납득할 수 있을 것이다. 그들에 대해 열반을 실현하고서는 무엇을 어떻게 해야 할지 가르치시는 것이라고 해석할 수 있기 때문이다.

이상의 여러 가지 뜻을 경문과 대비하여 도표화하면 아래의 표와 같이 된다. 대승경전의 글에는 이러한 구조가 숨어 있는 곳이 적지 않다. 염두에 두고 확인해 보기 바란다.

3.1	3.2				
항	항	근본	자리	부주	부주생사
주	수	대승	이타	주	부주열반
중생 무상	법 무상				
아공	법공				

(2) 단의斷疑법문

1 붓다를 구하여 보시를 행함은 상에 머무는 것 아닌가 라는 의심[求佛行施住相疑]을 끊음(← **0**)

4.1
(제5품 이치 그대로 진실하게 본다)　　（第五品 如理實見分）

　① "수보리여, 그대 생각에는 어떤가, 몸의 상[身相]으로 여래를 볼 수 있겠는가?"

　② "그렇지 않습니다, 세존이시여. 몸의 상으로 여래를 볼 수 없습니다.

　③ 왜냐 하면 여래께서 말씀하신 몸의 상은 곧 몸의 상이 아니기 때문입니다."

　④ 붓다께서 수보리에게 말씀하셨다.
　"무릇 모든 상은 모두 허망한 것이니, 만약 모든 상相이 상 아님[非相]을 본다면 곧 여래를 보리라."

"須菩提, 於意云何, 可以身相 見如來不?"

"不也 世尊. 不可以身相得見如來.
何以故 如來所說身相 卽非身相."

佛告 須菩提.
"凡所有相 皆是虛妄, 若見諸相非相 卽見如來."

여기에서부터 27개 항목의 단의법문이 시작된다. 이 분절은 그 첫째로서, 붓다를 구하여 보시를 행함은 상에 머무는 것 아닌가 라는 의심[求佛行施住相疑]을 끊어주는 것이다. 그렇지만 경문 중에 이 의심하는 말이 표현되어 있는 것은 아니다. 이 의심하는 말은 세친이 이하의 경문을 27단의로 해석하면서, 각각의 경문이 끊어 주고 있는 의심의 요지를 밝혀 둔 것일 뿐이다. 말하자면 해당 경문을 보면 그 경문 앞에 이러한 의심하는 말이 숨어 있거나 생략되어 있다고 이해할 수 있다는 것이다.

여기에서 말한 의심의 취지는 다음과 같은 것이다. 앞의 근본법문에서, 아뇩다라삼먁삼보리에 대한 마음을 일으킨 선남자 선여인이 어떻게 머물고 어떻게 그 마음을 항복시켜야 하는가 라는 수보리의 물음에 대해, 붓다께서는 중생제도의 서원을 세워 실천하되 상에 머묾이 없어야 한다고 대답하셨다. 그렇다면 아뇩다라삼먁삼보리라는 붓다의 과보를 구하여 이를 행하는 것은 붓다의 상[佛相]에 머무는 것일텐데, 이것은 상에 머무는 것이 아닌 것일까 라는 의문이 있을 수 있다는 것이다.

그러므로 이 의심은 붓다의 근본법문으로부터 온 것이다. 이 분절의 모두에서 '**1** 붓다를 구하여 보시를 행함은 상에 머무는 것 아닌가 라는 의심[求佛行施住相疑]을 끊음(← **0**)'이라고 표기되어 있는데, 여기에서 '**1**'은 제1 단의의 글을 가리키고, '**0**'은 근본법문을 가리키는 것이다. 그러므로 이 분절 모두의 표기는, 제1 단의의 글은 근본법문으로부터 온 것이라는 뜻이다. 다음의 제4.2분절에 '**2**(← **0**·**1**)'라고 표기되어 있는 것은, 제2 단의의 글은 근본법문 및 제1 단의로부터 온 것이라는 취지이다. 이하 숫자가 들어 있는 이 검은 사각형의 표기는 이러한 뜻의 표기이다.

위와 같은 의문은 아뇩다라삼먁삼보리를 성취한 붓다에게는 붓다만의 몸의 상[身相]이 있을 것이라는 생각을 전제한 것이다. 그런데 이 '몸의 상'이 무엇을 가리키는가에 관해서는 두 가지 해석이 있다. 하나는 전륜성왕轉輪聖王과 정등각자正等覺者에게만 있다는 서른두 가지 신체의 특징[三十二相]이라는 것이고, 다른 하나는 화신 붓다에게 있는 유위의 세 가지 모습[三相]을 가리킨다는 것이다.

먼저 전자는 고대 인도에서 《베다》이래로 전륜성왕이나 정등각자와 같은 위대한 사람에게 서른두 가지 신체의 특징이 있다는 전승이 이어져 왔다는 것에 근거한 것이다.75 그러므로 정등각자인 붓다에게도 이 '삼십이상三十二相'76이, 여든 가지의 작은 특징

---

75 이러한 특징은 보시 등과 같은 온갖 선행에 대한 과보로 성취된 것이라고 하는데, 한글 MN 제4권(pp.39-40) 브라흐마유의 경[Brahmāyusutta]이나 한글 DN 제1권(pp.274-275) 암밧타경[Ambaṭṭhasutta] 등 여러 경전에서, 이러한 전승을 거의 동일한 표현으로 전하고 있다. "우리들의 성전에는 서른 두 가지 대인상[三十二大人相]이 전수되고 있다. 그러한 모든 상을 성취한 위대한 사람에게는 두 가지 운명 외에 다른 것이 주어지지 않는다. 만약 그가 재가에 있다면, 전륜성왕이 되어 법에 의해 통치하는 정의로운 왕으로서 사방을 정복하여 나라에 평화를 가져오고 일곱 가지 보물[七寶]을 성취한다. 그에게는 이와 같은 일곱 가지 보물, 즉 바퀴보배[輪寶], 코끼리보배[象寶], 말보배[馬寶], 구슬보배[珠寶], 여인보배[女寶], 장자보배[長者寶], 대신보배[主藏臣寶]의 보물이 생긴다. 또한 그에게는 용맹하고 영웅적이어서 적군을 부수는 천 명 이상의 자녀가 생긴다. 그는 큰 바다에 이르기까지 대륙을 정복하되 몽둥이와 칼을 사용하지 않고 정법을 사용한다. 그러나 만약 그가 집에서 집 없는 곳으로 출가하면, 이 세상에서의 모든 번뇌를 제거한 정등각자가 된다." 경문 중의 한문은 상응하는 한역 아함경의 표현을 부기한 것이다.

76 다만 서른두 가지의 구체적인 내용은 경전마다 조금씩 다르다. 여기에서는 가장 자세한 한글 DN 제3권(pp.266-306) 상相의 경[Lakkhaṇasutta]에서의 설명을 소개한다. ① 발바닥이 평평하다 ② 발바닥에 바퀴들이 있다 ③ 속눈썹이 길다 ④ 손가락이 길다 ⑤ 몸이 넓고 곧다 ⑥ 두 손과 두 발과 두 어깨와 몸체가 풍만하다 ⑦ 손과 발이 부드럽고 섬세하다 ⑧ 손가락과 발가락 사이

인 '팔십종호八十種好'77와 함께 갖추어져 있다고 하는데, 본문에서의 몸의 상이란 이것을 말한다는 것이다.

후자는 석가모니 붓다께서 왕궁에서 태어나신 것이 생상生相, 이 세상에 머무시면서 성도하고 법륜을 굴려 중생을 제도하는 등이 주상住相이며, 열반에 드신 것이 멸상滅相이니, 이 세 가지 유위상을 가리킨다는 것이다. 세 가지 상으로만 말하는 것은, 미륵송에서 이 상을 세 가지 상으로만 말했기 때문이지,78 붓다의 생애를 네 가지 모습으로 나누어 말할 수 없는 것은 아니므로, 네 가지 상으로 표현할 수도 있을 것이다.

두 가지 모두 외형적이고 따라서 본질적으로 변화할 수밖에 없는 유위의 모습이다. 많은 사람들은 이러한 유위의 모습에서 붓다를 본다. 그래서 제1의 의심이 생긴 것이다. 그렇지만 이러한 유

마다 얇은 막이 있다 ⑨ 손가락이 길다 ⑩ 몸의 털이 위로 향해 있다 ⑪ 장딴지가 사슴과 같다 ⑫ 살과 피부가 부드러워 더러운 것이 몸에 붙지 않는다 ⑬ 몸이 황금빛이다 ⑭ 말과 같이 음경이 감추어져 있다 ⑮ 몸 모양이 둥글게 균형이 잡혀있다 ⑯ 굽히지 않고도 두 무릎을 만질 수 있다 ⑰ 윗몸이 마치 사자와 같이 크다 ⑱ 어깨가 잘 뭉쳐져 있다 ⑲ 등이 평평하고 곧다 ⑳ 섬세한 미각을 가졌다 ㉑ 눈동자가 검푸르다 ㉒ 속눈썹이 소와 같다 ㉓ 정수리에 육계가 솟아 있다 ㉔ 각각의 털구멍마다 하나의 털만 나 있다 ㉕ 두 눈썹 사이에 털이 나서 희고 가느다란 솜을 닮았다 ㉖ 치아가 40개이다 ㉗ 치아가 성글지 않다 ㉘ 혀가 아주 길다 ㉙ 목소리가 가릉빈가 새소리와 같다 ㉚ 턱이 사자와 같다 ㉛ 치아가 아주 고르다 ㉜ 치아가 매우 희다

77 팔십수형호八十隨形好 또는 팔십수호隨好라고도 한다. 구체적인 내용은 《승천왕勝天王반야경》 제7권을 보라. 이 삼십이상과 팔십종호를 합쳐 '상호相好'라고 부른다.

78 이 대목에 대하여 미륵송은, "유위와 체를 분별하여[分別有爲體] 그 성취해 얻는다 함을 막는다[防彼成就得] 유위의 세 가지 상은 붓다의 체와는 다르니[三相異體故] 그것을 여읨이 여래이다[離彼是如來]"라고 하고 있다.

위의 모습으로 붓다를 볼 수 있는 것일까? 이 분절의 경문은 이 의심을 끊어주기 위한 것이라는 취지이다.

경문은 네 부분으로 구성되어 있다. ①은 붓다께서 의심의 원인을 들어 물으시는 것, ②는 수보리가 대답하는 것, ③은 이유를 해석하는 것, ④는 붓다께서 인정하고 깨우쳐 주시는 것이다.

먼저 의심을 끊어주기 위해, ① 의심하는 원인을 들어서 물으신다. "몸의 상으로 여래를 볼 수 있겠는가?" 의심은 아뇩다라삼먁삼보리를 성취한 붓다에게는 붓다만의 상이 있다고 생각하기 때문에 일어난 것이다. 그래서 이 상을 떠나서는 붓다가 없고, 상과 붓다는 불가분의 관계에 있다는 생각으로 이어진다. 이것은 법신불 사상이 등장하기 전에는 지극히 당연한 생각이었을 것이다.

왕궁에서 태어나 출가하고 도를 성취한 다음 중생을 교화하시다가 열반에 드신 석가모니 붓다 외에 붓다를 본 적이 없다. 다불 사상의 등장전이라면 또다른 붓다가 있을 수 있다는 것은 상상해 본 적도 없었을 것이다. 정등각자인 석가모니 붓다에게는 전승처럼 삼십이상이 있었다고 알려져 있다. 그래서 앞에서 인용한 암밧타경에서 암밧타의 스승 뽁카라사띠는 암밧타에게, 삼십이상이 있는지에 의해 석가모니가 정등각자인지 확인해 보라고 지시를 내린다.[79]

그렇지만 이 상이 붓다의 근본적인 요소인가? 만약 몸의 상이 붓다의 근본적인 요소라면, 동일하게 삼십이상을 갖춘 전륜성왕도 붓다여야 할 것이다. 또 만약 외도의 뛰어난 스승이 붓다와 같

---

[79] 앞의 암밧타경 pp.273-275.

은 세 가지 유위상을 보였다면 그도 붓다여야 하는가? 이렇게 보면 붓다의 본질적인 요소는 몸의 상에 있는 것이 아닐 것이다. 그러므로 몸의 상을 붓다와 동일시함에서 일어난 의심은, 그 의심의 원인에 잘못이 있는 것이다. 그래서 이를 깨우쳐 주려 붓다께서 물으신 것이다.

다음 수보리가 ② "몸의 상으로 여래를 볼 수 없습니다."라고 대답한다. 여기에서 '여래'란 여래의 본질적 요소를 말하는 것이다. 그렇다면 여래의 본질적 요소는 무엇일까? 그것은 여래께서 내면으로 깨달은 법이다. 삼신의 붓다 중 법신이라는 것이 바로 이것을 말한다. 그러므로 여기에서 '여래'는 법신불, 즉 법신으로서의 여래를 말하는 것이다. 다만 그 구체적 내용이 무엇인지에 관해서는 대승불교내에서도 설명이 반드시 일치하지 않는다. 그렇지만 여래께서 성취한 완전한 열반과 아뇩다라삼먁삼보리가 핵심임은 누구도 부정할 수 없을 것이다.[80] 이러한 본질적 요소로서의 법신은 몸의 상으로 볼 수 있는 것이 아니다.

이렇게 답한 다음 수보리는 이를 해석하여, ③ "왜냐 하면 여래께서 말씀하신 몸의 상은 곧 몸의 상이 아니기 때문"이라고 풀이한다. 여기에서 앞의 '몸의 상'은 사람들이 붓다와 동일시하는 유위상, 즉 삼십이상이나 유위의 삼상을 뜻하는 것이고, 뒤의 '몸의 상'은 법신의 상을 뜻하는 것이다. 그러므로 글의 뜻은, 사람들이 붓다의 상이라고 생각하는 유위상은 법신의 그것, 즉 붓다의 본질적인 요소가 아니기 때문에, 그 상으로써는 여래를 볼 수 없다는

---

80 졸역 『주석 성유식론』 p.994 참조.

것이다.

끝으로 ④ 붓다께서 수보리의 답을 인정하시면서, "무릇 모든 상은 모두 허망한 것이니, 만약 모든 상이 상 아님[諸相非相]을 본다면 곧 여래를 보리라[凡所有相 皆是虛妄 若見諸相非相 卽見如來]"라고 깨우쳐 주신다. 이것은 매우 유명한 사구게四句偈이다. 아마 불교 경전에 나오는 사구게 중 몇 손가락 안에 들 것이다.

『찬요』(회권제5)의 설명에 의하면, 게송으로 하신 이 말씀에는 단순히 수보리의 대답을 인정하는 이상의 두 가지 의미가 내포되어 있다. 먼저 전반부는 불신佛身은 무상無相이라는 답을 듣고, 혹시 불신만 그럴 뿐 다른 상은 그렇지 않을 것이라고 생각할까 염려하여, 무릇 모든 상[凡所有相][81]은 모두 허망한 것이라고 말씀하셨다는 것이다. 이것은 말하자면 불신을 포함한 일체법의 무상이라는 법계의 실상을 깨우쳐 주는 것이다. 그러므로 여기에서 '허망하다'는 것은 허무하다 또는 헛되다 라는 뜻보다는, 거짓이다 내지 진실이 아니다 라는 뜻으로 이해되어야 한다.[82]

나아가 후반부는 다시 모든 상은 허망한 것이라는 말을 듣고 상 없는 불신을 찾을까 염려하여, 상 없는 여래가 따로 있는 것이 아니라, '모든 상의 상 아님[諸相非相]'이 바로 여래라고 말씀하셨다는 것이다. 이것은 말하자면 앞에서 법계의 실상을 '진공묘유'라는 말로 표현하면서 보았듯이[83] 연기한 법을 없애거나 그 상을 없

---

81 한문 '소유所有'는 '있는 바의'라는 뜻인데, 있는 모든 것을 가리키는 말로도 쓰이는 표현이다.
82 범본에는 본문의 두 가지 뜻이 모두 있는 'mṛṣā'로 표현되어 있다.

애어서 무상無相인 것이 아니라, 상으로 지각된 연기한 법 그 자체가 무상임을 말하는 것이다. '모든 상이 상 아님'이란 바로 이것을 말하는 것이다.84 이렇게 보면 이것은 《반야심경》에서 '색즉시공', 즉 '법즉시공'이라고 한 말과 다른 것이 아니다. 법즉시공을 여기에 대입하여 보면 이 점이 더욱 분명히 드러난다. "무릇 모든 법은 모두 공인 것이니, 만약 모든 법이 공임을 본다면 곧 여래를 보리라."

물론 여기에서 '본다'는 것은 육안으로 보는 것을 말하는 것이 아니고, '여래'도 몸의 상을 가진 화신을 말하는 것이 아니다. 모든 상의 상 아님을 통찰함으로써만 여래의 법신을 볼 수 있다는 말이다. 그러므로 아뇩다라삼먁삼보리는 무상을 보는 것이고, 상에 머물지 않음에 기초하는 것이다. 아뇩다라삼먁삼보리를 구하는 보살이라면 아뇩다라삼먁삼보리라는 상에도 머묾이 없을 것이다. 어찌 몸의 상에 머묾이 있겠는가? 의심 자체가 심히 잘못되었다.

....
83 진공묘유란, 묘유가 바로 진공이지, 묘유를 없애어 진공이 되는 것이 아니며, 묘유가 없어진다면 진공마저도 없다는 것임을 상기해야 할 것이다.
84 '모든 상의 상 아님'은 범어 원문의 'lakṣaṇa-alakṣaṇatas'라는 표현을 옮긴 것인데, 이 병렬된 복합어는 달리 해석할 여지도 있다. 그래서 이 대목이 바로 앞의 "수보리여, 상을 갖춤에 관한 한 거짓이고, 상을 갖춤이 아닌 한 거짓이 아니다."라는 글에 연결되어 있음에 주목하여, 이를 '상과 상 아님의 두 가지 측면에서'라는 뜻으로 읽는 견해도 있다. 그렇지만 뜻으로는 이것을 본문처럼 읽는 편이 나아 보이고, 앞 글과의 연결을 고려하더라도 본문처럼 읽는 것이 불가능하지 않다. 구마라집의 한역도 이러한 의미로 읽은 것으로 이해되고, 보리유지가 "如是諸相非相 則見如來"로, 현장이 "如是以相非相 應觀如來"로 각각 번역한 것도 같은 취지라고 볼 수 있다.

2 인과가 모두 깊으니 과연 믿을 이가 있겠는가 라는 의심[因果俱深無信疑]을 끊음(← **0**·**1**)

4.2
(제6품 바른 믿음은 희유하다)　　　（第六品 正信希有分）

　수보리가 붓다께 여쭈었다.　　　須菩提 白佛言.
　"세존이시여, 어떤 중생이 이러한 말씀[言說章句]을 듣고 진실한 믿음[實信]을 낼 수 있겠습니까?"　　　"世尊, 頗有衆生 得聞如是言說章句 生實信不?"

　붓다께서 수보리에게 말씀하셨다.　　　佛告 須菩提.
　"① 그런 말 하지 말라. 여래가 멸도한 후 후오백세後五百歲에 계를 지키고 복을 닦는 사람이 있어 이 말에 신심을 내어 이를 진실로 여길 것이다.　　　"莫作是說. 如來滅後 後五百歲 有持戒修福者 於此章句 能生信心 以此爲實.
　② 이 사람은 한 붓다, 두 붓다, 서너다섯 붓다에게서만 선근을 심은 것이 아니라, 이미 한량없는 천만의 붓다 계신 곳에서 갖은 선근을 심어, 이 말을 듣고 나아가 한 순간에 바른 믿음을 낸 사람임을 알아야 한다.　　　當知 是人 不於一佛二佛 三四五佛 而種善根, 已於無量千萬佛所 種諸善根, 聞是章句 乃至一念 生正信者.
　③ 수보리여, 여래는 이 모든 중생들은 이와 같이 한량없는 복덕을 받을 것을 모두 다 알고 본다.　　　須菩提, 如來悉知悉見 是諸衆生 得如是無量福德.
　④ 왜냐 하면 이 모든 중생들은 다시　　　何以故 是諸衆生 無復我

아상·인상·중생상·수자상이 없고, 법상法相이 없으며 또한 비법상非法相도 없기 때문이다.

⑤ 왜냐 하면 이 모든 중생들이 만약 마음에 상을 취한다면 곧 아·인·중생·수자에 집착하게 되기 때문이니, 만약 법상을 취하여도 곧 아·인·중생·수자에 집착하게 되기 때문이다. 왜냐 하면 만약 비법상을 취하여도 곧 아·인·중생·수자에 집착하게 되기 때문이다.

⑥ 그러므로 법을 취해서도 안 되고 비법을 취해서도 안 된다. 이런 뜻 때문에 여래는 항상 '그대 비구들은 내가 말한 법을 뗏목의 비유[筏喩]와 같이 알아야 한다'라고 한 것이다. 법도 오히려 버려야 하거늘 하물며 비법이겠는가."

相人相 衆生相壽者相, 無法相 亦無非法相.

何以故 是諸衆生 若心取相 卽爲著我人衆生壽者, 若取法相 卽著我人衆生壽者.

何以故 若取非法相 卽著我人衆生壽者.

是故 不應取法 不應取非法. 以是義故 如來常說 '汝等比丘 知我說法 如筏喩者'. 法尚應捨 何況非法."

─

이 제2 단의가 ⓞ·❶에서 온 것이라고 표시되어 있는 것은, 이 제2의 의심이 근본법문과 제1 단의의 양자로부터 생긴 의심이라는 것이다. 그 뜻은 근본법문에서는 '주·수·항'의 물음에 대해 무주상보시를 하라고 하셨으니, 이것은 원인의 이치가 심오한 것이고, 제1 단의에서는 상의 상 없음을 보는 것이 여래를 보는 것이라고 하셨으니, 이것은 과보, 즉 결과의 이치가 심오한 것이다. 그래서 원인[因]과 결과[果]의 이치가 모두 심오[俱深]하니, 이를 믿을 사람이 있겠는가 라는 의심이 있을 수 있다는 것이다. 그래서 수보리가 "어떤 중생이 이러한 말씀을 듣고 진실한 믿음을 낼 수 있겠습니까?"라고 물은 것이다. '진실한 믿음'이라고 표현한 것은 평범한 믿음과 구별하기 위한 것이다.[85]

의심을 풀어주는 법문은 크게 네 부분으로 되어 있다. 먼저 ①은 믿을 사람이 있다는 것을 밝히고, 다음 ②는 그 이유를 설명하며, 다음 ③ 내지 ⑤는 믿음의 이익을 밝히고,[86] 마지막 ⑥은 중도의 이치로써 맺는 것이다.

먼저 ① 믿을 사람이 있다는 것을, "여래가 멸도한 후 후오백세後五百歲에 계를 지키고 복을 닦는 사람이 있어 이 말에 신심을 내어 이를 진실로 여길 것이다"라고 밝힌다. 여기서 '후오백세'는 다른 견해도 있지만,[87] 경전의 편집시기와 관련해 보면 붓다 입멸

---

[85] 한역문 중의 '파頗'는 '능能'의 뜻이라는 설명이 『간정기』(회권제5)에 있고, '장구章句' 중 '구'는 차별을 나타내는 것이고, '장'은 구를 해석하는 것이라는 설명이 『찬요』(회권제5)에 있다.
[86] 『찬요』(회권제5)는 ③ 내지 ⑤도 ②와 함께 이유를 설명하는 것으로 보지만(그 중 ②는 믿음의 인연을 쌓은 것, ③ 내지 ⑤는 믿음의 공덕을 성취하는 것으로 보고 있다), 여기에서는 따르지 않았다.
[87] 예컨대 나련제야사那連提耶舍 한역의 《대방등대집경大方等大集經》(제55권)은, 붓다 입멸 후 불법의 성쇠를 오백 년씩 다섯 단계로 나누어, ⑴ 첫 오백 년은 깨달음을 얻는 분이 많은 해탈견고解脫堅固의 시대, ⑵ 다음 오백 년은 선정을 닦는 자가 많은 선정견고의 시대, ⑶ 다음 오백 년은 불법을 읽고 배우는 자가 많은 독송다문讀誦多聞견고의 시대, ⑷ 다음 오백 년은 탑과 절을 많이 짓는 탑사塔寺견고의 시대, ⑸ 마지막 오백 년은 서로 주장을 고집하여 다투는 투쟁鬪諍견고의 시대로 나누고 있는데, 본문의 오백 년은 그 마지막 투쟁견고의 시대를 가리킨다고 보는 견해(=『간정기』회권제5)도 있고, 또

후 첫 오백 년이 지나서 정법이 쇠퇴해 가는 시기라는 뜻으로 이해하는 것이 좋겠다.88

그러한 시기에도 '계를 지키고[持戒] 복을 닦는[修福]' 사람이 있어 이 경전의 말씀에 신심을 내고 이를 진실로 여긴다. 여기서 '복을 닦는다'는 것은 선정을 닦는다는 것을 의미한다. 선정은 지혜라는 복을 내는 원천이기 때문이다. 따라서 이 부분 경문은 계·정·혜 삼학의 구조로 되어 있는 것이다. 말하자면 "계를 지키고[계] 복을 닦으면[정]", 지혜가 나서 "이 경전의 말씀이 진실인 것을 알고 믿는다[혜]"라는 것이다. 이것은 계를 지키고 선정을 닦지 않고서는 이 경전의 말씀이 진실임을 알 수 없다는 것을 뜻하는 것이다.

붓다 멸도후 첫 오백 년을 정법正法, 다음 천 년을 상법像法(=정법이 쇠퇴하여 모양만 정법과 비슷한 것), 마지막 일만 년을 말법末法의 시대로 구분하면서, 본문의 '후오백세'는 그 중 말법시대의 오백 년을 가리킨다고 보는 견해(=『찬술』상권)도 있다. 참고로『찬술』에서는, 정법이 머무는 시기에는 교법敎法·행법行法(=수행)·증법證法(=증득)이 모두 있지만, 상법시대에는 증법이 사라지고, 교법과 행법만 남으며, 말법시대에는 행법과 증법이 모두 사라지고 교법만 남는다고 설명한다.

88 청목이 주석한 용수의 《중론》 제1권에, "붓다 멸도 후 후오백세의 상법像法 시대가 되니 사람의 근기가 우둔해져서 모든 법에 깊이 집착하여, 십이인연·오온·십이입·십팔계 등의 결정된 상을 추구하였다. 붓다의 뜻을 알지 못하고 다만 문자에 집착한 결과, 대승법 중에 필경공을 설하는 것을 듣고서는 어떤 인연 때문에 공인지를 알지 못하여 의심을 내기를, '만약 도무지 필경공이라면, 어떻게 죄와 복이 있고 그 과보가 응하는 등을 분별할 것인가'라고 한다. 이러한 즉 세속제와 제일의제가 없어지게 되고, 이 공의 상을 취하여 탐착을 일으켜 필경공 중에서 갖가지 잘못을 내었다. 용수보살께서는 이러한 등의 연고로 이 중론을 지은 것이다."라는 설명이 있는데, 본문의 해석은 이것에 근거한 것이다.

다음 ②는 이 사람이 이렇게 지혜를 내어 믿을 수 있게 된 까닭을 설명하여, "이 사람은 한 붓다, 두 붓다, 서너다섯 붓다에게서만 선근을 심은 것이 아니라, 이미 한량없는 천만의 붓다 계신 곳에서 갖은 선근을 심어, 이 말을 듣고 나아가 한 순간에 바른 믿음을 낸 사람임을 알아야 한다."라고 한다.[89] 이 대목에 관하여 『찬요』(회권제5)는「'한량없는 천만의 붓다 계신 곳에서'라고 한 것은 오랫동안 선우善友를 섬겼음을 밝혔으니, 곧 연緣이 뛰어난 것이고, '갖은 선근을 심어'라고 한 것은 오랫동안 삼독三毒을 굴복시켰음을 밝혔으니, 곧 인因이 뛰어난 것이다.」라고 설명한다. 한문경론에서 '인'과 '연'을 대비하여 말할 경우에, '인'은 직접적인 원인을 말하고, '연'은 간접적인 조건을 말하는 것인데, 위 글의 경우도 같다.

여기에서 '선우'란 곧 불법을 말하여 중생으로 하여금 불도佛道에 들게 하고 바르게 인도하는 스승, 즉 '선지식善知識'을 말하는 것이다.[90] 선지식에는 여러 가지 모습이 있을 수 있지만, 그 모습이 어떠하건 선지식과의 인연 없이 불도에 든다는 것은 불가능하다고 말할 수 있다. 그만큼 소중한 인연이므로, 불교에서 이를 대단히 중시한다. 그래서 불교경전에는 선지식을 찬양하는 글이 많다. 가장 대표적인 것은 《화엄경》 입법계품入法界品에서 선재동자를 만난 선지식들이 선재동자에게 다음 선지식을 찾아가기를 권

---

89 여기에서 윤회사상과 함께, 이후 대승경전에서 흔히 나타나는 과거불 사상이 등장하고 있다.
90 《법화경》 제7권 묘장엄왕본사품에서, "선지식이 큰 인연이니, 소위 교화하고 인도하여 붓다를 보게 하고 아뇩다라삼먁삼보리에 대한 마음을 일으키게 한다."라고 말하고 있다.

하면서 하는 찬사들이 아닐까 한다. 여기에서 그 중 덕생德生동자와 유덕有德동녀가 미륵보살을 찾아갈 것을 권하면서 하는 말의 일부를 소개한다.91

「선지식은 인자한 어머니와 같으니 붓다의 씨앗을 출생하는 연고요, 인자한 아버지와 같으니 광대하게 이익하는 연고며, 유모와 같으니 지키고 보호하여 악을 짓지 못하게 하는 연고요, 교사와 같으니 그 보살이 배울 것을 보여주는 연고며, 좋은 길잡이[善導]와 같으니 바라밀다의 길을 보여 주는 연고요, 좋은 의사와 같으니 번뇌의 온갖 병을 치료해 주는 연고며, 설산雪山92과 같으니 일체지의 약을 자라게 하는 연고요, 용맹한 장수와 같으니 일체의 두려움을 없애주는 연고며, 강을 건네주는 사람[濟客]과 같으니 생사의 폭류에서 벗어나게 하는 연고요, 뱃사공과 같으니 지혜의 보배땅에 이르게 하는 연고이다. 선남자여, 항상 이와 같이 정념으로 선지식을 생각해야 한다. …

선남자여, 내가 다시 간략하게 말하자면, 보살의 일체 수행과 보살의 일체 바라밀과 보살의 일체 지위와 보살의 일체 지혜[忍]와 보살의 일체 다라니문과 보살의 일체 삼매문과 보살의 일체 신통 지혜와 보살의 일체 회향과 보살의 일체 서원과 보살이 성취하는 일체의 불법이 모두 선지식의 힘으로 말미암는 것이니, 선지식이 근본이 되고, 선지식을 의지하여 생기며, 선지식을 의

---

91 80권본의 제77권에 나오는 글이다.
92 히말라야 산맥을 가리킨다. 불교에서는 석가모니 붓다께서 과거생에 여기에서 수행한 일화가 여러 경전에서 언급됨으로써 더욱 유명해진 이름이다.

지하여 뛰어나고, 선지식을 의지하여 자라며, 선지식을 의지하여 머물고, 선지식이 인연이 되며, 선지식이 능히 일으키는 것이다.」

그런데 선지식은 아무나 될 수 있는 것은 아닐 것이다. 선지식이 되는 요건에 관한 설명은 세친의 ≪불성론佛性論≫에서 찾을 수 있다.93 여타의 경론에서 발견하기 어려운 글이므로, 아래에서 이 부분을 소개한다.

「선우에는 일곱 가지 요소가 있다. … 일곱 가지 요소라 함은 첫째는 능히 베푸는 것이다. 능히 베풂에 의하기 때문에 남으로 하여금 사랑하게 하고, 사랑하기 때문에 존중하며, 존중하기 때문에 믿을 수 있고, 믿을 수 있기 때문에 능히 설하며, 능히 설함에 의해 능히 밖의 어려움을 참고 받으며, 능히 참고 받기 때문에 깊은 이치를 말하여 선우를 이롭게 하고, 깊은 법을 설함에 의해 능히 선우를 좋은 곳에 안치한다. 만약 이 일곱 가지 덕을 능히 갖춘 자가 있다면, 의지함을 감당하여 선지식이 될 수 있다.

만약 이 일곱 가지를 총체적으로 논한다면 세 가지 뜻을 벗어나지 않는다. 첫째는 연민하는 것을 즐기고[樂憐愍], 둘째는 총명하며, 셋째는 견디어 참는 것[堪忍]이다. 세 가지 뜻에서 만약 한 가지만 모자라더라도 곧 선우가 아니다. 만약 단지 연민하기만 하고 총명할 수 없다면, 비유하여 부모가 비록 자식의 병을 생각하지만, 치료할 수 없는 것과 같다. 만약 단지 총

---

93 제2권의 글이다. 졸역『여래장경전모음』pp.591-592 참조.

명하기만 하고 자애와 연민이 없다면, 원수 집안의 스승은 남의 질병을 치료하지 않는 것과 같다. 만약 견디어 참을 수 없다면 곧 자기 수행이 부족할 것이므로, 연민하고 총명하더라도 역시 성취하지 못하기 때문이다.

분리하면 비록 일곱 가지지만, 합치면 셋을 벗어나지 않는다. 능히 베풂과 존중함과 믿을 수 있음의 이 셋은 연민에 속하여 포함되고, 능히 설함 및 깊은 이치를 설함의 이 둘은 총명에 속하여 포함되며, 능히 참음은 견디어 참음에 속하여 포함되고, 좋은 곳에 안치함은 세 가지에 공통된다.

그 총명이란 우치를 떠났음을 나타내고, 능히 견디어 참는 것은 범부와 다른 것을 나타내며, 셋째 연민한다는 것은 이승과 다른 것을 나타낸다. 오직 붓다 세존께서만 이 세 가지 덕을 갖추셨기 때문에 중생의 진정한 선지식이 되는 것을 감당한다.」

이처럼 되기 어려운 선지식, 그 중에서도 최고의 선지식인 붓다, 한번도 만나기 어려운 붓다를 서너다섯 정도가 아니라 '한량없는 천만 번'이나 만나서 가까이 모시면서 선근을 심었다 하니, 그 인연이 깊음을 상상할 수 없다.

'선근을 심는다'는 것은 앞의 주석이 설명해 준 것처럼 삼독三毒, 즉 탐욕[貪]·증오[瞋]·무명[癡]을 굴복시키는 것을 말한다. 중생이 삼계에서 윤회하는 원인은 이 세 가지를 벗어나지 않기 때문에, 이 세 가지를 삼독이라고 부르는 것이다. 그래서 이 삼독을 불선근이라고 말한다. 이 세 가지 불선근을 완전히 정복하면 그것이 바로 열반, 즉 모든 괴로움의 종식이다.

그러므로 이 부분 경문의 뜻은, 그만큼 훌륭한 조건[緣]에서 상상할 수 없을 정도로 오랫동안 그만큼 뛰어난 원인[因]을 닦았기 때문에 이 경전의 말씀이 진실임을 알고 믿을 수 있는 지혜가 생겼다는 것이다.

다음 ③ 믿음의 이익을 밝히기를, "여래는 이 모든 중생들은 이와 같이 한량없는 복덕을 받을 것을 모두 다 알고 본다."라고 한다. 그런데 '이와 같이 한량없는 복덕'이라 함은 무엇을 가리키는 것일까?

이 부분의 범어 원문은 '한량없고 수없는 복덕의 무더기'라고만 되어 있고, 한역의 '이와 같이[如是]'라고 하는 수식어는 없다. 말하자면 구마라집의 번역은 '이와 같이'라는 수식어에 의해서, 원문에서 특정되지 않고 있는 복덕의 내용을 지시해 주고자 하는 취지라고 이해된다. 그렇다면 이것은 이 글 가까이서 설명된 것이어야 하므로, 앞의 제3.2분절에서 말한 복덕을 가리키는 취지일 것이다. 다시 말하면 무주상보시에 의해 얻는 바, 시방의 허공을 생각으로 헤아릴 수 없는 것과 같은 그러한 한량없는 복덕을 얻게 된다는 것이다. 그것은 곧 궁극에 이르러 무상정등각을 성취하는 것이다.

경문 중에서 '모두 다 알고 본다[悉知悉見]'는 것은, 범본에서는 '붓다의 지혜buddhajñāna[佛智]로써 알려지고, 붓다의 눈buddhacakṣu[佛眼]으로써 보여진다'고 표현되어 있다. 글의 뜻을 이해함에 도움이 될 것이다.

다음 ④ 이하는 그러한 복덕을 얻는 이유를 다시 설명하는 것이다. 설명하기를, "이 모든 중생들은 다시 아상·인상·중생상·수자상이 없고, 법상法相이 없으며 비법상非法相도 없기 때문"이라고 한다. 경문 중 전단은 아상我相이 없어 아공을 통달하였다는 것을 가리키는 것임을 알 수 있다. 후단 중 법상法相 부분은 앞서 보아 온 것처럼 아상에 대응하는 법상이 없어 법공法空을 통달하였다는 것을 의미하는 것임을 알 수 있다. 이로써 일체법의 무상無相을 통달하였다는 뜻이 드러나고, 그래서 그러한 복덕을 얻는다는 것이 충분히 설명된다. 그런데 법상의 다음에 '비법상非法相'이라고 한 것은 무슨 의미일까?

보통 '비법非法adharma'은 올바른 이치 또는 올바른 가르침을 뜻하는 법 내지 정법의 상대어로서, 옳지 못한 이치 또는 옳지 못한 가르침을 뜻하는 말로 쓰인다. 그렇지만 경문의 '비법상'은 '비법의 상'을 뜻하므로, 이러한 통상의 의미는 아닌 것으로 보인다.

그런데 이 대목의 범어 원문에는 법상과 비법상의 두 가지만 열거되어 있는 것이 아니라, 'dharma-saṃjñā', 'adharma-saṃjñā', 'saṃjñā', 'asaṃjñā'의 네 가지가 열거되어 있다.94 우리 말로 번역하자면 법의 지각[法想], 비법의 지각[非法想], 지각[想], 비지각[非想]의 네 가지이다. 본문의 '비법상'은 원문의 두 번째 '비법의 지

---

94 그래서 이 대목을 보리유지는 "법상도 없고 또한 없는 법의 상도 아니며, 상도 없고 또한 없음의 상도 아니다[無法相 亦非無法相, 無相 亦非無相]"라고 번역하고, 현장은 "법의 지각이 일어남도 없고 비법의 지각이 일어남도 없으며, 지각이 일어남도 없고 비지각이 일어남도 또한 없다[無法想轉 無非法想轉, 無想轉 亦無非想轉]"라고 번역하고 있다. 현장의 번역은 원문에 충실한 것이고, 보리유지의 번역은 세친의 해석에 따른 것임이 뒤에서의 설명으로 드러난다.

각'에 해당하는 것이다. 네 가지 중 '비법의 지각'이나 '비지각'은 후대의 불교경론에서는 용례가 보이지 않는 것이어서, 용어 자체만으로는 의미를 분명하게 알 수 없다. 이들의 의미는 이 부분에 관한 미륵송과 그에 대한 세친의 주석을 통해서 알 수 있을 뿐이다. 다소 길지만 이에 관한 주석 전문을 인용한다.95

「일체는 공으로서 실체 없지만 [一切空無物]
실제로 있고, 말할 수 없지만 [實有不可說]
언사에 의지해 말하니 [依言辭而說]
이 법의 모습은 네 가지라네 [是法相四種]

어떤 것이 네 가지인가? 첫째는 법상法相, 둘째는 비법상非法相, 셋째는 상相, 넷째는 비상非相이다. 이들의 뜻은 어떠한가? 어떤 취해지는 대상이나 취하는 주체가 되는 일체법은 없기 때문에 법상은 없다고 말한다. 실체[物]가 없기 때문이다. 그 법의 무아이며 공임은 실제로 있으므로[實有] 또한 없는 법의 상[無法相]이 아니라고 말한다. 그것은 공으로서 실체가 없으므로 이것은 있다거나 없다고 말할 수 없기 때문에 상相이 없다고 말한다. 그렇지만 언사言辭에 의지하여 말하기 때문에 또한 없음의 상[無相]은 아니라고 말한다. 왜냐 하면 말이 없는 도리

---

95 세친의 논 상권에 나오는 글인데, 주석 부분의 한역문은 다음과 같다. 「何者是四種? 一者法相, 二者非法相, 三者相, 四者非相. 此義云何? 有可取能取 一切法無故 言無法相. 以無物故. 彼法無我空 實有故 言亦非無法相. 彼空無物而此不可說有無 故言無相. 依言辭而說故 言亦非無相. 何以故 以於無言處 依言相說. 是故 依八種差別義 離八種相, 所謂 離人相 離法相. 是故說有智慧.」

에 대해 말에 의지하여 상을 말하기 때문이다.

그러므로 여덟 가지 차별되는 뜻에 의지하여 여덟 가지 상[96]을 여의는 것이니, 말하자면 아상[人相]을 여의고 법상法相을 여의는 것이다. 그래서 지혜가 있다고 말하는 것이다.」

요컨대 미륵송은 '비법상'에 대해 "일체는 공으로서 (실체 없지만) 실제로 있고[實有]"라고 하고 있고,[97] 세친의 주석은 비법상에 대해 "그 법의 무아이며 공임은 실제로 있으므로[實有] 또한 없는 법의 상[無法相]이 아니라고 말한다."라고 설명한다. 이 '없는 법의 상'이라는 말에서 '비법상'은 소위 법의 단멸상斷滅相을 뜻한다는 것이 드러난다.

풀어서 말하자면 연기의 이치를 알지 못한다면, "어떤 법이든 그것의 상은 실상이 아니고 그러한 고정된 상은 없다"고 하는 말을 듣고서, "그렇다면 그러한 법이 아니고[非法], 따라서 그러한 법은 없을 것이다[無法]"라는 지각 내지 상을 낸다는 것이다. 이것은 법의 공空을 말하면 그 뜻을 이해하지 못하여, 그러한 법은 없다[無]고 잘못 이해하는 소위 '단멸공斷滅空'에 상응하는 것이다.

따라서 본문의 '법상도 없고 비법상도 없다'는 것을, 공의 이치

----

96 여기에 나온 네 가지의 법상과, 아상·인상·중생상·수자상의 네 가지 아상을 합친 여덟 가지 상을 말하는 것이다.
97 세친의 주석과 대비해 보면 미륵송 중 제1구 "일체는 공으로서 실체 없지만"이라고 한 것은 법상이 없다는 것을 나타내고, 제2구의 "실제로 있고"는 "없는 법의 상이 아니다"라는 뜻에서 '비법상'을 가리키는 것이며, 제2구의 "말할 수 없지만"이라고 한 것은 상이 없다는 것을 나타내고, 제3구 "언사에 의지해 말하니"는 "없음의 상은 아니다"라는 뜻에서 '비상'을 가리킨 것이다.

로 바꾸어 말하면 진공묘유라는 법계의 실상을 안다는 것이다. 법상이 없다는 것은 진공을 안다는 것이고, 비법상이 없다는 것은 묘유를 안다는 것이기 때문이다. 그래서 이 법상과 비법상의 두 가지 상에 의해 '법상'의 뜻을 모두 나타내고 있는 것이다. 범어 원문은 아상을 네 가지로 말한 것에 대응해서, 법상도 네 가지로 설명하려는 취지였을 것이다. 그렇지만 구마라집은 뜻을 알기 어려운데 굳이 네 가지로 설명할 필요가 없다고 하여, 두 가지만 번역하였을 것이다.

요약해서 이 대목 경문의 전단은 아상이 없음을, 후단은 법상이 없음을 각각 나타냄으로써 일체법의 무상을 통달했음을 나타내고, 그래서 앞에서 말한 복덕을 얻게 된다는 것을 설명한 것이다.

다음 경문은 ⑤ 그 이유를 다시 설명하여, "왜냐 하면 이 모든 중생들이 마음에 상을 취한다면 곧 아·인·중생·수자에 집착하게 되기 때문이니, 만약 법상을 취하여도 곧 아·인·중생·수자에 집착하게 되기 때문이다. 왜냐 하면 만약 비법상을 취하여도 아·인·중생·수자에 집착하게 되기 때문이다."라고 한다. 이 설명을 '왜냐 하면[何以故]'[98]이라는 의문사로 시작하는 취지는, 무엇 때문에 법상이 없어야 하는가 라는 것이다. 왜냐 하면 이 경전은 법의 자성을 인정하는 기존불교를 비판하는 글이기 때문이다.

....
[98] 이것을 제대로 번역하자면, "무엇 때문인가?" 내지 "어째서인가?"라는 독립된 의문문으로 옮기는 편이 옳아 보이지만, 우리말 번역문의 자연스러운 흐름을 위하여 "왜냐 하면"이라고만 한 다음, 그에 대한 설명의 문장을 바로 붙여 번역하였다. 뒤에서도 이러한 번역례가 다수 등장한다.

이런 취지에서 경문을 보면 다음과 같이 이해할 수 있다. 첫째 마음에 상을 취하면서 아상이 생기지 않는다는 것은 불가능한 것이다. 왜냐 하면 마음에 상을 취한다는 것은 실상을 통달하지 못하고 있다는 것을 뜻하므로, 결국 아상이 생기는 것을 피할 수 없고, 따라서 이는 아·인·중생·수자에 집착하는 것으로 귀결되기 때문이다. 그렇지만 이 점은 기존불교의 시각과도 같은 것이다. 그렇기 때문에 기존불교에서도 법의 무상無常, 고苦, 공, 무아를 통찰하는 견도시에 유신견이 제거된다고 설명하는 것이다. 다만 반야부 경전에서는 기존불교에서 법의 무상을 알지 못하기 때문에 법의 자성을 인정하는 것이라고 비판하는 것이다.

둘째 따라서 법상이든, 비법상이든 어떤 상을 취한다는 것은 실상을 통찰하지 못하고 있다는 의미에서는 마찬가지이다. 그럴 경우 결국 무상정등각은 커녕 자아를 취착하여 생사에 윤회하는 것에서 벗어날 수 없다는 것이다.

여기에서 "만약 법상을 취하여도 곧 아·인·중생·수자에 집착하게 되기 때문이다. '왜냐 하면' 비법상을 취하여도 곧 아·인·중생·수자에 집착하게 되기 때문이다."라고 하여, 중간에 '왜냐 하면[何以故]'이라고 한 의문사가 들어 있는 문장 구조가 미묘하다. 범어 원문에는 이 의문사가 없고, 구마라집 역의 판본 중에도 이 의문가가 없는 것이 더러 있다. 만약 이 의문사가 본문과 같은 자리에 있는 것이 맞다면, 이것은 구마라집이 의도적으로 부가한 것이라고 보아야 할 것이다.

그 의도는 다음과 같은 『찬요』(회권제5)의 풀이를 통해 추정할 수 있다. 「중간에 있는 물음은 '법을 취하는 것은 다만 법상이 될 뿐인데, 무엇 때문에 아我 등에 집착한다고 하는가?'라는 뜻이다. 해석해 말하자면, "비법을 취하는 것도 역시 아 등에 집착하는 것인데, 하물며 법을 취하는 경우이겠는가"라고 하여, 뒤의 것으로써 앞의 것을 해석한 것이다.」

그리고 이 주석에 대하여『간정기』(회권제5)는, '뒤의 것으로써 앞의 것을 해석한 것[以後釋前]'이라는 표현보다는, '미세한 것으로써 거친 것을 해석한 것[以細釋麤]'이라고 표현했다면 더 쉽게 뜻을 이해할 수 있었을 것이라고 하였다. 그 의미는 법상보다는 비법상이 더 미세한 것이므로, 미세한 상을 내는 것도 아상에 집착하는 것인데, 거친 상을 내는 것은 더 말할 필요도 없다는 뜻이다.

끝으로 ⑥ 중도의 이치로써 글을 맺어서, "그러므로 법을 취해서도 안 되고 비법을 취해서도 안 된다. 이런 뜻 때문에 여래는 항상 '그대 비구들은 내가 말한 법을 뗏목의 비유와 같이 알아야 한다'라고 한 것이다. 법도 오히려 버려야 하거늘 하물며 비법이겠는가."라고 하셨다.

여기에서 '법을 취해서도 안 되고 비법을 취해서도 안 된다'라고 한 것은, 앞서 말한 것과 같이 법상을 가져서도 안 되고 비법상을 가져서도 안 된다는 뜻이다. 상의 상 아님, 진공묘유라는 중도의 실상을 알고 보아야 한다는 것이다. 이것이 제2 단의법문의 결론이다.

그러면서 "이런 뜻 때문에 여래는 항상 '그대 비구들은 내가 말한 법을 뗏목의 비유와 같이 알아야 한다'라고 한 것이다."라고 한다. 여기에서 '이런 뜻 때문에[以是義故]'라고 말한 것은 뒤에 나오는 '뗏목의 비유'와 관련해 볼 때 '(이와 같이) 비법을 취하는 것 때문에'라는 뜻일 것이다.

'뗏목의 비유'란, 붓다께서 말씀하시는 법은 강을 건너는 뗏목과 같이 알아야 한다고 설하신 법문을 말하는 것이다. 초기경전의 몇 군데에 등장하는데, 《맛지마 니까야》 제22 뱀에 대한 비유의 경[Alagaddūpama-sutta]에서의 설명이 원형적인 모습인 것으로 알려져 있다. 같은 경전 중 이 비유에 관한 부분99만 아래에 옮긴다.

「[세존] "비구들이여, 나는 그대들을 해탈하게 하고 집착에서 벗어나게 하기 위하여 뗏목의 비유를 설하고자 한다. 잘 듣고 새겨야 한다."
[비구들] "세존이시여, 그렇게 하겠습니다."
[세존] "예를 들어 비구들이여, 어떤 사람이 여행을 가는데 큰물이 넘치는 강을 만났다. 이 언덕은 위험하고 두렵고 저 언덕은 안온하고 두려움이 없지만, 이 언덕으로부터 저 언덕으로 가는 나룻배도 없고 다리도 없었다. 그래서 그는 생각했다. '내가 풀과 나무와 가지와 잎사귀를 모아서 뗏목을 엮어서 그 뗏목에 의지하여 두 손과 두 발로 노력해서 안전하게 저 언덕으로 건너가면 어떨까?'

비구들이여, 그래서 그 사람은 풀과 나무와 가지와 잎사귀를 모아서 뗏목을 엮어서 그 뗏목에 의지하여 두 손과 두 발로 열심

---
99 한글 MN 제1권 pp.438-439에 있는 것이다. 마지막 부분에 병기한 한문은 이에 상응하는 《중아함경》(제54권) 제200 아리타경阿梨吒經의 해당 부분을 옮긴 것이다.

히 저어 안전하게 저 언덕으로 건너갔다. 저 언덕에 도달하자 그는 이와 같이 생각했다. '이 뗏목을 머리에 이거나 어깨에 메고 갈 곳으로 가면 어떨까?' 비구들이여, 어떻게 생각하는가? 그렇게 하는 것이 그 사람이 그 뗏목을 제대로 처리하는 것인가?"
[비구들] "세존이시여, 그렇지 않습니다."
[세존] "비구들이여, 어떻게 해야 그 사람이 뗏목을 제대로 처리하는 것인가? 비구들이여, 그 사람은 저 언덕에 도달했을 때 '이제 나는 이 뗏목을 육지로 예인해 놓거나, 물속에 침수시키고 갈 곳으로 가면 어떨까?'라고 생각했다. 비구들이여, 이와 같이 해야 그 사람은 그 뗏목을 제대로 처리한 것이다. 이와 같이 비구들이여, 건너가기 위하여 집착하지 않기 위하여 뗏목의 비유를 설했다.

비구들이여, 참으로 뗏목의 비유를 아는 그대들은 법마저 버려야 하거늘 하물며 비법非法임에랴[若汝等知 我長夜說 筏喩法者, 當以捨是法 況非法耶]?"100」

뗏목은 강을 건너는 데 목적이 있는 것이지, 그 뗏목 자체에 의미가 있는 것이 아니다. 따라서 뗏목 자체에 집착하는 것은 어리석은 일이다. 뗏목의 목적을 알지 못하거나 그 목적을 잘못 이해

....
100 한글 MN에서는 주석서의 글을 인용하여 이 마지막 대목을 다음과 같이 설명하고 있다. 「여기에서 법은 사마타와 위빠사나를 말한다. 이 문장은 "비구들이여, 나는 사마타와 위빠사나와 같은 고요한 상태에 대한 탐욕과 집착마저 버리라고 가르치는데, 아리타가 다섯 가지 쾌락에 대한 욕망과 탐욕에 장애가 없다고 주장할 때에, 그가 무해無害하다고 보는 저 저열하고 비속하고 경멸스럽고 거칠고 더러운 것에 대해서는 말해서 무엇하랴?"는 뜻이다.

하는 것은 더욱 어리석은 일일 것이다. 붓다께서 설하신 법도 마찬가지라는 것이다. 그 법의 진정한 뜻을 알고 그 뜻을 취해야 하는 것이지, 그 법 자체에 집착할 것은 아니다. 만약 그 법의 의미를 알지 못하거나 잘못 아는 것은 더욱 어리석은 일이고, 해가 될 수도 있을 것이다. 뗏목의 비유가 말하는 것은 이러한 뜻이다.

  이것을 이 경전의 글에 적용하면 다음과 같은 의미가 될 것이다. 일체법은 공이며 무상이라는 법을 들으면, 그 바른 뜻을 이해한 다음 수행을 통해 이를 통찰하는 것이 그 설해진 법을 제대로 이용하는 것이다. 그 법 자체에 집착하는 것은 법 본래의 효과를 얻지 못하는 것이다. 하물며 그 뜻을 바로 알지 못하고 말을 천착한 결과, 단멸공에 빠져서 무無라고 여기거나, 단멸상에 빠져서 비법상을 취하는 것은 오히려 해가 될 수 있는 것이다.
  뗏목의 비유를 든 다음 글의 끝에서, "법도 오히려 버려야 하거늘 하물며 비법이겠는가."라고 한 부분에서는 미묘한 의미의 교차가 느껴진다. 그것은 뗏목의 비유 말미에서 말한 '비법'은 비법상에서의 비법과 어휘 자체는 같지만, 뜻은 다르기 때문이다. 말하자면 이 비유에서의 '비법'은 법 내지 정법에 상대되는 옳지 못한 이치 내지 옳지 못한 가르침이라는 통상의 용례로 쓰인 것이다.
  그래서 "법도 오히려 버려야 하거늘 하물며 비법이겠는가."에서 '비법'은 비법상에서의 비법을 가리키면서, 동시에 이 비법을 취하는 것은 설해진 법의 의미를 이해하지 못하여 옳지 못한 가르침[비법]에 집착하는 것이 된다는 뜻을 함께 갖는 것으로 느껴지는 것이다.

3 무상이라면 어떻게 법을 얻고 설할 수 있는가 라는 의심[無相云何得說疑]을 끊음(← **1**)

4.3.1
(제7품 얻음도 없고 설함도 없다)   (第七品 無得無說分)

① "수보리여, 그대 생각에는 어떤가? 여래가 아뇩다라삼먁삼보리를 얻었는가? 여래가 말한 법이 있는가?"

② 수보리가 대답하였다.

"제가 붓다께서 말씀하신 뜻을 이해하기로는 아뇩다라삼먁삼보리라고 이름할 만한 정해진 법도 없고, 또한 여래께서 말씀하실 만한 정해진 법도 없습니다.

③ 왜냐 하면 여래께서 말씀하신 법은 모두 취할 수도 없고 말할 수도 없으며, 법도 아니고 비법도 아니기 때문입니다.

④ 어째서인가 하면 일체의 현성賢聖은 모두 무위법으로써 차별이 있는 것이기 때문입니다."

"須菩提, 於意云何? 如來得阿耨多羅三藐三菩提耶? 如來有所說法耶?" 須菩提言.

"如我解佛所說義 無有定法 名阿耨多羅三藐三菩提, 亦無有定法 如來可說.

何以故 如來所說法 皆不可取 不可說, 非法 非非法.

所以者何 一切賢聖 皆以無爲法 而有差別."

4.3.2
(제8품 법에 의하여 태어난다)   (第八品 依法出生分)

⑤ "수보리여, 그대 생각에는 어떤가?   "須菩提, 於意云何? 若

만약 사람이 삼천대천세계에 가득한 칠보를 써서 보시한다면, 이 사람이 얻는 복덕이 많겠는가?"

⑥ 수보리가 말하였다.

"매우 많습니다, 세존이시여. 왜냐 하면 이 복덕은 곧 복덕의 성품이 아니기 때문입니다. 그래서 여래께서 복덕이 많겠는가 라고 물으신 것입니다."

⑦ "만약 다시 어떤 사람이 이 경전 중 나아가 사구게 따위만이라도 수지하여 남에게 말해 준다면, 그 복이 저보다 더 뛰어나다.

⑧ 왜냐 하면 수보리여, 일체의 모든 붓다 및 붓다의 아뇩다라삼먁삼보리법이 모두 이 경전에서 나오기 때문이다.

수보리여, 소위 불법佛法이란 곧 불법이 아니다."

人 滿三千大千世界七寶 以用布施, 是人所得福德 寧爲多不?"
須菩提言.

"甚多, 世尊. 何以故 是福德 卽非福德性.
是故 如來說 福德多."

"若復有人 於此經中 受持乃至四句偈等 爲他人說, 其福 勝彼.

何以故 須菩提, 一切諸佛 及諸佛 阿耨多羅三藐三菩提法 皆從此經出.

須菩提, 所謂佛法者 卽非佛法."

︽

이 제3 단의법문의 의심은 제1 단의법문에서 온 것이다. 그 취지는 무상정등각을 이루어 붓다가 되겠다는 마음으로 보시하는 것은 상에 머무는 것이 아닌가 라는 의심에 대하여, 상으로써는 여래를 볼 수 없으므로 의심이 잘못되었다고 답해 주시자, 그렇다면 여래는 유위가 아니라는 뜻인데, 석가모니 붓다께서는 어떻게 무상보리를 얻어 붓다가 되셨고 또 어떻게 법을 말씀하시는가 라는 의심이 생긴다는 것이다.

『간정기』(회권제5)는 이를 풀어서, 「이미 붓다께서 유위가 아니라고 한다면 곧 얻는 것이 있고 말씀하시는 것이 있다는 것은 합당치 않을텐데, 어떻게 석가모니께서는 보리수 아래에서 보리를 얻었고, 전후 여러 모임에서 법을 말씀하셨는가? 이미 얻은 것이 있고 말씀하신 것이 있다는 것은 곧 유위에 떨어진 것인데, 어떻게 앞에서는 '상으로는 보지 못한다'고 해서 무위를 말한 것일까?」라는 취지라고 설명한다.

이에 대한 답은 두 단계로 구성된다. 처음 4.3.1분절 ① 내지 ④의 경문에서, 승의제로서는 아뇩다라삼먁삼보리라고 이름할 정해진 법도 없고, 또한 여래께서 말씀하신 정해진 법도 없다고 해서 의심을 끊어주고, 다음 4.3.2분절 ⑤ 이하의 경문에서, 그렇지만 세속제로서 법이 없는 것은 아니며 그 공덕은 매우 수승하다는 것을 비교를 통해 밝힌다.

처음의 단의법문은 크게 나누면, ① 붓다께서 물으시는 것과, ② 이하에서 수보리가 붓다의 의중을 헤아려 답함으로써 의심을 끊는 것의 두 부분이 된다. 먼저 ① 붓다께서 의심의 원인을 들어 수보리에게 묻는다. 그 취지는 물론, 붓다께서 아뇩다라삼먁삼보리라는 법을 얻었다고 생각하는가, 또 붓다께서 말씀하신 법이 있다고 생각하는가 라는 것이다.

이에 대한 수보리의 답은 세 부분으로 나눌 수 있다. 처음 ②는 진실한 이치에 따라 대답하는 것이고, 다음 ③은 대답 중의 '정해진 법[定法]은 없다'는 말을 해석하는 것이며, 마지막 ④는 해석하는 말 중의 '취할 수도 없고 말할 수도 없다'고 한 뜻을 분간하는 것이다.

먼저 ② 수보리가 진실한 이치, 즉 승의제에 의하여 대답한다. "제가 붓다께서 말씀하신 뜻을 이해하기로는 아뇩다라삼먁삼보리라고 이름할 만한 정해진 법도 없고, 또한 여래께서 말씀하실 만한 정해진 법도 없습니다." 여기에서 '정해진 법[定法]'이라고 한 것은 결정된 법 내지 고정된 법이라는 뜻인데, 연생의 일체법이 정해진 성품[定性]이나 정해진 상[定相]이 없는 것에 상대되는 개념이다. 그러므로 이 '정해진 법'은 연생법과는 달리 승의제로서도 있다고 표현될 수 있는 법을 가리키는 것이므로, 일체가 연기하고 있는 법계에서는 존재할 수 없는 법이다. 그래서 "아뇩다라삼먁삼보리라고 이름할 만한 정해진 법도 없고, 여래께서 말씀하실 만한 정해진 법도 없다."고 말한 것이니, 이것은 바로 승의제의 세계를 말한 것이다.

이런 의미를 『간정기』(회권제5)는 다음과 같이 표현한다. 「'정해진[定]'이란 진실[實]이라는 뜻이다. 말하자면 보리라고 이름할 만한 진실한 법[實法]도 없고, 여래의 말씀이라고 이름할 만한 진실한 법도 없다는 것이니, 이것은 한결같이 승의의 관점에서 대답한 것이다.」

그런 다음 ③ 그 말을 해석하여 말하기를, "왜냐 하면 여래께서 말씀하신 법은 모두 취할 수도 없고 말할 수도 없으며, 법도 아니고 비법도 아니기 때문입니다."라고 한다. 이 설명은 그다지 복잡하지 않지만, 그 뜻을 이해하는 방법은 일치하지 않는다.

우선 이 표현의 이해는 범어 원문의 표현까지 고려되어야 한다. 간편한 전달을 위해 한역문의 표현을 이용해서 말한다면, 한역문은 '여래 소설법所說法' 하나만을 주어로 해서 이것이 '불가취·불가설·비법·비비법'이라고 말하고 있지만, 범어 원문은 주어로서 '여래 소증법所證法'도 함께 두고 있다.101 그렇기 때문에 술어인 '불가취·불가설·비법·비비법'은 여래 소설법뿐만 아니라 여래 소증법에 대한 설명까지 겸하고 있는 것이다.102

이렇게 보면 주어인 '여래 소증법'과 '여래 소설법' 두 가지와 술어인 '불가취·불가설·비법·비비법' 네 가지와의 상관관계도 경문의 이해와 관련이 있다. 일견 표현만으로 보면 '불가취'는 '여래 소증법'에 대한 것이고, '불가설'은 '여래 소설법'에 대한 것인 듯이 보일 수 있다. 그렇지만 이렇게 볼 경우 '비법·비비법'은 어느 것에 대한 것인가를 해결하기 어렵다. 뿐만 아니라 이것은 구마라집이 '불가취·불가설·비법·비비법' 네 가지 모두를 '여래소설법'에 대한 설명으로 번역한 취지에도 어긋난다.

---

101 그래서 현장은 이 부분을, "何以故 世尊, 如來應正等覺 所證所說 所思惟法 皆不可取 不可宣說, 非法 非非法."이라고 번역하고 있다. 여기에서 '여래 소설법'은 여래께서 말씀하신 법이라는 뜻이고, '여래 소증법'은 여래께서 깨달으신 법이라는 뜻이다.

102 『찬요』(회권제5)는, 한역문에 충실하게 술어인 '불가취·불가설·비법·비비법'은 여래 소설법에 대한 설명이라고 한 다음, 무엇 때문에 여래 소증법에 대해서는 설명이 없는가 라고 의문을 제기하고 이에 대해,「설說에 대해 말이 있으면 곧 증證의 뜻도 이루어지기 때문이다. 만약 증득하지 못했다면 곧 말할 수 없기 때문이다.」라고 설명하고 있다.

그래서 결론은 '불가취·불가설·비법·비비법'의 네 가지 술어 모두가 '여래 소증법'과 '여래 소설법'을 공통으로 설명한 것이라고 보아야 한다는 것이다. 이것은 '여래 소증법'과 '여래 소설법'이 궁극적으로 다른 것이 아니라는 점에서 근거를 찾을 수 있다. 범어 원문이 두 가지를 단순하게 병렬하고 있는 것이나, 구마라집이 한역하면서 여래 소설법 한 가지만을 둔 취지도 여기에 있는 것이 아닐까 한다. 이렇게 볼 경우 경문의 뜻은 다음과 같이 이해되어야 할 것이다.

여래께서 깨달으셨다는 아뇩다라삼먁삼보리는 가장 완전한 상태의 일체지지를 말하는 것이다. 이것은 법계의 실상을 있는 그대로 알고 보는 근본지와, 이것에 기초하여 세속의 현상을 알고 보는 후득지가 각각 최고의 상태에 이른 것이다. 둘 다 분별의 미망을 완전히 벗어나, 있는 그대로의 진실을 알고 보는 능력이 최고에 달한 상태를 가리키는 말일 뿐, 그와 같은 무슨 고정된 법이 있는 것은 아니다. 그러므로 이것은 취할 수 있는 어떤 것이 아니다[不可取].

그리고 이것은 존재로서 분별되지 않은 그대로, 소위 무위無爲를 알고 보는 것이므로, 존재로서 형성된 유위를 지시하는 성격을 가진 언어로써는 표현될 수 없는 것이다[不可說]. 다만 이것이 허무한 것은 아니므로, 부득이 여러 가지 언어를 빌어 비슷하게 표현하는 것일 뿐이다. 말하자면 이것은 어떤 고정된 법은 아니지만[非法], 그렇다고 하여 이것이 없는 것은 아니다[非非法]. 그러므로 여기에서도 '비비법'은 '없는 법[無法]이 아니다'라는 의미이다. 요약해서 이것이 경문이 말하고 있는 뜻이다.

다음 앞에서 해석한 말 중 '취할 수도 없고 말할 수도 없다'고 한 뜻을 분간하여, ④ "어째서인가 하면 일체의 현성은 모두 무위법으로써 차별이 있는 것이기 때문"이라고 한다. 이 글은 이 경전의 글 중 해석이 가장 심하게 엇갈리고 있는 것에 속하는 것이다. 그만큼 수긍할 만한 주석을 찾기 어렵기도 하다.

이 부분의 범어 원문은, "그것은 어째서인가 하면, 참으로 성자들[ārya-pudgalāḥ]은 무위로써 나타나기 때문[asaṃskṛta-prabhāvitā]입니다."라고만 되어 있다.103 이것을 구마라집이 원문에도 없는 '차별이 있다'라는 표현을 부가하여, "무위법으로써 차별이 있는 것이기 때문"이라고 번역한 것에 이해의 열쇠가 있다. 왜냐 하면 이 '차별이 있다'라는 표현이, 글의 모두에서 '어째서인가 하면'이라고 한 의문사가 무엇을 뜻하는지를 암시하기 때문이다.

먼저 앞에서 수보리가 "여래께서 깨달으신 법이나 말씀하신 법은 취할 수도 없고 말할 수도 없다"라고 대답하자, 여래께서 수보리를 시험하기 위하여 다음과 같이 물어보실 수 있다. "만약 그렇다면 성자들은 서로 차별이 있지 않아야 할텐데, 어째서 성자들을 여러 종류로 차별하여 말했겠는가? 각각의 성자들은 얻은 법이 각각 따로 있고, 그것들은 서로 다른 것이 아닌가?" 말하자면 '성자들이 얻은 법은 각각 있는 것이 아닌가, 그러니 그대의 대답은

---

103 그래서 현장은 이 부분을, "何以故 以諸賢聖補特伽羅 皆是無爲之所顯故."라고 번역하고 있다. 참고로 보리유지는, "一切聖人 皆以無爲法得名."이라고 번역하고 있다.

잘못된 것이 아닌가'라고 따져 물으시는 글이 숨어 있다고 보는 것이다.

여기에서 성자들에게 차별이 있다는 것은, 기본적으로는 근본불교에서 성자들을 사쌍팔배104로써 구분하여 시설한 것을 뜻한다. 왜냐 하면 구마라집이 위 경문에서 '현성賢聖'이라고 한역한 범어 'ārya-pudgalāḥ'는, 초기경전에서 사쌍팔배의 성인들을 가리키는 명칭 'ariya-puggala' 바로 그것이기 때문이다. 이것이 대승불교에 오면 환희지歡喜地로부터 법운지法雲地까지 십지十地105의 성인으로 개편된다. 그리고 그 외에도 성자에는 벽지불이 있고, 붓다가 있다.

왜 이렇게 차별되는 성자들이 있는가 라는 것이다. 여기에서 유의할 것은 이 성자들을 구마라집이나 현장이 '현성賢聖'이라고 번역하였다고 하여, 성자 아닌 사람을 포함시키려는 뜻은 아니었다고 이해하여야 한다는 점이다.106

---

104 수다원·사다함·아나함·아라한을 각각 '향向'과 '과果'의 쌍으로 나눈 것을 가리킨다 함은 앞의 《반야심경》에서 설명하였다.
105 《화엄경》에 의해 초지부터 제10지까지의 명칭을 순차 열거하면, 환희지, 이구지離垢地, 발광지發光地, 염혜지焰慧地, 난승지難勝地, 현전지現前地, 원행지遠行地, 부동지不動地, 선혜지善慧地, 법운지이다. 다만 유식계통의 경론에서는 명칭이 다소 달라진다(졸역『주석 성유식론』pp.899-902 참조).
106 예컨대《화엄경》에서는 보살의 단계를 십신十信, 십주十住, 십행十行, 십회향十廻向, 십지十地, 등각等覺 및 묘각妙覺의 52단계로 나누고, 그 중 아직 성인에 이르지 못한 십주·십행·십회향을 '삼현三賢'이라고 하고, 그 다음의 십지를 '십성十聖'이라고 해서, 이 삼현십성을 '현성賢聖'이라고 표현하므로, '현성'이라고 하면 성인이 아닌 '삼현'도 포함하는 것으로 이해될 수 있다. 그렇지만 이 경전의 한역은 '현성'의 개념이 이와 같은 의미로 쓰이기 전에 이루어진 것이라고 이해할 수 있다. 그래서『간정기』(회권제5)에서도 '현賢'은 곧 '성聖'이라고 해석하고 있다.

이렇게 보면 글의 서두에서 '어째서인가 하면'이라고 한 의문사는 다음과 같은 의미가 된다.「비록 성인들은 여러 가지 명칭으로 차별되지만, 그렇다고 해서 그들이 얻은 법이 따로 있는 것이 아니고, 따라서 그들이 깨달았다고 하는 법 역시 취할 수도 없고 말할 수도 없는 것이라는 점은 마찬가지입니다. 어째서인가 하면,」

그리고 다음의 분간하는 글은 다음과 같은 의미가 된다.「ⓐ 일체의 현성은 모두 연기하고 있는 법계의 실제 모습을 있는 그대로 알고 보는 무위로써 나타나는 것이지, 정해진 어떤 법을 깨달아서 되는 것이 아니라는 점에서는 동일하기 때문입니다. ⓑ 다만 그들이 어떤 길을 통하여 무위를 알고 보게 되었는지, 또 그 알고 보는 정도는 어떠한지에 따라 세속제로서 차별되는 명칭을 시설한 것일 뿐입니다.」여기에서 ⓐ 부분은 범어 원문의 '일체의 현성은 모두 무위로써 나타난다[一切賢聖 皆以無爲法]'는 표현이 뜻하는 것이고, ⓑ 부분은 구마라집이 부가한 '차별이 있다[而有差別]'는 표현이 뜻하는 것이다.

《대품반야경》(제21권) 제70 삼혜품三慧品에서 이러한 이해를 뒷받침하는 다음과 같은 글을 발견할 수 있다.

「수보리가 붓다께 여쭈었다. "세존이시여, 만약 도道에 법이 없다면 열반도 또한 법이 없을 것인데[若道無法 涅槃亦無法], 무엇 때문에 '이것은 수다원이고 이것은 사다함이며 이것은 아나함이고 이것은 아라한이며 이것은 벽지불이고 이것은 보살이며 이것은 붓다이다.'라고 분별하여 말씀하시는 것입니까?"

붓다께서 수보리에게 말씀하셨다. "이들은 모두 무위법으로써 분별이 있어[是皆以無爲法 而有分別], '이것은 수다원이고 이것은 사다함이며 이것은 아나함이고 이것은 아라한이며 이것은 벽지불이고 이것은 보살이며 이것은 붓다이다.'라고 분별하여 말하는 것이다."

"세존이시여, 진실로 무위법으로써 분별하여 수다원 내지 붓다가 있는 것입니까?"

붓다께서 수보리에게 말씀하셨다. "세간의 언설 때문에 차별이 있을 뿐 제일의는 아니다. 제일의 가운데서는 분별하여 말할 것이 없는 것이다[世間言說故 有差別 非第一義. 第一義中 無有分別說]."」

이상의 경문은 승의제를 말한 것이다. 다음 4.3.2분절의 ⑤ 이하의 경문은, 그렇지만 세속제로서 법이 없는 것은 아니며 그 공덕은 매우 수승하다는 것을 비교를 통해 밝힌다.

이 글을 둔 이유에 대해 『간정기』(회권제5)는 다음과 같이 문답한다. 「(문) 근본 원인은 수보리가 의심을 일으킨 까닭에 세존께서 의심을 끊어주신 것이다. 의심이 이미 끊어졌는데, 무엇 때문에 수승함을 비교하는가? (답) 논107에서, "법은 비록 취할 수도 없고 말할 수도 없지만, 공하지 않기 때문이다."라고 하였다. 그 뜻은 어떤 사람이 이 법은 취할 수도 없고 말할 수도 없다는 말을 듣고, 한결같이 언설로 된 교법[言敎]을 부정할까 염려하기 때문에, 여기에서 비교해서 수승함을 나타내어 그로 하여금 남에게 연설하고 스스로 수지하게 하기 위해서이다.」

---

107 세친의 논서 상권을 가리키는 것이다.

이 글은 네 부분으로 나누어진다. 처음 ⑤는 열등한 복을 들어 물으시는 것, 다음 ⑥은 복이 많다는 것을 해석하여 대답하는 것, 다음 ⑦은 경전의 복이 초과함을 밝히시는 것, 마지막 ⑧은 초과하는 이유를 풀이하시는 것이다.

먼저 ⑤ "사람이 삼천대천세계108에 가득한 칠보109를 써서 보시한다면 복덕이 많겠는가?"라고 열등한 복을 들어 물으신다. '삼천대천세계'는 가장 큰 것을 표현하는 것이고, '칠보'는 가장 귀한 보물을 상징하는 것이다. 이렇게 한량없이 많은 귀한 보물을 보시하는 데 쓴다면 그 복이 많겠는가 물으시는 것이다.

다음 ⑥은 "매우 많습니다."라고 하여 그 복덕이 매우 많음을 밝히면서, 그 이유를 해석하여 "이 복덕은 곧 복덕의 성품이 아니기 때문입니다. 그래서 여래께서 복덕이 많겠는가 라고 물으신 것입니다"라고 한다.

여기에서 '이 복덕'이란 여래께서 물으신 복덕을 가리키는 말이고, '복덕의 성품[福德性]'이라는 것은 승의제로서의 복덕을 가리키는 말이다. 그러므로 "이 복덕은 곧 복덕의 성품이 아니기 때문[卽非福德性]"이라는 말은, 여래께서 물으신 복덕은 승의제로서 복덕

---

108 졸저 『불교는 무엇을 말하는가』 p.100 참조.
109 앞의 삼십이상에 대한 설명에서 나온 전륜성왕의 일곱 가지 보물을 가리키기도 하지만, 보통은 세간의 일곱 가지 보물을 가리킨다. 세간의 칠보는 경론에 따라 다소 차이가 있다. 금·은·유리琉璃·차거硨磲·마노馬瑙·산호珊瑚·호박虎珀의 일곱이 대표적이지만, 이들 중의 하나 대신 진주, 파려玻瓈, 매괴玫瑰 등이 열거되는 경우도 있다.

을 말씀하신 것이 아니기 때문이라는 것이다. 그 뜻은 만약 승의 제로서의 복덕이라면, 그것은 공이므로 적다거나 많다고 말할 수 없다는 것이다.

그 뒤에서 "그래서[是故] 여래께서 복덕이 많겠는가 라고 물으신 것입니다."라고 한 것은, 승의제가 아니라 세속제로서 말씀하신 것이므로 '복덕이 많겠는가'라고 물으셨다는 뜻이다. 그래서 수보리로서도 세속제로서 복덕이 매우 많다고 대답하였다는 것이다.

여기에서 '곧 (복덕의 성품이) 아니다[卽非]'라는 표현에 유의하여야 한다. 이 표현이 이 경전에서 승의제를 나타내는 표현으로서 반복하여 등장하기 때문이다. 여기에서 '즉卽'은 승의제임을 나타내고, '비非'는 승의제로서는 그러한 것이 아니다 라는 뜻이다. 그렇지만 '즉비'라고 표현한다고 해서, 모두 '승의제로서는 ~가 아니다'라는 뜻을 나타내는 것이라고 보아서는 안 된다. 그러한 뜻이 아닐 수도 있기 때문이다.

여기에서는 '즉비卽非' 다음에 복덕의 성품이라고 하여 '성품[性]'이라는 표현이 부가되어 있어 승의제를 말한다는 것을 시사하고 있다. 또 그 다음에는 '그래서[是故] 여래께서 복덕이 많겠는가 라고 물으신 것이라고 하여, 이것은 세속제로 말한 것임을 일러주고 있다. 이 경전에서는 처음 나오는 것이어서 친절을 보인 것으로 생각된다. 이하에서 승의제와 세속제를 대비하여 말하는 글이 무수히 등장하지만, 이렇게 친절하게 일러주고 있는 곳은 찾기 어렵다. 그리고 승의제와 세속제를 대비하여 표현하는 방식도 갖가지이다. 표현방식이 어떻든 승의제와 세속제를 분간하여 읽지 못하면 글의 뜻을 제대로 이해할 수 없으므로, 특히 유의해야 할 점이다.

다음 ⑦ 경전의 복이 칠보 보시의 복을 초과한다는 것을, "이 경전 중 나아가 사구게 따위만이라도 수지受持110하여 남에게 말해 준다면, 그 복이 저보다 더 뛰어나다."라고 설명한다. '사구게 따위만이라도'라는 표현은 '이 경전 전부가 아니라 그 중에 사구게 정도만이라도'라는 뜻이다. 그 뜻은 '사구게 정도만 해도 그러하거늘, 하물며 경전 전부이겠는가'라는 것이다.

이 사구게에 관하여 『찬요』(회권제5)는 다음과 같은 주석을 하고 있다. 「단지 사구四句만으로 뜻의 표현이 완벽하다면 곧 사구게가 된다. 예컨대 '범소유상凡所有相 개시허망皆是虛妄 약견제상비상若見諸相非相 즉견여래卽見如來'라고 하였는데, 이것은 가장 절묘하다. 그렇지만 뜻이 갖추어진 사구를 수지하고 설해야만 곧 보리로 향한다. 글에는 혹 증감이 있을 수 있으므로 반드시 오직 사구여야 하는 것은 아니지만, 만약 뜻에 흠결이 있다면 곧 비방을 이룰 것이다.」

끝으로 ⑧ 그 이유를 설명하는 글은 두 단락으로 구성되어 있다. 먼저 ㉠ "일체의 모든 붓다 및 붓다의 아뇩다라삼먁삼보리법이 모두 이 경전에서 나오기 때문이다."라고 하여 바르게 해석한

---

110 '수지'의 사전적인 의미는 '받아 지닌다'는 뜻인데, 《대지도론》 제33권에서는, "듣고 받들어 행함을 '수受'라고 하고, 오래오래 잃지 않음을 '지持'라고 한다."라고 풀이하고 있다.

다음, ⓛ "수보리여, 소위 불법이란 곧 불법이 아니다"라고 하여 해석한 것을 전환한다.

먼저 ㉠ 바르게 해석하는 글에서 '일체의 모든 붓다 및 붓다의 아뇩다라삼먁삼보리법'이라고 말한 것은 붓다의 삼신三身을 모두 아울러 나타내고자 한 것이다. 즉 '붓다의 아뇩다라삼먁삼보리법'이란 법신을 가리키고, '일체의 모든 붓다'란 보신과 화신을 모두 합쳐 가리키는 것이다. 법신은 이 경전에 의지해서 알고 볼 수 있게 되고, 보신과 화신은 이 경전에 의지해서 성취할 수 있기 때문에, 붓다의 삼신이 모두 이 경전에서 나온다고 한 것이다.

그래서 이 대목에 관해 미륵송은,「진실에 대해서는 요인了因이라 이름하고[於實名了因] 또한 나머지 둘[餘]에게는 생인生因이 된다[亦爲餘生因]」라고 하였고, 세친은 이를 풀이하여, 저 법신에 대해 이 경전을 수지하고 말해주는 이 두 가지는 능히 요인了因이 되고, 붓다의 보신과 화신에 대해서는 능히 생인生因이 되기 때문이라고 설명하였다.111 여기에서 '요인了因'이란 아는 원인이라는 뜻이고, '생인生因'이란 생기게 하는 원인이라는 뜻이다.

따라서 이 글의 취지는, 보시는 세간의 복을 가져 오는 것일 뿐 출세간의 깨달음을 성취하게 하는 것이 아니지만, 이 경전은 아뇩다라삼먁삼보리를 성취하게 하는 것이기 때문에, 그 공덕이 보시와는 비교할 수 없을 만큼 수승하다는 것이다. 이 뜻을 미륵송은 다음과 같이 표현한다.「법을 수지하고 말해 줌은[受持法及說] 복덕보다 헛되지 않으니[不空於福德] 복덕으로는 보리로 나아가지 못하

---

111 그의 논서 상권에서의 설명이다. 요인과 생인이라고 구분하여 부르는 이유는, 법신은 생멸이 없지만, 보신과 화신은 생멸이 있다고 보기 때문이다.

나[福不趣菩提] 둘112은 보리로 나아가게 한다[二能趣菩提]」

그런 다음 ⓒ 다시 법에 집착할 것을 염려하여 해석한 것을 전환해서 말하기를, "수보리여, 소위 불법佛法이란 곧 불법이 아니다."라고 한다.113 여기에서 '소위 불법'이란 세속제로서의 불법을 말하는 것이고, '곧 불법이 아니다'라고 한 것은 승의제로서는 공이라는 뜻임은 더 이상 되풀이할 필요가 없을 것이다.114

이하에서 이 얻은 법도 없고 말한 법도 없다는 것으로부터 많은 의심이 꼬리를 물고 일어난다. 그래서 이 제3단의로부터 파생된 단의법문이 여럿 이어진다.

---

112 '둘'이라 함은 수지함과 남에게 말해줌의 둘을 뜻한다.
113 선가에서는 이렇게 집착을 파하기 위해 다시 승의제로서 공임을 말하여, 세속제로서 설명한 바를 전환하는 것을 흔히 '자취를 쓸어버린다[拂跡]'고 표현하는데, 이 경전에서도 이러한 장면이 자주 등장한다.
114 『찬요』(회권제5)는 이 뜻을, "제일의 중에서는 경전에서 나오는 불법이란 없다."라고 설명한다.

4 성문이 과를 얻은 것도 얻은 것이 아닌가 라는 의심[聲聞得果是取疑]을 끊음(← 3)

4.4
(제9품 하나의 상이니 무상이다)　　(第九品 一相無相分)

① "수보리여, 그대 생각에는 어떤가? 수다원이 나는 수다원과를 얻었다고 생각하겠는가?"

수보리가 말하였다.

"그렇지 않습니다, 세존이시여.

왜냐 하면 수다원은 흐름에 든 이[入流]라고 부르지만 들어가는 바가 없으니, 색·성·향·미·촉·법에 들어가지 않습니다. 이것을 수다원이라고 이름한 것입니다."

② "수보리여, 그대 생각에는 어떤가? 사다함이 나는 사다함과를 얻었다고 생각하겠는가?"

수보리가 말하였다.

"그렇지 않습니다, 세존이시여.

왜냐 하면 사다함은 한 번만 가고올 이[一往來]라고 부르지만 진실로 가고 옴이 없습니다. 이것을 사다함이라고 이름한 것입니다."

③ "수보리여, 그대 생각에는 어떤가?

"須菩提, 於意云何? 須陀洹 能作是念 我得須陀洹果不?"

須菩提言.

"不也, 世尊.

何以故 須陀洹 名爲入流 而無所入, 不入色聲香味觸法.

是名須陀洹."

"須菩提, 於意云何? 斯陀含 能作是念 我得斯陀含果不?"

須菩提言.

"不也, 世尊.

何以故 斯陀含 名一往來 而實無往來.

是名斯陀含."

"須菩提, 於意云何?

아나함이 나는 아나함과를 얻었다고 생각하겠는가?"

수보리가 말하였다.

"그렇지 않습니다, 세존이시여.

왜냐 하면 아나함은 돌아오지 않을 이[不來]라고 부르지만 진실로 돌아오지 않음이 없습니다. 그래서 아나함이라고 이름한 것입니다."

④ "수보리여, 그대 생각에는 어떤가? 아라한이 나는 아라한도를 얻었다고 생각하겠는가?"

수보리가 말하였다.

"㉠ 그렇지 않습니다, 세존이시여. 왜냐 하면 진실로 아라한이라고 이름할 법이 없기 때문입니다. 세존이시여, 만약 아라한이 나는 아라한도를 얻었다고 생각한다면, 곧 아·인·중생·수자에 집착하는 것입니다.

㉡ 세존이시여, 붓다께서는 저를 '무쟁삼매를 얻은 이 중 가장 제일이고 으뜸가는 이욕離欲아라한'이라고 말씀하셨습니다만 세존이시여, 저는 제가 이욕아라한이라고 생각하지 않습니다.

세존이시여, 제가 만약 나는 아라한도

阿那含 能作是念 我得阿那含果不?"

須菩提言.

"不也, 世尊.

何以故 阿那含 名爲不來 而實無不來.

是故 名阿那含."

"須菩提, 於意云何?

阿羅漢 能作是念 我得阿羅漢道不?"

須菩提言.

"不也, 世尊. 何以故 實無有法 名阿羅漢.

世尊, 若阿羅漢 作是念 我得阿羅漢道, 卽爲著我人衆生壽者.

世尊, 佛說我 '得無諍三昧人中 最爲第一 是第一 離欲阿羅漢' 世尊, 我不作是念 我是離欲阿羅漢.

世尊, 我若作是念 我得

를 얻었다고 생각한다면, 세존께서는 곧 '수보리는 아란나행阿蘭那行을 즐기는 자이다'라고 말씀하시지 않았을 것입니다. 수보리가 진실로 행하는 것이 없으므로 수보리는 아란나행을 즐기는 자라고 부르셨던 것입니다."

阿羅漢道, 世尊 卽不說 '須菩提 是樂阿蘭那行者'. 以須菩提 實無所行 而名 須菩提 是樂阿蘭那行."

이 제4 단의법문의 의심은 바로 앞의 제3 단의법문에서 온 것이다. 그 취지는 앞에서 일체의 성인은 모두 무위로써 나타나는 것이지, 얻을 만한 법이 있는 것이 아니라고 하였는데, 그렇다면 어째서 성문의 네 종류 성인은 각각 네 종류 차별되는 과보를 얻었다고 말하는 것일까 라는 의심이 있을 수 있다는 것이다. 이것은 앞에서 "일체의 현성은 모두 무위법으로써 차별이 있는 것"이라고 해서 총체적으로만 밝혔기 때문에, 의심이 완전히 불식되지 아니했다는 취지이다.

그렇지만 총체적인 해답은 앞 분절에서 제시되었다. 무위를 보는 정도, 그리고 이에 따른 번뇌의 소멸 정도에 대한 세간의 이해에 따라 명칭을 세운 것일 뿐, 그 명칭에 상응하는 실제적인 법이 있는 것은 아니다. 그리고 그러한 경지에 이르렀다고 평가되는 성자도 스스로 그러한 법을 얻었다고 생각하지도 않고, 또 그렇게 말하지도 않는다. 단의의 법문은 네 가지 과위에 대해 하나씩 모두 네 부분으로 구성되어 있고, 각각의 법문은 붓다의 물음과 수보리의 대답으로 이루어진다.

그리고 각각의 법문 중 붓다의 물음은 모두 같은 표현으로 되어 있다. "수보리여, 그대 생각에는 어떤가? 수다원·사다함·아나함·아라한이 나는 수다원과·사다함과·아나함과·아라한도를 얻었다고 생각하겠는가?"라고. 아라한의 경우 '아라한과'가 아닌 '아라한도'라고 표현하고 있는 점이 다르지만, 특별히 다른 뜻이 있는 것은 아니다.115

그렇지만 각각의 법문 중 수보리의 대답은 아래의 도표에서 보는 것처럼 약간 차이가 있다.

	수다원	사다함	아나함	아라한
ⓐ 정답	○	○	○	○
ⓑ 정답의 근거	×	×	×	○
ⓒ 이름의 해석	○	○	○	×
ⓓ 예증	×	×	×	○

이 도표의 내용을 염두에 두고 각각의 과보에 관한 수보리의 대답을 살펴보자. 수보리의 대답은 4과四果 각각에 대해 먼저, "그렇지 않습니다."라고 한 부분과, 그에 부가하여 말하는 부분의 두 부분으로 되어 있다.

여기에서 먼저 "그렇지 않습니다."라고 대답한 부분이 위의 도

---

115 이는 범어 원문에서 아라한의 경우 앞의 세 가지 과보와는 달리, 아라한의 지위를 뜻하는 'arhattva'의 뒤에 '과'를 뜻하는 'phala'를 부가하지 않았기 때문에 달리 한역한 것으로 보인다.

표에서 'ⓐ 정답正答'이라고 표시한 것이다. 붓다의 질문에 대해 바로 답하는 것인데, 이것은 4과 모두가 같다. 그렇지만 그에 부가하는 내용은 아라한의 경우 ⓑ와 ⓓ로 구성되어 있고, 나머지 3과는 모두 ⓒ 하나로 되어 있는 점에서 서로 다르다. 그런데 이 도표에서 ⓑ '정답의 근거'는 그 제목으로도 알 수 있듯이 ⓐ의 '정답'과 관계되는 것인 반면, 뒤의 ⓒ 이하는 그 둘과는 국면을 달리 한다. 그래서 먼저 ⓐ와 ⓑ 부분을 묶어 살펴보기로 한다.

먼저 4과 모두에서 수보리는 붓다의 질문에 대해 먼저 "그렇지 않습니다."라고 바르게 대답한다. 그런데 이렇게 답이 부정일 수밖에 없는 근거를, 위 도표에서 보는 것처럼 3과에 관한 대답에서는 설명하지 않고, 오직 아라한에 대한 대답에서만 설명하고 있다. 그것이 본문 ④ 중의 ㉠, 즉 "㉮ 왜냐 하면 진실로 아라한이라고 이름할 법이 없기 때문입니다. ㉯ 만약 아라한이 나는 아라한도를 얻었다고 생각한다면, 곧 아·인·중생·수자에 집착하는 것입니다."라고 한 부분이다.

그렇지만 이것은 나머지 3과에도 공통되는 설명이다. 그러므로 이 글에서 '아라한'이라는 말을 '수다원'이라는 말로 바꾸면 수다원에 관한 설명이 된다. "㉮ 왜냐 하면 진실로 수다원이라고 이름할 법이 없기 때문입니다. ㉯ 만약 수다원이 나는 수다원과를 얻었다고 생각한다면, 곧 아·인·중생·수자에 집착하는 것입니다." 또 '사다함'이나 '아나함'이라는 말로 바꾸면, 사다함이나 아나함에 관한 설명이 되는 것도 물론이다.

이에 의하면 이유는 두 가지임을 알 수 있다. 첫째는 수다원이라고 이름할 만한 법이 없기 때문이다. 물론 이것은 승의제로써 하는 말이다. 둘째는 아상我相이 없기 때문이다. 견도하여 수다원의 경지에 이르면 유신견이 소멸되므로, 존재 내지 개체를 전제하는 사고를 하지 않는다. 그러므로 그에게 '나는 …'이라고 하는 방식의 사고는 일어날 수 없다. 만약 그가 이러한 사고를 한다면 "곧 아·인·중생·수자에 집착하는 것"이어서, 수다원이라고 할 수 없다. 하물며 취할 만한 법이 있는 것이 아닌데, 수다원이라는 법을 얻었다고 하는 생각이 일어날 수 있겠는가?

수다원이 그러하다면, 그보다 높은 경지에 이른 사다함 내지 아라한은 더 말할 나위도 없을 것이다. 비록 설명의 글은 아라한에만 있지만, 나머지 3과에도 공통되는 것임이 분명하다.

그런데 범어 원문과 대조해 보면, 나머지 3과에 관해 전혀 설명이 없는 것은 아니다. 수다원에 관해서는 두 가지 중 ㉯의 설명이 부가되어 있고, 사다함과 아나함에 관해서는 각각 ㉮의 설명이 부가되어 있다. 그럼에도 구마라집이 이들을 제외하고 번역한 것이다. 그 취지는 '아라한에 관한 ㉮와 ㉯의 설명이 수다원 내지 아나함에게도 공통으로 적용된다, 두 가지 중 하나씩만 붙어 있는 원문대로의 번역은, 그것에 특별한 의미가 숨어 있는 것이 아닐까라는 불필요한 의문을 불러일으킬지도 모른다'는 것을 통찰하였기 때문일 것이다.

그렇다면 아무 것도 증득한 것이 없고, 과위는 한갓 공허한 이름일 뿐인가? 설명이 없을 수 없다. 그렇지만 설명의 글은 네 가지 과보가 같지 않다. 위 도표에서 보는 것처럼 3과는 ㉰ 이름의 해석을 통해 간접적으로 밝히는 반면, 아라한은 ㉣ 예증하는 방식을 취하고 있다는 점에서, 서로 내용이 완전히 다르다. 또 3과 중에서도 사다함과 아나함은 서로 같지만, 이들과 수다원은 다소 다르게 표현되어 있다. 그렇지만 4과 모두 세속제로는 증득한 것이 없지 아니함을 밝히는 것이라는 점에서는 같다.

먼저 수다원에 관한 설명을 보자. 대답의 내용은 "왜냐 하면 수다원은 흐름에 든 이라고 부르지만 들어가는 바가 없으니, 색·성·향·미·촉·법에 들어가지 않습니다. 이것을 수다원이라고 이름한 것입니다."라고 되어 있다. 글의 모두에서 '왜냐 하면'이라고 한 것은 '그렇다면 아무 것도 증득한 바가 없고, 과위는 한갓 공허한 이름일 뿐인가'라는 의문에 대해, '(그렇지 않습니다) 왜 수다원이라고 이름했는가 하면'이라고 해석하는 취지이다.

다음 해석하는 글의 뜻을 이해하기 위해서는 수다원의 개념을 상기할 필요가 있다.116 즉 수다원ⓅsotāpannaⓈsrotāpanna은 견도見道를 성취하여 연기하는 현상의 실제 모습을 알고 보게 되어, 범부로부터 성자로 종성이 바뀐 성자를 가리키는 명칭이다. 수다원은 성자의 '흐름ⓅsotaⓈsrota[流]에 들었다ⓅⓈāpanna[入][預]'는 뜻으로, 한역으로는 입류入流 또는 예류預流라고 부르는데, 수다원이 되면 오하분결 중 유신견·계금취견·회의적 의심의 세 가지 번뇌가 소멸된다.

수다원에 대해 해석하는 글은, "Ⓐ 수다원은 흐름에 든 이라고 부르지만 Ⓑ 들어가는 바가 없으니, Ⓒ 색·성·향·미·촉·법에 들어

---

116 수다원 내지 아라한의 4과의 개념은 졸저 『불교는 무엇을 말하는가』 pp.227-230을 참조.

가지 않습니다. ⒟ 이것을 수다원이라고 이름한 것입니다."라고
되어 있는데, 이것은 부호로 표시한 것처럼 네 부분으로 나누어
볼 필요가 있다. 왜냐 하면 사다함과 아나함에 대한 설명에서는
"ⓒ 색·성·향·미·촉·법에 들어가지 않습니다"에 해당하는 표현이
없기 때문이다. 글을 사다함과 아나함에 관한 방식 대로 한다면,
"ⓐ 수다원은 흐름에 든 이라고 부르지만 ⓑ 들어가는 바가 없습
니다. ⒟ 이것을 수다원이라고 이름한 것입니다."라는 것이 되는
데, 이것으로 완결된 의미를 갖춘다고 보아야 할 것이다. 만약 그
렇지 않다면 사다함과 아나함에 관한 설명도 완결된 의미를 갖추
지 못한 것이 될 것이기 때문이다.

　이러한 전제에서 글의 구성을 분석해 보면, ⓐ와 ⒟는 합쳐 세
속제를 표현한 것이고, ⓑ는 승의제를 표현한 것이라고 이해하여
야 할 것이다. 말하자면 명칭 속에 세속제가 들어 있어서, 명칭이
그에 상응하는 경지의 성취가 있었음을 표현하고 있는 것이다. 그
러므로 ⓑ는 '들어가는 바 흐름이라는 것이 실제로 있는 것이 아
니다'라는 뜻이다.117 그리고 ⓐ와 ⒟는 '그렇지만 공허한 것은 아
니고, 세속제로 말해서 흐름에 든 이라고 말할 수 있는 경지의 성
취가 있는 것, 이것을 수다원이라고 이름한 것이다'라는 것이다.
이것이 경문의 근본적인 뜻이다.

　그러므로 수다원에 관한 설명 중 ⓒ는 반드시 필요한 글은 아닐
수도 있다. 그렇지만 상당히 오묘한 맛이 있는 표현이다.118 왜냐

---

117 또 사다함과 아나함에 관한 설명에 준한다면, '흐름에 드는 주체라는 것이
　 실제로 있는 것이 아니다'라는 뜻도 있을 것이다.
118 범본에서는 이 부분이, "어떤 법에도 들어가지 않기 때문입니다. 색·성·

하면 이것은 "ⓑ 들어가는 바가 없다"는 말을 풀이해 주는 승의제의 측면과 함께, "색·성·향·미·촉·법에 들어가지 않는" 경지를 성취하였으므로 수다원이라고 이름한다는 세속제의 측면을 동시에 갖는 표현이기 때문이다. 그러면서 (색·성·향·미·촉·법에) 들어가지 않으므로[不入] '흐름에 든 이[入流]'라고 부른다는 역설적 효과도 나타내고 있다.

어떻든 여기에서 '든다[入]'는 것은 집착한다는 뜻이다.119 수다원은 연기하는 현상은 모두 무상無常하다는 실제의 모습을 보았기 때문에 육경六境을 마주하더라도 집착할 것이 아님을 안다. 그래서 어떠한 경계에도 집착하지 않을 수 있는 경지를 성취하였으므로 흐름에 든 이라고 이름하였다는 뜻이다. 어떠한 대상에 대해서도 집착하지 않는다는 이것은 열반을 실현할 수 있는 중요한 조건이 되는데, 초기경전에서는 이 뜻을 다음과 같이 설명하고 있다.

"신들의 제왕이여, 원하고 즐겁고 마음에 들고 사랑스럽고 감각적 욕망을 자극하고 애착의 대상이 되는 형상·소리·냄새·맛·감촉·법들이 있는데, 어떤 중생들은 그것들을 환희하고 환호하고 탐착합니다. 그것들에 대한 환희가 있고 환호가 있고 탐착이 있다면 그들의 의식은 그것들에 의존하고 그것들에 집착합니다. 신들의 제왕이여, 집착이 있으면 그 중생들은 완전한 열반에 들지 못합니다.

향·미·촉·법에도 들어가지 않기 때문입니다. 그래서 수다원이라고 한 것입니다."라고 번역될 수 있는 내용으로 되어 있다.
119 『간정기』(회권제6)에서도 같이 표현되어 있다.

신들의 제왕이여, 원하고 즐겁고 마음에 들고 사랑스럽고 감각
적 욕망을 자극하고 애착의 대상이 되는, 형상·소리·냄새·맛·감
촉·법들이 있는데, 어떤 중생들은 그것들을 환희하지 않고 환호
하지 않고 탐착하지 않습니다. 그것들에 대한 환희가 없고 환호
가 없고 탐착이 없다면 그들의 의식은 그것들에 의존하지 않고
그것들에 집착하지 않습니다. 신들의 제왕이여, 집착이 없으면
그 중생들은 완전한 열반에 듭니다."120

다음 사다함과 아나함에 대한 경문을 보기에 앞서, 수다원 다음
의 3과의 개념부터 정리해 보자. 견도를 한 성자가 수도를 진행하
면 오하분결 중 아직 소멸되지 않은 욕탐과 증오 두 가지 번뇌가
먼저 소멸되고, 그 후 중생을 상계上界에 결박하는 다섯 가지 번
뇌, 즉 오상분결이 소멸하는 순서로 번뇌가 모두 소멸한다. 이렇
게 해서 번뇌가 모두 소멸한 성자를 아라한이라고 하고,121 욕탐
과 증오 두 가지 번뇌가 소멸하여, 오하분결이 모두 소멸한 성자
를 아나함이라고 하며, 욕탐과 증오가 아직 완전히 소멸하지 못하

---

120 이것은 한글 SN 제4권 제석천의 질문에 대한 경[Sakkapañhasutta](pp.395
-399)에서, "어떤 중생들은 세상에서 현세에 완전한 열반에 들지 못하는데,
그것은 무엇을 원인으로 하고 무엇을 조건으로 하며, 어떤 중생들은 세상에
서 현세에 완전한 열반에 드는데, 그것은 무엇을 원인으로 하고 무엇을 조건
으로 합니까?"라는 제석천의 물음을 받고 붓다께서 말씀하신 것이다.
121 『찬요』(회권제6)는 아라한의 이름에 대해 다음과 같이 주석한다.「아라한
은, 이의 번역에 셋이 있다. 첫째는 무적無賊이니, 삼계의 견도·수도의 번뇌
를 다하였기 때문이다. 둘째는 불생不生이니, 후유後有를 받지 않기 때문이
다. 셋째는 응공應供이니, 마땅히 인·천의 광대한 공양을 받을 만하기 때문이
다.」

고, 거친 순서로 아홉 단계 중 여섯 단계까지 소멸한 성자122를 사다함이라고 부른다.

이 중 사다함은 아직 욕탐과 증오가 남아 있어 욕계에서의 윤회를 아직 벗어나지 못했지만, 남아 있는 정도가 매우 옅어서 욕계의 하늘에 한 번 갔다가 인간으로 한 번만 더 태어나면 나머지 번뇌를 모두 끊고 열반을 성취할 수 있으므로, 한 번만 더 왕래한다고 해서 사다함이라고 부른다.123 그리고 아나함은 중생을 욕계에 결박하는 오하분결을 모두 끊어 욕계로는 더 이상 윤회하지 않으므로, 욕계로 오지 않는다고 해서 아나함이라고 부른다.124

경문은 사다함에 대해서는, "Ⓐ 사다함은 '한 번만 가고 올 이[一往來]'라고 부르지만 Ⓑ 진실로 가고 옴이 없습니다. Ⓓ 이것을 사다함이라고 이름한 것입니다."라고 하고, 아나함에 대해서는, "Ⓐ 아나함은 돌아오지 않을 이[不來]'라고 부르지만 Ⓑ 진실로 돌아오지 않음이 없습니다. Ⓓ 그래서 아나함이라고 이름한 것입니다."라고 하여 설명이 같다.125 그 구성과 뜻은 수다원에서 말한

---

122 거친 순서로 상상품·상중품·상하품, 중상품·중중품·중하품, 하상품·하중품·하하품의 아홉 품류로 나누는데, 아홉 품류 중 상상품부터 중하품까지 6개 품이 소멸하고, 하상·하중·하하품의 3개 품만 남은 성자를 말한다.
123 《구사론》 제24권에 나오는 설명이다. '사다함'의 원어 ⓈsakṛdāgāmⓅsakadāgāmi 중 앞(ⓈsakṛdⓅsakad)은 '한 번'이라는 뜻이고, 뒤(ⓈāgāmiⓅāgāmi)는 '향해 가는 자'라는 뜻이다. 그래서 사다함은 한역해서 '일왕래' 또는 '일래'라고 한다.
124 《구사론》 제24권에 의하면 아나함과를 성취한 성자가 현생에서 열반을 성취하지 못하면, 색계 또는 무색계로 가서 열반을 성취하게 된다고 한다. '아나함'의 원어 ⓈanāgāmiⓅanāgāmi 중 앞의 'an'은 부정의 접두어이고, 뒤는 사다함에서 말한 것과 같다. 그래서 아나함은 한역해서 '불래' 또는 '불환不還'이라고 한다.

것과 같다. 따라서 여기에서도 Ⓑ는 각각 승의제를 표현하는 것이고, Ⓐ와 Ⓓ는 합쳐서 각각 세속제를 표현하는 것이다.

그러므로 경문의 뜻을 새기면 다음과 같이 된다. '사다함은 한 번만 가고 올 이라고 부르지만, 진실로 가고 옴은 없다. 오온이 인간의 몸을 버리고 욕계 천신의 몸으로 상속하다가, 다시 이를 버리고 인간의 몸으로 상속하는 것을, 하늘과 인간을 왕래한다고 말한 것일 뿐, 진실로 왕래하는 주체가 있어 왕래하는 것이 아니다.' '그렇지만 공허한 것은 아니고, 세속제로 말해서 욕계에서 한 번만 더 왕래하면 열반을 성취할 수 있을 정도의 성취가 있는 것, 이것을 사다함이라고 이름한 것이다.'

다음 '아나함은 돌아오지 않을 이라고 부르지만 진실로 돌아오지 않음은 없다. 오온이 더 이상 욕계의 몸으로 상속하지 않음을 돌아오지 않는다고 말한 것일 뿐, 진실로 돌아오는 주체가 있어 오거나 오지 않는 것이 아니다.' '그렇지만 공허한 것은 아니고, 세속제로 말해서 욕계로 더 이상 오지 않고 열반을 성취할 수 있을 정도의 성취가 있는 것, 이것을 아나함이라고 이름한 것이다.'

끝으로 아라한에 관한 경문은 앞에서 밝혔듯이, 본문의 ㉠에서 붓다의 물음에 대한 정답을 그 근거까지 갖추어서 하고, 또 ㉡에서 세속제로서 얻음이 없지 않았음을 예증하는 방식으로 밝히고

....
125 설명의 끝이 사다함은 "이것을 사다함이라고 이름한 것[是名斯陀含]"이라고 되어 있고, 아나함은 "그래서 아나함이라고 이름한 것[是故名阿那含]"이라고 되어 있어 '故'자가 없고 있는 미세한 차이가 있지만, 뜻에는 차이가 전혀 없다.

있는 점에서 앞의 3과와 다르다. 그 중 ㉠ 정답과 그 근거에 관한 부분은 앞에서 이미 설명이 되었으므로, 여기에서는 뒤의 ㉡ 예증하는 글만 살펴보도록 하겠다.

『찬요』(회권제6)는 이 글을 세 부분으로 나누어 이해한다. 먼저 "ⓐ 세존이시여, 붓다께서는 저를 '무쟁삼매를 얻은 이 중 가장 제일이고 으뜸가는 이욕아라한'라고 말씀하셨습니다만"까지는, 붓다께서 먼저 인정하신 것을 밝히는 것이고, 다음 "ⓑ 세존이시여, 저는 제가 이욕아라한이라고 생각하지 않습니다."라고 한 부분은, 자신이 그런 생각을 하지 않음을 밝히는 것이며, 끝으로 "ⓒ 세존이시여, 제가 만약 나는" 이하의 글은 붓다의 뜻을 해석하는 것이라고 주석한다. 앞의 3과에 관한 글에 준해서 보면, 여기에서 ⓐ는 세속제로서 얻음이 없지 않았음을 밝히는 것이고, ⓑ는 승의제로서 취할 수 없음을 밝히는 것이며, 뒤의 ⓒ에는 양자가 함께 포함되어 있다.

먼저 ⓐ 세속제로서 얻음이 없지 않았음을, '무쟁삼매를 얻은 이 중 가장 제일이고 으뜸가는 이욕아라한'이라고 표현한다. 여기에서 '무쟁삼매를 얻은 이'란 범본의 'araṇa-vihāriṇām'을 옮긴 것이다. 그런데 'araṇa'는 무쟁無諍을 뜻하고('raṇa'는 다툼[諍]이라는 뜻), 'vihāriṇām'은 머무는 자라는 뜻이므로, 이것은 무쟁에 머무는 자라는 뜻이다. 그러므로 이것은 초기경전에서 붓다께서 수보리를 가리켜 '무쟁에 머무는 자 중 제일[araṇavihārinaṃ agga]'이라고 하신 것을 인용한 것이다.[126]

---

[126] 한글 AN 제1권 p.118에 있는 표현이다. 또 한글 MN 제5권 무쟁에 대한 분별경 말미(pp.329~330)에도 "수보리야말로 무쟁의 길에 들어선 자이다"

이 무쟁은 부동법의 아라한과 붓다께서만 갖는 공덕 중의 하나로서, 자신의 몸으로 인해 중생이 번뇌를 일으키지 않도록 하는 지혜를 가리키는 것이다.127 그래서 이에 대해 《구사론》(제27권)은, 「말하자면 아라한은 유정의 괴로움이 번뇌로 말미암아 일어나는 것을 관찰하고, 자신의 몸이 복전 중에서 수승함을 알고는 남의 번뇌가 다시 자신 때문에 일어날 것을 염려하여 의도적으로 이러한 양상의 지혜[相智]를 일으켜서, 이 방편으로 다른 유정들로 하여금 자신의 몸 때문에 탐욕과 증오 등을 일으키지 않도록 하는 것이다. 이러한 행이 모든 유정들의 번뇌의 다툼을 능히 그치게 하므로 무쟁이라는 이름을 얻은 것이다. … 부동법의 아라한만이 능히 일으킬 수 있고, 나머지는 일으킬 수 없다. 나머지는 자신의 번뇌 일으킴도 막을 수 없거늘, 어찌 하물며 남의 번뇌이겠는가?」라고 설명한다.

그런데 '무쟁삼매'란 어떤 것일까? 이에 대해 《대지도론》(제11권)은, 「무쟁삼매의 모습은 항상 중생을 관찰하여 마음이 괴롭지 않도록 연민을 많이 실천하는 것이다.」라고 한다. 그리고 《구사론》(제15권)은 무쟁삼매로부터 출정한 자에 대해 선악의 업을 지으면 현생에서 바로 그 과보를 받게 되는 수승한 복전이라고 하

라는 표현이 있다.
127 《아비달마순정리론》(제75권)에서는, "모든 다툼[諍]에 모두 세 가지가 있으니, 온蘊·언言·번뇌의 차별이 있기 때문이다. '온쟁'이란 죽음을 말하고, '언쟁'이란 다툼을 말하며, '번뇌쟁'이란 108번뇌를 말한다. 이 세속지의 힘으로 말미암아 능히 번뇌쟁을 종식시키기 때문에 무쟁이라는 이름을 얻는다."라고 한다. 이에 의하면 '무쟁'에서의 '쟁raṇa'은, 다툼이라는 뜻이 번뇌를 가리키는 것으로 쓰인 것이다.

면서 다음과 같이 설명한다. 「말하자면 이 선정 중에서는 한량없는 유정을 대상으로 삼아 이익케 하려는 뛰어난 의요意樂가 따르고 있으므로, 이 선정에서 나올 때에는 한량없는 수승한 공덕으로 훈습된 신체가 상속하여 전전하는 것이다.」

이렇게 보면 무쟁에 머문다는 것과 무쟁삼매를 얻었다는 것은 의미에 큰 차이가 있는 것은 아니라고 생각된다. 그렇다면 구마라집은 무엇 때문에 굳이 원문과 달리 번역한 것일까? 적절한 설명을 찾아 볼 수는 없다. 추측컨대 무쟁에서 나아가 무쟁삼매라는 표현을 동원함으로써, 증득한 무쟁의 양상을 좀 더 자세하게 드러내려는 것이 아니었을까 한다.

다음 '이욕아라한'에서 '이욕'은 감각적 욕망을 떠난 것을 가리키는 말이기도 하지만,[128] 여기에서는 일체의 욕망을 떠났다는 것을 가리키는 말로서, 아라한의 표상으로 쓰인 말이다. 그래서 이에 대해 『찬요』(회권제6)는, 「'이욕'이란 삼계의 번뇌는 단지 탐심貪心이 있을 뿐이어서 이 모두를 '욕'이라고 한 것이다. 오직 욕계만을 말한 것이 아니다.」라고 설명하였다.

그러므로 '무쟁삼매를 얻은 이 중 가장 제일이고 으뜸가는 이욕아라한'이라고 한 ⓐ의 글은, 세속제로서 말할 때 수보리가 성취한 경지는 아라한으로서 더 이상이 있을 수 없는 정도임을 나타내는 것이라고 하겠다.

그런 다음 ⓑ 승의제로서는 얻음이 있을 수 없으므로, "제가 이욕아라한이라고 생각하지 않습니다."라고 한다. 만약 그러한 생각

---

128 이 의미에서는 욕계로 윤회하지 않는 아나함도 이욕자로 분류된다.

을 일으킨다면 아상에서 벗어나지 못한 범부에 불과할 뿐이다.

나아가 ⓒ에서 붓다의 뜻을 해석하여 말하기를, "제가 만약 아라한도를 얻었다고 생각한다면, 세존께서는 곧 '수보리는 아란나행阿蘭那行을 즐기는 자이다'라고 말씀하시지 않았을 것입니다. 수보리가 진실로 행하는 것이 없으므로 수보리는 아란나행을 즐기는 자라고 부르셨던 것입니다."라고 한다.

여기 '아란나행'에서의 '아란나'는 무쟁을 가리키는 바로 그 'araṇa'이다. 그러므로 '아란나행'이란 무쟁의 실천[行]이라는 뜻이다. 그리고 '진실로 행하는 것이 없다[實無所行]'라는 것은 앞에서 '(제가 만약) 이렇게 생각한다[作是念]'고 한 것을 부정하는 말이니, 진실로 그렇게 생각하지 않는다[不作是念]는 뜻이다.

그러므로 이 글은 세속제와 승의제를 함께 엮어서, 자신이 세속적으로 성취한 경지와, 그것이 취할 수 있는 것 아님을 함께 표현한 것이다. 이것이 붓다께서 물음을 통해 밝히려고 한 뜻이라는 것이다.

5 석가와 연등도 취하고 말하지 않았는가 라는 의심[釋迦然燈取說疑]을 끊음(← **3**)

4.5
(제10품 불국토를 장엄한다)　　　　　(第十品 莊嚴淨土分)

　붓다께서 수보리에게 말씀하셨다.　　佛告 須菩提.
　"그대 생각에는 어떤가? 여래가 과거　"於意云何? 如來 昔在然
연등불의 처소에 있으면서 법을 얻은 것　燈佛所 於法有所得不?"
이 있었겠는가?"
　"그렇지 않습니다, 세존이시여. 여래께　"不也, 世尊. 如來 在然
서는 연등불의 처소에 있으면서 진실로　燈佛所 於法實無所得."
법을 얻은 것이 없습니다."

☙

　이 제5의 단의법문의 의심도 앞의 제3 단의에서 온 것이다. 즉 얻은 법도 없고 말한 법도 없다고 함에 대하여, '석가모니 붓다께서 과거세에 연등불의 처소에 있으면서 법을 얻었고, 연등불은 석가모니 붓다를 위하여 법을 말씀하여 주셨는데, 만약 그러하다면 어째서 그 법을 말할 수도 없고 취할 수도 없다고 하는가'[129]라는 의심이 있을 수 있다는 것이다.
　제목의 '연등'은 경문에 나오는 '연등불 ⓢDīpaṅkara-Tathāgata'을 가리키는 것인데, 한역에서는 정광錠光여래라고도 부른다. 연등불

---
129 앞에 나온 세친의 논서 상권에 나오는 표현이다.

은 석가모니 붓다께서 과거세에 수행하실 때에 만나서 공양하였다는 많은 붓다 중의 한 분이다.130 당시 수행자이던 운雲동자가 머리를 풀어 진흙땅에 깔아서 그것을 밟고 지나가시도록 청하는 불퇴전의 구도심을 보고, "이 마나바131는 아승기 겁을 지나 붓다를 이루어 명호를 석가모니라 할 것이니, 열 가지 명호[十號]를 구족함이 나와 다름이 없으리라."라고 하여 수기授記132하셨고, 이때부터 석가모니는 연등불이 열반에 드실 때까지 모시고 수행하였다고 한다.133

경문은 매우 단순한 문답으로 되어 있다. 그리고 그 내용도 새삼스러운 것이 없다. 연등불로부터 수기를 받았다고 해서, 어떤 법이 있어 주고 받는 것도 아니고, 유위를 지시하는 언어에 의해 법이 말해지는 것도 아니라는 것을 확인하는 정도에 지나지 아니한다. 수보리의 답에서 "진실로 법을 얻은 것이 없습니다."라고 한 것은 그러한 의미이다.

---

130 이 내용에 대해서는 뒤에 나오는 '아승기 겁'의 의미와 함께, 뒤의 4.10.3 분절의 ⑧에 관한 설명에서 다시 한번 볼 것이다.
131 앞에서 현장 역본에서 이상을 표현하는 명칭의 하나로서 열거되었던 바로 그것으로, 수행 중인 청년을 뜻한다.
132 어떤 수행자가 미래에 무상정등각을 얻어 붓다가 되리라는 예언을 주는 것을 말하는데, 기별記莂이라고도 한다. 그리고 이러한 수기를 받는 것을 수기受記라고 한다.
133 본문의 수기 표현은 《불본행집경佛本行集經》(제4권) 제2 수결정기품受決定記品에 있는 것이다.

6 불국토를 장엄한다는 것은 취할 수 없다는 뜻에 어긋나지 않는가 라는 의심[嚴土違於不取疑]을 끊음(← **3**)

4.6

① "수보리여, 그대 생각에는 어떤가? 보살이 불국토[佛土]를 장엄하는가?"

"須菩提, 於意云何? 菩薩莊嚴佛土不?"

② "그렇지 않습니다, 세존이시여. 왜냐 하면 불국토를 장엄한다는 것은 곧 장엄이 아니기 때문입니다. 이것을 장엄한다고 이름한 것입니다."

"不也, 世尊. 何以故 莊嚴佛土者 卽非莊嚴. 是名莊嚴."

③ "그러므로 수보리여, 모든 보살마하살은 응당 이와 같이 청정한 마음을 내어야 하는 것이니, 색에 머물러 마음을 내어서도 안 되고 성·향·미·촉·법에 머물러 마음을 내어서도 안 된다. 응당 머무는 바 없이 그 마음을 내어야 한다."

"是故 須菩提, 諸菩薩摩訶薩 應如是生清淨心, 不應住色生心 不應住聲香味觸法生心. 應無所住 而生其心."

༄

이 제6 단의 의심도 앞의 제3 단의법문에서 온 것이다. 그 취지는 얻은 법도 없고 말한 법도 없다고 함에 대하여, 보살이 '불국토의 장엄'을 이상으로 삼는 것은 얻을 수 없다는 뜻에 어긋나는 것이 아닐까 라는 의심이 있을 수 있다는 것이다.

여기에서 '불국토[佛土]'라고 한 것은, 원래 붓다께서 출현하여

머무시는 세계를 말하는 것이다. 그런데 붓다의 출현은 중생의 교
화를 위한 것이므로, 이 세계는 교화할 중생을 떠나서는 의미가
없다. 그래서 '불국토'라고 말할 때에는 전자의 기器세간과 후자의
중생세간을 포함하여 말하는 것으로 이해하는 것이 보통이다. 나
아가 극단적으로는 기세간을 무시하고, '중생의 무리'가 바로 불
국토라고 말하기도 한다.134

그리고 '장엄'이라는 것은 아름답고 엄숙하게 장식하는 것을 말
한다. 그러므로 불국토를 장엄한다는 것은 원래 불국토를 외형적
으로 장식하는 것을 의미하는 것이다. 그렇지만 대승에서는 뜻이
전환되어 많은 중생들을 교화하여 깨달음으로 이끄는 것을 가리
키는 말로 사용된다. 그것은 그렇게 함으로써 진정한 불국토의 장
엄이 이루어진다고 보기 때문이다. 그래서 이러한 의미의 불국토
의 장엄이 보살의 이상으로 제시된다. 그러니 의심이 없을 수 없
다. 과연 불국토를 장엄한다는 이것은 얻을 수 없다는 뜻에 어긋
나는 것이 아닐까?

경문은 세 문장으로 구성되어 있다. 먼저 ①은 붓다께서 물으시
는 것이고, ②는 수보리가 바르게 답하는 것이며, ③은 청정한 마

---

134 구마라집 역 《유마경》(상권) 제1 불국품에서 붓다께서 다음과 같이 말씀
하신다. "보적이여, 중생의 무리[衆生之類]가 보살의 불국토이다. 까닭이 무
엇이겠는가? 보살은 교화할 중생을 따라 불국토를 취하고, 조복調伏할 중생
을 따라 불국토를 취하며, 모든 중생은 어떠한 나라로써 붓다의 지혜[佛智慧]
로 들어가야 하는가를 따라 불국토를 취하고, 모든 중생은 어떠한 나라로써
보살의 근기[菩薩根]를 일으켜야 하는가를 따라 불국토를 취하기 때문이다.
까닭이 무엇인가 하면 보살이 청정한 국토[淨國]를 취하는 것은 모두 모든 중
생들을 요익饒益하기 위한 것이기 때문이다."

음으로 장엄하기를 권하는 것이다.

먼저 ① 붓다께서 물으시는 글에는 이해에 어려움이 없다. 위에서 설명한 의심에 대해 수보리가 어떻게 알고 있는가를 알아보시기 위해 "보살이 불국토를 장엄하는가?"라고 물으신 것이다.

이에 대해 ② 수보리는 붓다의 의중을 알아차리고, "그렇지 않습니다. 왜냐 하면 불국토를 장엄한다는 것은 곧 장엄이 아니기 때문입니다. 이것을 장엄한다고 이름한 것입니다."라고, 승의제와 세속제를 엮어 바르게 대답한다.

수보리가 먼저 "그렇지 않습니다"라고 한 것은 장엄이라는 것의 실체가 없기 때문이다. 그러므로 형상에 의한 외형적인 장엄은 무상해서 진실한 장엄이 될 수 없고, 장엄한다는 상에 매인 장엄은 집착에 불과할 뿐이다. 그런 다음 이유를 설명하는 글에서, "왜냐 하면 불국토를 장엄한다는 것은 곧 장엄이 아니기 때문입니다[卽非莊嚴]"라고 한 것도 바로 이 뜻으로, 승의제를 나타내는 것이다.

그러면 불국토의 장엄이라는 것이 전혀 허무한 것인가 하면 그렇지는 않다. 승의제로서 장엄은 아니지만, 세속에서 사람들이 불국토를 장엄한다고 말하는 것, 이것을 장엄한다고 이름한 것이다. 승의제로서 장엄하는 것이 아니라고 표현한다고 하여, 그 소중함을 잊고 버려서는 안 된다. 이것이 후단에서 "이를 장엄한다고 이름한 것입니다[是名莊嚴]"라고 한 표현의 뜻이다.

다소 관념적으로 들릴 수 있을 것이다. 그래서 경전의 글을 소개하여 이해를 돕고자 한다. 《대품반야경》(제5권) 제17 장엄품의 글인데, 꽤 발췌했는데도 글이 길다. 그렇지만 더 발췌하면 뜻을 음미하기 어려울 듯하여 더 줄이지 못했다.

"이 보살마하살은 보시바라밀에 머물러서 대승으로 크게 장엄하니, 이 삼천대천의 국토를 수정으로 변화시키고, 변화하여 전륜성왕이 되어서, 밥이 필요하면 밥을 주고, 물이 필요하면 물을 주며, 의복, 침구, 꽃, 향, 영락, 가루향, 크림향, 거처, 등불, 의약과 갖가지 필수품을 모두 다 제공해 주고, 주고 나서는 법을 말해 주니, 소위 육바라밀과 상응하는 것이다. 중생으로서 이 법을 들은 자는 끝내 육바라밀을 여의지 않고 나아가 아뇩다라삼먁삼보리에 이른다. 이와 같이 수보리여, 이것을 보살마하살이 대승으로 크게 장엄하는 것[大莊嚴]이라고 이름한다.

수보리여, 비유하면 교묘한 환술사나 환술사의 제자가 네 거리에서 대중들을 변화해 만들고, 그들 앞에서 밥이 필요하면 밥을 주고, 물이 필요하면 물을 주며, 나아가 갖가지 필수품을 모두 다 제공해주는 것과 같다. 수보리여, 그대 생각에는 어떤가, 이 환술사에게 실제로 중생이 있고 주는 것이 있는 것인가?"

수보리가 말하였다. "그렇지 않습니다, 세존이시여."

"수보리여, 보살마하살도 또한 이와 같이 변화하여 전륜성왕이 되어 갖가지를 갖추어서, 밥이 필요하면 밥을 주고, 물이 필요하면 물을 주며, 나아가 갖가지 필수품을 모두 다 공급해주지만, 비록 베푸는 것은 있다 해도 실제로 주는 것은 없다. 왜냐 하면 수보리여, 모든 법은 모습이 환상[幻]과 같기 때문이다.

또한 수보리여, 보살마하살은 지계바라밀에 머물면서, 전륜성왕의 집안에 태어남을 나타내어 십선업도로써 중생을 교화한다.

… 또한 수보리여, 보살마하살은 인욕바라밀에 머물면서 중생을 교화하여 인욕바라밀을 행하게 한다. … 또한 수보리여, 보살마하살은 정진바라밀에 머물면서 일체의 중생을 교화하여 정진바라밀을 행하게 한다. … 또한 수보리여, 보살마하살은 선정바라밀에 머물면서 일체의 중생을 교화하여 선정바라밀을 행하게 한다. … 또한 수보리여, 보살마하살은 반야바라밀에 머물면서 일체의 중생을 교화하여 반야바라밀을 행하게 한다.

… 또한 수보리여, 보살마하살의 큰 장엄은 항하의 모래와 같은 시방의 국토에 있는 중생들의 근기에 맞추어 그의 몸을 변화시켜서 보시바라밀 내지 반야바라밀에 머물고, 또한 중생을 가르쳐 보시바라밀 내지 반야바라밀을 행하게 하면, 이 중생들은 이 법을 실천하여 나아가 아뇩다라삼먁삼보리에 이르기까지 이 법을 끝내 떠나지 아니한다.

수보리여, 비유하면 교묘한 환술사나 환술사의 제자가 네 거리에서 중생들을 변화해 만들고, 가르쳐서 육바라밀을 실천하게 하고, 나머지는 위에서 말한 것과 같다. 이와 같이 수보리여, 이것을 보살마하살의 큰 장엄이라고 이름한다.

또한 수보리여, 보살마하살의 큰 장엄은 일체지에 상응하는 마음으로써 이러한 생각을 하지 않는다. '나는 어떤 사람은 보시바라밀에 머물도록 가르치고, 어떤 사람은 보시바라밀에 머물도록 가르치지 않으리라.'라고 하고, 나아가 반야바라밀에 이르기까지도 또한 이와 같다. 이러한 생각도 하지 않는다. '나는 어떤 사람은 사념처에 머물도록 가르치고, 어떤 사람은 사념처에 머물도록 가르치지 않으리라.'라고 하고, 나아가 십팔불공법에 이르기까지도 또한 이와 같다. 또한 이러한 생각도 하지 않는다. '나는 어떤 사람은 수다원과·사다함과·아나함과·아라한과·벽지불도·일체종지를 얻도록 가르치고, 또한 어떤 사람은 수다원과·사다함과·아나함과·아라한과·벽지불도·일체종지를 얻도록 가르치지 않으리라.'라고.

나는 한량없고 가이없는 아승기의 중생들로 하여금 보시바라밀 내지 반야바라밀에 머물도록 하고, 중생들을 사념처 내지 십팔불공법에 세우며, 한량없고 가이없는 아승기의 중생들로 하여금 수다원과 내지 일체종지를 얻도록 해야 한다.

비유하면 교묘한 환술사나 환술사의 제자가 네 거리에서 대중들을 변화해 만들고, 가르쳐서 육바라밀을 실천하게 하고, 나아가 일체종지를 얻게 하며, 나머지는 위에서 말한 것과 같다. 수보리여, 이것을 보살마하살의 큰 장엄이라고 이름한다."

그 때 수보리가 붓다께 말하였다. "세존이시여, 제가 붓다로부터 들은 바의 뜻같아서는 보살마하살에게 큰 장엄이 없는 것이 큰 장엄이 되겠습니다[無大莊嚴 爲大莊嚴]. 모든 법의 자상自相은 공이기 때문입니다."

승의제로서 장엄하는 것이 아니라 하여, 불국토의 장엄을 멈추어서는 안 된다, 크게 장엄하되, 장엄한다는 상에 머물러서는 안 된다는 취지이다.

마지막으로 ③ 청정한 마음으로 장엄하기를 권하는 붓다의 말씀도 바로 이 뜻을 말씀하시는 것이다. 글은 "그러므로 수보리여"라고 해서 수보리의 대답을 간접적으로 인정하신 다음, "보살마하살은 응당 이와 같이 청정한 마음을 내어야 하는 것"이라고 하여 결론을 제시하고 나서, 이를 풀이하여 "색·성·향·미·촉·법에 머물러 마음을 내어서는 안 되고, 머무는 바 없이 그 마음을 내어야 한다"고 설명하시는 구조로 되어 있다. 그러므로 여기에서 '청정한 마음'은 색·성·향·미·촉·법에 머묾 없이 장엄하려는 마음을 내는 것이다.

이것은 최초의 근본법문에서, 상에 머묾 없이 보시해야 한다는 것과 완전히 동일한 구조이다. 우연히 동일하게 된 것이 아님을 알 수 있을 것이다. '그 마음을 내어야 한다'는 것은 대승의 이상을 가리키는 것이고, '색·성·향·미·촉·법에 머물지 말라'는 것은 무상이라는 불교의 근본을 가리키는 것이다. 전자는 열반에 머물지 말라는 것이고, 후자는 생사에 머물지 말라는 것이다.

이렇게 글을 맺은 것은 이것이 진정한 불국토의 장엄임을 말씀하시는 취지일 것이다. 《유마경》(상권)에서 "만약 보살이 청정한 국토를 얻고자 한다면 응당 그의 마음을 청정하게 해야 한다. 그의 마음이 청정함을 따라 곧 불국토도 청정하기 때문이다[隨其心淨則佛土淨]."라고 한 것도 바로 이러한 뜻이다.

7 보신을 받은 것은 얻음이 있는 것 아닌가 라는 의심[受得報身有取疑]을 끊음(← **3**)

4.7.1

"수보리여, 비유하여 어떤 사람이 그 몸이 수미산왕만 하다면 그대 생각에는 어떤가, 이 몸이 크다고 하겠는가?"

수보리가 말하였다.

"매우 큽니다, 세존이시여. 왜냐 하면 붓다께서는 몸이 아닌 것[非身], 이것을 큰 몸이라고 이름하셨기 때문입니다."

"須菩提, 譬如有人 身如須彌山王 於意云何, 是身爲大不?"

須菩提言.

"甚大, 世尊. 何以故 佛說非身, 是名大身."

4.7.2

(제11품 무위의 복덕이 뛰어나다)

① "수보리여, 항하恒河에 있는 모래 수와 같은, 그러한 모래와 같은 항하라면 그대 생각에는 어떤가, 이 모든 항하의 모래는 많다고 하겠는가?"

수보리가 말하였다.

"매우 많습니다, 세존이시여. 단지 모든 항하만 해도 오히려 많아서 무수하거늘, 어찌 하물며 그 모래이겠습니까."

② "수보리여, 내가 지금 참으로 그대에

(第十一品 無爲福勝分)

"須菩提, 如恒河中所有沙數, 如是沙等恒河 於意云何, 是諸恒河沙 寧爲多不?"

須菩提言.

"甚多, 世尊. 但諸恒河尚多無數, 何況其沙."

"須菩提, 我今實言告汝.

게 말해 주겠다. 만약 어떤 선남자 선여인이 그러한 항하의 모래 수만큼의 삼천대천세계를 칠보로 가득 채워, 이를 보시에 쓴다면 복덕이 많다고 하겠는가?"

수보리가 말하였다.

"매우 많습니다, 세존이시여."

③ 붓다께서 수보리에게 말씀하셨다.

"만약 선남자 선여인이 이 경전 중에서 나아가 사구게 따위만이라도 수지하여 남에게 말해 준다면, 이 복덕이 앞의 복덕보다 더 뛰어나다."

若有善男子善女人 以七寶 滿爾所 恒河沙數 三千大千世界, 以用布施 得福多不?"

須菩提言.

"甚多, 世尊."

佛告 須菩提.

"若善男子善女人 於此經中 乃至受持 四句偈等 爲他人說, 而此福德 勝前福德."

4.7.3

(제12품 바른 가르침을 존중해야 한다)

① "또 다음 수보리여, 어디든 이 경전에서 나아가 사구게 따위만이라도 따라 말한다면, 그 곳은 일체 세간의 천·인·아수라들이 모두 붓다의 탑묘처럼 공양해야 할 곳이라고 알아야 한다.

어찌 하물며 어떤 사람이 모두 다 수지하여 독송함이겠는가. 수보리여, 이 사람은 최상이고 제일이며 희유한 법을 성취할 것이라고 알아야 한다.

만약 이 경전이 있는 곳이라면 곧 붓다

(第十二品 尊重正敎分)

"復次 須菩提, 隨說是經 乃至四句偈等, 當知 此處 一切世間 天人阿修羅 皆應供養 如佛塔廟.

何況 有人 盡能受持讀誦. 須菩提, 當知 是人 成就最上第一希有之法.

若是經典 所在之處 卽爲

와 존중받는 제자들이 계시는 것과 같다."

(제13품 여법하게 수지하라)

② 그 때 수보리가 붓다께 여쭈었다.

"세존이시여, 이 경전을 무엇이라고 이름해야 하고, 저희들이 어떻게 받들어 지녀야 합니까?"

붓다께서 수보리에게 말씀하셨다.

"이 경전은 금강반야바라밀이라고 이름하는 것이다. 그대들은 이 이름으로 받들어 지녀라."

有佛 若尊重弟子."

(第十三品 如法受持分)

爾時 須菩提 白佛言.

"世尊, 當何名此經, 我等云何奉持?"

佛告 須菩提.

"是經名爲 金剛般若波羅蜜. 以是名字 汝當奉持."

4.7.4

① "까닭이 무엇이겠는가? 수보리여, 붓다가 말한 반야바라밀은 곧 반야바라밀이 아니기 때문이다."

② "수보리여, 그대 생각에는 어떤가? 여래가 말한 법이 있는가?"

수보리가 붓다께 말하였다.

"세존이시여, 여래께서는 말씀하신 것이 없습니다."

③ "수보리여, 그대 생각에는 어떤가? 삼천대천세계에 있는 미진은 이것이 많다고 하겠는가?"

"所以者何? 須菩提, 佛說 般若波羅蜜 卽非般若波羅蜜."

"須菩提, 於意云何, 如來有所說法不?"

須菩提 白佛言.

"世尊 如來無所說."

"須菩提, 於意云何, 三千大千世界 所有微塵 是爲多不?"

수보리가 말하였다.

"매우 많습니다, 세존이시여."

"수보리여, 모든 미진이란 여래는 곧 미진이 아니라고 말한다. 이것을 미진이라고 이름한 것이다.

여래가 말하는 세계란 곧 세계가 아니다. 이것을 세계라고 이름한 것이다."

④ "수보리여, 그대 생각에는 어떤가? 삼십이상으로 여래를 볼 수 있는가?"

"그렇지 않습니다, 세존이시여. 삼십이상으로는 여래를 볼 수 없습니다. 왜냐하면 여래께서 말씀하신 삼십이상은 곧 상이 아니기 때문입니다. 이것을 삼십이상이라고 이름한 것입니다."

須菩提言.
"甚多, 世尊."
"須菩提, 諸微塵 如來說 非微塵. 是名微塵.

如來說世界 非世界. 是名世界."

"須菩提, 於意云何? 可以三十二相 見如來不?"

"不也, 世尊. 不可以三十二相 得見如來. 何以故 如來說 三十二相 卽是非相. 是名三十二相."

4.7.5

"수보리여, 만약 어떤 선남자 선여인이 항하의 모래 수와 같은 신명身命으로써 보시를 한다 해도, 만약 다시 어떤 사람이 이 경전 중에서 나아가 사구게 따위만이라도 남에게 말해 준다면, 그 복이 훨씬 많다."

"須菩提, 若有善男子善女人 以恒河沙等 身命布施, 若復有人 於此經中 乃至四句偈等 爲他人說, 其福甚多."

4.7.6

(제14품 상을 여읜 적멸)

① 그 때 수보리는 이 경전 말씀하신 것을 듣고 그 뜻을 깊이 이해하고 눈물을 흘리며 슬피 울면서 붓다께 말하였다.

 "희유합니다, 세존이시여. 붓다께서 말씀하신 이러한 심오한 경전은, 제가 이제까지 얻은 혜안慧眼으로도 이러한 경전을 아직까지 듣지 못하였습니다.

② 세존이시여, 만약 다시 어떤 사람이 이 경전을 듣고 믿는 마음이 청정하면 곧 실상實相을 낼 것이니, 이 사람은 제일 희유한 공덕을 성취하리라고 알아야 할 것입니다.

 세존이시여, 이 실상이란 곧 상이 아닙니다. 그래서 여래께서 실상이라 이름하신 것입니다.

③ 세존이시여, 제가 지금 이러한 경전을 듣고서 믿고 이해하며 수지함은 어렵지 않겠습니다만, 만약 미래의 후오백세에 그 어떤 중생이 이 경전을 듣고서 믿고 이해하여 수지한다면, 이 사람은 곧 제일 희유할 것입니다.

 왜냐하면 이 사람은 아상이 없고 인상

(第十四品 離相寂滅分)

爾時 須菩提 聞說是經 深解義趣 涕淚悲泣 而白佛言.

"希有, 世尊. 佛說如是甚深經典, 我從昔來 所得慧眼 未曾得聞 如是之經.

世尊, 若復有人 得聞是經 信心清淨 卽生實相, 當知 是人 成就第一希有功德.

世尊, 是實相者 卽是非相. 是故 如來說名實相.

世尊, 我今得聞 如是經典 信解受持 不足爲難, 若當來世 後五百歲 其有衆生 得聞是經 信解受持, 是人卽爲 第一希有.

何以故 此人 無我相 無

이 없고 중생상이 없고 수자상이 없기 때문입니다. 까닭이 무엇이겠습니까? 아상도 곧 상이 아니고, 인상·중생상·수자상도 곧 상이 아니기 때문입니다. 왜냐 하면 일체의 모든 상을 여읨을 곧 모든 붓다라고 이름하기 때문입니다."

人相 無眾生相 無壽者相. 所以者何? 我相 卽是非相, 人相眾生相壽者相 卽是非相. 何以故 離一切諸相 卽名諸佛."

4.7.7

붓다께서 수보리에게 말씀하셨다.

"참으로 그러하다. 만약 어떤 사람이 이 경전을 듣고 놀라지 않고 두려워하지 않고 겁내지 않는다면, 이 사람은 심히 희유하다고 알아야 한다. 왜냐 하면 수보리여, 여래가 말한 제일바라밀은 곧 제일바라밀이 아니기 때문이다. 이것을 제일바라밀이라고 이름한 것이다."

佛告 須菩提.

"如是如是. 若復有人 得聞是經 不驚不怖不畏, 當知 是人甚爲希有. 何以故 須菩提, 如來 說第一波羅蜜 卽非第一波羅蜜. 是名第一波羅蜜."

※

이 제7 단의의 의심 역시 앞의 제3 단의법문에서 온 것이다. 그 취지는 앞에서 본 석가모니불이나 연등불은 응신應身 내지 화신化身이므로 얻은 법도 없고 말한 법도 없다고 하더라도, 보신報身의 경우라면 혹시 다르지 않을까 라는 의심이 있을 수 있다는 것이다. 이러한 해석의 근거는, 처음의 제4.7.1분절 경문에서 '어떤 사람이 그 몸이 수미산왕만 하다'는 표현에 있다.

이 책의 서부序部에서 본 것처럼 보신은 추상적인 법을 자체로 하는 법신이 아니면서 역사상 출현한 생신도 아닌 중간적 성격의 붓다로서, 기존의 이신론이 삼신론으로 발전하면서 형성된 개념이다. 이 보신은 중생을 교화하기 위해 붓다를 이루고자 하는 서원과 수행에 의한 과보로서 성취된 불신으로서, 청정한 불국토에서 법락을 수용하면서, 견도를 이룬 지상地上보살을 교화하여 법락을 수용케 한다고 한다. 그래서 지상보살에게는 보이지만, 범부나 이승에게는 보이지 않는다고 한다.

지상보살은 그 모습을 설명한 바 없고, 범부나 이승에게는 보이지 않으므로 그 모습이 어떠한지 알 수 없다. 그래서 부득이 비유로써 그 모습을 표현한 것이, 바로 4.7.1분절의 첫머리에 나오는 '그 몸이 수미산왕만 하다[身如須彌山王]'는 것이다. '수미산왕須彌山王'은 수미산이 모든 산의 제왕과 같음을 표현한 것인데, 수미산S sumeruḥparvata은 우리가 사는 염부제를 포함한 4대주 가운데 우뚝 솟아 있어, 해와 달이 이 산의 중턱을 오간다고 하는 정도의 거대한 산이다.135 그래서 거대함을 비유하는 이 표현을 근거로, 이 단의법문의 의심을 도출한 것이다.

그리고 이 의심에 대한 답은 4.7.1분절의 경문에서 보는 것처럼 매우 간단하다. 그런데도 위에서 보는 것처럼 많은 경문이 이 단의법문에 포섭되어 있는 것은, 비교하여 수승함을 드러내는 경문

---

135 《구사론》(제11권)에 의하면, 수미산의 높이는 84,000유순이라고 한다. 그런데 염부제의 긴 쪽의 길이가 2,000유순이라고 하므로, 이것의 42배에 이르는 높이이다. 현장은 이 수미산을 '묘고산妙高山'이라고 옮긴다.

이 많기 때문이다. 4.7.2분절부터 4.7.7분절까지의 나머지 경문 모두가 이에 해당한다.

그리고 비교하여 수승함을 드러내는 글은 두 부분으로 나누어진다. 첫째는 재물보시와 비교하는 부분(4.7.2~4.7.4)이고, 둘째는 신명보시와 비교하는 부분(4.7.5~4.7.7)이다. 그런데 이들과의 비교 대상은 보신의 공덕 자체라기보다는, 보신의 공덕을 낳는 원천인 이 경전의 가르침이 주를 이루고 있다. 한편 이 두 부분의 글은 다시, 비교하여 밝히는 부분(4.7.2와 4.7.5)과 그 이유를 밝히는 부분(4.7.3과 4.7.6) 및 집착을 파하기 위해 해석을 전환하는 부분(4.7.4와 4.7.7)으로 각각 나누어진다.[136]

그래서 이 단의법문은 이러한 경문의 체계를 염두에 두고 읽을 필요가 있다. 이를 아래에서 도표로 정리해 보았다.

1. 의심에 대한 답	⋯⋯ 4.7.1
2. 비교하여 수승함을 드러냄	
(1) 재물보시와 비교함	
(가) 비교하여 밝힘	⋯⋯ 4.7.2
(나) 수승한 이유	⋯⋯ 4.7.3
(다) 해석을 전환함	⋯⋯ 4.7.4
(2) 신명보시와 비교함	
(가) 비교하여 밝힘	⋯⋯ 4.7.5
(나) 수승한 이유	⋯⋯ 4.7.6
(다) 해석을 전환함	⋯⋯ 4.7.7

---

136 이것은 전반적으로 『찬요』(회권제6)에 따른 분류이지만, 세부적으로는 다소 차이가 있다. 그 차이는 해당 부분의 각주에서 그 취지를 밝히겠다.

이하 순서대로 경문을 살펴볼텐데, 이 단의법문의 경문은 매우 길므로 먼저 항목별로 경문을 다시 한번 인용한 다음 설명을 하도록 하겠다.

4.7.1

"수보리여, 비유하여 어떤 사람이 그 몸이 수미산왕만 하다면 그대 생각에는 어떤가, 이 몸이 크다고 하겠는가?"
수보리가 말하였다.
"매우 큽니다, 세존이시여. 왜냐 하면 붓다께서는 몸이 아닌 것[非身], 이것을 큰 몸이라고 이름하셨기 때문입니다."

"須菩提, 譬如有人 身如須彌山王 於意云何, 是身爲大不?"
須菩提言.
"甚大, 世尊. 何以故 佛說非身, 是名大身."

의심에 대해 답하는 경문은 붓다께서 물으시고, 수보리가 대답하는 간단한 구조로 되어 있다. 먼저 붓다께서는 위에서 본 것과 같은 의심의 취지를 알고 수보리에게, "비유하여 어떤 사람이 그 몸이 수미산왕만 하다면 이 몸이 크다고 하겠는가?"라고 물으신다. 물으신 뜻은 보신의 장엄한 공덕이, 비유하여 수미산만큼 높고 크다면 이를 크다고 할 수 있겠는가 라는 것이다.

그러자 수보리는 바로 긍정하면서, 그 이유까지 함께 대답한다. "왜냐 하면 붓다께서는 몸이 아닌 것[非身], 이것을 큰 몸이라고 이름하셨기 때문"이라고. 이 한역문의 표현은 매우 미묘한데, 범어 원문은, "왜냐 하면 몸이라는 것은 여래께서 몸이 아니라고 말씀하셨습니다. 그래서 몸이라고 하는 것이기 때문입니다."라는 취지로 되어 있다. 이 원문의 전반부는 승의제를, 후반부는 세속제를 표현한 것이라고 이해되므로, 앞의 한역문도 승의제와 세속제가 함께 엮이어 표현된 것이라고 보아야 할 것이다.

이렇게 보면 앞의 '몸이 아닌 것[非身]'이라는 말은, 보신도 승의제로서는 공임을 말하는 것이다. 말하자면 아무리 더 할 수 없는 공덕으로 장엄되었다 한들, 고정된 상이 있는 것이 아니라는 점에서는 응화신과 다름이 없다 라는 취지일 것이다.

그리고 뒤에서 '이것을 큰 몸이라고 이름하셨기 때문'이라고 한 것은, 세속제로는 이것을 능가하는 것이 있을 수 없는 공덕으로 장엄된 이상적인 불신佛身이 있어 이것을 붓다께서 세속에 따라 큰 몸이라고 이름하셨기 때문에, 그래서 수보리도 이 보신이 매우 크다고 대답하였다는 것이다.

4.7.2

(제11품 무위의 복덕이 뛰어나다) (第十一品 無爲福勝分)

① "수보리여, 항하恒河에 있는 모래 수와 같은, 그러한 모래와 같은 항하라면 그대 생각에는 어떤가, 이 모든 항하의 모래는 많다고 하겠는가?"

수보리가 말하였다.

"매우 많습니다, 세존이시여. 단지 모든 항하만 해도 오히려 많아서 무수하거

"須菩提, 如恒河中所有沙數, 如是沙等恒河 於意云何, 是諸恒河沙 寧爲多不?"

須菩提言.

"甚多, 世尊. 但諸恒河尚多無數, 何況其沙."

늘, 어찌 하물며 그 모래이겠습니까."
② "수보리여, 내가 지금 참으로 그대에게 말해 주겠다. 만약 어떤 선남자 선여인이 그러한 항하의 모래 수만큼의 삼천대천세계를 칠보로 가득 채워, 이를 보시에 쓴다면 복덕이 많다고 하겠는가?"
　수보리가 말하였다.
　"매우 많습니다, 세존이시여."
③ 붓다께서 수보리에게 말씀하셨다.
　"만약 선남자 선여인이 이 경전 중에서 나아가 사구게 따위만이라도 수지하여 남에게 말해 준다면, 이 복덕이 앞의 복덕보다 더 뛰어나다."

"須菩提, 我今實言告汝. 若有善男子善女人 以七寶 滿爾所 恒河沙數 三千大千世界, 以用布施 得福多不?"
須菩提言.
"甚多, 世尊."
佛告 須菩提.
"若善男子善女人 於此經中 乃至受持 四句偈等 爲他人說, 而此福德 勝前福德."

　다음 이 분절 이하는 보신의 공덕이 수승함을 비교를 통하여 드러내는 것인데, 앞에서 밝힌 것처럼 재물보시와 신명보시 둘과의 비교를 통하여 드러낸다. 보시를 재시·무외시·법시의 셋으로 나눌 때, 재물보시나 신명보시는 모두 '유형물'의 보시라는 점에서 재시에 속한다. 그래서 재물은 외재外財라고 부르고, 신명은 내재內財라고 부른다. 그러므로 이 분절 이하의 글은 보신의 공덕이 수승함을, 외재·내재 두 가지 재시의 공덕과 비교하여 드러내는 것이다.
　그 중 이 4.7.2분절부터 4.7.4분절까지는 외재시 즉 재물보시와 비교하는 것이고, 4.7.5분절부터 마지막 4.7.7분절까지는 내재시 즉 신명보시와 비교하는 것이다. 그리고 이 분절의 글은 전자 중 비교하여 수승함을 나타내는 글이다. 글은 부호로써 표시한 것처럼 세 부분으로 나누어진다. ①은 많은 강에 의해 모래의 많음을 분별하는 것이고, ②는 많은 모래에 의해 복덕이 많음을 나타내는 것이며, ③은 많은 복덕에 의해 수승함을 드러내는 것이다.

글의 이해에는 큰 어려움이 없다. 먼저 ①에서는 수승함을 드러내기 위한 전제로서 엄청난 양의 모래수를 제시한다. 여기에서 '항하'는 중국에 있는 '황하黃河'를 말하는 것이 아니고, '강가Gaṅgā'를 음역한 것으로서 인도의 갠지스강을 가리키는 것이다. 이 갠지스강에 있는 모래수만큼의 갠지스강이 있고, 이 모든 갠지스강에 있는 모든 모래들이라는, 계산과 상상을 초월하는 수를 제시한 것이다.

다음 ②는 그만큼 상상을 초월하는 수의 삼천대천세계를 칠보로 가득채워서 이것을 모두 보시한다면, 그 복덕이 어느 정도이겠는가 라는 것이다. 이 칠보 보시의 복덕과 비교하는 글은 앞에서 이미 한번 나온 것이다. 제3 단의법문의 제4.3.2분절에서였다. 그곳에서도 이 경전을 수지受持·연설演說함의 복과 비교하였다. 그래서 무엇 때문에 거듭 비교하는가 라는 의문이 든다.

이에 대해 『찬요』(회권제6)는 미륵송과 세친의 논을 인용하여 해명한다. 「앞에서 이미 비유를 말하였는데, 무엇 때문에 다시 말하는가? 게송에서, "많은 뜻의 차별을 말하였으므로[說多義差別] 또한 수승함의 비교를 이룬다[亦成勝挍量] 뒤의 복은 앞을 초과하므로[後福過於前] 거듭 수승함의 비유를 말한 것이다[故重說勝喩]"라고 하였다. (이것은 무슨 뜻인가? 앞에서는 삼천세계의 비유를 말하여 복덕이 많음을 밝혔고, 지금은 한량없는 삼천세계를 거듭 말하기 때문이다.)137 무엇 때문에 앞에서는 이 비유를 말하지 않았는가? 중생을 점차로 교화하여 가장 오묘한 뜻에 대해 믿는 마음을 내게 하기 위해서이다. 또 앞에서는 어떤 수승한 공덕으로 대보리를 얻을 수 있는가를 아직 나타내지 못했기 때문이다.」

그리고 『찬요』에서 "점차로 중생을 교화하여"로 시작되는 글의 의미를, 『간정기』는 다음과 같이 설명한다. 「대답하는 글에 둘이 있다. 처음 "중생을 점차로 교화하여" 이하는 사람의 관점에서 대답하는 것이다. 말하자면 근기는 얕은데 법은 깊어서 한꺼번에 말하면 믿기 어려우므로, 점차 유인하여 수승한 공덕을 알게 하였다는 것이다. 다음 뒤에서 "또 앞에서는 어떤" 이하는 법의 관점에서 대답하는 것이다. 말하자면 앞의 비유 전에는 아직 4과의 무심無心, 석가의 무득無得, 국토를 장엄함에 있어 장엄치 아니하면서 장엄함[不嚴而嚴], 닦아서 불신佛身을 증득함에 있어 증득 없이 증득함[無證而證]에 대해 말하지 않았다. 그래서 비교하는 비유도 아직 수승할 수 없었지만, 뒤에서는 마침내 이러한 뜻들을 밝혀 법

---

137 이것은 세친의 논서(중권)에는 있지만, 『찬요』에는 생략되어 있어 괄호 안에 넣었다. 앞에서는 하나의 삼천대천세계에 가득한 칠보로써 보시하는 복과 비교하였지만, 지금은 한량없는 삼천대천세계에 가득한 칠보로써 보시하는 복과 비교하는 것이므로, 비유에 차이가 있다는 취지이다. 그렇게 차이가 있는 이유는, 그 사이에 "많은 뜻의 차별(=제4 내지 제6 단의법문의 뜻)을 말했기 때문"이라는 것이 미륵송의 뜻이다.

과 이치가 함께 깊으므로 비교하는 비유 역시 수승해진 것이다.」

　뒤의 ③에서 많은 복에 의해 수승함을 드러내는 글은 앞의 제3단의에서 나온 글과 표현이 거의 같다. 그 이유도 다르지 않다. 보시의 복덕으로는 보리로 나아가지 못하나, 이 경전을 수지·연설함은 보리로 나아가게 하기 때문이다.

4.7.3

(제12품 바른 가르침을 존중한다) 　(第十二品 尊重正敎分)

① "㉠ 또 다음 수보리여, 어디든 이 경전에서 나아가 사구게 따위만이라도 따라 말한다면, 그 곳은 일체 세간의 천·인·아수라들이 모두 붓다의 탑묘처럼 공양해야 할 곳이라고 알아야 한다.

"復次 須菩提, 隨說是經 乃至四句偈等, 當知 此處 一切世間 天人阿修羅 皆應供養 如佛塔廟.

　㉡ 어찌 하물며 어떤 사람이 모두 다 수지하여 독송함이겠는가. 수보리여, 이 사람은 최상이고 제일이며 희유한 법을 성취할 것이라고 알아야 한다.

何況 有人 盡能受持讀誦.
須菩提, 當知 是人 成就最上第一希有之法.

　㉢ 만약 이 경전이 있는 곳이라면 곧 붓다와 존중받는 제자들이 계시는 것과 같다."

若是經典 所在之處 卽爲有佛 若尊重弟子."

(제13품 여법하게 수지하라) 　(第十三品 如法受持分)

② 그 때 수보리가 붓다께 여쭈었다.
　"세존이시여, 이 경전을 무엇이라고 이

爾時 須菩提 白佛言.
　"世尊, 當何名此經, 我等

름해야 하고, 저희들이 어떻게 받들어 지녀야 합니까?"

붓다께서 수보리에게 말씀하셨다.

"이 경전은 금강반야바라밀이라고 이름 하는 것이다. 이 이름으로 그대들은 받들어 지녀라."

云何奉持?"

佛告 須菩提.

"是經名爲 金剛般若波羅蜜. 以是名字 汝當奉持."

다음 이 분절은 그 수승한 이유를 밝히는 것이다. 이 글은 경문에 표시한 것처럼 두 가지로 구성되어 있다. 첫째는 이 경전은 붓다께서 계심과 같으므로 그 공덕이 수승하다는 것이고, 둘째는 경전의 이름에 의해서 수승함을 밝히는 것이다.

첫째의 글은 경문에 표시한 대로 세 부분으로 나눌 수 있다. 먼저 ㉠은 장소가 공경할 만함을 밝힌다. 글 중에서 "일체 세간의 천·인·아수라들이 모두 붓다의 탑묘처럼 공양할 곳"이라고 함에 있어서, '천·인·아수라'는 중생이 윤회하는 여섯 갈래[六道] 중 선한 갈래[善趣] 셋을 가리키는 것이라 함은 앞에서 보았다.138 이들 세 선취는 세 악취와는 달리, 불법을 이해하고 존중하기 때문에 열거된 것이다.

그리고 '탑묘'의 원어는 '짜이띠야Ṣcaitya Ḍcetiya'인데, 원래는 묘

---

138 아수라를 선취라고 한 것은 앞서 본 것처럼 대승의 관점에 의한 것이다. 대승의 관점에서 아수라는 천신과 복이 같지만, 천신 무리가 아니라 하여 '비천非天'이라고도 불린다. 이들은 항상 천신들과 싸우는 관계에 있지만, 불법을 좋아하여 불법을 수호하는 팔부신중八部神衆의 하나에 속한다. '팔부신중'이란 천신·용·야차·건달바·아수라·가루라·긴나라·마후라가의 여덟이다.

소나 기념물을 가리키는 것이었다고 한다. 그러다가 붓다 입멸 후 붓다나 제자들의 유골을 모시는 무덤들이 만들어지면서, 이러한 무덤을 '스투파stūpa[탑塔]'라고 하고, 그 외 발우 따위의 성물聖物이나 경전 등을 안치한 것을 '짜이띠야'라고 하여 양자를 구분하였다. 그러나 세월이 흐름에 따라 양자의 구분이 모호해지면서 혼용되었다고 하는데, 여기에서의 탑묘도 그와 같이 혼용된 개념으로 이해된다. 붓다 입멸 후에는 이러한 다양한 모습의 탑묘와 불탑 등이 신앙대상이 되어, 소위 불탑신앙이 형성되었음은 앞에서 보았다. 위의 경문은 이 경전의 편집시 불탑신앙이 광범위하게 형성되어 있었음을 추측케 한다.

그래서 말씀하시기를, "어디든 이 경전에서 나아가 사구게 따위만이라도 따라 말한다면, 그 곳은 일체 세간의 천·인·아수라들이 모두 붓다의 탑묘처럼 공양하여야 할 곳"이라고 하신다. 불탑신앙자에게는 '붓다의 탑묘처럼' 공양하는 것이 최상의 공양이다. 그렇지만 의도는 그 이상임을 말하는 취지일 것이다. 왜냐 하면 거듭 설명된 것처럼 이 경전의 가르침은 여래를 낳은 원천이므로, 붓다의 유골이 안치된 것과는 비교할 수 없는 공덕이 있다는 뜻이기 때문이다.

나아가 ㉡은 사람이 이익을 얻는 것을 나타낸다. 사구게를 말하는 것만 해도 그 정도로 공덕이 수승한데, 이를 모두 다 수지하여 독송하는 경우야 더 말할 필요가 있겠는가 라고 하면서, 이 사람은 '최상이고 제일이며 희유한 법'을 성취할 것이라고 한다. 여기에서 '최상·제일·희유한 법'이란 아뇩다라삼먁삼보리를 가리키는 취지이다.[139]

마지막으로 ⓒ "이 경전이 있는 곳이라면 곧 붓다와 존중받는 제자들이 계시는 것과 같다"고 맺는다. 그 이유는 이 경전은 여래를 낳는 원천이기 때문일 것이다. 여기에서 '존중받는 제자'라고 한 것은, 범본에서 '지혜로운 스승[vijñaguru]'이라고 표현되어 있는 것이다. 한역어는 '지혜로운 스승'이란 붓다의 제자로서, 세상 사람들의 존경을 받는 스승을 가리키는 것으로 이해한 것이다.

다음 둘째는 경전의 이름에 의하여 수승함을 드러낸다. 경전의 이름은 다름 아닌 '금강반야바라밀'인데, 그 의미는 앞에서 자세히 살폈다. 여기 수승함을 드러내는 자리에서 보자면, '금강처럼 능히 모든 번뇌를 잘라 버리는 반야' 또는 '금강마저도 잘라 버릴 수 있는 반야'이니, 이보다 수승한 것이 또 어디 있으랴 라는 의미일 것이다.

여기에서 경전의 이름을 표명한 것에 의하면, 이것으로 이 경전은 일단 매듭이 지어지는 것처럼 보인다.140 그렇지만 범어 원문과 대조해 보면 그러한 취지는 아닌 듯하다. 왜냐 하면 범어 원문은 여기에서 경전의 이름을 한역문처럼 '금강반야바라밀'이라고 표현하고 있는 것이 아니라, 단순히 '반야바라밀'이라고만 표현하

---

139 『간정기』(회권제6)에서는 이 뜻을 풀이하여, '최상'은 법신에, '제일'은 보신에, '희유'는 화신에 상응하는 것이라고 하고, 또는 보리에 나아갈 수 있으므로 '최상'이고, 다른 교법보다 뛰어나므로 '제일'이며, 세상에서 비할 것이 없으므로 '희유'라고 한다고 하고 있다. 그러나 반드시 이렇게 구분하여 이해해야만 하는 것은 아닐 것이다. 범어 원문도, "최고의 경이로움을 갖춘 이들이 될 것이다."라는 취지로만 되어 있다.

140 그래서 주석가들 중에는 이 이후의 경문은 후대에 다시 덧붙여진 것이고, 여기까지가 이 경전의 원형이라고 보는 분들도 있다.

고 있기 때문이다. 그러므로 그 취지는 이 경전의 가르침이 '저 언덕에 이르게 하는 반야' 내지 '반야의 완성'을 성취하는 것이라는 뜻에 의해 이 경전의 수승함을 드러내려는 것이지, 경전의 매듭을 전제한 것은 아니라고 이해해야 할 것이다.

4.7.4

① "까닭이 무엇이겠는가? 수보리여, 붓다가 말한 반야바라밀은 곧 반야바라밀이 아니기 때문이다."

② "수보리여, 그대 생각에는 어떤가? 여래가 말한 법이 있는가?"

수보리가 붓다께 말하였다.

"세존이시여, 여래께서는 말씀하신 것이 없습니다."

③ "수보리여, 그대 생각에는 어떤가? 삼천대천세계에 있는 미진은 이것이 많다고 하겠는가?"

수보리가 말하였다.

"매우 많습니다, 세존이시여."

"수보리여, 모든 미진이란 여래는 곧 미진이 아니라고 말한다. 이것을 미진이라고 이름한 것이다.

여래가 말하는 세계란 곧 세계가 아니다. 이것을 세계라고 이름한 것이다."

"所以者何? 須菩提, 佛說 般若波羅蜜 卽非般若波羅蜜."

"須菩提, 於意云何, 如來有所說法不?"

須菩提 白佛言.

"世尊 如來無所說."

"須菩提, 於意云何, 三千大千世界 所有微塵 是爲多不?"

須菩提言.

"甚多, 世尊."

"須菩提, 諸微塵 如來說非微塵. 是名微塵.

如來說世界 非世界. 是名世界."

④ "수보리여, 그대 생각에는 어떤가? 삼십이상으로 여래를 볼 수 있는가?"
"그렇지 않습니다, 세존이시여. 삼십이상으로는 여래를 볼 수 없습니다. 왜냐하면 여래께서 말씀하신 삼십이상은 곧 상이 아니기 때문입니다. 이것을 삼십이상이라고 이름한 것입니다."

"須菩提, 於意云何? 可以三十二相 見如來不?"
"不也, 世尊. 不可以三十二相 得見如來. 何以故 如來說 三十二相 卽是非相. 是名三十二相."

※

이 제4.7.4분절은 수승함을 밝힘에 의하여 뒤따를 집착을 깨뜨리기 위하여 해석을 전환하는 것이다.141 붓다께서는 앞에서 얻은 법도 없고 말한 법도 없다고 밝히셨지만, 앞 분절에서 이 경전의 가르침이 매우 수승하다고 하시고, 마침내 이것을 반야바라밀이라고 이름하시기에 이르렀다. 그러자 붓다의 설법을 뗏목의 비유처럼 알아야 한다고 이르셨음에도 불구하고, 이 가르침의 수승함에 취하여 집착을 일으킬 것을 염려하시는 것이다.

그래서 그러한 집착을 깨뜨리기 위하여 앞서 해석한 것을 승의제로 전환해서, 이 경전의 가르침 역시 공이라는 것을 다시 깨우치시는 것이다. 글을 분석하면, ① 방금 세운 경전의 이름은 물론, 나아가 ② 여래께서 말씀하신 법, ③ 그 말씀 중의 하나하나의 이름, ④ 그리고 가르침의 과보로서의 붓다의 상 등 모두가 공이므로, 이 모든 것에 집착하여서는 안 된다는 것이다.

---

141 이 분절에서 『찬요』의 분단과목을 따르지 아니하였는데, 그 취지는 아래에서 밝힐 것이다.

그래서 먼저 ① 경전의 이름에 대한 해석을 전환하여 말씀하시기를, "까닭이 무엇이겠는가? 수보리여, 붓다가 말한 반야바라밀은 곧 반야바라밀이 아니기 때문이다."라고 하신다. 여기에서 '까닭이 무엇이겠는가'라고 한 의문사의 취지는, 붓다께서 모든 법의 공과 무상, 특히 언설이나 이름의 공함을 항상 말씀해 오셨으면서, 새삼 이름을 세우신 까닭이 무엇이겠는가 라는 것이다.

이를 풀이해서 "붓다가 말한 반야바라밀은 곧 반야바라밀이 아니기 때문이다."라고 하신다. 여기에서 앞에서 세운 경전의 이름 '금강반야바라밀' 대신 '반야바라밀'이라고만 표현한 것은 범어 원문 대로 이름을 표현한 것일 뿐, 특별히 다른 의미가 있는 것은 아니다. 따라서 그 의미는, '붓다가 이 경전의 이름을 세우기는 하였지만, 그 이름에 진실이 있는 것은 아니다, 그렇지만 그 가르침이 매우 수승하므로 세간에서 수지하도록 하기 위하여 이름할 수 없는 가운데 이름을 세운 것이다' 라는 취지이다.

다음 ②의 경문은 얻은 법도 없고 말한 법도 없다고 한 데서 이미 밝힌 것을 다시 한번 상기시키는 것이다. 말하자면 여래께서 실상을 볼 수 있도록 갖가지로 말씀하셨지만, 승의의 진실은 유위를 지시하는 언어에 의해 설명될 수 없는 것이므로, "여래께서는 말씀하신 것이 없다"는 뜻이다.142 따라서 이 경전의 공덕이 크다고 해서, 경전의 가르침 자체에 집착해서는 안 된다는 취지이다.

---

142 이에 대해『찬요』(회권제6)는,「말씀하신 것이 없다는 것은 별달리 증감하여 하신 말씀이 없고 단지 증득하신 대로만 말씀하셨는데, 이미 그 증득하

다음 ③의 경문은 붓다의 전체적인 가르침도 그러하지만, 그 가르침을 구성하는 이름과 문구 역시 승의로는 진실이 아님을 밝혀 집착을 경계하는 것이다. 붓다께서는 먼저 "삼천대천세계에 있는 미진은 이것이 많다고 하겠는가?"라고 물으심으로써 '미진'과 '세계'를 실마리로 삼으신다.

이 실마리는 바로 앞에서, "어떤 선남자 선여인이 그러한 항하의 '모래'수만큼의 삼천대천'세계'를 칠보로 가득 채워 이를 보시에 쓴다면 복덕이 매우 많겠는가"라고 한 글에서 나온 것이다. 그렇지만 이것이 실마리로 된 근본적인 이유는, 이 미진과 세계가 사람들에게 불변의 존재로서 생각되는 대표적인 것이기 때문이 아닐까 한다.

여기에서 '미진'과 '세계'의 개념부터 정리해 보자. '미진微塵'은 문자적으로는 미세한 티끌을 뜻하지만, 불교이론에서는 고유한 의미가 있다. 《구사론》(제12권)에 의하면, 물질을 더 이상 분할할 수 없을 때까지 분석한 최소단위를 '극미極微 PSparamāṇu'라고 하고, 하나의 극미를 중심으로 동·서·남·북·상·하의 여섯 방향으로 여섯 개의 극미가 더 모인 것을 '미진Saṇurajas'이라고 한다.143 그

....

신 대로라면 곧 말씀하신 것이 없는 것이다. 삼세의 모든 붓다께서도 모두 그러하기 때문에 다른 말씀이 없으셨다고 말한 것이다.」라고 설명하고 있는데, 납득하기 어렵다.

143 같은 논서에 의하면, 이와 같은 방식의 결합에 의해 미진 일곱이 모여서 금진金塵이 되고, 다시 순차로 수진水塵, 토모진兎毛塵, 양모진羊毛塵, 우모진牛毛塵, 극유진隙遊塵이 되는데, 극유진은 창문 틈으로 스며드는 햇빛에 비치는 먼지 정도의 크기라고 한다. 이들 중 극미는 볼 수 없고, 미진은 천안을 가진 사람만이 볼 수 있는 지각의 최소단위라고 한다. 이 극미의 실재성은 부파불교 시대부터 부파간 논쟁의 대상이 되어 왔는데, 대승불교에서는 물론 그 실

런데 이 '미진'은 범어 원문에서는 '대지의 티끌[pṛthivīrajas]'이라고만 표현되어 있고, 또 여기에서는 전체로서의 '세계'에 상대되는 의미로 쓰이고 있으므로, 불교이론상의 미진보다는 실재성이 논란되고 있는 극미를 뜻하는 것이 아닐까 한다. 어떻든 여기에서 '미진'은 전체로서의 '세계'에 상대되는 기초단위를 가리키는 것이고, 그리고 '세계'는 그 미진들이 모두 모인 전체로서의 통합체를 가리키는 것으로 이해된다.

세속제로 하신 붓다의 물음에 대해 수보리는, "매우 많습니다." 라고 대답하니, 붓다께서 승의제와 세속제를 엮어 정답을 말씀하신다. "모든 미진이란 여래는 곧 미진이 아니라고 말한다. 이것을 미진이라고 이름한 것이다. 여래가 말하는 세계란 곧 세계가 아니다. 이것을 세계라고 이름한 것이다."

정답 중 '곧 미진이 아니다'라고 하고, '곧 세계가 아니다'라고 한 승의제의 관점에 대해서만 부연해 말한다면, 사람들이 변화나 변모의 대상이 아니라고 생각하는 미진과 세계도 연생의 법일 뿐이다. 그러므로 이들 역시 조건 따라 생성되고 변화하고 소멸하는 것이지, 고정된 실체가 있는 것이 아니다. 우리가 변하지 않는 물질의 기초단위로 알고 있는 원자 등이 불변의 존재가 아님은 현대 물리학에 의하여 이미 밝혀졌다고 한다.144 또 세계의 생성과 파괴에 관해서는 초기경전 여러 곳에서 설명되고 있다.145 따라서

재성을 부인한다.
144 이에 관하여는 양형진 저 『산하대지가 참빛이다』(2001년, 장경각) pp. 128-129 참조.
145 대표적으로 한글 DN 제3권 악간냐경[Aggaññasutta]이 있다. 그리고 양형진의 위 책 pp.112~119도 세계의 성주괴공을 이해하는 데 도움을 준다.

위 경문은 이 '미진'과 '세계'라는 양극의 개념을 빌려, 경전에 나오는 온갖 이름과 문구 역시 승의로는 공임을 밝혀 집착을 경계하고자 하는 것으로 이해된다.146

끝으로 ④의 경문은 가르침을 통해 성취될 과보는 형상에 의하여 보여지는 것이 아니므로 붓다의 상에 대한 집착도 여의어야 할 것임을 밝힌다. 글은 먼저 붓다께서 "삼십이상으로 여래를 볼 수 있는가"를 물으시고, 이에 대해 수보리가 이를 부정하면서 그 이유를, "여래께서 말씀하신 삼십이상은 곧 상이 아니기 때문입니다. 이것을 삼십이상이라고 이름한 것입니다."라고 설명하는 내용으로 되어 있다.

진정한 과보인 여래는 보신의 '큰 몸'에 의하여 볼 수 있는 것도 아니고, 화신의 '몸의 상', 즉 삼십이상에 의하여 볼 수 있는 것도 아니다. 오직 실상인 '모든 상의 상 아님'에 의해서만 보여질 수 있는 것이다.147

---

146 그러나 이 경문에 대해 『찬요』(회권제6)는, 「보배 보시의 복덕은 번뇌의 원인이니 능히 번뇌사를 성취하기 때문이고, 땅의 미진은 무기無記여서 번뇌의 원인이 아니므로, 미진이 보배 보시보다 수승하다. … 세계는 미진의 원인인데, 미진은 번뇌를 일으키지 않는다. 보시는 복덕의 원인이지만, 복덕은 번뇌를 일으킨다.」라고 하고 있는데(이에 대해 『간정기』는, 「서로 대조해보면 세 겹의 우열이 있다. 말하자면 보배보시는 미진과 세계보다 열등하고, 미진과 세계는 경전 지님에 미치지 못한다.」고 풀이한다), 납득하기 어렵다.
147 그런데 『찬요』(회권제6)는 이 제4.7.4분절의 경문도 제4.7.3분절의 경문과 함께 수승한 이유를 밝히는 것으로 본다. 즉 ①은 수승한 이유의 두 번째인 경전의 이름에 의해 수승함을 밝히는 것(즉 제4.7.3분절의 ②)에 포함되는 것으로 보고, ②는 증득하신 그대로이고 다른 말씀이 없으므로 수승하다는 것[佛無異說勝]을 밝히는 것으로 보며, ③은 보배 보시의 복은 오히려 미진

4.7.5

"수보리여, 만약 어떤 선남자 선여인이 항하의 모래 수와 같은 신명身命으로써 보시를 한다 해도, 만약 다시 어떤 사람이 이 경전 중에서 나아가 사구게 따위만이라도 남에게 말해 준다면, 그 복이 훨씬 많다."

"須菩提, 若有善男子善女人 以恒河沙等 身命布施, 若復有人 於此經中 乃至四句偈等 爲他人說, 其福甚多."

※

다음 이 분절 이하는 보신의 공덕이 수승함을 비교를 통하여 드러내는 두 가지 중 두 번째로, 내재시, 즉 신명보시와 비교하여 수승함을 드러내는 것이다. 이 분절은 그 중의 첫째로서, 신명보시의 공덕보다 수승함을 밝히는 글이다.

이 글이 있게 된 이유에 대해 『간정기』(회권제6)는, 「사람들이 보배보시의 공덕은 경전을 수지함에 미치지 못한다는 말을 듣고, 이것은 몸 밖의 재물이므로 경전보다 열등하지만, 만약 신명으로써 보시한다면 필시 경전을 수지함보다는 우월할 것이라고 말할까 염려하여, 그러한 소견을 깨뜨리기 위해서 이 글이 있게 되었다.」라고 설명하고 있다.

보다 열등하다 하여, 상대적인 비교를 통하여 수승함[施福劣塵勝]을 드러내는 것이라고 보고, ④는 감응한 과보는 상相을 여의었으므로 수승하다는 것[感果離相勝]을 드러낸 것으로 본다. 그래서 수승한 이유가 모두 다섯 가지 열거된 것으로 보지만, 이 분절의 세 가지는 다소 의제적이면서 과도한 의미부여인 것으로 생각되어 따르지 않았다.

여기에서 신명의 보시라 함은, 예컨대 호랑이가 새끼 일곱 마리를 낳고 먹이가 없어 굶주리고 있는 것을 보고 이들의 먹이가 되기 위하여 바위 아래로 몸을 던진 마하살타摩訶薩埵왕자,148 매에게 허벅지의 살을 베어 주어 쫓기는 비둘기를 살리는 시비尸毘왕,149 나찰에게 먹이로 몸을 준 설산雪山동자150 등의 보시를 이르는 것이다.

경문의 뜻은 쉽게 이해할 수 있을 것이다. 요컨대 신명의 보시 역시 보리로 나아가게 하는 것이 아니라는 점에서는 재물의 보시와 마찬가지이므로, 이 경전의 가르침 내지 이것에서 태어나는 보신의 공덕에는 훨씬 미치지 못한다는 것이다.

4.7.6

(제14품 상을 여읜 적멸)　　　　　　(第十四品 離相寂滅分)

① 그 때 수보리는 이 경전 말씀하신 것을 듣고 그 뜻을 깊이 이해하고 눈물을 흘리며 슬피 울면서 붓다께 말하였다.

爾時 須菩提 聞說是經 深解義趣 涕淚悲泣 而白佛言.

"희유합니다, 세존이시여. 붓다께서 말씀하신 이러한 심오한 경전은, 제가 이제까지 얻은 혜안으로도 이러한 경전을 아직까지 듣지 못하였습니다.

"希有, 世尊. 佛說如是甚深經典, 我從昔來 所得慧眼 未曾得聞 如是之經.

② 세존이시여, 만약 다시 어떤 사람이

世尊, 若復有人 得聞是

---

148 《금광명경金光明経》(제4권) 사신품捨身品에 나오는 이야기이다.
149 《대지도론》(제35권)에 나오는 이야기이다.
150 《대반열반경》(36권본의 제13권) 성행품聖行品에 나오는 이야기이다.

이 경전을 듣고 믿는 마음이 청정하면 곧 실상을 낼 것이니, 이 사람은 제일 희유한 공덕을 성취하리라고 알아야 할 것입니다.

세존이시여, 이 실상實相이란 곧 상이 아닙니다. 그래서 여래께서 실상이라 이름하신 것입니다.

③ 세존이시여, 제가 지금 이러한 경전을 듣고서 믿고 이해하며 수지[信解受持]함은 어렵지 않겠습니다만, 만약 미래의 후오백세에 그 어떤 중생이 이 경전을 듣고서 믿고 이해하여 수지한다면, 이 사람은 곧 제일 희유할 것입니다.

㉠ 왜냐 하면 이 사람은 아상이 없고 인상이 없고 중생상이 없고 수자상이 없기 때문입니다. ㉡ 까닭이 무엇이겠습니까? 아상도 곧 상이 아니고, 인상·중생상·수자상도 곧 상이 아니기 때문입니다. ㉢ 왜냐 하면 일체의 모든 상을 여읨을 곧 모든 붓다라고 이름하기 때문입니다."

經 信心淸淨 卽生實相, 當知 是人 成就第一希有 功德.

世尊, 是實相者 卽是非相. 是故 如來說名實相.

世尊, 我今得聞 如是經典 信解受持 不足爲難, 若當來世 後五百歲 其有衆生 得聞是經 信解受持, 是人卽爲 第一希有.

何以故 此人 無我相 無人相 無衆生相 無壽者相. 所以者何? 我相 卽是非相, 人相衆生相壽者相 卽是非相.

何以故 離一切諸相 卽名諸佛."

 이 분절은 신명보시와 비교하여 수승함을 밝히는 글의 두 번째, 수승한 이유를 밝히는 것이다. 글은 세 부분으로 나누어 볼 수 있다. 첫째 ①은 수보리 자신의 경험을 들어 밝히는 것, 둘째 ②는 다른 사람의 예를 들어 밝히는 것, 셋째 ③은 미래의 중생을 예로 들어 밝히는 것이다.

첫째 ①의 경문은, 이 심오한 경전은 수보리 자신이 혜안을 뜬 이래 처음 듣는 것이라고 밝힌다. '혜안'은 소위 오안五眼[151] 중의 하나로서, 무분별지에 의해 모든 법의 실상을 볼 수 있는 반야의 눈을 말한다. 그렇다면 수보리는 이러한 혜안을 뜬 지 오래 되었고, 그래서 붓다로부터 공을 이해하기로는 제일[解空第一]이라고 칭찬받는 아라한이다. 이러한 수보리로서도 이 경전을 처음 듣는 심오한 경전이라고 한 것은, 아공은 알지만 법공은 알지 못한다는 것을 빗대어 말한 것이다. 나머지 경문은 쉽게 이해할 수 있을 것이다.

다음 ②에서는 다른 사람을 예로 들어 수승함을 밝히기를, "만약 어떤 사람이 이 경전을 듣고 믿는 마음이 청정하면 곧 실상을 낼 것이니, 이 사람은 제일 희유한 공덕을 성취하리라고 알아야 할 것"이라고 한다.

여기에서 '믿는 마음이 청정'하다는 것은, 믿음에 따라 실천한다는 것을 의미한다. 따라서 경문의 뜻은 어떤 사람이라도 이 경전을 듣고 믿는 마음이 청정하면 이 경전의 가르침에 따라 실천할 것이고, 그러하다면 이 사람은 모든 법의 공한 실상을 알고 보게 될 것이며, 만약 그렇게 된다면 곧 여래를 볼 것이니, 이 사람은 제일 희유한 공덕을 성취할 것임에 의심의 여지가 없다는 것이다.

---
151 뒤의 4.15분절에서 다시 나올 것이다.

그리고 여기에서 '제일 희유한 공덕'이란 앞의 제4.7.3분절에서 말한 '최상이고 제일이며 희유한 법' 즉, 아뇩다라삼먁삼보리를 성취하는 것을 뜻하는 것이다.

그런 다음 집착을 파하기 위하여 곧 바로 해석한 것을 전환하여, "세존이시여, 이 실상이란 곧 상이 아닙니다. 그래서 여래께서 실상이라 이름하신 것"이라고 한다. 실상이란 누누이 말해 왔듯이 '모든 상의 상 아님'을 알고 보는 것을 이름하는 것이지, 실상이라는 상이 실제로 있는 것이 아니다. 다만 세속제에 의하여 실상이란 이름을 세운 것일 뿐이다.

마지막으로 ③은 미래의 중생을 예로 들어 수승함을 밝힌다. 글은 두 부분으로 구성된다. 처음은 총체적으로 표방하는 것이고, 뒤는 그 이유를 밝히는 것이다.

먼저 처음은 정법이 사라질 미래에도 이 경전의 가르침을 듣고, 믿고 이해하며 수지할 수 있는 중생이 있음에 의해 수승함을 표방하여 말한다. 이미 아라한이 되었고 또 붓다로부터 항상 가르침을 들을 수 있는 "제가 지금 이러한 경전을 듣고서 믿고 이해하며 수지함은 어렵지 않겠습니다만, 만약 (정법이 사라질) 미래의 후오백세에 그 어떤 중생이 이 경전을 듣고서 믿고 이해하여 수지한다면, 이 사람은 곧 제일 희유할 것입니다."

글은 이해하기 어렵지 않다. 비슷한 문제제기에 대하여 앞의 제4.2분절에서 붓다께서 하신 말씀을 상기하여 의미를 되새겨 보자. "그런 말 하지 말라. 여래가 멸도한 후 후오백세에 계를 지키고 복을 닦는 사람이 있어 이 말에 신심을 내어 이를 진실로 여길 것이다. 이 사람은 한 붓다, 두 붓다, 서너다섯 붓다에게서만 선근을 심은 것이 아니라, 이미 한량없는 천만의 붓다 계신 곳에서 갖은 선근을 심어, 이 말을 듣고 나아가 한 순간에 바른 믿음을 낸 사람임을 알아야 한다."

다음 그 이유를 밝힘에 있어, "㉠ 왜냐 하면 이 사람은 아상이 없고 인상이 없고 중생상이 없고 수자상이 없기 때문입니다. ㉡ 까닭이 무엇이겠습니까? 아상도 곧 상이 아니고 인상·중생상·수자상도 곧 상이 아니기 때문입니다. ㉢ 왜냐 하면 일체의 모든 상을 여읨을 곧 모든 붓다라고 이름하기 때문입니다."라고 해서 삼중의 구조로 되어 있다.

처음 ㉠에서의 의문사는, '미래의 후오백세에 이 경전을 신해수지信解受持하는 사람을 무엇 때문에 제일 희유하다고 하는가'라는 취지이다. 그 답은 "이 사람은 아상이 없고 인상이 없고 중생상이 없고 수자상이 없기 때문"이다. 말하자면 '아공我空'을 통달하여 '아상我相'이 없기 때문이라는 것이다.

다음 ㉡에서의 의문문은, '아상이 없게 된 것은 무엇 때문인가'라는 취지이다. 그 답은 "아상·인상·중생상·수자상은 곧 상이 아니기 때문"이라고 한다. 네 가지 상은 상속하는 오온을 기초로 해서 형성된 집착을 이름한 것일 뿐, 네 가지의 상이 있는 것은 아니다. 만약 아상의 기초가 되는 오온의 무상을 알지 못하면, 이것은 필연적으로 아상의 발생으로 귀결된다. 그렇지만 이 사람은 오온의 무상, 곧 '법공法空'까지 통달하였으므로, 아상이 일어나지 않는다는 것이다. 이것은 앞의 제4.2분절에서 이미 한 번 보았던 내용이다.

마지막 ㉢에서의 의문사는, '무엇 때문에 그와 같이 아·법의 상이 없게 되는가'라는 것이다. 그 답은 "일체의 모든 상을 여읨을 곧 모든 붓다라고 이름하기 때문"이라고 한다. 그 취지는 일체 중생의 제도를 위하여 붓다가 되려고 하기 때문이라는 것이다. 일체의 모든 상은 아·법의 두 가지 상에 모두 포섭된다. 이 두 가지 상을 여읜다면 '모든 상의 상 아님'을 보는 것이니, 그것은 바로 여래를 보는 것이고, 이를 이름하여 붓다라고 이름하기 때문이라는 것이다. 이렇게 보면 이 ㉢의 글은 아·법 두 가지의 공, 즉 '구공俱空'을 말한 것이라고 표현할 수 있다.

그래서 『간정기』(회권제6)는 이 삼중의 구조는 아공·법공·구공이라는 세 가지 공[三空]을 따로 나타낸 것이라고 설명한다. 이와 같이 이 경전은 모든 법의 실상인 진공묘유를, 무상이라는 측면에서 여러 각도에서 조명하여 밝히는 것이다. 이것이 경전 전부를 관통하고 있는 것이다.

4.7.7

붓다께서 수보리에게 말씀하셨다.

"참으로 그러하다. 만약 어떤 사람이 이 경전을 듣고 놀라지 않고 두려워하지 않고 겁내지 않는다면, 이 사람은 심히 희유하다고 알아야 한다.

왜냐 하면 수보리여, 여래가 말한 제일바라밀은 곧 제일바라밀이 아니기 때문이

佛告 須菩提.

"如是如是. 若復有人 得聞是經 不驚不怖不畏, 當知 是人甚爲希有.

何以故 須菩提, 如來 說第一波羅蜜 卽非第一波

다. 이것을 제일바라밀이라고 이름한 것　羅蜜. 是名第一波羅蜜."
이다."

〽

이 제4.7.7분절은 수승함을 밝힘에 의하여 뒤따를 집착을 깨뜨리기 위하여 해석을 전환하는 것인데,152 그 취지는 앞의 제4.7.4분절에서 밝힌 것과 같다. 요컨대 붓다의 설법을 뗏목의 비유처럼 알아야 함에도, 다시 이 가르침의 수승함에 취하여 집착을 일으킬 것을 경계하는 것이다.

글은 두 부분으로 나눌 수 있다. 앞은 붓다께서 수보리의 답을 인정하시는 것이고, 뒤는 해석을 전환하는 것이다. 먼저 경문은 이 경전의 수승함을 밝힌 수보리의 답변이 옳음을 인정하시면서, 덧붙여 "만약 어떤 사람이 이 경전을 듣고 놀라지 않고 두려워하지 않고 겁내지 않는다면[不驚不怖不畏]153 이 사람은 심히 희유하다고 알아야 한다"라고 하신다.

진공의 묘유 내지 상의 상 아님이라는 비범한 이치를, 승의제와 세속제를 교차하여 말하는 '이 경전을 듣고 놀라지 않고 겁내지 않고 두려워하지 않는다면', 그 사람은 '한 붓다, 두 붓다, 서너다섯 붓다에게서만 선근을 심은 것이 아니라, 이미 한량없는 천만의

....
152 이 대목 역시 『찬요』의 분단과목을 따르지 아니한 것 중 하나인데, 그 취지는 설명의 말미에서 밝힐 것이다.
153 이 부분에 대하여 『찬요』(회권제6)는, 「논(=세친의 논서 중권)에서, "'놀란다[驚]'는 것은 도리 아님에 두려움을 내는 것이고, '두려워한다[怖]'는 것은 의심을 끊을 수 없기 때문이며, '겁낸다[畏]'는 것은 덮어놓고 두려워하는 것이니, 그 마음이 필경 놀라 두려워함에 떨어지기 때문이다."라고 하였다.」라고 설명한다.

붓다 계신 곳에서 갖은 선근을 심어, 이 말을 듣고 나아가 한 순간에 바른 믿음을 낸 사람'으로서, '곧 실상을 내어 제일 희유한 공덕을 성취'할 것이니 어찌 희유한 사람이 아니겠는가.

다음 뒤에서 해석을 전환하여 말씀하시기를, "왜냐 하면 수보리여, 여래가 제일바라밀이라고 말한 것은 곧 제일바라밀이 아니기 때문이다. 이것을 제일바라밀이라고 이름한 것"이라고 하신다. 글의 서두에 있는 의문사의 취지는 물론, 바로 앞의 설명을 받아서 '무엇 때문에 심히 희유하다고 알아야 하는가'라는 것이다. 그리고 글 중의 '제일바라밀'은 육바라밀 중의 첫째인 보시바라밀을 가리키는 것이 아니라, 가장 으뜸가는 바라밀, 즉 반야바라밀을 가리키는 것으로서,154 곧 이 경전의 가르침을 뜻하는 것이다.

이와 같이 수승함을 누누이 강조해 온 '제일바라밀'이라고 하는 이 경전의 가르침도 실상을 나타내는 것이 아니고, 승의로서는 공이다. 실상으로 인도하기 위한 방편으로 세간의 이해에 의지하여 세운 이름일 뿐이므로, 그 뜻을 취해야 하는 것이지, 경전 자체 내지 그 글귀나 이름에 집착할 것은 아니다. 이러한 말을 듣는다면 대부분의 사람들은 다시 한번 놀라고 괴이하게 여긴다. 그럼에도 이를 듣고 '놀라지 않고 두려워하지 않고 겁내지 않는다면' 이 경전의 뜻을 완전히 아는 사람이라 할 것이니, 어찌 희유하지 않을 것인가.155

---

154 범어 원본에는 최고의 바라밀을 의미하는 'parama-pāramitā'라고 되어 있다. 그래서 현장은 이를 '최승最勝바라밀다'라고 번역하였다.
155 『찬요』는 이 제4.7.7분절 역시 수승한 이유를 드러낸 것으로 보아, 이 분절

....
의 전반부(그 중 붓다께서 "참으로 그러하다"라고 수보리의 답을 승인하신 부분은, 앞 분절의 세 번째 수승한 이유 중에 포섭되는 것으로 본다)는 들을 때 동요하지 않음은 희유하므로 수승하다는 것[聞時不動稀有勝], 후반부는 반야바라밀이 청정하여 제일이므로 수승하다는 것[大因淸淨第一勝]으로 본다. 그러면서 앞 분절에서 본 수승한 이유 셋은 차례대로, 깊은 법을 여태껏 듣지 못했음을 울며 탄식함에 의해 수승함[泣歎未聞深法勝]을 드러낸 것, 청정한 마음으로 실상에 계합하여 공덕을 갖추었음에 의해 수승함[淨心契實具德勝]을 밝힌 것, 삼공을 신해함이 붓다와 같음에 의해 수승함[信解三空同佛勝]을 밝힌 것으로 각각 표현하고 있는데, 여기에서는 앞에서 말한 바와 같은 이유로 이를 따르지 않았다.

8 수지·설법함으로써는 고과를 벗어날 수 없는 것 아닌가 라는
의심[持說未脫苦果疑]을 끊음(← **7**)

4.8.1

"① 수보리여, 인욕바라밀을 여래는 곧 인욕바라밀이 아니라고 말한다.

② 왜냐 하면 수보리여, 내가 과거 가리왕歌利王에 의해 신체가 도려내질 적에, 나는 그 때 아상이 없었고 인상이 없었고 중생상이 없었고 수자상이 없었기 때문이다. 왜냐 하면 내가 그 때 마디마디 도려내질 적에 만약 아상·인상·중생상·수자상이 있었다면 응당 분노하고 원한 품는 마음을 내었을 것이기 때문이다.

③ 수보리여, 또 과거 오백 생 동안 인욕선인이었을 때를 생각하니, 나는 그 시절에도 아상이 없었고 인상이 없었고 중생상이 없었고 수자상이 없었다.

"須菩提, 忍辱波羅蜜 如來說 非忍辱波羅蜜.
何以故 須菩提, 如我昔 爲歌利王 割截身體, 我 於爾時 無我相 無人相 無衆生相 無壽者相.
何以故 我於往昔 節節支解時 若有我相 人相 衆生相 壽者相 應生瞋恨.

須菩提, 又念過去 於五百世 作忍辱仙人, 於爾所世 無我相 無人相 無衆生相 無壽者相.

4.8.2

① 그러므로 수보리여, 보살은 일체의 상을 여의고 아뇩다라삼먁삼보리에 대한 마음을 일으켜야 한다.

是故 須菩提, 菩薩 應離一切相 發阿耨多羅三藐三菩提心.

② 색에 머물러 마음을 내어서도 안 되고 성·향·미·촉·법에 머물러 마음을 내어서도 안 된다. 응당 머무는 바 없는 마음을 내어야 하니, 만약 마음에 머묾이 있다면 곧 머묾이 아니다. 그래서 붓다는 '보살은 마음이 색에 머물지 않고 보시해야 한다'라고 말한 것이다.

③ 수보리여, 보살은 일체의 중생을 이익하기 위하여 이와 같이 보시해야 한다. 여래는 일체의 모든 상은 곧 상이 아니라고 말하고, 또 일체의 중생은 곧 중생이 아니라고 말한다."

不應住色生心 不應住聲香味觸法生心.
應生無所住心, 若心有住 卽爲非住.
是故佛說 '菩薩 心不應住色布施'.
須菩提, 菩薩 爲利益一切衆生故 應如是布施. 如來說 一切諸相 卽是非相, 又說 一切衆生 卽非衆生."

※

　이 제8 단의의 의심은 바로 앞의 제7 단의, 그 중에서도 후반의 신명보시와 비교하여 보신의 공덕이 수승함을 밝힌 글에서 온 것이다. 그 취지는 신명보시의 과보가 비록 재물보시의 그것보다는 낫다고 하지만, 생사의 윤회에서 벗어나게 하는 것은 아니므로 고과苦果156를 벗어나게 할 수 없다는 점에서, 결국 이 경전의 가르침보다 하열하다고 밝힌 데서 왔다는 것이다.

---
156 '고과'란 괴로움의 과보라는 뜻으로, 생사윤회의 결과 내지 그 결과로서 받은 신체를 가리키는 말인데, 중생의 윤회를 흔히 '혹惑·업業·고苦'로 요약해 표현한 것에서 유래한 말이다. '혹·업·고'란 번뇌[惑]로 인해 업業을 지어서 괴로움[苦]의 과보를 받는다는 뜻이다.

그런데 이 단의법문의 제목이 뜻하는 바를 이해하기 위하여는 먼저 근본법문을 상기할 필요가 있다. 그 요지는 보리심을 일으킨 보살이라면 모든 중생을 무여열반에 들어 멸도하도록 하겠다는 서원을 일으켜, 보시하되, 상에 머물지 않아야 한다는 것이었다. 그렇다면 이러한 마음을 일으킨 보살의 최고의 보시는, 무상의 공덕을 낳는 이 경전의 가르침을 수지하여 말해 주는 것이라고 할 수 있을 것이다. 그런데 보살의 입장에서 보면 이러한 보살행 역시 신명으로써 하는 보시에 속한다. 그렇다면 이 경전을 수지·설법함으로써는 결국 고과苦果를 면할 수 없는 것이 아니겠는가. 이러한 의심이 이 항목의 제목이 뜻하는 것이다.

  이 의심을 끊어 주는 답은 두 부분으로 구성되어 있다. 앞의 제4.8.1분절에서는 무상無相을 통찰하면서 하는 보살행은, 그렇지 아니한 신명보시와 달라 고과를 가져오는 것이 아님을 밝히는 것이고, 뒤의 제4.8.2분절에서는 그러므로 상을 떠나 보살행을 행하라고 권유하는 것이다.

  먼저 이 단의법문의 첫째, 무상을 통찰하면서 하는 보살행은 그렇지 아니한 신명보시와 달라 고과를 가져오는 것이 아님을 밝히는 제4.8.1분절의 경문은 두 부분으로 나누어 볼 수 있다. 첫째 ①은 인욕바라밀의 실체를 밝힘으로써 무상을 통찰하면서 하는 보살행은 고과를 가져오는 것이 아님을 간접적으로 밝히는 것이고, 둘째 ② 이하는 그러한 인욕바라밀의 양상을 밝히는 것이다. 그리고 후자의 글에도 다시 둘이 있으니, 앞의 ②는 한 생을 들어 지극한 인욕[極苦忍]을 밝히는 것, 뒤의 ③은 여러 생[多生]을 들어 계속된 인욕[相續忍]을 밝히는 것이다.

먼저 ① 인욕바라밀의 실체를 밝히기를, "인욕바라밀을 여래는 곧 인욕바라밀이 아니라고 말한다."고 한다.157 인욕바라밀은 육바라밀 중의 세 번째로서, 온갖 고난과 박해, 멸시 따위를 참고 견디는 것을 말한다. 여기에서 인욕바라밀이 등장한 것은, 경전의 수지·연설은 신명보시에 속하고, 신명보시는 그 인내가 요구되는 고난을 동반하는 것이라는 점에서 인욕바라밀로 연결된 것이다.

'인욕바라밀'도 그렇게 이름할 만한 정해진 법이 있는 것이 아니므로 승의제로서 공이다. 그러므로 이 부분의 경문은 다른 법들과 마찬가지로, 이 법공의 관점에서 충분히 설명이 된다. 그런데 경전은 이것을 다음의 ②에서 아공의 관점에서 이해하고 있으므로, 이 점을 살펴볼 필요가 있다.

인욕은 그 의미를 확장하면 범위가 매우 넓어지겠지만, 기본적으로는 남의 가해를 인내하는 것을 가리키는 개념이다.158 그렇다

---

157 해설서 중에는, 이 문장의 뒤에 "이것을 인욕바라밀이라고 이름한 것이다 [是名忍辱波羅蜜]"라는 표현이 부가되어 있는 것도 있으나, 범어 원문에는 이 표현이 붙어 있지 않다.
158 《대지도론》에 의하면, 「인욕에는 생인生忍과 법인法忍의 두 가지가 있다. … 두 종류의 중생이 보살에게 오니, 하나는 공경하고 공양하는 것이고, 다른 하나는 성내고 욕하며 때리고 해치는 것이다. 그 때 보살은 그 마음을 능히 참아서 공경하고 공양하는 중생에게 애착하지 않고, 악을 가하는 중생에게 성내지 않으니, 이것을 생인이라고 한다.(제14권) … 그 공양하고 공경하는 법 및 성내고 괴롭히며 음욕婬欲하는 법을 참는 것을 법인이라고 한다. 또한 법인이라 함은 안의 육근에 집착하지 않고 밖의 육진을 받아들이지 않아서, 능히 이 두 가지에 대해 분별하지 않는 것이다.(제15권)」라고 하면서도, 인욕에 대한 설명을 맺으면서는, 「이 법인法忍에는 세 가지 행의 청정이 있다. 인욕의 법[忍辱法]을 보지 않고 자기의 몸[己身]을 보지 않으며 욕하는 사람[罵辱人]을 보지 않는다. 모든 법을 희롱하지 않는 이 때를 청정한 법인

면 이것은 가해하는 '남'과 인욕하는 '나'가 있다는 것을 전제로 한다. 또 인욕은 다분히 주체적 사고를 동반하는 개념이므로, 인욕이 인욕일 수 있는 근거는 가해를 받는 주체가 있음에 있다. 왜냐 하면 만약 어떤 가해의 행위가 있다고 해도 이것을 받는 주체가 없다면, 그 가해를 겪는 과정이나 행위는 있을 지언정, 이것을 인욕이라고 표현하지는 않을 것이기 때문이다.

그런데 우리는 유신견이란 허구의 개념임을 이미 충분히 보았다. 그러므로 세속적으로 볼 때 어떤 가해행위가 있다 해도, 그것을 가하는 '남'이나 그것을 받는 '나'란 있을 수 없고, 이것을 인내하는 주체 역시 있을 수 없다.

따라서 어떤 관점에서 보더라도 인욕바라밀이란 세속 관념에 따른 표현일 뿐, 승의제로서는 있는 것이 아니다. 이러한 뜻을 『찬요』(회권제7)는 다음과 같이 설명한다. 「인욕으로 저 언덕에 이르러 이미 괴로움의 상을 떠났고, 더욱이 저 언덕도 언덕이 아니다. 누구가 고통받고 누구가 참겠는가.」이러한 진실을 알고 보면서 이 경전의 가르침을 수지하여 연설하는 보살행을 행한다면, 이것을 어찌 고과를 향하는 것이라고 하겠는가?

....

이라고 이름한다. 이러한 까닭에 보살이 반야바라밀 중에 머물러야 인욕바라밀을 구족할 수 있다고 말하는 것이니, 움직이지도 않고 물러나지도 않기 때문이다. 어떤 것을 움직이지 않고 물러나지 않는 것이라고 하는가? 증오 [瞋恚]가 일어나지 않고, 악언惡言을 하지 않으며, 몸으로 해악을 가하지 않되, 마음에 의심이 없는 것이다. 보살이 반야바라밀의 실상을 알고 모든 법을 보지 않고 마음에 집착이 없기 때문에, 만약 사람이 와서 욕하고 해치며 살해한다고 하더라도 능히 일체를 참는다. 이 때문에 반야바라밀 중에 머물러야 인욕바라밀을 구족할 수 있다고 말하는 것이다.(제15권)」라고 한 것은, 인욕의 기본개념이 어떤 것인지 보이는 것이다.

다음 ②는 위와 같은 인욕바라밀의 양상을 밝히는 것 중의 첫째, 붓다의 과거생의 경험을 들어 지극한 인욕을 밝히는 것이다. 우선 가리왕이 붓다의 신체를 도려낸 이야기는 《대지도론》(제14권)에서 인욕바라밀을 설명하는 곳에 실려 있는데,159 아래에 이를 그대로 옮긴다.

「인욕선인忍辱仙人이 큰 숲 속에서 인욕을 닦고 자비를 수행하고 있을 때에 가리迦利왕이 여러 궁녀들을 데리고 숲 속에 들어와 놀았다. 먹고 마시기를 마치고 왕이 잠시 잠든 사이에 궁녀들이 꽃이 만발한 숲에서 노닐다가 이 선인을 보았다. 다가가 공경하게 예배하고는 한 편에 섰더니, 선인은 그 때 여러 궁녀들에게 자비와 인욕을 찬탄하여 말해 주었는데, 그 말소리가 미묘하여 듣는 사람이 싫증나지 않았으므로 오래되어도 가지를 않았다.

가리왕이 깨어나 궁녀들이 보이지 않자 칼을 빼들고 자취를 쫓은 끝에 선인의 앞에 서 있는 것을 발견하였다. 거만과 질투가 들끓어 눈을 부릅뜨고 칼을 흔들면서 선인에게 물었다. "그대는 무엇을 하고 있는가?"

선인이 대답하였다. "나는 지금 여기에서 인욕과 자비를 수행하고 있습니다."

---

159 《아비달마대비바사론》(제182권), 《대반열반경》(36권본의 제29권 및 40권본의 제30권) 사자후보살품의 5 등에도 실려 있는데, 등장인물의 명칭과 내용은 조금씩 다르지만, 전반적인 내용은 동일하다. 《아비달마대비바사론》에는, 그 때의 인욕선인은 금생의 석가모니이고, 가리왕은 석가모니의 최초 5제자 중 하나인 아야교진여라는 설명이 부가되어 있다.

왕이 말하였다. "그렇다면 지금 내가 그대를 시험해 보겠다. 날카로운 칼로 그대의 귀와 코를 자르고 그대의 손과 발을 벨 텐데, 만약 성내지 않는다면 그대가 인욕을 닦는 줄 알겠다."

선인이 말하였다. "뜻대로 해보시오."

왕은 곧 칼을 뽑아 그의 귀와 코를 자르고 그의 손과 발을 베고는 그에게 물었다. "그대의 마음이 흔들리지 않는가?"

선인이 대답하였다. "나는 자비와 인욕을 닦았으므로 마음이 흔들리지 않습니다."

왕이 말하였다. "그대의 한 몸뚱아리만 여기에 남고 아무 세력도 없다. 비록 입으로는 흔들리지 않는다고 하나, 누가 믿으랴?"

그러자 선인은 곧 서원을 세워 말하였다. "만약 내가 진실로 자비와 인욕을 닦았다면 피가 젖으로 되기를!"

그 즉시 피가 젖으로 변하니, 왕은 크게 놀라 궁녀들을 데리고 떠났다. 이 때 숲 속의 용신龍神이 이 선인을 위해 우레와 벼락을 내리게 하니, 왕은 그것을 맞고 죽어서 궁으로 돌아가지 못했다.」

이와 같은 인욕은 마음가짐에 의해 인위적으로 이루어질 수 있는 것이 아니다. 실상을 있는 그대로 알고 봄에 의해 유신견이 사라짐으로써만 가능한 것이다. 이러한 이유를 경문은 함께 밝힌다. "왜냐 하면 수보리여, 내가 과거 가리왕에 의해 신체가 도려내질 적에, 나는 그 때 아상이 없었고 인상이 없었고 중생상이 없었고 수자상이 없었기 때문"에 이러한 인욕이 가능했다고 한다. 글 모두의 의문사의 취지는, '어떤 근거에서 인욕바라밀이 곧 인욕바라밀이 아니라는 것인가'라는 것이다. 해석하는 글의 취지는, 진실로 아상이 없어 가해를 당하는 주체가 있지 않음을 알고 보았기에 고난도 없고 인욕도 없어서 이러한 인욕이 가능했다는 것이다.

다음 "왜냐 하면 내가 그 때 마디마디 도려내질 적에 만약 아상·인상·중생상·수자상이 있었다면 응당 분노하고 원한 품는 마음을 내었을 것이기 때문"이라고 한 것은, 반증을 들어 나타내는 것이다. 여기에서 글 모두의 의문사의 의미는, '어떻게 네 가지 아상이 없었다는 것을 알 수 있는가'라는 것이다. 이어 해석하는 글의 뜻은, 신체가 마디마디 도려내질 적에 분노하고 원한 품는 마음을 내지 않았으므로, 아상이 없었음을 알 수 있다는 것이다.

다음 ③에서 여러 생[多生]을 들어 계속된 인욕을 밝히기를, "수보리여, 또 과거 오백 생 동안 인욕선인이었을 때를 생각하니, 나는 그 시절에도 아상이 없었고 인상이 없었고 중생상이 없었고 수자상이 없었다."라고 한다. 여기에서 '인욕선인'은 고유명사가 아니라 앞에서 인용된 논서에 나오듯이 인욕을 닦는 선인이라는 뜻이다.160

이렇게 여러 생에 걸쳐 계속된 인욕의 모습을 말하는 까닭에 관하여 『간정기』(회권제7)는 세 가지를 든다. 첫째는 「혹시 사람들이 '그저 한 번이니까 그렇게 인욕할 수 있었겠지'라고 생각할까봐」, 둘째는 「사람들이 '이렇게 인욕할 수 있었던 것은 잠시 동안

---

160 범어 원문에는 'kṣāntivādī-ṛṣi'라고 표현되어 있는데, 이것은 '인욕을 말하는 성자'라는 의미이다.

이어서 가능한 일이었지, 만약 자주 당하였다면 필시 그럴 수 없었을 것이다'라고 생각할까 봐」, 셋째는 「'무슨 까닭이 있어서 그렇게 인욕할 수 있었을 것이다'라고 생각할까 봐」라고 한다. 따라서 경문의 뜻은 '과거 오백생 동안 계속하여 인욕바라밀에 안주하였으니, 이는 진실로 아상이 없었기 때문에 가능한 일이었다'라는 취지라고 이해할 수 있겠다.

❦

다음 제4.8.2분절은 앞 분절에서 말한 뜻을 이어받아, 상을 떠나 인욕에 안주할 것을 권하는 것이다. 경문은 크게 두 부분으로 나누어 볼 수 있다. 첫째 ①은 총체적으로 표방하는 것이고, 둘째 ② 이하는 인욕하지 않음으로 인한 괴로움 대치하는 것을 따로 나타내는 것이다. 후자는 다시 둘로 나누어진다. 앞의 ②는 생사에 유전流轉하는 괴로움 대치하는 것을 나타내는 것이고, 뒤의 ③은 중생이 거스르는 괴로움 대치하는 것을 나타내는 것이다.

처음 ①에서 총체적으로 표방해 말씀하시기를, "그러므로 보살은 일체의 상을 여의고 아뇩다라삼먁삼보리에 대한 마음을 일으켜야 한다"라고 하신다. '그러므로'는 앞에서 상을 여의지 않고 인욕을 성취한다는 것은 불가능하다고 한 뜻을 이어받는 말이다.

표현은 "일체의 상을 여의고 아뇩다라삼먁삼보리에 대한 마음을 일으켜야 한다"라고만 되어 있는데, 그 뜻은 그렇게 상을 여의고 아뇩다라삼먁삼보리에 대한 마음을 일으켜야만 인욕에 안주할 수 있다는 취지이다. 여기에 덧붙인다면, 그래야만 나아가 아뇩다라삼먁삼보리를 성취할 수 있다는 취지일 것이다.

다음 ②는 인욕하지 않음으로 인한 괴로움을 대치하는 것 중의 첫째, 생사에 유전流轉하는 괴로움 대치하는 것을 말하는 것이다. 글은 "㉠ 색에 머물러 마음을 내어서도 안 되고 성·향·미·촉·법에 머물러 마음을 내어서도 안 된다. 응당 머무는 바 없는 마음을 내어야 하니, 만약 마음에 머묾이 있다면 곧 머묾이 아니다."라고 한 부분과, "㉡ 그래서 붓다는 '보살은 마음이 색에 머물지 않고 보시해야 한다'라고 말한 것이다."라고 한 부분의 둘로 나누어 볼 수 있다.

먼저 ㉠의 글은, 인욕한다고 해도 상에 머문다면 생사에 유전하는 괴로움에서 벗어날 수 없음을 나타낸다. 이 부분의 경문은 앞의 제3.2분절과 제4.6분절에서 보았던 경문161과 거의 다름이 없다. 이것은 앞의 제4.6분절에서도 밝혔듯이 우연이 아니다. '머무는 바 없는 마음을 내어야 한다'는 것은 열반에 머물지 말고 대승의 이상을 펴라는 것이고, '색·성·향·미·촉·법에 머물지 말라'는 것은 생사에 머물지 말고 불교의 근본을 실현하라는 것으로, 경전 전체를 관통하고 있는 구조이기 때문이다. 그러므로 경문은 같은 구조의 글을 통해 생사유전의 괴로움 대치하는 법을 나타내고 있는 것이다.

---

161 여기에 다시 옮겨보면, 제3.2분절에서는, "보살은 응당 법에 머무는 바 없이 보시를 행하여야 한다. 이른바 색에 머물지 않고 보시하고, 성·향·미·촉·법에 머물지 않고 보시하여야 한다. 보살은 응당 이와 같이 보시하되 상에 머물지 않아야 한다. ⋯ 보살은 다만 이렇게 가르쳐 준 대로 머물러야 한다."라고 하였고, 제4.6분절에서는, "모든 보살마하살은 응당 이와 같이 청정한 마음을 내어야 하는 것이니, 색에 머물러 마음을 내어서도 안 되고 성·향·미·촉·법에 머물러 마음을 내어서도 안 된다. 응당 머무는 바 없이 그 마음을 내어야 한다."라고 하였다.

이렇게 볼 때 위 글의 말미에서, "만약 마음에 머묾이 있다면 곧 머묾이 아니다"라고 한 데서, 앞의 '머묾'은 물론 상에 머무는 것을 말하지만, 뒤의 '머묾[住]'은 위 제3.2분절 말미에서 "보살은 다만 이렇게 가르쳐 준 대로 머물러야 한다[如所敎住]"라고 한 것에서의 '머묾'과 같은 의미임을 알 수 있을 것이다.

다음 ㉡의 글은 ㉠으로 밝힌 바를, 앞의 글을 인용하여 증명하는 것이다. "붓다는 '보살은 마음이 색에 머물지 않고 보시해야 한다'라고 말한 것"이 증명이 될 수 있는 것은, 여기에서의 '보시'는 앞에서 밝혔듯이 육바라밀 전부를 포함하기 때문이다. 말하자면 위 글은 "그래서 붓다는 '보살은 마음이 색에 머물지 않고 인욕해야 한다'라고 말한 것이다."라고 하는 글과 같다는 것이다.

마지막 ③은 인욕하지 않음으로 인한 괴로움을 대치하는 것 중의 둘째, 중생이 거스르는 괴로움 대치하는 것을 말하는 것으로, "㉠ 보살은 일체의 중생을 이익하기 위하여 이와 같이 보시해야 한다. ㉡ 여래는 일체의 모든 상은 곧 상이 아니라고 말하고, 또 일체의 중생은 곧 중생이 아니라고 말한다."라고 한다.

얼핏 보면 ㉡의 글은 ㉠의 해석을 전환하는 것처럼 보일지 모르지만, 실제로는 그렇지 않다. ㉡은 ㉠을 설명하는 글이다. 먼저 ㉠의 글에서 '이와 같이'라고 말한 것은 '상에 머물지 말고'라는 뜻이고, '보시'라고 한 것은 앞서 밝혔듯이 인욕 등 육바라밀을 포괄하는 것이다. 그리고 새삼 이와 같이 말하는 것은, 만약 상을 여의지 못하면 중생이 거스를 때 화를 내거나 피곤한 마음을 내기 마련이므로, 이러한 괴로움을 대치하기 위해서이다.

다음 ⓛ "여래는 일체의 모든 상은 곧 상이 아니라고 말하고, 또 일체의 중생은 곧 중생이 아니라고 말한다."라고 말한 것은 다시 인무상과 법무상을 나타내 보인 것이다. 한역문에 의하면 글의 앞 부분은 법무상을 가리키고, 뒷 부분은 인무상을 가리키는 것으로 보이지만, 세친은 반대로 해석한다. 즉「'모든 상'이라고 한 것은 중생상이고, '상이 아니라[非相]'고 한 것은 무아이다. 오온 중에서 나를 보는 것이 중생상인데, '일체의 중생'이라고 한 것은 오온법이고,162 '중생이 아니라'고 한 것은 오온이 공이기 때문이니, 법무아인 것이다.」163

세친이 이렇게 본 근거는 범본의 글에 있는 것으로 생각된다. 왜냐 하면 현존 범본에 의하면 이 부분의 원문은, "왜냐 하면 수보리여, 중생의 지각은 지각이 아니기 때문이다.164 이와 같이 그들 일체의 중생은 중생이 아니라고 여래가 말한다."라고 하여, 구마라집의 한역문에서 '모든 상'이라고 한 부분이 '중생의 지각'이라고 되어 있기 때문이다. 그렇지만 반드시 이와 같이 새겨야 하는 것은 아니라고 생각된다. 구마라집이 범본과 달리 한역한 것도 본문처럼 쉽게 이해하기를 바란 것이었을지 모른다. 어떻든 이 ⓛ

---

162 여러 논서(예컨대 승조의『주유마힐경』제2권, 천태지의의『법화문구』제4권 등)에서, '중생'에는 중다(衆多)한 법(=오온)이 임시로 화합하여 생겨난 것[生]이라는 뜻이 있다고 해석한다.

163『찬요』(회권제7)에서 세친의 논서의 글이라고 하면서 인용하는 글인데, 한역된 세친의 논서(중권)의 글은 뜻에서는 본문과 같지만, 표현은 다르다.

164 여기에서 '지각이 아니다'라고 한 것은 앞의 제4.2분절의 ④에 나오는 '비법상'을 설명하는 글에서 본 네 가지 법상 중의 셋째 '상'이 아니라는 것에 해당하는 것이다. 세친은 이 뜻을 풀이하여, "공으로서 실체가 없으므로 이것은 있다거나 없다고 말할 수 없기 때문에 상이 없다고 말한다."라고 하였다.

의 글은 앞의 해석을 전환하는 것이 아니라, 보충해서 설명하는 것임에 유의할 필요가 있다.

9 언설[能證]은 체가 없어 보리의 원인이 아닐 것이라는 의심[能證無體非因疑]을 끊음(← **3**·**7**)

4.9

"① 수보리여, 여래는 참[眞]을 말하는 자, 진실[實]을 말하는 자, 그대로 말하는 자, 속이지 않고 말하는 자, 다르지 않게 말하는 자이다.

② 수보리여, 여래가 얻은 법, 이 법에는 진실도 없고 헛됨도 없다."

"須菩提, 如來是 眞語者, 實語者, 如語者, 不誑語者, 不異語者.

須菩提, 如來所得法, 此法 無實無虛."

∽

제목에서 보는 것처럼 이 단의법문의 의심은 멀리 제3 및 제7의 단의법문에서 온 것이다. 두 단의법문은 모두 이 경전의 가르침의 공덕은 보시에 의한 복덕보다 수승하다는 것으로서, 후자는 보리로 나아가게 하는 것이 아니지만, 전자는 보리로 나아가게 하는 것이기 때문이라는 것이었다. 단지 제3의 단의는 이 경전의 가르침을 응·화신을 낳는 원천으로 본 것이고, 제7의 단의는 보신을 낳는 원천으로 본 것이라는 점에서 차이가 있는 것이었다.

결국 둘의 뜻은 같다고 할 수 있는데, 여기에서 다음과 같은 의심이 있게 된다는 것이다. 이 경전의 가르침은 보리로 나아가게 하기 때문에 수승하다고 했지만, 이 경전의 가르침이란 결국 언설言說이고, 언설은 체성體性[165]이 없는 유위이다. 그런데 보리는 체성이 없지 않은 무위이니, 어떻게 체성 없는 원인[因]에서 체성 있는 결과[果]가 생길 수 있는가. 그러니 언설은 보리의 원인이 아닐 것이라는 의심이 생긴다는 것이다. 제목에서 언설이라 번역한 '능증能證'은 '능히 증득하게 하는 가르침[能證之敎]'을 줄인 말이다.

이 의심에 대한 답은 두 부분으로 나누어진다. 첫째 ①은 의심을 끊어주는 것이고, 둘째 ②는 집착을 떠나게 하는 것이다.
먼저 ① 의심을 끊어주는 글은, 요컨대 여래는 진실을 말하는 사람이므로 의심하지 말라는 취지이다. 진실을 말하는 사람이라는 표현이 다섯 겹으로 나와 있어, 예전부터 주석가들은 이를 여러 모로 분석하여 말해 왔지만,166 강조하기 위하여 뜻이 같은 여러 용어를 중복하여 말한 것으로 단순하게 이해하여도 무방하다.
다만 본문에는 '속이지 않고 말하는 자[不誑語者]'가 중간에 들어 있지만, 범어 원문에는 이것이 마지막에 열거되어 있다.167 따라서 처음 넷은 진실을 말하는 자라는 것이고, 마지막은 거짓되이 말하지 않는 사람이라는 것으로서, 이 말씀 역시 거짓이 아니라는

---

165 체성이란 근본바탕이 되는 자체와 성품이라는 의미이다.
166 예컨대 『찬요』(회권제7)는, 「'참을 말하는 자'는 불신佛身과 대보리법을 말하는 것이니, 이것은 진지眞智이기 때문이다. '진실을 말하는 자'는 소승의 사성제를 말하는 것이니, '제'는 진실이라는 뜻이다. '그대로 말하는 자'는 대승법을 말하는 것이니, 대승에는 진여가 있지만, 소승에는 없다는 것이다. '다르지 않게 말하는 자'는 삼세의 수기授記 등의 일을 말씀하심에 다시 어긋남이 없다는 것이다. 붓다께서 이 네 가지 말로써 중생을 속이지 않기 때문에 '속이지 않고 말하는 자'를 덧붙인 것이다.」라고 한다.
167 즉 원문은 참을 말하는 자[bhūta-vādī], 진실을 말하는 자[satya-vādī], 그대로 말하는 자[tathā-vādī], 다르지 않게 말하는 자[ananyathā-vādī]의 순서로 열거한 다음, 마지막에 속이지 않고 말하는 자[na vitatha-vādī]를 들고 있다.

뜻을 담고 있는 것이다.

다음 ②는 위와 같이 의심을 끊어 주면서, 또다시 말에 집착할 것을 경계하여 이를 여의게 하는 것이다. 그 취지는 이 경전의 가르침에 의지하면 보리를 얻을 수 있다는 말을 오해하여 '언설 속에 보리가 있을 것이다'고 생각할 것을 경계하는 것이다. 그러면서 보리는 그에 상응하는 실체가 없다는 말을 오해하여 '결국 보리란 없는 것이다'라고 생각할 것을 함께 경계해서 말하는 것이다. "여래가 얻은 법, 이 법에는 진실도 없고 헛됨도 없다."
여기에서 '진실'이란 그 명칭에 상응하는 실체를 뜻하는 말이다. 그러므로 위 글은 보리는 어떤 실체가 있는 것은 아니지만, 그렇다고 결코 헛된 것도 아님을 밝혀 주는 것이니, 여기에도 진공묘유의 뜻이 들어 있는 것이다.

10 진여는 두루한데 어찌 얻음이 있기도 하고 얻음이 없기도 한가 라는 의심[如徧有得無得疑]을 끊음(← **3**)

4.10.1

"수보리여, 만약 보살이 법에 마음이 머물러 보시한다면, 마치 사람이 어둠 속에 들어감에 곧 보이는 것이 없는 것과 같고, 만약 보살이 법에 마음이 머물지 않고 보시한다면, 마치 사람에게 눈이 있고 햇빛이 밝게 비춤에 갖가지 형상을 볼 수 있는 것과 같다."

"須菩提, 若菩薩 心住於法 而行布施, 如人入暗 卽無所見,
若菩薩 心不住法 而行布施, 如人有目 日光明照 見種種色."

4.10.2

"수보리여, 미래세에 만약 어떤 선남자 선여인이 이 경전을 수지하여 독송한다면, 곧 여래는 붓다의 지혜로써 이 사람들이 모두 한량없고 가이없는 공덕을 성취하리라는 것을 모두 다 알고 모두 다 본다."

"須菩提, 當來之歲 若有善男子善女人 能於此經 受持讀誦, 卽爲如來 以佛智慧 悉知是人 悉見是人 皆得成就 無量無邊功德."

4.10.3
(제15품 경을 지님의 공덕)   (第十五品 持經功德分)

"① 수보리여, 만약 어떤 선남자 선여   "須菩提, 若有善男子善

인이 아침에 항하의 모래 수와 같은 몸으로 보시하고, 낮에도 다시 항하의 모래 수와 같은 몸으로 보시하고, 저녁에도 또한 항하의 모래 수와 같은 몸으로 보시하여, 이와 같이 한량없는 백천만억 겁 동안 몸으로 보시한다 해도, 만약 다시 어떤 사람이 이 경전을 듣고 믿는 마음으로 비방하지 않는다면, 그 복이 저보다 수승하다. 하물며 쓰고 베끼며 수지하고 독송하며 남에게 해설해 줌이겠는가.

② 수보리여, 요컨대 이 경전에는 생각할 수 없고 측량할 수 없으며 가이없는 공덕이 있는 것이니,

③ 여래가 대승의 마음을 낸 자를 위하여 말하는 것이며 최상승의 마음을 낸 자를 위하여 말하는 것이다.

④ 만약 어떤 사람이 수지하고 독송하며 널리 남에게 말해 준다면, 여래는 이 사람이 모두 헤아릴 수 없고 말할 수 없고 가이없고 생각할 수 없는 공덕을 성취하리라는 것을 다 알고 보니, 이 사람들은 곧 여래의 아뇩다라삼먁삼보리를 짊어진 것이다.

⑤ 왜냐 하면 수보리여, 만약 작은 법

女人 初日分 以恒河沙等身布施, 中日分 復以恒河沙 等身布施, 後日分 亦以恒河沙 等身布施, 如是無量 百千萬億劫 以身布施, 若復有人 聞此經典 信心不逆, 其福勝彼.
何況 書寫受持 讀誦爲人解說.
須菩提, 以要言之 是經有不可思議 不可稱量 無邊功德,
如來 爲發大乘者說 爲發最上乘者說.

若有人 能受持讀誦 廣爲人說, 如來 悉知是人 悉見是人 皆得成就 不可量 不可稱 無有邊 不可思議功德, 如是人等 卽爲荷擔 如來阿耨多羅三藐三菩提.
何以故 須菩提, 若樂小

을 즐기는 자라면 아견·인견·중생견·수자견에 집착하므로, 곧 이 경전을 능히 듣지도 독송하지도 남에게 해설하지도 못하기 때문이다.

⑥ 수보리여, 그 어디든 만약 이 경전이 있는 곳이면 일체 세간의 천·인·아수라들이 반드시 공양할 것이니, 이 곳은 곧 탑과 같아 모두 공양하고 예배하고 돌면서 여러 꽃과 향을 그 곳에 뿌려야 할 것이라고 알아야 한다."

(제16품 능히 업의 장애를 소멸시킴)

"⑦ 또한 수보리여, 선남자 선여인이 이 경전을 수지독송해서 만약 남에게 천대를 받는다면, 이 사람은 전생의 죄업으로 악도에 떨어져야 마땅하지만, 지금 세상 사람들로부터 천대받은 것으로써 전생의 죄업이 곧 소멸하고 장차 아뇩다라삼먁삼보리를 얻을 것이다.

⑧ 수보리여, 나는 과거 한량없는 아승기 겁 동안 연등불 이전까지 팔백사천만억 나유타 붓다들을 만나 모두 다 공양하고 받들어 섬기며 그냥 지나친 적이 없었음을 기억한다.

法者 著我見人見衆生見壽者見, 卽於此經 不能聽受讀誦 爲人解說.

須菩提, 在在處處 若有此經 一切世間 天人阿修羅 所應供養, 當知此處 卽爲是塔 皆應供養 作禮圍繞 以諸華香 而散其處."

(第十六品 能淨業障分)

"復次 須菩提, 善男子善女人 受持讀誦此經 若爲人輕賤, 是人 先世罪業 應墮惡道, 以今世人輕賤故 先世罪業 卽爲消滅 當得阿耨多羅三藐三菩提.

須菩提, 我念過去 無量阿僧祇劫 於然燈佛前 得値八百四千萬億 那由他 諸佛 悉皆供養承事 無空過者.

만약 다시 어떤 사람이 이후의 말세에 이 경전을 수지하고 독송하여 얻는 공덕이라면, 내가 이 모든 붓다들을 공양한 공덕으로는 백분의 일에도 미치지 못하고, 천만억분 내지 어떤 산수나 비유로도 미칠 수 없는 것이다.

⑨ 수보리여, 만약 선남자 선여인이 이후의 말세에 이 경전을 수지하고 독송하여 얻는 공덕을 내가 만약 모두 다 말한다면, 혹 어떤 사람은 듣고 마음이 곧 혼란하여 여우처럼 의심하고 믿지 않을 것이다.

⑩ 수보리여, 이 경전은 뜻도 불가사의하고 과보 또한 불가사의하다고 알아야 한다."

若復有人 於後末世 能受持讀誦此經 所得功德, 於我所供養 諸佛功德 百分不及一, 千萬億分 乃至 算數譬喻 所不能及.

須菩提, 若善男子善女人 於後末世 有受持讀誦此經 所得功德 我若具說者, 或有人聞 心卽狂亂 狐疑不信.

須菩提, 當知 是經 義不可思議 果報 亦不可思議."

이 제10 단의법문도 바로 앞 경문에서 이어진 것이 아니고, 훌쩍 건너 뛰어 제3 단의법문으로부터 온 의심에 대한 것이다. 구체적으로는 그 법문 중 "일체의 현성은 모두 무위법으로써 차별이 있는 것"이라고 한 글로부터 온 것이다.

제목에서 말하는 의심의 뜻에 대해 세친은, "만약 성인이 무위 진여의 법으로써 이름을 얻은 것이라면, 그 진여는 일체의 때와 장소에 항상 있는데, 무엇 때문에 얻는 자도 있고 얻지 못하는 자도 있는가"라고 말하고 있다.168 그런데 해당 경문에서는 '무위'라고만 하였음에도 세친이 '진여'라는 표현을 덧붙여 표현한 것은, 의심의 취지를 드러내려면 '두루하다[徧]'라는 뜻이 포함되어야 하는데, '무위'만으로는 두루하다는 뜻이 분명히 나타나지 않는다고 보았기 때문일 것이다.169

여기에서 대승의 경론에 자주 등장하는 이 '진여眞如'의 개념을 정리해 본다.170 이것은 언어로 표현될 수 없으므로, 무분별지에 의해서만 보이고 알려지는, 연기하는 법계의 진실을 추상화한 개념이라고 말할 수 있다. 범어 'bhūta-tathatā'의 번역어인데, 이에 상응하는 빠알리어가 초기경전에 등장하지 않는 것으로 보아,171 이와 같은 추상화는 붓다 재세시에서는 익숙하지 않았던 것으로 생각된다. 이것이 이 경전 제4.13절에 보이기 시작한 후,172 대승의 경론에서 광범위하게 사용되면서, 열반을 대신하여 무위를 대표하는 법으로 자리잡기에 이른다.

이에 대한 가장 보편적인 정의는, 「'진眞'이라고 함은 참되고 실제임[眞實]을 말하는 것이니, 비거나 망령되지 않음[非虛妄]을 나타

---

168 그의 논서 중권에 있는 글이다. (성인이 무위진여의 법으로써) '이름을 얻은 것'이라고 한 것은, 이 세친의 논서를 한역한 분이 보리유지여서, 자신이 한역한 이 경전의 표현에 맞춘 것이다.
169 『간정기』(회권제7)에서도 이와 같이 설명하고 있다.
170 이하의 내용은 졸역『육조단경읽기』(개정판) pp.71-72에서 정리했던 것이다.
171 한역 《아함경》에는 '진여'라는 표현이 더러 등장하지만, 이에 해당하는 빠알리어 경전에서는 이 표현을 찾을 수 없어, 대승불교 성립 이후에 《아함경》이 한역되면서 추가된 것이 아닐까 추정된다.
172 이것을 구마라집은 '諸法如義'라고 한역하고, 현장은 '眞實眞如'라고 한역하고 있음은 뒤에서 보는 것과 같다.

낸다. '여如'라고 함은 그러하게 항상함[如常]을 말하니, 변하고 바뀜이 없는 것[無變易]을 나타낸다.」라고 하는 것이 아닐까 한다.173 말하자면 이것은 '있는 그대로의 진실'이라는 것이다. 있는 그대로의 진실이므로, 이것은 헛될 수도 없고 변화할 수도 없어서, 항상 어디에서나 두루해 있다는 것이다.

따라서 의문의 취지는, '무위의 진여가 법계에 상주하는 것일진대, 무엇 때문에 이를 증득하는 사람도 있고 증득하지 못하는 사람도 있는가'라는 것임을 알 수 있다. 여기에 대한 정답은 매우 간단해서 제4.10.1분절에서 비유를 들어 밝혀 주는 것이 전부이다. 그런데도 이 항목에 포섭되는 경문이 많은 것은, 다시 이 경전의 공덕을 찬탄하는 글이 길게 이어지기 때문이다. 즉 제4.10.2분절은 총체적으로 표방하여 찬탄하는 것이고, 제4.10.3분절은 10개 항에 걸쳐 개별적으로 찬탄하는 것이다.

처음 제4.10.1분절의 글은 의심에 대해 비유로써 답하는 것이다. "만약 보살이 법에 마음이 머물러 보시한다면, 마치 사람이 어둠 속에 들어감에 곧 보이는 것이 없는 것과 같고, 만약 보살이 법에 마음이 머물지 않고 보시한다면, 마치 사람에게 눈이 있고 햇빛이 밝게 비춤에 갖가지 형상을 볼 수 있는 것과 같다."라고 한 경문은 이해하기 어렵지 않다.

만약 법에 머문다면 실상을 보지 못하므로, 마치 어둠 속에 들어가 아무 것도 보지 못하는 것과 같고, 만약 법에 머물지 않는다

---
173 《성유식론》 제9권에서의 정의이다.

면 실상을 볼 수 있으므로, 마치 눈 있는 사람이 햇빛이 밝게 비춤에 보지 못하는 것이 없음과 같다는 것이다. 사람이 소경이거나 햇빛이 사라진 어둠 속이라고 하여, 진실이 없어져버린 것은 아니다. 진실은 항상 어디에서나 그대로 있지만, 볼 수 있는 조건을 갖추지 못하여 보지 못할 뿐이라는 것이다.

그러므로 글 중에서 어둠은 무명을 비유하고, 눈과 햇빛은 진실을 볼 수 있는 반야를 비유하며, 갖가지 형상(의 진실한 모습)은 진여를 비유하는 것이다.

다음은 진여를 얻게 하는 이 경전의 공덕을 찬탄하는 것인데, 먼저 제4.10.2분절은 총체적으로 표방하고, 뒤의 제4.10.3분절은 개별적으로 찬탄한다.

먼저 총체적으로 표방하여 "수보리여, 미래세에 만약 어떤 선남자 선여인이 이 경전을 수지하여 독송한다면, 곧 여래는 붓다의 지혜로써 이 사람들이 모두 한량없고 가이없는 공덕을 성취하리라는 것을 모두 다 알고 모두 다 본다."라고 한 경문도 매우 쉽다. 여기에서 '붓다의 지혜로써' 모두 다 알고 본다고 한 것은, 붓다의 지혜라야만 남김없이 모두 다 알고 본다는 뜻이다. 붓다 외에는 남김없이 모두 다 알고 보지는 못한다는 뜻일 것이다. 그리고 '가이없고 한량없는 공덕'이라고 한 것은 앞의 제4.7.3분절의 ①에서 말한 '최상이고 제일이며 희유한 법'을 성취하는 것, 그리고 제4.7.6분절의 ②에서 말한 '제일 희유한 공덕'과 같다고 이해하면 될 것이다.

다음 4.10.3분절은 이 경전의 공덕을 경문의 부호 표시대로 모두 10개 항에 걸쳐 구체적으로 밝힌다. 『찬요』(회권제7)는 10개 항에 대해 각각 넉 자씩 제목을 붙이고 있는데, 이해에 도움이 되므로 이것을 각 항목의 제목으로 삼고, 그 아래에 경문을 인용한 다음, 내용에 대해 보겠다.

① 목숨을 버림도 같지 못하다[捨命不如]

「수보리여, 만약 어떤 선남자 선여인이 아침에 항하의 모래 수와 같은 몸으로 보시하고, 낮에도 다시 항하의 모래 수와 같은 몸으로 보시하고, 저녁에도 또한 항하의 모래 수와 같은 몸으로 보시하여, 이와 같이 한량없는 백천만억 겁 동안 몸으로 보시한다 해도, 만약 다시 어떤 사람이 이 경전을 듣고 믿는 마음으로 비방하지 않는다면[不逆], 그 복이 저보다 수승하다. 하물며 쓰고 베끼며 수지하고 독송하며 남에게 해설해 줌이겠는가.」

처음은 한량없는 목숨을 보시하는 것도 이 경전을 믿는 것보다 못하다고 하고, 나아가 쓰고 베끼며 수지하고 독송하며 남에게 해설해 줌은 더 말할 필요가 없다고 한다.
글 중 '아침', '낮', '저녁'으로 번역한 '초일분初日分', '중일분中日分', '후일분後日分'은 하루를 삼등분한 것을 차례로 가리키는 말이다. 그리고 '비방하지 않는다'는 한역문에는 '不逆'이라고 되어 있지만, 그 뜻은 '비방하지 않는다[na pratikṣipet]'라고 한 범어원문의 표현과 다르지 않을 것이므로, 범어 표현을 따라 번역하였다.174 그리고 경문 중 '쓰고 베끼며 수지하고 독송함[書寫受持讀誦]'은 소위 자리自利에 해당하고, '남에게 해설해 줌[爲人解說]'은 소위 이타利他에 해당한다. 따라서 경문은 '신명보시＜신심불역信心不逆＜서사수지독송書寫受持讀誦＜위인해설爲人解說'의 순서로 우열이 배열되어 있는 것으로 이해할 수 있다.

② 다른 승乘은 헤아리지 못한다[餘乘不測]

「수보리여, 요컨대 이 경전에는 생각할 수 없고 측량할 수 없으며 가이없는 공덕이 있는 것이니,」

둘째 생각할 수 없고 측량할 수 없으며 가이없는 공덕이 있다고 한다. 왜냐 하면 앞에서 총체적으로 표방하면서 밝혔듯이 오직 '붓다의 지혜'라야만 그 공덕을 남김없이 다 알고 볼 수 있기 때문이다. 그래서 붓다 외에 이승이나 보살로서는 알 수 없으므로, 제목에서 '다른 승은 헤아리지 못한다'고 한 것이다.

③ 큰 마음에 의거하여 설하다[依大心說]

「여래가 대승의 마음을 낸 자를 위하여 말하는 것이며 최상승의 마음을 낸 자를 위하여 말하는 것이다.」

---

174 다른 한역본들은 원문의 표현과 같이 번역하였다. 즉 보리유지는 '不謗'으로, 현장은 '不生誹謗'으로 각각 번역하였다.

셋째 최상승最上乘으로 나아가고자 하는 마음을 낸 자를 위하여 말씀하신 경전이라고 한다. 한역문에는 '대승의 마음을 낸 자[大乘者]'와 '최상승의 마음을 낸 자[最上乘者]'를 위하여 말하는 것이라고 표현되어 있지만, 범본에는 대승[mahāyāna]이라고 되어 있지 아니하고, '최상승[agrayāna]'과 '최승승最勝乘[śreṣthayāna]'으로 되어 있다. 범본의 경우 이 경전 전체를 통하여 '대승'이라는 표현을 쓰고 있지 않음은 앞에서 지적한 바와 같다.

이 부분 경문의 취지는 하열한 것으로도 만족하는 자에 대한 배려는 일체 하지 않고, 오직 무상정등각을 구하는 큰 마음을 일으킨 자들만에 의거해 말한 것이라는 의미일 것이다.

④ 덕을 갖추어야 전할 수 있다[具德能傳]

「만약 어떤 사람이 수지하고 독송하며[受持讀誦] 널리 남에게 말해 준다면[廣爲人說], 여래는 이 사람이 모두 헤아릴 수 없고 말할 수 없고 가이없고 생각할 수 없는 공덕을 성취하리라는 것을 다 알고 보니, 이 사람들은 곧 여래의 아뇩다라삼먁삼보리를 짊어진 것[荷擔]이다.」

이 항목도 자리의 수지독송과 이타의 광위인설廣爲人說을 함께 행하는 대승인이 성취하는 무한한 공덕을 찬탄하는 것인데, 그 공덕이란 결국 여래의 아뇩다라삼먁삼보리임을 밝히는 것이다.

그런데 '여래의 아뇩다라삼먁삼보리를 짊어진 것'이라는 표현이 특이하다.175 이에 대해 『간정기』(회권제7)는 다음과 같이 설명한다. 「어깨에 메는 것을 '담擔'이라고 하고, 등에 지는 것을 '하荷'라고 한다. 지금은 보살행을 행하는 것이 곧 '하담荷擔'임을 밝혔다. 말하자면 큰 자비[大悲]로 중생을 교화하고 큰 지혜[大智]로 깨달음을 구하되, 큰 서원[大願]으로 둘 모두를 정진의 어깨 위에 메고 옮겨서, 매 순간마다 머물지 않고 번뇌생사로부터 벗어나 곧바로 보리의 진실한 성품[眞性]에 이르러서, 자신과 남을 한꺼번에 해탈케 하고서야 비로소 이 짐을 내릴 수가 있는 것이다. …

지금 경전에서 '수지독송'을 말한 것은 곧 자리이고, '광위인설'을 말한 것은 곧 이타이다. 이미 자리와 이타를 겸하여 행한다면 필시 큰 서원이 바탕이 된 것이다. 이로 인해 붓다의 종자를 끊어지지 않게 하기 때문에 보리를 짊어진 것이라고 이름하였다.」

⑤ 작은 것을 즐기는 자는 감당치 못한다[樂小不堪]

「왜냐 하면 수보리여, 만약 작은 법을 즐기는 자라면 아견·인견·중생견·수자견에 집착하므로, 곧 이 경전을 능히 듣지도 독송하지도 남에게 해설하지도 못하기 때문이다.」

경문 서두에서 '왜냐 하면'이라고 한 의문사의 취지는, 무엇 때

---

175 이 대목의 범어 원문은 역자마다 이해가 조금씩 다르다. 각묵 스님은 "육신과 더불어 깨달음을 이룰 것이다."라고 번역하는데(『금강경역해』 p.275), 그 취지는 현생에서 깨달음을 이룰 것이라는 뜻이라고 이해한다. 전재성 박사는 "이와 같은 길을 따라 깨달음을 얻게 될 것이다."라고 번역하고(『금강경』 p.104), 콘즈는 "will carry along an equal share of enlightenment."라고 번역한다.

문에 이 경전을 수지독송하고 남에게 말해 준다면 이 사람은 여래의 아뇩다라삼먁삼보리를 짊어지는 공덕을 성취한다고 하는가 라는 것이다. 그 이유는 '작은 법을 즐기는 자', 즉 아공만으로 만족하고 법공을 알지 못하는 자라면, 다시 아상이 생기는 것을 피할 수 없어서 결국 '아견·인견·중생견·수자견에 집착하게 마련이므로', 이 경전의 가르침을 이해하지 못하여 이를 '듣지도 독송하지도 남에게 해설하지도 못하기 때문'이라는 것이다.

그러므로 여기에서 '작은 법[小法]'이란 기본적으로는 제법의 실재성과 자성을 인정하는 부파불교를 가리키는 것이다.176

⑥ 이 경전 있는 곳은 탑과 같다[所在如塔]

「수보리여, 그 어디든 만약 이 경전이 있는 곳이면 일체 세간의 천·인·아수라들이 반드시 공양할 것이니, 이 곳은 곧 탑과 같아 모두 공양하고 예배하고 돌면서 여러 꽃과 향을 그 곳에 뿌려야 할 것이라고 알아야 한다.」

유사한 찬탄을 앞의 제4.7.3.분절에서 이미 한번 보았다. 이에

---

176 다만 『간정기』(회권제7)는 이들을 대승에 상대되는 소승이라는 시각에서 이해하여 다음과 같이 설명한다. 「(문) 어떤 것을 '작은 법'이라고 이름하고, 누구가 '작은 것을 즐기는 사람'인가? (답) 사성제와 십이인연을 작은 법이라고 이름하고, 성문과 연각이 곧 작은 것을 즐기는 사람이며, 그 속에 빠진 것을 '즐긴다'고 이름한다. 그들에게는 법집이 있는데, 이것은 세 가지 공[三空]을 나타내는 것이어서 그들의 경계가 아니기 때문에 수지 연설하지 못하는 것이다. … 만약 수지 연설할 수 있다면 곧 이들은 큰 법을 즐기는 이들이어서 아·인 등에 집착하지 않을 것이라고 알아야 한다.」

대해 『간정기』(회권제7)는 다음과 같이 설명한다. 「경전은 법신을 나타내는 것인데, 법신에 의지하여 보·화신이 있다. 삼신이 이미 있다면 탑묘가 여기에 있는 것이다. 그래서 이 곳에 공양할 것을 권한 것이다.」

⑦ 죄를 변화시키고 붓다가 된다[轉罪爲佛]

「또한 수보리여, 선남자 선여인이 이 경전을 수지독송해서 만약 남에게 천대를 받는다면, 이 사람은 전생의 죄업으로 악도에 떨어져야 마땅하지만, 지금 세상 사람들로부터 천대받은 것으로써 전생의 죄업이 곧 소멸하고 장차 아뇩다라삼먁삼보리를 얻을 것이다.」

경문은 이 경전을 수지하거나 독송함으로써 남에게 천대를 받는 일이 있을 것을 예상하고 있다. 이것은 기존불교로부터 비판과 모욕을 받는 일이 일어날 것을 예상하여 그에 대비하려는 취지라고 생각된다. 그런 일이 일어난다면 그것은 자신의 전생의 죄업 때문이지, 이 경전의 가르침이 잘못이어서 그런 것이 아니다. 오히려 자신의 전생의 업의 장애[業障]가 소멸하고, 악도에 떨어질 과보의 장애[報障]가 소멸되는 큰 과보를 가져오는 것이니, 신념을 가지라는 것이다.177

---

177 《대품반야경》(제13권의 제45 문지품 聞持品) 등에서도, 반야바라밀은 진귀한 보배의 무더기이고 청정의 무더기이므로 깊고 깊은 반야바라밀에는 많

⑧ 많은 붓다를 섬긴 공덕을 초월한다[超事多佛]

「수보리여, 나는 과거 한량없는 아승기 겁 동안 연등불 이전까지 팔백사천만억 나유타 붓다들을 만나 모두 다 공양하고 받들어 섬기며 그냥 지나친 적이 없었음을 기억한다.
 만약 다시 어떤 사람이 이후의 말세에 이 경전을 수지하고 독송하여 얻는 공덕이라면, 내가 이 모든 붓다들을 공양한 공덕으로는 백분의 일에도 미치지 못하고, 천만억분 내지 어떤 산수나 비유로도 미칠 수 없는 것이다.」

무수히 많은 붓다들을 섬긴 공덕도 이 경전을 수지독송하여 얻는 공덕에는 비교조차 되지 않는다는 것이다. 그 이유는 앞에서 이미 보았듯이 이 경전은 보리로 나아가게 하는 것이기 때문이다.
 글 중에서 '아승기'는 범어 'asaṁkhyeya'의 음역어로,[178] 의역해서는 '무수無數'라고 하고, '나유타'는 범어 'nayuta'의 음역어인데, 모두 수의 단위로 쓰이는 용어이다. 이들이 어느 정도의 수를 나타내는 것인지는 경론에 따라 차이가 있다. 불교이론서인 《구사론》(제12권)은, 수의 단위에는 예순 가지가 있었는데, 그 중 여덟 가지는 망실되었다고 하면서,[179] 수의 시작은 '일'이고, 일의

은 장애가 따르는 것이라고 설명함으로써, 이러한 천대 때문에 퇴전함을 막는 논리를 준비해 두고 있다.
178 빠알리어 철자도 같다. 이것을 전에는 '아승지'라고 표기했으나, 한역어의 끝 글자 '祇'에 '기'라는 음도 있고, '아승기'가 범어와 빠알리어 원음에도 가까우므로 이 책부터는 '아승기'로 표기를 바꾸었다.
179 그래서 남아 있는 수의 단위를 '52수'라고 하고, 원래 있었다는 60가지 수

열 배를 '십', 십의 열 배를 '백', 백의 열 배를 '천', 천의 열 배를 '만', 만의 열 배를 '낙차落叉lakṣa'180라고 하는 방식으로 수의 단위를 설명하는데, 이에 의하면 '나유타'181는 열두 번째 수이므로 10의 11제곱이 되는 수이고, '아승기'는 그 마지막인 쉰두 번째 수이므로 10의 51제곱이 되는 수이다.182

석가모니 붓다께서는 과거 이와 같이 무수한 세월 동안 연등불을 포함한 수많은 붓다들을 만나 공양하였다고 한다. 이것을 《증일아함경》(제16권)에서 붓다께서, "내가 3아승기 겁 동안 행한 정진 고행으로 위없는 도[無上道]를 이루었듯이"183라고 하신 말씀에 근거하여, 《구사론》에서 다음과 같이 설명하고 있다.

「만약 대겁大劫184의 수가 아승기라는 수에 이르면 '겁의 무수[劫無數]', 즉 아승기 겁이라고 부르고, 이 아승기 겁이 다시 쌓여 셋에 이른 것을 경전에서 3아승기 겁이라고 말하였다.(제12권)

　우리 대사大師께서 최초의 무수겁 중에는 7만5천의 붓다들

　　의 단위를 '60수'라고 부른다.
180 따라서 '낙차'는 여섯 번째 수로서, 수학 개념으로 설명하면 십만, 즉 10의 다섯 제곱이 된다.
181 같은 논서에서는 '나유다那庾多'라고 표현하고 있다.
182 같은 논서에서는 '아승기야阿僧企耶'라고 표현하고 있다. 그러나 《화엄경》(80권본의 제45권)에서의 설명 방식은 이와 달라서, 앞 단위의 열 배가 다음 단위인 것으로 보는 것이 아니라, 앞 단위의 제곱이 다음 단위인 것으로 보므로, 훨씬 수가 많아진다.
183 제24 고당품高幢品3의 8경 말미에 나오는 말씀이다.
184 우주가 한번 성·주·괴·공하는 데 소요되는 80중겁을 1대겁이라고 한다.

께 공양하였고, 다음의 무수겁 중에는 7만6천의 붓다들께 공양하였으며, 최후의 무수겁 중에는 7만7천의 붓다들께 공양하였다. 제3의 무수겁이 가득 찼을 때에 만나서 섬긴 붓다는 명호가 승관勝觀이었고, 제2의 무수겁이 가득 찼을 때에 만나서 섬긴 붓다는 명호가 연등이었으며, 제1의 무수겁이 가득 찼을 때에 만나서 섬긴 붓다는 명호가 보계寶髻였다.

그리고 최초에 발심한 단계에서는 석가모니를 만나셨다. 말하자면 우리 세존께서 과거 보살의 지위였을 때 최초로 명호를 석가모니라고 하는 붓다를 만나, 마침내 그 앞에서 큰 서원을 일으키기를, '나는 장차 붓다를 이루어 지금의 세존과 꼭 같이 되기를'하고 원하였던 것이다.(제18권)」

경문은 이러한 글에 근거하여 '과거 한량없는 아승기 겁 동안 연등불 이전까지 팔백사천만 나유타 붓다들을 만나 공양'하였다고 표현한 것으로 이해된다. 따라서 여기에서 '한량없는'이라고 한 말은 다음에 '아승기'라고 한 표현과 동격인 것으로 이해되고, 아승기 겁의 수효가 한량없다는 뜻은 아니라고 보아야 할 것이다.185 범어 원문에는 '아승기 겁'을 두 번 거듭 표현함으로써, 위 논서의 내용처럼 연등불을 만날 때까지의 세월이 '2아승기 겁'이었음을 가리키는 것으로 이해할 수 있도록 되어 있다.

'백분의 일에도 미치지 못하고 천만억분 내지 어떤 산수나 비유

---

185 《화엄경》(80권본의 제45권)에서는 위 논서보다 더 많은 수의 단위를 열거하면서, 아승기의 네 제곱을 1무량無量이라고 하고 있는데, 본문의 '한량없는'은 이 수의 단위로서의 무량을 말하는 것도 아니다.

로도 미칠 수 없다'라는 것은, 불교경전에서 비교가 되지 않는다는 뜻을 나타내는 전형적인 표현의 하나이다.

⑨ 갖추어 듣는다면 의심할 것이다[其聞則疑]

「수보리여, 만약 선남자 선여인이 이후의 말세에 이 경전을 수지하고 독송하여 얻는 공덕을 내가 만약 모두 다 말한다면, 혹 어떤 사람은 듣고 마음이 곧 혼란하여 여우처럼 의심하고 믿지 않을 것이다.」

이 경전에서는 다만 비교하여 말하였을 뿐 그 공덕을 구체적으로 모두 다 갖추어 밝히지 않았다. 만약 모두 다 갖추어 밝힌다면 사람들이 반드시 의심하고 믿지 않을 것이라는 뜻이다.

⑩ 그윽하고 깊음을 총결하다[總結幽邃]

「수보리여, 이 경전은 뜻도 불가사의하고 과보 또한 불가사의하다고 알아야 한다.」

끝으로 공덕이 그윽하고 깊음을 총결하여 '뜻도 불가사의하고 과보 또한 불가사의하다고 알아야 한다'라고 하였다. '불가사의하다'는 것은 마음으로 생각[思]할 수 없고, 언어로 말[議]할 수도 없다는 것이다.

이 경전의 공덕을 비교를 통해 찬탄하는 것이 여기까지 모두 다섯 번 있었다. 첫째는 하나의 삼천대천세계의 칠보로 보시하는 것과의 비교(4.3.2), 둘째는 한량없는 삼천대천세계의 칠보로 보시하는 것과의 비교(4.7.2), 셋째는 한 항하의 모래 수와 같은 신명으로 보시하는 것과의 비교(4.7.5), 넷째는 한량없는 항하의 모래 수와 같은 신명으로 보시하는 것과의 비교(4.10.3의 ①), 다섯째는 무수히 많은 붓다를 섬긴 공덕과의 비교(4.10.3의 ⑧)이다.

그 마지막 비교에 이르러서는 더 이상 비교할 것이 없어 마침내 '천만억분 내지 어떤 산수나 비유로도 미칠 수 없다'라고 했으므로, 이제 더 비교하여 찬탄할 말이 끊어졌다. 그래서 여기에서는 총결하여 '이 경전은 뜻도 불가사의하고 과보 또한 불가사의하다고 알아야 한다'라고만 한 것이다.[186]

---

[186] 이 이해는 『간정기』(회권제7)에 의한 것이다. 이후 4.16, 4.20, 4.26 등에 다시 비교하는 문장이 나오지만, 그것들은 해당 부분의 의심을 끊어 주기 위한 것이어서, 이 다섯 가지의 비교와는 의미가 다르다고 지적하고 있다.

11 머물고 닦고 항복받는 것도 '나'가 아닌가 라는 의심[住修降伏是我疑]을 끊음(← **0**~**10**)

4.11

(제17품 끝내 나는 없다)

그 때 수보리가 붓다께 여쭈었다.

"세존이시여, 선남자 선여인이 아뇩다라삼먁삼보리의 마음을 일으키고서는 어떻게 머물러야 하고 어떻게 그 마음을 항복시켜야 합니까?"

붓다께서 수보리에게 말씀하셨다.

"① 선남자 선여인이 아뇩다라삼먁삼보리의 마음을 일으키고서는 이러한 마음을 내어야 한다. '나는 일체의 중생을 멸도하게 해야 한다'라고. 일체의 중생을 멸도하게 하고 나서는 '그러나 실제로 멸도한 중생은 없다'라고.

② 왜냐 하면 수보리여, 만약 보살에게 아상·인상·중생상·수자상이 있다면 곧 보살이 아니기 때문이다.

③ 까닭이 무엇인가 하면 수보리여, 아뇩다라삼먁삼보리의 마음을 일으킨 자라고 하는 법은 실제로 없기 때문이다."

(第十七品 究竟無我分)

爾時 須菩提 白佛言.

"世尊, 善男子善女人 發阿耨多羅三藐三菩提心 云何應住 云何降伏其心?"

佛告 須菩提.

"善男子善女人 發阿耨多羅三藐三菩提心者 當生如是心. '我應滅度 一切衆生'. 滅度一切衆生已 '而無有一衆生 實滅度者'.

何以故 須菩提, 若菩薩 有我相 人相 衆生相 壽者相 卽非菩薩.

所以者何 須菩提, 實無有法 發阿耨多羅三藐三菩提心者."

이 단의법문은 수보리의 최초의 질문과 그에 대한 붓다의 정답이 제시된 제3.1분절의 경문과 매우 유사하다. 표현이 다소 다르기는 하지만, 마지막의 "까닭이 무엇인가 하면 수보리여, 아뇩다라삼먁삼보리의 마음을 일으킨 자라고 하는 법은 실제로 없기 때문이다"라는 부분이 추가되어 있는 외에, 나머지는 같다고 볼 수 있다. 이와 같이 대부분의 경문이 같지만 나타내고자 하는 바는 다르므로 유의하여 읽을 필요가 있다.

　이 법문의 의심은 ⓪~⑩에서 온 것이다. 말하자면 이 의심은 최초의 질문에 대한 붓다의 정답과 열 가지 단의의 해답들 모두로부터 온 것이라는 뜻이다. 보리심을 낸 보살은 어떻게 머물고 닦고 항복받아야[住修降] 하는가라는 최초의 질문에 대한 붓다의 정답은, 일체의 중생을 모두 제도하겠다는 마음을 내고 육바라밀을 닦되 상을 여의어야 한다는 것이었고, 열 가지 단의법문에서 공통된 것은 상을 여의어야 한다는 것이었다.

　거듭된 이러한 가르침의 뜻은 요컨대 '나'라는 상이 없어야 한다는 것인데, 만약 '나'라는 것이 없다고 한다면 머물고 닦고 항복받는 것은 과연 누구인가 라는 의심이 있을 수 있다는 것이다. 이 단의법문의 제목「머물고 닦고 항복받는 것도 '나'가 아닌가 라는 의심」이라 함은 이러한 의미이다.

　경문은 수보리의 질문과 붓다의 대답으로 나누어지고, 붓다의 대답은 경문에 부호로써 표시한 것처럼 세 부분으로 되어 있다. 먼저 수보리의 질문은 앞에 나온 제3.1분절의 경문과 표현이 완전히 같다. 그러나 그 취지는 다르다. 앞에서는 어떻게 머물고 닦고 항복받아야 하는지에 대한 답을 듣기 위한 질문이고, 여기에서는 그 답을 들은 다음, 만약 그렇다면 머물고 닦고 항복받는 것은 '나'가 아니고 누구라는 것입니까 라는 취지이다.187

이에 대한 붓다의 답은 세 단계로 이루어진다. ①과 ②는 앞의 제3.1분절에서의 표현과 거의 같고, ③이 여기에서 추가된 것이다.

먼저 ①은 보리심을 낸 보살은 일체의 중생을 제도하겠다는 서원을 세워야 하고, 그런 다음 중생을 제도하고 나서 제도된 중생이 있다는 상이 있어서는 안 된다는 것으로, 그 표면적인 뜻은 제3.1분절에서와 다르지 않다. 그렇지만 그 초점은 여기에서 새로 일어난 의심에 대해서도, 역시 네 가지 상이 없어야 한다는 것을 확인하여 대답하는 것에 놓여 있는 것이다.

다음 ②는 그 이유를 밝히는 것이다. 만약 네 가지 상이 있다면 법계의 실상을 알고 보지 못하는 사람이어서 이미 보살이라고 할 수 없기 때문이라는 것이다.

그런 다음 ③에서 그 까닭을 설명하기를, "아뇩다라삼먁삼보리

---

187 이와 같이 표현이 같으면서 취지가 다른 질문이 새로 제기된 것에 착안하여, 이 분절을 정종분의 큰 분기점으로 이해하는 견해가 예전부터 유력하다. 길장, 규기 등의 큰 스님들도 이를 따라 주석하고 있다. 그래서 이들은 이 분절의 앞 부분을 초주初周 내지 전주前周설법이라고 하고, 이 분절 이후를 이주二周 내지 후주後周설법이라고 불렀다. 이에 의하면 전주설법은 아직 발심 수행하지 못하고 있는 둔근기의 발심 수행을 일으키기 위한 설법이고, 후주설법은 이미 발심 수행 중인 이근기의 장애를 제거하기 위한 설법이라고 설명한다.

의 마음을 일으킨 자라고 하는 법이 실제로 있지 않기 때문"이라고 하신다. 그 의미는 앞에서 여러 번 보아온 것처럼 오온과는 별개의 인격적 개체는 있지 않기 때문이라는 것이다.188 결국 수보리가 새로이 의심을 제기함에 대해, 붓다께서는 중생이란 법도 실체가 없을 뿐 아니라, '아뇩다라삼먁삼보리의 마음을 일으킨 자'-이것이 바로 '보살'이다-란 법도 실체가 있는 것이 아님을 거듭 확인해 주시면서, 이러한 존재론적 사유에서 탈피할 때 비로소 세간의 이해에 의지하여 보살이라고 부를 수 있다는 것을 밝히신 것이다.

이 뜻을 미륵송은 다음과 같이 표현하였다.「내심으로 수행하면서, 나를 두어 보살이라 한다면[於內心修行 存我爲菩薩], 이는 곧 마음을 장애하므로, 머물지 않을 도[不住道]에 어긋난다[此卽障於心 偉於不住道]」

---

188 이 대목의 범어 원문이 본문과 같은 뜻임은 명백하고, 구마라집의 한역문도 이와 같이 번역되어야 하는 것이 분명함에도, 달리 번역하는 주해서도 적지 않다. 그러나 아뇩다라삼먁삼보리를 보리로 줄여 '실무유법 발보리심자[實無有法 發菩提心者]'라고 표현해 보면, 작자나 수자와 같은 존재론적인 주체의 무실체성을 표현하려는 뜻이 분명하게 드러난다.

12 붓다께서도 인지因地에서 보살이시지 않았는가 라는 의심[佛因是有菩薩疑]을 끊음(← **11**)

4.12
① "수보리여, 그대 생각에는 어떤가? 여래가 연등불 계신 데서 아뇩다라삼먁삼보리를 얻는다고 할 법이 있었겠는가?"
② "그렇지 않습니다, 세존이시여. 제가 붓다에서 말씀하신 뜻을 이해하기로는, 붓다에서 연등불 계신 데서 아뇩다라삼먁삼보리를 얻는다고 할 법은 없었습니다."
③ 붓다에서 말씀하셨다. "그래 그러하다, 수보리여. 여래가 아뇩다라삼먁삼보리를 얻는다고 할 법이란 실제로 없다.
④ 수보리여, 만약 여래가 아뇩다라삼먁삼보리를 얻는다고 할 법이 있었다면, 연등불께서는 곧 나에게 '그대는 미래세에 붓다를 이루어 명호를 석가모니라 하리라'라는 수기를 주시지 않았을 것이다.

아뇩다라삼먁삼보리를 얻는다고 할 법이 실제로 없었으므로, 그래서 연등불께서는 나에게 수기를 주시어, '그대는 미래세에 붓다를 이루어 명호를 석가모니라 하리라'라고 말씀하셨던 것이다."

"須菩提, 於意云何? 如來 於然燈佛所 有法 得阿耨多羅三藐三菩提不?"
"不也, 世尊. 如我解佛所說義, 佛於然燈佛所 無有法 得阿耨多羅三藐三菩提."

佛言. "如是如是, 須菩提. 實無有法 如來得阿耨多羅三藐三菩提.

須菩提, 若有法 如來得阿耨多羅三藐三菩提者, 然燈佛 卽不與我授記 '汝於來世 當得作佛 號釋迦牟尼.'

以實無有法 得阿耨多羅三藐三菩提, 是故 然燈佛 與我授記作是言 '汝於來世 當得作佛 號釋迦牟尼.'"

이 단의 법문의 의심은 바로 앞의 법문으로부터 왔다. 앞의 단의에서 '아뇩다라삼먁삼보리의 마음을 일으킨 자', 곧 보살이라고 하는 법이 실제로 있는 것이 아니라는 설명을 듣자, 붓다께서 과거 인지因地에서 보리심을 일으켜 연등불 계신 곳에서 보살행을 하셨는데, 어떻게 아뇩다라삼먁삼보리에 대한 마음을 일으킨 자라는 법이 없다고 하는 것일까 라는 의심이 있을 수 있다는 것이다.

경문은 부호로써 표시한 것처럼 네 부분으로 나누어 볼 수 있다. 첫째 ①은 붓다께서 의심하는 곳을 들어서 물으시는 것이고, 둘째 ②는 수보리가 의심하는 생각을 끊는 것이며, 셋째 ③은 붓다께서 수보리의 답을 인정하면서 결정해 주시는 것이고, 넷째 ④는 반복反覆해서 풀이하시는 것이다.

첫째 ① 붓다께서 의심하는 곳을 들어서 물으시기를, "여래가 연등불 계신 데서 아뇩다라삼먁삼보리를 얻는다고 할 법이 있었겠는가?"라고 하신다. 물으신 취지는 '아뇩다라삼먁삼보리에 대한 마음을 일으킨 자라고 하는 법이 어째서 없다는 것일까, 여래께서 연등불 계신 데서 아뇩다라삼먁삼보리에 대한 마음을 일으킨 보살이 아니었다는 것일까'라는 의심이 있을지 모르지만, '아뇩다라삼먁삼보리를 얻는다고 할 법이 실제로 있는가?'라는 뜻이다.

다음 ② 수보리는 붓다께서 말씀하신 뜻을 이미 알고 의심을 끊고서, "제가 붓다께서 말씀하신 뜻을 이해하기로는, 붓다께서 연등불 계신 데서 아뇩다라삼먁삼보리를 얻는다고 할 법은 없었습니다."라고 바르게 대답한다. 승의제로서는 아뇩다라삼먁삼보리를 얻는다고 할 만한 법이란 없다. 그럼에도 아뇩다라삼먁삼보리라는 법이 있다고 집착하여 이것을 얻겠다는 마음을 일으킨다면 이미 보살이라고 말할 수 없을 것이다.

이 뜻을 『찬요』(회권제8)는 다음과 같이 설명한다. 「선혜善慧[189]는 그 때 전혀 얻는 것이 없었고[都無所得] 모든 분별을 여의었으니, 법이 없었기 때문에 수기를 받았던 것이다. 만약 법이 있다고 한다면 이것은 상이 있는 마음[有相心]이어서 보리에 수순하지 못하므로 붓다께서 수기를 주시지 않았을 것이다.」

다음 ③에서 붓다께서 수보리의 답을 인정하고 결정지어 주시기를, "그래 그러하다, 수보리여. 여래가 아뇩다라삼먁삼보리를 얻는다고 할 법이란 실제로 없다."라고 하신다.

마지막 ④는 붓다께서 반복反覆하여 풀이해 주시는 글이다. 이해의 편의를 위해 글을 줄인다면, "㉠ 만약 아뇩다라삼먁삼보리를 얻는다고 할 법이 있었다면, 연등불께서는 나에게 수기를 주시지 않았을 것이다. ㉡ 아뇩다라삼먁삼보리를 얻는다고 할 법이 실제로 없었으므로, 그래서 연등불께서는 나에게 수기를 주셨던 것이다."라는 내용이 된다. 여기에서 ㉠은 반대의 풀이[反釋]이고, ㉡은 뒤집는 풀이[覆釋]이다. 그래서 반복反覆하여 풀이해 주시는 글이라고 말한 것이다.

㉠을 반대의 풀이라고 하는 것은, 바로 앞의 ③에서 '아뇩다라삼먁삼보리를 얻는다고 할 법이란 실제로 없다'고 한 것에 반대되

---

189 당시 석가모니의 전신이었던 운雲동자의 별명이다.

는 풀이라는 취지이다. 그 표현에 반대되게 "㉠ 만약 아뇩다라삼 먁삼보리를 얻는다고 할 법이 있었다면" 수기를 주시지 않았을 것이라고 풀이하기 때문이다. 그리고 뒤의 ㉡을 뒤집는 풀이라고 하는 것은, ㉠의 조건을 다시 뒤집어서 "㉡ 아뇩다라삼먁삼보리를 얻는다고 할 법이 실제로 없었으므로" 나에게 수기를 주셨던 것이라고 풀이하고 있기 때문이다.

그리고 이 글의 뜻은 앞에서 본 『찬요』의 글과 같다. 당시 붓다께서 아뇩다라삼먁삼보리를 얻는다고 할 법이 있다고 잘못 집착하고 있었다면, 수기를 주시지 않았을텐데, 이미 그러한 법이 없음을 알고 보고 있었기 때문에 수기를 주셨다는 것이다.

다른 관점의 해석도 가능할 듯이다. 왜냐 하면 『찬요』(회권제8)는 이 대목에 대해 다시 다음과 같은 글을 두고 있기 때문이다. 「무착이 이르기를,190 "만약 정각법正覺法이 말할 수 있는 것이고, 저 연등불께서 말씀하셨던 것과 같다고 한다면, 내가 그 때 곧 정각을 얻었을 것이고, 연등불께서는 곧 미래세에 얻을 것이라고 수기하시지 않았을 것이다. 법은 말할 수 없기 때문에 내가 그 때 정각을 얻지 못하였고, 그래서 미래세에 얻을 것이라고 수기해 말씀하셨던 것이다."라고 하였다.」

....
190 그의 논서 중권에 있는 글이다.

13 인[因]이 없다면 붓다[佛]도 법[法]도 없지 않을까 라는 의심[無因則無佛法疑]을 끊음(← **12**)

4.13

"① 왜냐 하면 여래란 곧 모든 법의 있는 그대로[諸法如]라는 뜻이기 때문이다.

만약 어떤 사람이 여래가 아뇩다라삼먁삼보리를 얻었다고 말한다면 수보리여, 붓다가 얻은 아뇩다라삼먁삼보리라는 법은 실제로 없다.

② 수보리여, 여래가 얻은 아뇩다라삼먁삼보리 그 가운데에는 진실도 없고 헛됨도 없다.

그래서 여래는 일체법이 모두 다 불법佛法이라고 말하는 것이다. 수보리여, 일체법이라고 말한 것은 곧 일체법이 아니다. 그래서 일체법이라고 이름한 것이다.

③ 수보리여, 비유하여 사람의 몸이 길고 크다[長大]는 것과 같다."

수보리가 말하였다.

"세존이시여, 여래에서 '사람의 몸이 길고 크다'라고 말씀하신 것은 곧 큰 몸이 아닙니다. 이것을 큰 몸이라고 이름하신 것입니다."

"何以故 如來者 卽諸法如義.

若有人言 如來得阿耨多羅三藐三菩提 須菩提, 實無有法 佛得阿耨多羅三藐三菩提.

須菩提, 如來所得阿耨多羅三藐三菩提 於是中 無實無虛.

是故 如來說一切法 皆是佛法. 須菩提, 所言一切法者 卽非一切法.

是故名一切法.

須菩提, 譬如人身長大."

須菩提言.

"世尊, 如來說 '人身長大' 卽爲非大身.

是名大身."

이 분절의 의심은 바로 앞의 법문으로부터 온 것이다. 즉 앞 법문에서 아뇩다라삼먁삼보리를 얻는다고 할 법이 실제로 있는 것이 아니라는 설명에, 그렇게 원인[因]되는 아뇩다라삼먁삼보리191가 없다면 그 과보인 붓다[佛]와 불법[法]도 없을 것이라는 의심이 있을 수 있다는 것이다.

이러한 의심은 모두 법계의 실상에 대한 무지에서 생기는 것이다. 즉 승의제로서 없다는 것은, 고정적인 실체는 없지만 연기 소생의 법은 있다는 뜻임에도 불구하고, 전혀 아무 것도 없다[都無]는 생각을 내기 때문에 생기는 의심이다. 실은 그렇게 생각하는 사람을 상정하여, 법계의 실상인 진공묘유에 대해 이모저모 여러 각도에서 풀이를 해 주시는 것이라고 보는 것이 옳을 것이다.

이에 대한 답은 경문에 부호로 표시한 것처럼 세 부분으로 나누어 볼 수 있다. 처음 ①은 붓다가 없으리라는 의심을 끊어 주는 것, 다음 ②는 법이 없으리라는 의심을 끊어 주는 것, 마지막 ③은 붓다와 법의 진실한 체를 밝혀 주는 것이다.

먼저 ① 붓다가 없으리라는 의심을 끊어주시는 글은, "㉠ 왜냐하면 여래란 곧 모든 법의 있는 그대로[諸法如]라는 뜻이기 때문이다. ㉡ 만약 어떤 사람이 여래가 아뇩다라삼먁삼보리를 얻었다고 말한다면 수보리여, 붓다가 얻은 아뇩다라삼먁삼보리라는 법은 실제로 없다."라고 해서, 두 부분으로 되어 있다.

---

191 아뇩다라삼먁삼보리는 인행[因]의 시각에서 보면 결과[果]가 되지만, 여기에서처럼 이를 성취한 붓다[果]의 시각에서 보면 원인[因]이 되기도 한다.

먼저 앞의 ㉠은 진여가 곧 붓다이므로, 붓다가 없는 것이 아님을 밝히는 것이다. 경문 첫머리의 의문사의 취지는, 바로 앞의 법문의 말미에서 "아뇩다라삼먁삼보리를 얻는다고 할 법이 실제로 없었으므로, 나에게 수기를 주시어 '그대는 미래세에 붓다를 이루어 명호를 석가모니라 하리라'라고 말씀"하신 이유를 밝힌다는 것이다. 말하자면 '보리가 없다고 해서 붓다도 없을 것이라고 생각한다면 그것은 그렇지 않다, 왜냐 하면'이라는 취지이다.

그 이유는 붓다, 곧 "여래란 곧 모든 법의 있는 그대로[諸法如]라는 뜻이기 때문"이라고 하신다. 글에서 '모든 법의 있는 그대로[諸法如]'라고 번역된 것의 범어는 'bhūtatathatā'인데, 'bhūta'는 참되다는 뜻이고, 'tathatā'는 그러함이라는 뜻이다. 그래서 이것은 '참으로 그러함' 내지 '진실로 그러함'의 뜻으로서,192 후대에 '진여眞如'라고 널리 불리게 된 바로 그것이다.

여기에서 '그러하다'는 표현은 '있는 그대로'를 가리키는 말로서, 불교에서 매우 중요한 의미가 있는 표현이다. 왜냐 하면 불교는, 모든 현상[法]을 있는 그대로 알고 보지 못하는 인식의 전도에서 우리 삶의 괴로움이 생긴다고 보는 가르침이기 때문이다. 연기하고 있는 현상을 있는 그대로 보지 못하는 무명無明 때문에, 모든 현상[法]을 '존재'로 형성[行]하여 이것과 저것으로 분별해 인식[識]하는 데에, 괴로움의 근원이 있다는 것이다. 만약 우리가 연기하고 있는 현상[法]을 있는 그대로 알고 본다면 결코 우리는 현상을 대상화하여 갈망[愛]하고 집착[取]하여 존재[有]로 형성하지 않

---

192 그래서 이것을 보리유지는 '實眞如'로 한역하고, 현장은 '眞實眞如'로 한역하였다.

을 것이고, 그렇게 되면 모든 괴로움은 뿌리를 잃고 만다는 것이다.

불교에서 추구하는 깨달음[覺]이란 바로 모든 현상[諸法]을 '있는 그대로[如]' 알고 볼 수 있는 눈을 뜨는 것을 가리키는 것이다. 그러므로 '있는 그대로'는 깨달음과 깨달은 사람의 징표이다. 최상의 깨달음을 가리키는 아뇩다라삼먁삼보리와 이것을 성취한 붓다는 다름이 아니라, 모든 현상을 '있는 그대로 완벽하게' 알고 보는 눈을 뜬 것을 가리키는 이름인 것이다. 그러므로 '참으로 그러함'을 뜻하는 진여를, 여래의 다른 이름이라고 표현하여도 전혀 무리가 없다. 그래서 경문은 "여래란 진여의 다른 이름이기 때문이다."라고 말한 것이다.193

그렇다면 여래는 없는 곳이 없다고 할 수 있다. 왜냐 하면 일체의 현상이 연기하고 있는 이 세상에서, 현상의 있는 그대로라는 상태는 없는 곳이 없고, 따라서 있는 그대로를 가리키는 여래 역시 없을 수 없기 때문이다. 그러니 아뇩다라삼먁삼보리라는 정해진 법이 없다고 말한다고 해서, 여래가 없으리라고 의심해서는 안 된다. 여기에서 여래는 물론 법신으로서의 여래를 가리킨다. 그래서 흔히 여래의 법신은 온 세상에 두루해 있다고 말하는 것이다.

---

193 범어 원문은 이 표현보다 훨씬 자세한데, 이것을 현장의 한역 표현과 함께 옮겨 보면 다음과 같다. "여래란 진여의 다른 이름이고, 여래란 생겨남 없는 법성anutpādadharmatāyā[無生法性]의 다른 이름이며, 여래란 법의 영원히 끊어짐dharmocchedasya[永斷道路]의 다른 이름이고, 여래란 궁극적으로 생겨남 없음atyantaanutpannasya[畢竟不生]의 다른 이름이기 때문이다. 까닭이 무엇인가 하면 생겨남 없음anutpādo[無生]이 최상의 진리이기 때문이다." 나머지 표현들은 생멸하지 않고 변함없이 상주하는 것을 나타내는 것들인데, 이들은 진여의 기초가 되는 원리인 연기의 의미를 밝히는 것으로 볼 수 있을 것이다.

붓다께서 이와 같이 진여가 곧 붓다이므로, 붓다가 없는 것이 아님을 밝히신 다음 덧붙여서, "ⓛ 만약 어떤 사람이 여래가 아뇩다라삼먁삼보리를 얻었다고 말한다면 수보리여, 붓다가 얻은 아뇩다라삼먁삼보리라는 법은 실제로 없다."라고 말씀하신 것은, 붓다가 곧 보리이므로 얻을 것이 없음을 밝히는 것이다. 그 취지는 세속에서 붓다가 얻었다고 하는 아뇩다라삼먁삼보리라는 것은, 이와 같이 모든 현상을 있는 그대로 완벽하게 알고 보게 되었다는 것을 뜻하는 것일 뿐, 아뇩보리라는 법이 있어 이것을 얻었다는 것은 아니라는 것이다.

이것은 앞에서도 누누이 설명해 온 내용이다. 그럼에도 이것을 여기에서 다시 밝히는 것은 이유가 없지 않다. 『간정기』(회권제8)에는 그 이유가 두 가지 설명되어 있다. 하나는 여래와 붓다가 없는 것이 아니라는 붓다의 설명에, '그렇다면 아뇩다라삼먁삼보리라는 법도 실제로 없는 것이 아니구나'라고 생각할까 봐, 또 하나는 '붓다께서 연등불 계신 데서 보리를 얻은 것은 아니지만, 뒷날 아뇩다라삼먁삼보리를 얻은 것이구나'라고 생각할까 봐,[194] 그런 것이 아님을 다시 밝혀 주었다는 것이다.

그런데 "ⓐ 만약 어떤 사람이 여래가 아뇩다라삼먁삼보리를 얻었다고 말한다면 수보리여, ⓑ 붓다가 얻은 아뇩다라삼먁삼보리라는 법은 실제로 없다."라고 한 이 부분의 글은 표현이 상당히 어색하다. 이것은 구마라집의 한역문을 그대로 번역하였기 때문이다. 이 부분의 범어 원문은, "만약 어떤 사람이 여래가 아뇩다라

---

194 후자는 『찬요』가 무착의 주석을 인용하여 말한 것이고, 전자는 『간정기』에서 부가한 해석이다.

삼먁삼보리를 얻었다고 말한다면 그는 거짓을 말하는 것이며 사실이 아닌 것에 집착하여 나를 비방하는 것이다. 왜냐 하면 수보리여, 여래가 아뇩다라삼먁삼보리를 얻는다고 할 법이란 없기 때문이다."라고 번역할 수 있는 표현으로 되어 있고, 다른 분의 한역도 마찬가지로 되어 있다.195

그러므로 구마라집의 위 한역은 축역이 아니라, ⓐ와 ⓑ 사이에 있었던 몇 글자가 필사과정에서 탈락된 것으로 보인다. 읽는 사람이 감안하여 읽어야 할 대목이다.

다음 ② 법이 없으리라는 의심을 끊어주는 글은, "㉠ 수보리여, 여래가 얻은 아뇩다라삼먁삼보리 그 가운데에는 진실도 없고 헛됨도 없다. ㉡ 그래서 여래는 일체법이 모두 다 불법佛法이라고 말하는 것이다. 수보리여, 일체법이라고 말한 것은 곧 일체법이 아니다. 그래서 일체법이라고 이름한 것이다."라고 해서, 역시 두 부분으로 되어 있다. 이 중 앞의 ㉠은 의심을 끊어줌과 함께 집착을 버리게 하는 것이고, 뒤의 ㉡은 뜻을 해석하여 의심을 끊어주는 것이다.

먼저 ㉠ 여래가 아뇩다라삼먁삼보리를 얻는다고 할 법이란 실제로 없다는 말을 듣고, 한결같이 법이 없으리라는 의심을 끊어주기 위해 '여래가 얻은 아뇩다라삼먁삼보리'라는 말로 설명을 시작하여, "그 가운데에는 진실도 없고 헛됨도 없다"라고 말씀하신다.

---

195 ⓐ의 조건문 다음에 보리유지는 "이 사람은 진실하지 않은 말을 한 것이다 [是人不實語]"라는 표현을, 현장은 "이 말은 진실하지 않은 것이라고 알아야 한다[當知此言 爲不眞實]"라는 표현을 각각 부가하고 있다.

여기에서 '여래가 얻은 아뇩다라삼먁삼보리'라고 한 것은 물론 세속제로서 아뇩다라삼먁삼보리가 전혀 없는 것은 아니라는 뜻을 나타내는 것이다.

그런 다음 "그 가운데에는 진실도 없고 헛됨도 없다"라고 한 것은, 앞의 제9 단의에서 "진실도 없고 헛됨도 없다"라고 한 것과 완전히 같은 뜻이다. '진실도 없다'라고 하여 진공임을 밝혀서 다시 집착을 버리게 함과 동시에, '헛됨도 없다'라고 하여 묘유를 드러내어 다시 보리의 법이 전혀 없으리라는 의심을 끊어주는 것이다.

다음 ⓛ 다시 그 뜻을 해석하여 의심을 끊어주시는 글은, "ⓐ 그래서 여래는 일체법이 모두 다 불법佛法이라고 말하는 것이다. ⓑ 수보리여, 일체법이라고 말한 것은 곧 일체법이 아니다. 그래서 일체법이라고 이름한 것이다."라고 해서, 두 부분으로 되어 있다.

두 부분 중에서는 ⓐ가 주된 해석의 글이다. 앞에서 보았듯이 일체의 현상, 즉 일체법은 있는 그대로의 모습을 그대로 보이고 있다. 말하자면 진여를 숨기거나 위장하고 있는 법이란 없고, 여래가 가려져 있는 법이란 없다. 오직 우리가 무명 때문에 분별의 미망에 사로잡혀 법의 있는 그대로를 보지 못하고 있을 뿐이다. 그러므로 어떤 법이든 그것을 있는 그대로 알고 본다면 이것이 바로 깨달음으로서, 아뇩다라삼먁삼보리의 시작인 것이다. 그렇다면 법 가운데, 깨달음의 법 나아가 보리의 법 아닌 것은 없다. 그러니 "일체법이 모두 다 불법"이라는 것은 비유나 슬로건이 아니라, 사실을 표현하는 말이다.

다음 ⓑ는 앞의 해석을 듣고 어떤 정해진 일체법이 있어 이것이 보리일 것이라고 집착할 것을 경계하여 말씀하시는 것이다. "일체법이라고 말한 것은 곧 일체법이 아니다. 그래서 일체법이라고 이름한 것이다." 앞은 승의제를 말하는 것이고, 뒤는 세속제를 말하는 것임은 거듭 설명할 필요가 없을 것이다. '일체법'이라고 말하였지만 어떤 정해진 일체법이 있는 것은 아니다. 연기하고 있는 모든 현상을 세간의 이해에 따라 표현한 것일 따름이다.

마지막 ③은 결론하여 붓다와 법의 진실한 바탕을 밝혀 주는 것이다. 글의 표현방식은 제7 단의법문에서 보신의 공덕을 설명하는 제4.7.1분절의 글과 비슷하다. 다만 그 곳에서는 보신을 말한 것이지만, 이 곳은 법신을 말하는 것이다.

먼저 붓다께서 "비유하여 사람의 몸이 길고 크다[長大]는 것과 같다."라고 해서, 비유에 의해 붓다와 법의 진실한 바탕을 밝히신다. 붓다와 법의 진실한 바탕은 모든 법의 있는 그대로, 즉 진여이다. 그러므로 여래의 법신은 없는 데가 없고 미치지 않는 곳이 없다. 따라서 이것은 비유해 말할 만한 것이 없다.196 그래서 보신을 말할 때에는 '그 몸이 수미산왕만 하다'고 비유하였지만, 여기에서는 단순히 '길고 크다'고만 말한 것이다. 여래의 법신은 한정이 없다는 뜻이다.

....
196 진여나 법신의 비유로는 허공이 가장 많이 쓰인다. 일체의 시기와 장소에 두루하다는 공통점 때문일 것이다. 그렇지만 허공은 색법의 부재를 뜻하기도 하므로, 적절한 비유가 아닐 수도 있다. 왜냐 하면 진여는 일체법의 있는 그대로를 뜻하는 것이어서, 어떤 법의 부재와는 잘 어울리지 않는 개념이기 때문이다.

수보리는 붓다께서 말씀하신 뜻을 완전히 이해하고 있다. "세존이시여, 여래께서 '사람의 몸이 길고 크다'라고 말씀하신 것은 곧 큰 몸이 아닙니다. 이것을 큰 몸이라고 이름하신 것입니다." 여래의 법신은 어떤 실체가 있는 것이 아니다. 그렇지만 이것은 없는 데가 없고 미치지 아니하는 곳이 없으니, 참으로 길고 큰 몸이다.

14 보살이 없다면 중생을 제도하고 불국토를 장엄할 수 있는가 라는 의심[無人度生嚴土疑]을 끊음(← **11**)

4.14

"① 수보리여, 보살도 역시 그러해서, 만약 '나는 한량없는 중생을 멸도하도록 하리라'라고 말한다면, 곧 보살이라고 부르지 못한다.

왜냐 하면 수보리여, 보살이라고 이름할 만한 법이 실제로 있지 않기 때문이다.

그래서 붓다는 일체의 법에는 나도 없고 사람도 없고 중생도 없고 수자도 없다고 말한 것이다.

② 수보리여, 만약 보살이 '나는 불국토를 장엄하리라'라고 말한다면, 이 사람은 보살이라고 부르지 못한다.

왜냐 하면 여래가 불국토를 장엄한다고 말한 것은 곧 장엄이 아니라, 이것을 장엄이라고 이름한 것이기 때문이다.

③ 수보리여, 만약 보살이 나와 법이 없음을 통달한 이라면, 여래는 참으로 보살이라고 부른다."

"須菩提, 菩薩 亦如是, 若作是言 '我當滅度 無量衆生', 卽不名菩薩.

何以故 須菩提, 實無有法 名爲菩薩.

是故 佛說一切法 無我 無人 無衆生 無壽者.

須菩提, 若菩薩 作是言 '我當莊嚴佛土', 是不名菩薩.

何以故 如來說 莊嚴佛土者 卽非莊嚴, 是名莊嚴.

須菩提, 若菩薩 通達無我法者, 如來說名 眞是菩薩."

이 법문의 의심은 앞 항목을 건너 뛰어 제11 단의법문으로부터 온 것이다. 제11 단의법문은 머물고 닦고 항복받는 것은 '나'가 아니고 누구인가라는 의심에 대하여, 붓다께서 실제로 보리심을 낸 자라고 하는 법이 있지 않다고 답하신 것이었다. 따라서 이 항목의 의심은 보살이라는 법이 실제로 있는 것이 아니라면, 중생을 제도하고 불국토를 장엄하는 것은 과연 누구인가라는 의심이 있게 된다는 것이다.

이에 대한 답은 경문에 부호로 표시한 것처럼 세 부분으로 나누어진다. 처음 ①은 중생을 제도한다는 상을 여의어야 함을 밝히는 것이고, 다음 ②는 불국토를 장엄한다는 상을 여의어야 함을 밝히는 것이며, 마지막 ③은 진정한 보살은 어떤 것인지를 밝히는 것이다.

먼저 ① 중생을 제도한다는 상을 여의어야 함을 밝히는 글은, "㉠ 수보리여, 보살도 역시 그러해서, 만약 '나는 한량없는 중생을 멸도하도록 하리라'라고 말한다면, 곧 보살이라고 부르지 못한다. ㉡ 왜냐 하면 수보리여, 보살이라고 이름할 만한 법이 실제로 있지 않기 때문이다. ㉢ 그래서 붓다는 일체의 법에는 나도 없고 사람도 없고 중생도 없고 수자도 없다고 말한 것이다."라고 해서, 세 부분으로 구성되어 있다.

그 중 첫 문장 ㉠은 상을 여의지 못한 사람은 보살이라고 부르지 못한다는 것을 표방하는 것이다. 글 중 '보살도 역시 그러해서[亦如是]'라고 한 것은, 제11 단의법문으로부터 일어난 이 의심에 대해, 바로 앞의 제12, 13 단의법문에서 하신 설법을 인용하여 답하는 취지이다. 즉 제12단의에서는 붓다께서 인행시에도 보리를 얻는다고 할 어떤 법도 없다고 하셨으며, 제13단의에서는 붓다께서 과위에서도 얻은 보리의 법이란 실제로 없다고 하셨는데, 붓다뿐만 아니라, '보살도 역시 그러해야' 한다는 것이다.

그리고 글 중에서 '말한다면[作是言]'이라고 말한 것은 '상을 가졌다면[取相]'이라는 뜻이다. 그렇게 말한다는 것은 이미 그러한 상을 가졌다는 것을 의미하기 때문이다. 그래서 이 부분은, 중생이라는 상이나 중생을 제도한다는 상을 가졌다면, 보살이라고 부를 수 없다는 뜻을 표방하는 것이다.

다음 ㉡에서는 그 이유를 설명하기를, '왜냐 하면 보살이라고 이름할 만한 법이 실제로 있지 않기 때문'이라고 하였는데, 설명이 일부 생략된 것으로 보인다. 범어 원문과 다음 ②의 경문을 함께 대조해 볼 때 이 경문 앞에, "왜냐 하면 여래가 중생이라고 말한 것은 곧 중생이 아니라, 이것을 중생이라고 이름한 것이기 때문이다."197라는 글이 생략된 것으로 보이기 때문이다.

그래서 이것을 포함하여 문맥이 닿도록 설명을 보충해 표현한다면 다음과 같은 글이 된다. 「왜냐 하면 중생이라는 법은 실제로 없기 때문이다.198 보살이라는 법도 마찬가지이다. 아뇩다라삼먁

---

197 이것은 다음 경문 ②의 이유를 설명하는 글 ㉡을, 이 ①의 이유가 되도록 변환한 표현이다. 범어 원문에는 이러한 취지의 글이 ①의 ㉡ 다음에 부가되어 있다. 그래서 현장의 한역에는 이 생략된 부분이, "有情有情者 如來說非有情 故名有情"이라는 표현으로 들어 있다.
198 이것이 앞에서 생략된 것으로 보인다는 글의 의미이다.

삼보리에 대한 마음을 일으켜서 일체의 중생을 제도하겠다는 서원을 세우고 중생을 제도하되, 제도되는 중생이라는 상을 갖지 않는 사람을, 세간의 이해에 따라 보살이라고 부르는 것일 뿐, 실제로 보살이라고 이름할 만한 법은 없다. 그러니 아직 중생이라는 상을 여의지 못하였다면 그는 보살이라고 부르지 못한다. "왜냐 하면" 그는 세간의 이해를 따를 때에도 보살이라고 부를 수 없고, 또 "보살이라고 이름할 만한 법도 실제로 있지 않기 때문이다."」

다음 ㉢은 그 이유의 설명을 뒷받침하기 위해 앞에서 거듭 말씀해 오신 것을 인용한다. "그래서 붓다는 일체의 법에는 나도 없고 사람도 없고 중생도 없고 수자도 없다고 말한 것이다."

다음 ② 불국토를 장엄한다는 상을 여의어야 함을 밝히는 글은, "㉠ 수보리여, 만약 보살이 '나는 불국토를 장엄하리라'라고 말한다면, 이 사람은 보살이라고 부르지 못한다. ㉡ 왜냐 하면 여래가 불국토를 장엄한다고 말한 것은 곧 장엄이 아니라, 이것을 장엄이라고 이름한 것이기 때문이다."라고 해서, 두 부분으로 되어 있다. 그리고 그 중의 첫 문장 ㉠의 뜻은, 앞의 ①에서의 ㉠처럼 불국토 장엄에 관한 상을 여의지 못한 사람은 보살이라고 부르지 못한다는 것을 표방하는 것이다.

다만 그 이유를 설명하는 ㉡은, 글의 아래에 ①에서의 ㉡에 해당하는 부분이 생략되어 있다고 볼 수 있다. 그래서 이 부분을 여기에 보충해서 표현한다면, 「왜냐 하면 불국토를 장엄한다고 할 만한 법은 실제로 없기 때문이다. 그러니 아직 불국토를 장엄한다는 상을 여의지 못하였다면 그는 보살이라고 부르지 못한다. 왜냐 하면 그는 세간의 이해를 따를 때에도 보살이라고 부를 수 없고, 또 실제로 보살이라고 이름할 만한 법도 있지 않기 때문이다."라는 것이 될 것이다.

요컨대 이상에서 밝힌 답의 전체적인 취지는, 여기에서 새로이 일으킨 의심에 대해서도 변함 없이 보살이라고 이름할 만한 법은 실제로 없음을 밝히면서, 그럼에도 서원을 일으켜 중생을 제도하고, 그리고 보살의 이상을 세워 불국토를 장엄하되, 그 상을 여읜 사람을 세간의 이해를 따라 보살이라고 부르는 것이니, 보살행을 버리지 말라는 것이다.

그래서 마지막 ③에서는 이 뜻에 의거해 보살의 의미를 해석하기를, "만약 보살이 나와 법이 없음을 통달한 이라면, 여래는 참으로 보살이라고 부른다."라고 한다. 보살의 서원을 세워 행할 바를 행하되, 인무아와 법무아를 모두 통달한 이가 진정한 보살이라는 것이다.

15 붓다들은 모든 법을 보지 않는가 라는 의심[諸佛不見諸法疑]을 끊음(← **14**)

4.15
(제18품 일체를 동등하게 본다) (第十八品 一切同觀分)

① "수보리여, 그대 생각에는 어떤가, 여래에게 육안肉眼이 있는가?"

"그렇습니다, 세존이시여, 여래에게는 육안이 있습니다."

"수보리여, 그대 생각에는 어떤가, 여래에게 천안天眼이 있는가?"

"그렇습니다, 세존이시여, 여래에게는 천안이 있습니다."

"수보리여, 그대 생각에는 어떤가, 여래에게 혜안慧眼이 있는가?"

"그렇습니다, 세존이시여, 여래에게는 혜안이 있습니다."

"수보리여, 그대 생각에는 어떤가, 여래에게 법안法眼이 있는가?"

"그렇습니다, 세존이시여, 여래에게는 법안이 있습니다."

"수보리여, 그대 생각에는 어떤가, 여래에게 불안佛眼이 있는가?"

"그렇습니다, 세존이시여, 여래에게는

"須菩提, 於意云何, 如來 有肉眼不?"

"如是, 世尊, 如來 有肉眼."

"須菩提, 於意云何, 如來 有天眼不?"

"如是, 世尊, 如來 有天眼."

"須菩提, 於意云何, 如來 有慧眼不?"

"如是, 世尊, 如來 有慧眼."

"須菩提, 於意云何, 如來 有法眼不?"

"如是, 世尊, 如來 有法眼."

"須菩提, 於意云何, 如來 有佛眼不?"

"如是, 世尊, 如來 有佛

불안이 있습니다."

② "수보리여, 그대 생각에는 어떤가, 항하 중에 있는 모래들과 같은, 이 모래들을 여래가 말한 적이 있는가?"

"그렇습니다, 세존이시여. 여래께서는 이 모래들을 말씀하신 적이 있습니다."

"수보리여, 그대 생각에는 어떤가, 하나의 항하 중에 있는 모래들과 같은, 이와 같은 모래들만큼의 항하가 있고, 이 모든 항하에 있는 모래 수만큼의 불세계 佛世界라면, 이러한 것은 정녕 많다고 하겠는가?"

"매우 많겠습니다, 세존이시여."

붓다께서 수보리에게 말씀하셨다.

"그러한 국토 중에 있는 중생들의 여러 가지 마음을 여래는 모두 다 안다.

왜냐 하면 여래가 말하는 모든 마음은 모두 마음이 아니라, 이것을 마음이라고 이름한 것이기 때문이다.

까닭이 무엇인가 하면 수보리여, 과거의 마음도 얻을 수 없고, 현재의 마음도 얻을 수 없으며, 미래의 마음도 얻을 수 없기 때문이다.

眼."

"須菩提, 於意云何, 如恒河中 所有沙, 佛說是沙不?"

"如是, 世尊. 如來說是沙."

"須菩提, 於意云何, 如一恒河 中所有沙 有如是沙等恒河, 是諸恒河所有沙數 佛世界, 如是寧爲多不?"

"甚多, 世尊."

佛告 須菩提.

"爾所國土中 所有衆生若干種心 如來悉知. 何以故 如來說諸心 皆爲非心, 是名爲心.

所以者何 須菩提, 過去心 不可得, 現在心 不可得, 未來心 不可得."

이 단의법문의 의심은 바로 앞의 제14단의로부터 온 것이다. 즉 앞 법문에서 '보살은 저들이 중생이라고 보지 않고, 내가 보살이라고 보지 않으며, 불국토를 장엄함도 보지 않는다'199라고 하는 설명에, 그렇다면 붓다들께서는 모든 법을 보지 않는구나라는 의심이 생기고, 이로부터 다시 그렇다면 여래에게는 지혜의 눈[慧眼]이라는 것도 없겠구나라는 의심이 있게 된다는 것이다.

이 경전은 앞뒤가 크게 나누어지는 곳이 몇 군데 있다. 첫째는 근본법문이 끝나고 단의법문이 시작되는 제4.1분절, 둘째는 경전의 이름을 세운 다음 새로운 의심에 대한 풀이를 시작하는 제4.7.4분절, 셋째는 전주설법이 끝나고 후주설법이 시작되는 제4.11분절이 그것인데, 여기 제4.15분절의 경우도 그러하다.200 여기에서 나누어지는 것은, 이 앞까지는 진공묘유 중 진공 부분을 부각시켜 설명하는 것이었다고 한다면, 여기서부터는 묘유 부분을 부각시켜 설명하는 것이라고 볼 수 있기 때문이다.201

---

199 세친의 논서 하권에서의 설명이다.
200 다만 앞의 셋은 경전 전체가 크게 두 부분으로 나누어지는 것이지만(엄밀히 말하면 셋째의 경우는 경전 전체가 아니라, 정종분이 둘로 나누어지는 것임), 이것은 경전 전체가 아니라 단의법문이 두 부분으로 나뉘어지는 것이라는 점에서 차이가 있다.
201 예전부터 우리나라의 스님들은 이 단의법문을 불신관의 입장에서 이해하여 왔다고 하는데(김월운 강술 『금강경강화講話』 p.15 및 다음 면의 표1 참조. 2004년 동문선), 이에 의할 때에도 이 4.15분절이 앞뒤를 크게 구분하는 자리가 된다. 이에 의하면 이 분절의 앞까지는 세 가지 불신을 취할 수 없음[三身無取]을 밝힌 것이고, 여기서부터는 세 가지 불신을 건립하는 것[建立三身]으로 본다. 그 중 4.1~4.2는 삼신무취를 총체적으로 나타낸 것, 4.3~4.6은 화신무취, 4.7~4.9는 보신무취, 4.10~4.14는 법신무취를 각각 밝힌 것

이 단의법문은 경문에 부호로써 표시한 것처럼 크게 두 부분으로 나누어진다. 모든 법을 보지도 않고 지혜의 눈도 없지 않은가 라는 의심에 대하여, 앞의 ①은 보는 눈[能見眼]에 의하여 봄[見]이 청정함을 밝히고, 뒤의 ②는 아는 대상인 마음[所知心]에 의하여 지혜[智]가 청정함을 밝히는 것이다.

먼저 ①은 붓다에게는 다섯 가지 눈[오안五眼]이 모두 갖추어져 있음을 통하여, 모든 법을 있는 그대로 완벽하게 알고 보신다는 것을 간접적으로 밝히는 것이다.

그런데 이 오안은 초기경전에는 나타나지 않고, 초기경전의 이론서에만 간혹 등장한다. 그런데 그 곳에는 법안dharma-cakṣu이 없는 대신 보안普眼samanta-cakkhu202이 들어 있어, 여기에서의 오안과는 다르다. 그러므로 경문의 오안은 대승불교의 교리에 따라 재정립된 것이라고 이해되므로, 《대지도론》(제33권)에 의하여 개념을 정리해 본다.

「육안은 가까운 것은 보지만 먼 것은 보지 못하고, 앞은 보지만 뒤는 보지 못하며, 밖은 보지만 안은 보지 못하고, 낮에는 보지만 밤에는 보지 못하며, 위는 보지만 아래는 보지 못하니, 이러한 장애 때문에 천안을 구하게 된다.

으로 보고, 다시 여기 4.15부터 4.18까지는 화신의 건립, 4.19~4.21은 보신의 건립, 4.22~4.24는 법신의 건립, 끝으로 4.25~4.27은 삼신이 하나도 아니고 다르지도 않음[非一非異]을 밝힌 것으로 보는데, 경문과 설명 중에 그 뜻이 들어 있으니 참고하기 바란다.
202 널리 일체 중생을 두루 관찰하는 눈을 뜻한다.

천안을 얻으면 멀고 가까운 것을 다 보고 전후·내외·주야·상하 모두 다 장애가 없다. 이 천안은 인연의 화합으로 생겨 임시로 이름지어진[假名] 사물은 보지만, 실상은 보지 못하니, 소위 공이고 상 없으며 지음 없고[空無相無作] 남도 없고 멸함도 없음[無生無滅]이다. 앞과 같이 가운데와 뒤도 또한 그러하므로 실상을 위해서 혜안을 구하게 된다.

혜안을 얻으면 중생을 보지 않고, 같고 다른 상[一異相]을 모두 소멸하며, 모든 집착을 떠나고, 일체의 법을 받아들이지 아니하므로, 지혜로써 안에서부터 사라지니 이를 혜안이라 부른다. 다만 혜안으로는 중생을 제도할 수 없다. 어째서인가 하면 분별하는 것이 없기 때문이다. 그래서 법안을 일으킨다.

법안은 이 사람으로 하여금 이 법을 행하게 하고 이 도를 얻게 하며, 일체 중생의 각각의 방편문을 알아 도를 얻어 깨닫게 한다. 그렇지만 법안은 중생을 제도하는 방편의 도를 두루 다 알지는 못한다. 그래서 불안을 구한다.

불안은 알지 못하는 일이 없고, 덮혀지고 가려져서 비록 은밀하더라도 보고 알지 못함이 없다. 다른 사람에게는 지극히 멀지만 붓다에게는 지극히 가까우며, 다른 사람에게는 깊고 어둡지만 붓다에게는 환히 드러나며, 다른 사람에게는 의심스럽지만 붓다에게는 결정적이며, 다른 사람에게는 미세하지만 붓다에게는 두드러지며, 다른 사람에게는 매우 깊지만 붓다에게는 매우 얕다. 이 불안은 듣지 못하는 일이 없고 보지 못하는 일이 없으며, 알지 못하는 일이 없고 어려운 일이 없으며, 사유할 것 없이 일체법 가운데에서 불안은 항상 비춘다.」

이 설명에 의하면 육안과 천안은 장애에 구애되지 않고 외부대상을 볼 수 있는지 여부에 의하여 구별되는 것이고,203 혜안은 제4.7.6분절에서 본 것처럼 무분별지에 의해 모든 법의 실상을 볼 수 있는 반야의 눈을 의미하는 것으로, 승의제를 통찰하는 근본지의 근거가 되는 눈이다. 다음 법안은 중생제도를 위하여 여러 가지 세속제를 분별하는 후득지의 근거가 되는 눈을 말하고, 불안은 이 모든 것을 아무런 제한 없이 완전하게 볼 수 있는 붓다의 눈을 가리키는 것이다.204

붓다께서는 이러한 다섯 가지 눈을 모두 갖추어 보시지 못하는 것이 없고, 그 누구보다 넓고 완전하게 보신다는 것을 밝힌 것이다.

다음 ②는 아는 대상의 마음[所知心]에 의하여 지혜[智]가 청정함을 밝힌다. 글은 세 부분으로 나눌 수 있다. 첫째는 "하나의 항하에 있는 모래 → 그 모래들만큼의 항하들에 있는 모래 → 그 모래 수만큼의 불세계 중에 있는 중생들 → 그 중생들의 여러 가지

---

203 다만 초기경전(예컨대 뒤에 나오는 한글 DN 제1권 제2 사문沙門의 과보의 경 pp.256-257 등)에 의하면, 천안은 외부대상뿐만 아니라, 중생들이 생사에 유전하는 모습도 볼 수 있는 눈이라고 설명하고 있다.
204 그래서 『간정기』(회권제8)에서는, 「앞의 두 가지 눈은 범부에게도 통하는 것이고, 이승에게는 법안이 없으며(=중생의 제도에 관심이 없다는 의미), 보살은 두 가지(=혜안과 법안)를 비록 갖추었지만 열등하고, 만약 붓다의 경우라면 네 가지가 모두 수승하기 때문에 총체적으로 이름해서 불안이라고 하는 것이다.」라고 설명하고 있다. 천안이 범부에게도 통한다는 것은, 전생을 아는 지혜와 마찬가지로(졸저『불교는 무엇을 말하는가』 p.90 참조) 색계 제4선을 성취하면 천안통을 얻을 수 있기 때문이다.

마음"으로 점차 넓혀서, 이들 "여러 가지 마음을 여래는 모두 다 안다"라고 한 부분이다. 이것은 이 모든 마음을 여래는 모두 다 아는 지혜가 있음을 표방하는 것이다. 둘째는 그 다음 "왜냐 하면 여래가 말하는 모든 마음은 모두 마음이 아니라, 이것을 마음이라고 이름한 것이기 때문이다."라고 한 부분으로, 그 아는 지혜의 청정함을 밝히는 것이다. 그리고 마지막 셋째는 "까닭이 무엇인가 하면 수보리여, 과거의 마음도 얻을 수 없고, 현재의 마음도 얻을 수 없으며, 미래의 마음도 얻을 수 없기 때문이다."라고 한 부분으로, 그 까닭을 풀이하는 것이다.

먼저 첫째에서는 단계적인 표현에 의해 아는 대상의 마음이 무한히 많음을 밝힌 다음, 그 모든 마음을 여래는 모두 다 아는 지혜가 있음을 밝힌다. 글 중에서 '여러 가지 마음[若干種心]'이라고 한 것은, 초기경전에서 알아야 할 대상의 마음을 열여섯 가지로 정형화하여 분류한 것에 기초한 것으로 이해된다. 초기경전에서 이것은 아래에 인용하는 경문처럼 주로 남의 마음을 아는 지혜[타심지他心智]를 통하여 설명된다.

"그는 이와 같이 마음이 삼매에 들고 청정하고 깨끗하고 흠이 없고 오염원이 사라지고 부드럽고 활발발活潑潑하고 안정되고 흔들림이 없는 상태에 이르렀을 때, 남의 마음을 아는 지혜로 마음을 향하게 하고 기울게 합니다. 그는 자기의 마음으로 미루어 다른 중생들과 다른 인간들의 마음을 꿰뚫어 압니다.

① 탐욕이 있는 마음은 탐욕이 있는 마음이라고 꿰뚫어 알고,
② 탐욕을 여읜 마음은 탐욕을 여읜 마음이라고 꿰뚫어 압니다.

③ 성냄이 있는 마음은 …· ④ 성냄을 여읜 마음은 …· ⑤ 어리석음이 있는 마음 …· ⑥ 어리석음을 여읜 마음 …· ⑦ 수축한 마음 …· ⑧ 흩어진 마음205 …· ⑨ 고귀한 마음 …· ⑩ 고귀하지 않은 마음206 …· ⑪ 위가 있는 마음 …· ⑫ 위가 없는 마음207 …· ⑬ 삼매에 든 마음 …· ⑭ 삼매에 들지 않은 마음 …· ⑮ 해탈한 마음은 해탈한 마음이라고 꿰뚫어 알고, ⑯ 해탈하지 않은 마음은 해탈하지 않은 마음이라고 꿰뚫어 압니다."

한글 DN 제1권 제2 사문의 과보의 경 pp.252-253

이 타심지에 관한 글은 이 경전 외에도 여러 경전에서 찾을 수 있는데, 이 지혜 역시 전생을 기억하는 지혜와 마찬가지로 색계 제4선을 성취한 수행자가 얻을 수 있는 것이다. 이렇게 남의 마음을 알 수 있는 것은 먼저 자신의 마음을 새김의 대상[念處]으로 삼아 오랫동안 관찰함으로써,208 마음을 관찰해 아는 것에 숙달되었기 때문이다. 위의 인용 경전에서 "그는 자기의 마음으로 미루어 다른 중생들과 다른 인간들의 마음을 꿰뚫어 압니다."라고 한 말은 이것을 의미하는 것이다.

---

205 《청정도론》(한글 제2권 p.354)에서, '수축한 마음'은 해태와 혼침이 함께 한 마음이고, '흩어진 마음'은 들뜸과 함께 한 마음이라고 설명한다.
206 같은 논서에서, '고귀한 마음'은 색계와 무색계의 마음이고, '고귀하지 않은 마음'은 욕계의 마음이라고 설명한다.
207 같은 논서에서, '위가 있는 마음'은 삼계의 마음이고, '위가 없는 마음'은 출세간의 마음이라고 설명한다.
208 자신의 열여섯 가지 마음이 네 가지 마음새김의 토대[四念處] 중 하나임은 한글 DN 제2권 제22 대념처경 pp.512-515 참조.

어떻든 중생들의 수가 앞에서 묘사한 것처럼 무한히 많고, 그리고 알 대상의 마음에도 이와 같이 여러 종류가 있지만, 여래는 이 모든 것을 아는 지혜가 있음을 표방한다. 그렇지만 이와 같은 남의 마음을 아는 지혜는 색계 제4선의 경지만 성취해도 얻을 수 있다는 것이므로, 이것은 성자의 흐름에 들지 못한 범부도 얻을 수 있는 것이다. 그렇다면 이러한 지혜가 붓다께 있다는 것이 무슨 의미가 있는 것이기에, 오안까지 언급하면서 이것을 여기에서 말하는 것일까? 아는 대상의 마음이 무한히 많은데도 이것을 모두 다 안다는 것에 큰 의미가 있는 것일까? 왜냐 하면 남의 마음을 아는 지혜에 의해서 아는 마음은, 다수가 아니라 특정인의 마음을 대상으로 해서 파악하는 것이기 때문이다.

다음 둘째 "왜냐 하면 여래가 말하는 모든 마음은 모두 마음이 아니라[非心], 이것을 마음이라고 이름한 것이기 때문"이라고 한 것은 이러한 의문에 모두 답하는 것이다. 말하자면 "그러한 국토 중에 있는 중생들의 여러 가지 마음을 여래는 모두 다 안다."는 말의 의미를 밝힘과 동시에 지혜의 청정함을 밝히는 것이다. 글 서두의 의문사의 취지는, '어떻게 그 무수히 많은 그 모든 마음을 다 알 수 있는가 하면'이라는 뜻이다.

답 중에서 먼저 "여래가 말하는 모든 마음은 모두 마음이 아니다[非心]"라는 것은, 승의제로서 고정된 마음이 아님을 밝힘으로써 여래의 앎은 상으로 분별하여 아는 것과 같지 않다는 것을 나타낸다. 남의 마음을 아는 지혜에 의해 아는 대상의 마음이란, '탐욕이 있는 마음'이거나 아니면 '탐욕을 여읜 마음'이라는 식으로 일정한 상을 취해서 파악된 마음이다. 그렇지만 마음이라는 것은 대상을 바꾸어 취하면서 순간순간 생멸 변화하는 것이므로 이러한 고정된 상이 있는 것이 아니다. 말하자면 이렇게 파악된 마음은 파악되는 순간 사라져 버리고 실재하지 않는 것이니, 마음의 실상이 아니다.

또 그와 같이 분류하지 않는다고 하더라도 중생들의 마음이 모두 고정된 실체가 있는 것이 아니라는 점에서는 마찬가지이다. 잠시도 머물지 않는 마음이기 때문이다. 그래서 범어 원문에서도 이것은 실체론적인 이해의 여지가 없는 '마음의 흐름[citta-dhārā]'이라는 용어로 표현되고 있다.209 그렇기 때문에 여래께서는 중생들의 마음이 한정 없이 많다고 하더라도 이를 모두 다 그대로 아신다는 것이다. 그리고 이 모든 마음을 실상과 다르게 분별함 없이 이와 같이 아시는 것이 진실하고 청정한 지혜라는 취지일 것이다. 《대지도론》(제69권)의 다음과 같은 설명 역시 이와 같은 뜻을 잘 보여주고 있다.

「지금 붓다께서는 기억과 지각[憶想]으로 분별하는 일체의 허망한 법을 뛰어넘어 실상實相에 안주하여, 일체 중생의 마음을 사실 그대로 아시는 것[如實知]이다. …

이 마음은 순간순간 생멸한다. 미래는 없으므로 알 수 없고, 현재는 순간순간 사라지면서 머무는 때가 없으므로 알 수 없는 것인데도, 범부들은 상을 취하여 분별하여, 삼세 중에서 기

---

209 그래서 현장은 이것을 '마음의 흐름[心流注]'이라고 옮겼다. 반면 보리유지는 이것을 '마음의 머묾[心住]'이라는 표현으로 옮겼다.

억과 지각의 허망한 소견[憶想妄見]으로 마음의 생각[心念]을 안다고 말하는 것이다. …

'중생의 마음을 본다[衆生心見]'라는 것은 사실 그대로 보는 것이니, 범부들이 기억과 지각으로 분별하여 보는 것과는 같지 않다.」

그런 다음 "이것을 마음이라고 이름한 것"이라고 한 것은, 중생들의 여러 가지 마음이 승의제로서 실체 있는 마음은 아니지만, 세속에서 '여러 가지 마음'이라고 부르는 여러 가지 양상의 마음이 없는 것이 아님을 말하는 것이다. 그리고 여기에는 이들 여러 가지 마음도 여래께서는 모두 다 아신다는 뜻을 담고 있다. 이 단의법문을 앞서 보았듯이 화신을 건립하는 것으로 보는 시각이라면,210 이 점이 보다 중요한 의미를 가질 것이다.

여기에서 한 가지 밝히고 넘어가야 할 것은, 무착 이래 대부분의 주석가들은 이 '중생들의 여러 가지 마음'을 전도된 의식[妄識]이라는 관점으로 이해한다는 점이다. 경문에서 이 마음들을 '모두 마음이 아니다[非心]'라고 말한 것은 이러한 뜻이라고 이해하는 것이다.

그래서 이 경문에 관한 미륵송은, 「갖가지 전도된 의식은 진실된 새김을 여의어[種種顚倒識 以離於實念] 저 진실한 지혜에 머물지

---

210 앞의 4.15분절의 서두에서, 이 경전의 단의법문을 불신관의 입장에서 보는 시각에서는, 이 분절을 포함한 4.15 내지 4.18분절의 경문은 화신을 건립하는 것으로 본다고 설명하였다.

아니하므로 그래서 전도라고 말한다[不住彼實智 是故說顚倒]」라고 하였고, 세친은 이를 풀이하여, 「'갖가지 전도[種種顚倒]'라 함은 저것이 갖가지 마음의 연緣에 머물므로 이것을 '갖가지 의식'이라고 이름하였다. 여섯 가지 의식의 차별은 전도이기 때문이다.」라고 설명한다. 나아가 『찬요』(회권제8)는 이 경문의 과목을 「허망을 모아 진실로 돌아감으로써 '모두 다 안다'라는 말을 해석함」이라고 하였다.

그러나 필자의 소견으로는 이 부분의 경문에서 말하는 '마음'을 반드시 '허망한 의식'이라는 관점에서 보아야만 하는 것은 아니지 않을까 한다. 왜냐 하면 이 부분의 경문이나 아래의 셋째에서 이유를 설명하는 경문 모두 이 '중생들의 여러 가지 마음'을 정해진 상[自相], 내지 정해진 실체[自性]가 없다는 관점에서 보고 있기 때문이다.

물론 그렇다고 해서 이 '중생들의 여러 가지 마음'이 전도된 의식이 아니라는 것은 아니다. 대상을 취하여 분별하는 중생들의 마음은 모두 진실에 어긋나는 허망한 전도이다. 수행에 의해 이 마음이 인식대상을 즉자적卽自的으로 알고 봄으로써 능취能取와 소취所取의 분립分立이 사라지면,211 그 때는 이것을 마음이라고 부르지 않고 지혜라는 부른다. 이것이 바로 반야이고, 이것이 최고의 상태에 이른 것을 보리라고 한다. 이 반야나 보리마저도 승의제로는 있는 것이 아님을 앞에서 이미 보았다. 그러니 이에 이르지 못한 전도된 의식인 '마음'에 어찌 정해진 실체가 있겠는가.

어느 편으로 해석해도 의미가 달라지는 것은 아니다. 그렇지만

---

211 졸저 『불교는 무엇을 말하는가』 pp.222-226 참조.

경문의 원래 뜻은 이와 같이 '전도'의 관점까지 가지 않고, 마음도 계속 설명해 온 여타의 법처럼 승의제로서 있는 것이 아님을 밝힌 것이 아닐까 생각된다는 것이다. 필자가 동조하지 않는 이 해석을 여기에서 굳이 밝힌 것은, 다음 제16 단의법문의 제목이 이 해석에 기초하고 있기 때문이다.

셋째 "까닭이 무엇인가 하면 수보리여, 과거의 마음도 얻을 수 없고, 현재의 마음도 얻을 수 없으며, 미래의 마음도 얻을 수 없기 때문이다."라고 한 것은, 여러 가지 마음이 모두 '마음이 아님[非心]'의 이유를 풀이하는 것이다. 서두의 의문사의 취지도 '여러 가지 마음을 마음이 아니라고 하는 까닭이 무엇인가 하면'의 뜻이다.

"과거의 마음도 얻을 수 없고 현재의 마음도 얻을 수 없으며 미래의 마음도 얻을 수 없기 때문"이라고 한 글의 뜻은 앞의 《대지도론》의 글 중에서도 일부 언급되었다. 마음이란 순간순간 생멸하는 것이므로 정해진 상이나 실체가 있는 것이 아니다. 과거의 마음이라고 하지만 과거는 이미 사라져 없어졌고, 미래의 마음을 말하지만 미래는 아직 오지 않았으며, 현재의 마음이라고 말하지만 현재는 순간순간 사라지면서 머물지 아니한다. 그러니 그 어느 것을 '마음'이라고 하겠는가?

16 마음이 전도라면 복덕도 역시 전도가 아닐까 라는 의심[福德例
心顚倒疑]을 끊음(← **15**)

4.16
(제19품 법계를 통틀어 교화한다)　　(第十九品 法界通化分)
① "수보리여, 그대 생각에는 어떤가, 만　"須菩提, 於意云何, 若有
약 어떤 사람이 삼천대천세계에 가득한　人 滿三千大千世界七寶
칠보를 써서 보시한다면, 이 사람이 이　以用布施, 是人 以是因
인연으로 얻는 복덕이 많겠는가?"　　　　緣 得福多不?"

"그렇습니다, 세존이시여. 이 사람이　"如是, 世尊. 此人 以是
이 인연으로 얻는 복덕이 매우 많겠습니　因緣 得福甚多."
다."
② "수보리여, 만약 복덕에 실체가 있는　"須菩提, 若福德有實, 如
것이라면, 여래는 얻는 복덕이 많다고 말　來不說 得福德多.
하지 않았을 것이다. 복덕이 없기 때문에　以福德無故 如來說 得福
여래는 얻는 복덕이 많다고 말한 것이　德多."
다."

～

　　이 단의법문의 의심은 바로 앞 법문으로부터 온 것이다. 앞에서
중생의 여러 가지 마음이 모두 전도라면, 그러한 마음에 의하여
닦는 복덕도 역시 전도가 아닐까, 그렇다면 복덕을 닦을 필요도
없지 않을까 라는 의심이 생긴다는 것이다. 물론 이것은 앞 단의

법문에서의 '마음'을 전도된 의식으로 보고서 하는 설명이다.

필자의 소견처럼 그 '마음'을 전도된 의식이라는 관점까지 가지 않고, 단지 '마음'이라는 정해진 법이 실제로 있는 것이 아니라는 의미로 이해한다면, 이 법문의 의심의 취지는 '마음이 실제로 있는 것이 아니라면, 이에 의하여 닦는 복덕도 없는 것이 아닐까'라는 것이 될 것이다.

이 의심에 답하는 경문은 경문에 부호로 표시한 것처럼 두 부분으로 나눌 수 있다. 처음 ①은 복덕을 묻고 답하는 것이고, 뒤의 ②는 두 가지로 해석하는 것이다.

먼저 ①에서 문답하는 경문은 앞에서 여러 번 나온 것과 비슷하지만 내포된 의미는 다르다. 즉 앞에서는 상에 머물면서 하는 보시를, 상을 여의라는 가르침과 비교하여 하열하다는 것을 밝히는 것이었지만, 여기에서의 보시는 상에 머물지 않는 보시 즉 무주상보시를 가리키는 것으로 이해해야 한다. 그래야만 이 경문의 의미가 드러난다. 그러므로 이 경문에서의 붓다의 질문과 수보리의 대답은 이러한 무주상보시의 복덕에 관한 문답으로서, 무주상보시의 복덕은 매우 많다는 것을 나타내는 것이다.

그래서 이 경문에 대해『찬요』(회권제8)는「이 상을 여의어 전도 없이 보시를 행하는 인연으로 무루의 복덕을 이룸으로써 두 가지 장애를 여의니, 이미 전도가 아니기 때문에 얻는 복덕이 많다는 것이다.」라고 설명하였다.

다음 ②에서의 붓다의 설명은 '복덕이 많다'는 뜻을 두 가지로 해석하는 것이다. 그 표현은 앞에서 나온 것들과 비슷하지만, 이 경문에서의 보시가 무주상보시를 가리키는 것과 관련하여, 그와는 다른 뜻을 담고 있다. 그 뜻은 세친이, 「'복이 있다'고 한 것은 상을 취한다는 것[取相]이고, '복이 없다'고 한 것은 상을 여읜다는 것[離相]이다」라는 글로써 설명해 주고 있다.

그러므로 이 경문은 「복덕에 실체가 있는 것이라면 많고 적다고 말할 수 있는 것이 아니므로, 여래는 얻는 복덕이 많다고 말하지 않았을 것이다. 복덕은 실체가 없는 것이지만, 세속을 따라 말할 때 보리에 이르게 하는 복덕은 이것을 초과하는 것이 없기 때문에, 여래는 얻는 복덕이 많다고 말한 것이다.」라는 것이 원래의 의미일 것이지만, 이 외에도 「만약 복덕이 '있다는 상을 가진다면', 여래는 얻는 복덕이 많다고 말하지 않았을 것이다. 복덕이 '있다는 상이 없기 때문에' 여래는 얻는 복덕이 많다고 말한 것이다.」라는 뜻도 담고 있는 것이다.

17 무위라면 어떻게 상호가 있는가 라는 의심[無爲何有相好疑]을 끊음(← **3**)

4.17
(제20품 형상과 모양을 떠나) (第二十品 離色離相分)

① "수보리여, 그대 생각에는 어떤가, 붓다를 구족한 색신[具足色身]으로써 볼 수 있겠는가?"

"須菩提, 於意云何, 佛可以具足色身 見不?"

"그렇지 않습니다, 세존이시여. 여래를 구족한 색신으로써 보아서는 안됩니다. 왜냐 하면 여래께서 말씀하신 구족한 색신은 곧 구족한 색신이 아니라, 이것을 구족한 색신이라고 이름한 것이기 때문입니다."

"不也, 世尊. 如來 不應以具足色身見.
何以故 如來說 具足色身 卽非具足色身, 是名具足色身."

② "수보리여, 그대 생각에는 어떤가, 여래를 구족한 여러 상[諸相]으로써 볼 수 있겠는가?"

"須菩提, 於意云何, 如來可以具足諸相 見不?"

"그렇지 않습니다, 세존이시여. 여래를 구족한 여러 상으로써 보아서는 안됩니다. 왜냐 하면 여래께서 말씀하신 여러 상의 구족이란 곧 구족이 아니라, 이것을 여러 상의 구족이라고 이름한 것이기 때문입니다."

"不也, 世尊. 如來 不應以具足諸相見.
何以故 如來說 諸相具足 卽非具足, 是名諸相具足."

이 법문의 의심은 훌쩍 건너뛰어 제3 단의법문에서, 여래께서 말씀하신 법은 모두 취할 수도 없고 말할 수도 없으니, 어째서인가 하면 일체의 현성賢聖은 모두 무위법으로써 차별이 있는 것이기 때문이라고 한 경문으로부터 온 것이다. 그 취지는 그와 같이 여래가 무위라면 어떻게 상호를 구족한 분을 일러 붓다라고 하는 가라는 의심이 있을 수 있다는 것이다. 이것은 말하자면 법신을 가지고 화신을 의심하는 것이다. 이러한 의심을 상정한 것은 불신관에 의해서 이 경전을 이해하는 관점에서 보는 것처럼 '화신을 건립'하기 위해서이다.

이 의심에 대한 답의 경문은 경문에 부호로 표시한 것처럼 두 부분으로 나누어지는데, 이에 대한 『찬요』(회권제9)의 제목이 재미있다. 앞의 ①은 '몸이 없으므로 몸을 나타내다[由無身故現身]'라고 하고, 뒤의 ②는 '상이 없으므로 상을 나타내다[由無相故現相]'라고 하고 있는데, 아래에서 그 뜻을 알아보겠다.

첫째 ① 몸이 없으므로 몸을 나타내는 글은, 붓다의 물음과 수보리의 답의 두 부분으로 구성되어 있다.

먼저 위와 같은 의심의 취지를 안 붓다께서, "붓다를 구족한 색신으로써 볼 수 있겠는가?"라고 물으신다. 여기에서 '구족한 색신[具足色身]'이란 화신 붓다에게 갖추어져 있다는 신체의 특징 중 여든 가지의 작은 특징, 즉 팔십종호種好 내지 팔십수형호八十隨形好212를 가리키는 것이다. 그리고 아래의 ②의 경문에 나오는 '여

------
212 『간정기』(회권제9)는 '수형호'의 뜻을, 몸의 형상[形]을 따라서[隨] 낱낱

러 상[諸相]'이란 소위 삼십이상三十二相을 가리키는 것이다.

이에 대해 수보리는 제1 단의법문에서처럼 "여래를 구족한 색신으로써 보아서는 안됩니다. 왜냐 하면 여래께서 말씀하신 구족한 색신은 곧 구족한 색신이 아니라, 이것을 구족한 색신이라고 이름한 것이기 때문입니다"라고 대답하는데, 그 뜻 역시 그 곳에서 본 것과 같다. 여기에서 다시 요약해 말하자면, 구족한 색신이란 승의의 색신이 아니라 유위의 색신상인데, 이 유위의 색신상은 여래의 본질적요소가 아니고 여래의 진실한 모습이 아니기 때문에, 이것으로써 여래를 볼 수는 없다는 것이다.

그런데 이 경문은 화신을 건립해서 의심을 끊어주기 위한 글이다. 그러므로 여기에서는 위와 같은 본래의 뜻보다는 "이것을 구족한 색신이라고 이름한 것"이라고 한 뒷부분의 세속제에 중점이 놓여 있다고 보아야 한다. 말하자면 구족한 색신으로써 여래를 볼 수 없지만, 세속에서 화신 붓다에게 갖추어져 있다고 말하는 구족한 색신이 없는 것은 아니고, 나아가 이것이 법신여래와 무관한 것이 아니라고 하는 점에 오히려 중점이 놓여 있다는 것이다.

이것을 좀더 자세히 풀어서 보면 다음과 같이 말할 수 있다. 화신 붓다에게 갖추어져 있다는 색신상과 화신 붓다의 관계를 삼십이상에 의해 정리해 보면, 삼십이상은 화신 붓다뿐만 아니라 전륜성왕과 같은 대인에게도 갖추어져 있다는 것이므로, 삼십이상이 화신 붓다만의 징표는 아니지만, 삼십이상이 화신 붓다의 징표가 아닌 것은 아니다. 그런데 화신 붓다는 법신을 떠나서 있는 것이 아니므로 삼십이상은 법신 여래와 무관한 것은 아니다.

....
이 모두 훌륭하기[好] 때문이라고 풀이한다.

그렇다면 화신 붓다에게 갖추어져 있다는 팔십종호 역시 법신 여래와 무관한 것은 아니다. 그러므로 여래를 구족한 색신으로써 보아서는 안 되지만, 구족한 색신이 여래와 무관한 것은 아니라고 할 것인데, 이 뜻을 위 경문의 뒷 부분이 나타내고 있는 것이다. 그래서 경문의 전체적인 중점은 여기에 놓여 있고, 이런 뜻을 담아『찬요』는 글의 과목을 '몸이 없으므로 몸을 나타내다'라고 표현했던 것이다.

다음 상이 없으므로 상을 나타내었다는 ②의 경문은 팔십종호가 삼십이상으로 바뀌고 문장의 표현이 약간 다르지만, 그 구조와 의미는 ①과 완전히 같다.

이러한 뜻을 미륵송은 다음과 같이 표현하고 있다. 「법신의 필경의 체는 저 팔십종호의 몸도 아니고[法身畢竟體 非彼相好身] 삼십이상의 구족도 아니니, 저들은 법신이 아니기 때문이다[以非相成就 非彼法身故].213 (그러나) 법신을 여읜 것도 아니어서 저 둘이 붓다 아님도 아니니[不離於法身 彼二非不佛] 그래서 거듭 구족을 말해서, 둘이 없다고도 또한 있다고도 한다[故重說成就 亦無二及有].」214

....
213 게송은 보리유지가 한역한 것이므로 구마라집 역의 용어와 차이가 있다. 게송 중 '상호신相好身'은 본문의 '색신'을, '성취成就'는 구족을 가리킨다.
214 마지막 2행의 의미에 대해 세친(하권)은, 「그러므로 이 둘은 또한 없다고도 말할 수 있기 때문에 색신의 성취도 아니고 상의 성취도 아니라고 말하였고, 또한 있다고도 말할 수 있기 때문에 색신의 성취와 여러 상의 성취를 말한 것이다. 그래서 게송에서 '둘이 없다고도 또한 있다고도 한다[亦無二及有]'라고 말한 것이다.」라고 설명하고 있다.

18 몸이 없다면 어떻게 법을 설하는가 라는 의심[無身何以說法疑]을 끊음(← **3**)

4.18

(제21품 말해도 말해진 것이 아니다)　(第二十一品 非說所說分)

① "수보리여, 그대는 '여래가「나는 필시 말한 법이 있다」라고 생각한다'라고 말해서는 안 된다. 이러한 생각도 하지 말라.
　어째서이겠는가? 만약 어떤 사람이 '여래가 말한 법이 있다'라고 말한다면 이는 곧 붓다를 비방하는 것이니, 내가 말한 바를 이해하지 못한 것이기 때문이다.
　수보리여, 법을 말한다는 것은 말할 만한 법이 없지만, 이것을 법을 말한다고 이름한 것이기 때문이다."

② 그 때 혜명 수보리가 붓다께 말하였다.
　"세존이시여, 그 어떤 중생이 미래세에 이 법 말하는 것을 듣고 믿는 마음을 내겠습니까?"
　붓다께서 수보리에게 말씀하셨다.
　"저들은 중생이 아니고 중생 아닌 것도 아니다. 왜냐 하면 수보리여, 중생 중생이란 여래는 중생이 아니라고 말하니, 이것을 중생이라고 이름한 것이기 때문이다."

"須菩提, 汝勿謂'如來作是念「我當有所說法」'. 莫作是念.
何以故? 若人言'如來有所說法' 卽爲謗佛, 不能解我所說故.

須菩提, 說法者 無法可說, 是名說法."

爾時 慧命須菩提 白佛言.
"世尊, 頗有衆生 於未來世 聞說是法 生信心不?"

佛言 須菩提.
"彼非衆生 非不衆生.
何以故 須菩提, 衆生衆生者 如來說 非衆生, 是名衆生."

이 단의법문의 의심도 기본적으로는 바로 앞의 제17 단의법문의 그것과 마찬가지로 제3 단의법문에서 온 것이다. 그러면서 이 의심은 동시에 바로 앞 제17의 단의법문으로부터 온 것이라는 의미도 있다. 즉 여래가 무위라면 어떻게 상호를 구족한 분을 일러 붓다라고 하는가라는 것이 앞 법문에서의 의심이었다. 그 의심에 대해서 색신과 상호의 구족으로써 여래를 보아서는 안 된다고 하자, 그와 같이 여래는 무위이고 색신과 상호의 구족으로써 여래를 보아서는 안 되는 것이라면, 여래는 몸이 없이 어떻게 법을 말하는 것인가라는 의심이 있을 수 있다는 것이다.

이에 대한 답은 경문에 부호로 표시한 것처럼 두 부분으로 나누어진다. 처음의 ①은 위 의심에 대해 바로 답하는 것이고, 뒤의 ②는 앞의 제2 단의법문처럼 말한 내용이 매우 깊어 믿을 이가 있겠는가라는 새로운 의심을 내세워, 그에 답하는 방식으로 부연하여 설명하는 부분이다.215

의심에 대해 답하는 첫 번째 경문은 세 부분으로 구성되어 있다. 첫 단락은 잘못된 견해를 막아주는 것이고, 둘째 단락은 그 이유를 해석하는 것이며, 마지막 단락은 바른 견해를 보이는 것이다.

---

215 『찬요』에는 이 두 번째 경문 62글자에 대한 주석이 없다. 그 이유에 대해『간정기』(회권제9)는 이 부분의 경문이『찬요』가 쓰여질 때에는 없었는데 후인에 의해 보충된 것이기 때문이라고 설명하면서, 이 부분 경문에 대해 스스로 주석의 글을 보충하고 있다.

먼저 첫 단락은 잘못된 견해를 막아주는 것이다. 위의 의심은 여래께서 법을 말씀하신 것이 실제로 있다는 생각을 전제로 제기된 것인데, 이에 대한 붓다의 답 첫 마디는 그 전제가 잘못되었다는 것이다. 그래서 "그대는 '여래가「나는 필시 말한 법이 있다」라고 생각한다'라고 말해서는 안 된다"라고 하시고, 이러한 생각조차도 해서는 안 된다고 말씀하신다.

다음 둘째 단락에서 그 이유를 해석하기를, "어째서이겠는가? 만약 어떤 사람이 '여래가 말한 법이 있다'라고 말한다면 이는 곧 붓다를 비방하는 것이니, 내가 말한 바를 이해하지 못한 것이기 때문이다."라고 한다. 글 서두의 의문문의 취지는 '무엇 때문에 그런 말을 해서는 안 되고 그런 생각을 해서는 안 되는가'라는 뜻이다. 그 답은 그런 말이나 생각을 한다면, 붓다께서 말씀하신 뜻을 이해하지 못하여 사실이 아닌 말로 붓다를 비방하는 것이 되기 때문이라는 것이다. 그렇게 되는 실질적인 이유는 다음 단락에서 밝힌다.

마지막 셋째 단락은 "법을 말한다는 것은 말할 만한 법이 없지만, 이것을 법을 말한다고 이름한 것이기 때문"이라고 하시어, 바른 견해를 보임에 의해 그 실질적인 이유를 밝힌다. 법을 말한다고들 말하지만, 말은 실상을 지시하지 못하는 것이고, 그 법이라는 것 또한 정해진 법이 있는 것이 아니다. 그렇다면 붓다께서 중생들을 교화하기 위해 무수한 많은 설법을 하셨지만, 어떻게 법을 말씀하셨다고 말할 수 있겠으며, 붓다께서 어떻게 한 순간인들 내가 법을 말했다는 상을 가지셨겠는가. 그러니 여래가 말한 법이 있다 라고 누군가 말한다면, 이 사람은 사실이 아닌 말로 붓다를 비방하는 것이 될 수밖에 없다는 것이다.

그렇지만 붓다께서 말씀하신 법이 전혀 없는 것인가 하면 그렇지는 않다. 그것이 법의 실상을 지시하는 것은 아니지만, 실상과 무관한 것이 아니다. 그렇다면 이것은 법신을 여읜 것이 아니라고 말할 수 있을 것이다. 그러므로 세간의 이해에 따라 "이것을 법을 말한다고 이름하는 것"이다.

이러한 뜻을 미륵송은 다음과 같이 표현한다.「붓다처럼 법도 또한 그러해서[如佛法亦然] 말한 두 가지의 차별은[所說二差別] 법계를 여의지 않았으나[不離於法界] 말한 법은 자상이 없다[說法無自相]」게송 처음의 '붓다처럼 법도 그러해서'라고 한 것은, 앞의 단의법문에서 말한 것처럼 붓다의 색신상이 법신은 아니지만 법신을 여읜 것도 아니듯이, 법을 말하는 것도 그러해서 그것이 법을 지시하지는 못하지만 법을 여읜 것도 아니라는 뜻이다. 그리고 세친은 게송 중 '말한 두 가지[所說二]'란 말한 법[所說法]과 말의 뜻[所有義]의 두 가지라는 의미이고, '법계를 여의지 않았으나'는 경문 후단의 '시명설법是名說法'을 해석한 것이며, '말한 법은 자상이 없다'는 전단의 '무법가설無法可說'을 해석한 것이라고 설명하고 있는데,216 경문과 게송의 이해에 매우 도움을 주는 해석이다.

이것이 위 글의 의미인데, 여기에서도 비중은 후자의 세속제 부분에 놓여 있다고 보아야 할 것이다. 왜냐 하면 이 부분 경문까지가 불신관의 입장에서 볼 때 화신을 건립하는 것이기 때문이다.

한편 이 '말한 것이 없다[無說]'라는 표현은 이 경전에서 이미 여

---
216 그의 논서 하권에서의 설명이다.

러 번 나왔는데, 그 취지는 조금씩 다르다. 처음 제3 단의법문(4.3.1)에서는 무상이라면 어떻게 법을 말하는가라는 의심에 대해 답하는 것이었고, 다음 제7 단의법문(4.7.4)에서는 보신의 공덕이 수승함을 밝힘에 있어 집착을 파하기 위하여 말한 것이었으며, 다음 제13 단의법문(4.13)에서는 원인이 없다면 붓다도 없지 않을까라는 의심에 대해 답하는 것이었고, 여기에서는 몸이 없다면 어떻게 법을 말하는가에 답하는 것이었으니, 대조해 보기 바란다.

다음 ②의 경문은 앞의 제2 단의법문처럼, 말한 내용이 매우 깊어 믿을 이가 있겠는가라는 새로운 의심에 답하는 방식으로 부연 설명하는 부분이다. 글은 수보리의 물음과 붓다의 답으로 나누어진다.

먼저 수보리가 의심을 내어 "그 어떤 중생이 미래세에 이 법 말하는 것을 듣고 믿는 마음[信心]을 내겠습니까?"라고 묻는 취지는, 말씀하신 바가 매우 심오하니 믿을 사람이 과연 있겠는가라는 것이다.

이에 대한 붓다의 답은, "㉠ 저들은 중생이 아니고 중생 아닌 것도 아니다."라고 한 부분과, "㉡ 왜냐 하면 수보리여, 중생 중생이란 여래는 중생이 아니라고 말하니, 이것을 중생이라고 이름한 것이기 때문이다."라고 한 부분의 둘로 구성되어 있다. 앞의 ㉠은 성인의 성품을 구별해서 믿는 사람이 있음을 답하는 것이고, 뒤의 ㉡은 그 이유를 해석하는 것이다. 이 붓다의 답에서의 '중생'은 범부와 성인을 포함하는 관습적 의미의 생명체 일반을 가리키는 것이라기 보다는, 법계의 실상에 무지하여 오온을 나라고 집착하여 거기에 얽매여 있는 범부217를 뜻하는 것으로 보는 예전부터의 주석에 따르면 쉽게 이해할 수 있다.

그래서 먼저 ㉠에서 '중생이 아니고'라고 한 것은 그 바탕이 범부가 아니라는 것이니, 성인이 될 성품[聖性] 내지 붓다가 될 성품[佛性]을 가지고 있기 때문이다. 그러면서 '중생 아닌 것도 아니다'라는 것은, 아직은 성인이 아닌 중생이라는 의미이다. 말하자면 바탕은 중생이 아니지만, 현실은 아직 중생이라는 뜻이다. 그러므로 이들은 미래세에도 이 법을 들으면 이를 이해하고 능히 믿는 마음을 낸다는 것이다.

다음 그 이유를 밝히는 ㉡ 서두의 의문사의 취지는, '어째서 중생이 아니고 중생 아닌 것도 아니라고 하는가 하면'의 뜻이고, 뒤의 글은, 범부라는 것에 범부의 실체가 있는 것이 아니라, 실상을 통찰하지 못하고 오온을 자아로 취착하고 있는 현상을 잡아 범부라고 이름한 것이라는 뜻이 된다. 말하자면 글의 전단은 '중생이 아니고'를 해석한 것이고, 후단은 '중생 아닌 것도 아니다'를 해석한 것이다.

이 ②의 경문에 관해 미륵송에서, 「말한 법과 말한 사람 깊지만[所說說者深] 능히 믿는 사람 없지 않으니[非無能信者] 중생이 아닌 중생이라[非衆生衆生] 성인 아니지만 성인 아님도 아니다[非聖非不聖]」라고 읊은 것은 바로 이러한 뜻을 밝힌 것이다.

---

217 제3.1분절의 근본법문에서 설명한 '중생'의 개념을 참조.

19 법이 없다면 어떻게 닦아서 증득하는가 라는 의심[無法如何修證疑]을 끊음(← **3**·**12**·**13**)

4.19

(제22품 얻을 만한 법은 없다)

수보리가 붓다께 말하였다.

"세존이시여, 붓다께서 아뇩다라삼먁삼보리를 얻으신 것은 얻은 것이 없는 것입니까?"

붓다께서 말씀하셨다.

"① 그래 그렇다, 수보리여, 나는 아뇩다라삼먁삼보리나 나아가 조그만 법이라도 얻을 만한 것이 없었으니, 이것을 아뇩다라삼먁삼보리라고 이름한다."

(제23품 청정한 마음으로 선법을 행한다)

"② 또한 수보리여, 이 법은 평등하여 높고 낮음이 없으니, 이것을 아뇩다라삼먁삼보리라고 이름한다.

③ 아·인·중생·수자가 없이 모든 선법善法을 닦는다면 곧 아뇩다라삼먁삼보리를 얻을 것이다.

수보리여, 선법이라고 하는 것은 여래는 곧 선법이 아니라, 이를 선법이라고 이름한 것이라고 말한다."

(第二十二品 無法可得分)

須菩提 白佛言.

"世尊, 佛得阿耨多羅三藐三菩提 爲無所得耶?"

佛言.

"如是如是, 須菩提, 我於阿耨多羅三藐三菩提 乃至 無有少法可得, 是名阿耨多羅三藐三菩提."

(第二十三品 淨心行善分)

"復次 須菩提, 是法 平等 無有高下 是名阿耨多羅三藐三菩提.

以無我 無人 無衆生 無壽者 修一切善法 卽得阿耨多羅三藐三菩提.

須菩提, 所言善法者 如來說 卽非善法, 是名善法."

이 법문의 의심은 앞의 제3, 제12 및 제13의 단의법문들로부터 온 것이다. 그 취지는 그 단의법문들에서 모두 아뇩다라삼먁삼보리라고 할 만한 법이 없다고 하였기 때문에, 그렇다면 우리는 어떻게 수행을 하고 증득한다는 것인가 라는 의심이 있게 된다는 것이다.

의심을 끊어주는 경문은 수보리의 물음과 붓다의 답 두 부분으로 구성되어 있다.

먼저 수보리가 붓다께, "붓다께서 아뇩다라삼먁삼보리를 얻으신 것은 얻은 것이 없는 것입니까?"라고 물은 것은 이 의심을 해소하기 위한 것이다. 표현된 물음은 얻는 것이 없는 것이 보리인가를 묻는 것이지만, 그 배후에는 "그렇다면 우리는 어떻게 수행을 하고 증득해야 하는 것입니까?"라는 뜻이 내포되어 있다.

다음 이에 대한 붓다의 답은 경문에 부호로 표시한 것처럼 세 부분으로 나눌 수 있다. 처음 ①은 얻는 것 없음이 보리임을 밝히는 것, 다음 ②는 평등이 보리임을 밝히는 것, 마지막 ③은 어떻게 수행해야 하는지를 밝히는 것이다. 말하자면 앞의 둘은 표현된 물음에 답하는 것이고, 마지막 하나는 배후의 의심에 답하는 것이다.

먼저 ①에서 얻는 것 없음이 보리임을, "나는 아뇩다라삼먁삼보리나 나아가 조그만 법이라도 얻을 만한 것이 없었으니, 이것을 아뇩다라삼먁삼보리라고 이름한다."라고 하여 밝힌다. 법계의 실상을 완벽하게 알고 봄으로써 얻을 만한 것이 추호도 없는 것을 무상보리라고 이름하는 것이다.

다음 ②는 "이 법은 평등하여 높고 낮음이 없으니, 이것을 아뇩다라삼먁삼보리라고 이름한다"라고 하여, 평등함이 무상보리임을 밝히신다. 법계의 실상을 완전하게 알고 보게 되면, 여기에는 자타自他도, 내외內外도, 범성凡聖도, 선악善惡도, 염정染淨도 없이 평등하다. 그러니 높고 낮음[高下]도 있을 리 없다. 이것을 완전하게 알고 보는 것을 무상보리라고 이름한다는 것이다.

마지막 ③은 배후의 의심을 끊어주기 위하여 어떻게 닦아야 하는지를 일러 주신다. "아·인·중생·수자가 없이 모든 선법善法을 닦는다면 곧 아뇩다라삼먁삼보리를 얻을 것"이라고 하신다. 수행의 요지를 '아·인·중생·수자가 없이', '모든 선법을 닦는다'는 두 가지로 제시하신 것이다.
그 중 '아·인·중생·수자가 없이'는 인무아를 통찰하는 것을 가리키는 표현이다. 그렇지만 이것은 대표로 열거된 것일 뿐, 실제로는 법무아를 통찰하는 것도 포함하는 것이라고 보아야 한다. 말하자면 법계의 실상을 알고 보아야 한다는 것이다. 다음 '선법을 닦는다'고 함에서, 선법이란 도덕적으로 선한 법을 말하는 것이 아니라, 도에 유익한 법을 뜻하는 것이다. 왜냐 하면 이것의 범어 원어는 'kuśalā-dharma'(P'kusala-dhamma')인데, 이것은 도에 유익한 건전한 법을 가리키는 개념이기 때문이다.218

---

218 앞의 p.29의 각주 19에서 선善의 대략적인 개념을 밝혔다. 이처럼 불교에서 선·불선은 도에 유익한 것인가의 여부가 잣대가 된다. 도덕적인 선은 대

이렇게 보면 이것은 근본법문에서 붓다께서 정답하신 바로 그 '무주상보시'의 뜻과 다르지 않은 것임을 알 수 있다. 말하자면 '아·인·중생·수자가 없이'는 '무주상'을 가리키고, '모든 선법'은 '보시'로 대표되는 육바라밀을 의미하는 것이다. 법문은 굽이굽이 돌아 다시 근본으로 돌아온 것이다219

그런 다음 다시 집착할 것을 염려하시어, "수보리여 선법이라고 하는 것은 여래는 곧 선법이 아니라, 이를 선법이라고 이름한 것이라고 말한다."라고 해서, 해석을 전환하신다. 그 뜻은 다시 더 말하지 않아도 될 것이다.

그리고 여기에 나온 '얻을 것이 없다[無得]'라는 표현도 앞서 본 '말한 것이 없다[無說]'라는 표현처럼 이 경전의 여러 곳에서 등장하지만, 그 취지는 역시 조금씩 다르다.220 대조하여 보기 바란다.

체로 도에 유익하기 때문에 선법이 되는 경우가 많지만, 반드시 그런 것은 아니다. 그래서 도덕적으로 선하다고 하더라도 도에 유익하지 않다면 불교에서는 불선법이 되고, 도덕적으로 선한 것이 아니더라도 도에 유익한 것이라면(물론 이와 같은 경우는 있기 어려울 것이다) 선법이 된다.

219 『찬요』(회권제9)는 전자를 '정도正道'라고 하고, 후자를 '조도助道'라고 표현한다. 그리고 『간정기』(회권제9)는 그 뜻을 풀이하여, 전자는 반야를 가리키고, 후자는 나머지 다섯 가지 바라밀을 가리킨다고 설명한다.

220 간략히 정리하여 본다면, 처음 제3단의(4.3.1)에서는 무상이라면 어떻게 보리를 얻는가라는 의심에, 다음 제5단의(4.5)에서는 붓다께서도 인행시에 법을 얻지 않았는가라는 의심에, 다음 제12단의(4.12)에서는 붓다께서 연등불 계신 데서 보살행을 닦지 않으셨는가라는 의심에, 제13단의(4.13)에서는 얻을 법이 없다면 붓다도 없을 것이 아닌가라는 의심에 각각 답하는 것이었고, 이제 여기에서는 법이 없다면 어떻게 닦고 증득하는가라는 의심에 답하는 것이었다.

20 말한 것은 무기無記이니 인因이 아닐 것이라는 의심[所說無記非因疑]을 끊음(← **19**)

4.20
(제24품 복과 지혜 비길 수 없다)

"수보리여, 만약 삼천대천세계 중에 있는 모든 수미산왕과 같은 그러한 칠보의 무더기를 어떤 사람이 써서 보시한다고 하더라도, 만약 어떤 사람이 이 반야바라밀경이나 나아가 그 중의 사구게 따위만이라도 수지독송하고 남에게 말해 준다면, 앞의 복덕으로는 백분의 일에도 미치지 못하고 백천만억분 내지 산수나 비유로도 미칠 수 없다."

(第二十四品 福智無比分)

"須菩提, 若三千大千世界中 所有諸須彌山王 如是等七寶聚 有人持用布施, 若人 以此般若波羅蜜經 乃至 四句偈等 受持讀誦 爲他人說, 於前福德 百分不及一 百千萬億分 乃至 算數譬喩 所不能及."

〰️

이 단의법문의 의심은 바로 앞의 제19 단의법문으로부터 온 것이다. 그 의심이란 "이 경전의 가르침에 따라 아·인·중생·수자가 없이 모든 선법을 닦으면 곧 아뇩다라삼먁삼보리를 얻을 것"이라는 설명을 듣자, 이 경전의 가르침은 결국은 언설에 속하는 것인데, 언설은 선법이 아니라 중립적인 무기無記이므로 이것으로써는 보리를 얻을 수 없을 것이 아닌가라는 의심이 있을 수 있다는 것이다.[221]

그런데 사실은 이러한 의심은 앞의 경문을 잘못 이해하여 생긴 것이라고 할 수 있다. 앞 경문의 가르침은 "아·인·중생·수자가 없이 모든 선법을 닦으라"라는 것이었지만, 핵심은 뒤의 '모든 선법을 닦으라'라는 부분보다는 앞의 '아·인·중생·수자가 없이'라고 한 부분에 있는 것이고,222 또 아뇩다라삼먁삼보리는 선악의 차별을 떠나 있는 것이기 때문이다. 그런데 앞의 법문을 듣고는, 선법을 닦아야 아뇩다라삼먁삼보리를 얻는 것이고, 이 보리는 선법일 것이라는 잘못된 이해가 생긴 것이다.

이 의심에 대한 붓다의 답은 직접적인 설명을 떠나 비유를 통해 밝힌다. 이 경전의 가르침은 선법과의 비교를 초월하는 것이니, 만약 선법과 비교한다면 어떤 산수나 비유로도 미칠 수 없을 정도로 탁월한 법이라는 것이다. 이 경문에 대한 미륵송은 다음과 같다.「비록 무기법이라고 말하지만[雖言無記法] 가르침이 저것의 원인이니[而說是彼因] 그러므로 하나의 법보가[是故一法寶] 한량없는 진보를 능가한다[勝無量珍寶]」

---

221 이 법문의 의심은 제9 단의법문(제4.9분절)에서 본 의심과 유사하지만, 그 곳에서는 언설은 실체가 없는 유위이니 보리의 원인[因]이 아닐 것이라는 의심에 대해 답하는 것이어서, 취지에 차이가 있다.
222 그래서 『찬요』(회권제9)는 앞의 경문에 대하여, '아·인·중생·수자가 없이'는 '정도正道'라고 하고, '모든 선법을 닦는다'는 것은 '조도助道'라고 표현했던 것이다.

21 평등하다면 어째서 중생을 제도한다 하는가 라는 의심[平等云何度生疑]을 끊음(← **19**)

4.21

(제25품 교화하되 교화된 바 없다) (第二十五品 化無所化分)

"① 수보리여, 그대 생각에는 어떤가? 그대들은 '여래가 「나는 중생을 제도하리라」라고 생각한다'라고 말해서는 안 된다. 수보리여, 이런 생각조차 하지 말라.
② 왜냐 하면 여래가 제도한 중생은 실제로 없기 때문이다.
③ 만약 여래가 제도한 중생이 있다고 한다면, 여래에게 곧 아·인·중생·수자가 있다는 것이다.

　수보리여, 여래가 나[我]가 있음을 말한 것은 곧 나가 있다는 것이 아닌데도, 범부들이 나가 있다라고 여기는 것이다.

　수보리여, 범부란 여래는 곧 범부가 아니라고 말한다."

"須菩提, 於意云何? 汝等勿謂 '如來作是念「我當度衆生」'.
須菩提, 莫作是念.
何以故 實無有衆生 如來度者.
若有衆生 如來度者, 如來卽 有我人衆生壽者.

須菩提, 如來說有我者 卽非有我, 而凡夫之人 以爲有我.

須菩提, 凡夫者 如來說 卽非凡夫."

　이 단의법문의 의심 역시 앞의 제20 단의법문의 의심처럼 그 앞의 제19 단의법문으로부터 온 것이다. 그 취지는 그 경문 중

"이 법은 평등하여 높고 낮음이 없으니, 이것을 아뇩다라삼먁삼보리라고 이름한다"라고 하였는데, 그와 같이 평등하다면 어째서 중생을 구별해서 중생을 제도하라고 말씀하셨는가 라는 의심이 있게 된다는 것이다. 이에 대한 답은 경문에 부호로 표시한 것처럼 세 부분으로 나누어 볼 수 있다.

먼저 ①은 잘못된 소견을 막은 것이니, '여래가 「나는 중생을 제도하리라」라고 생각한다'라고 말해서는 안 될 뿐 아니라, 그런 생각조차 하지 말라고 하신다. 이것은 근본법문에서 여래께서, 모든 보살은 '일체의 중생을 내가 모두 무여열반에 들어 멸도하도록 하리라'라는 서원을 세워야 한다고 말씀하신 이래 계속 같은 취지의 말씀을 해 왔기 때문에, 여래께서도 역시 이러한 생각을 하실 것이라는 것을 전제로 한 것이다. 그렇지만 여래께서는 이러한 생각을 하지 않으신다는 것이니, 이로써 의심이 잘못된 것임을 나타내었다.

다음 ②에서 "왜냐 하면 여래가 제도한 중생이란 실제로 없기 때문"이라고 하신 것은, 바른 견해를 보여 그 이유를 설명한 것이다. 글 서두의 의문사는 물론, '무엇 때문에 그와 같은 말을 해서는 안 되고, 그와 같은 생각을 해서는 안 되는가 하면'의 취지이다. 그 해석은 실상의 세계에서는 '중생'이란 실제로 있는 것이 아니므로, 여래께서는 이러한 생각을 하지 않으시기 때문이라는 것이다.[223]

---

[223] 그래서 이 부분에 대해 미륵송은, 「평등한 진법계에서는[平等眞法界] 붓다께서 중생 제도하지 않는다[佛不度衆生] 이름이 저 오온과 함께[以名共彼陰]

마지막으로 ③은 그 까닭을 밝히는 글인데, 이 글은 다음과 같이 두 부분으로 나눌 수 있다. "㉠ 만약 여래가 제도한 중생이 있다고 한다면, 여래에게 곧 아·인·중생·수자가 있다는 것이다. ㉡ 수보리여, 여래가 나[我]가 있음을 말한 것은 곧 나가 있다는 것이 아닌데도, 범부들이 나가 있다라고 여기는 것이다. 수보리여 범부란 여래는 곧 범부가 아니라고 말한다." 여기에서 ㉠은 반대 해석을 통해 밝히는 것이고, ㉡은 바른 뜻의 해석을 통해 밝히는 것이다.

먼저 ㉠의 뜻은, 중생이란 실제로 있는 것이 아닌데, 여래가 중생을 제도하리라는 생각을 한다면 여래에게 아상이 있다는 것이 된다. 그러므로 그렇게 말하거나 생각한다면 여래를 비방하는 것이 된다는 취지이다. 이것을 '반대 해석'이라고 표현한 것은, 그 원래의 뜻은 「여래에게는 아상이 없으므로 제도한 중생이 있다고 생각하지 않는다」는 것인데, 이것을 반대로 표현했다는 것이다. 그리고 경문은 아공의 관점에서만 이유를 설명하고 있지만, 여래에게는 제도한다는 상마저도 없다고 할 것인데, 이 법공의 관점은 생략되어 있다.

다음 뒤의 ㉡ 바른 뜻의 해석을 통해 그 까닭을 밝히는 글은 다시, "ⓐ 수보리여, 여래가 나[我]가 있음을 말한 것은 곧 나가 있다는 것이 아닌데도, 범부들이 나가 있다라고 여기는 것이다. ⓑ 수보리여 범부란 여래는 곧 범부가 아니라고 말한다."라는 두 부분

....
법계를 여의지 않기 때문이다[不離於法界]」라고 노래하고 있다. 여기에서 '이름'은 중생이라는 이름을 지칭하는 것이다.

으로 나눌 수 있다. 여기에서 앞의 ⓐ는 바로 해석하는 글이고, 뒤의 ⓑ는 집착을 경계하는 글이다.

그런데 그 중 바로 해석하여 밝히는 ⓐ의 글은 한역문 자체만으로는 의미가 분명하게 드러나지 않아, 예전부터 주석가들의 이해도 엇갈려 왔다. 그렇지만 범어 원문224과 무착의 주석225 등을 종합하면 다음과 같은 뜻임을 알 수 있다. 「'여래가' 근본법문 등에서 일체의 중생을 내가 제도하겠다는 서원을 세워야 한다고 말씀하심으로써, 중생이 있고 '나가 있음을 말한 것은' 세속을 따라 중생을 제도하겠다는 서원을 세우게 하기 위하여 그렇게 말한 것일 뿐, 승의제로서 '곧 나가 있다는 것이 아닌데도', '범부들이' 그 뜻을 이해하지 못하고 실제로 '나가 있다라고 여기는 것이다.'」 이 부분에 대해 미륵송에서 「중생 제도하려는 취함이므로[取度衆生故] 취하지 않는 취함이라 알아야 한다[不取取應知]」라고 한 것도 이러한 뜻을 나타낸 것이다.226

....
224 범어 원문은 "나를 취함[ātma-grāha] 그것은 취함이 아닌 것[agrāha]이라고 여래께서 말씀하셨다. 그것은 어리석은 범부들에 의해 집착된 것이다"라고 번역할 수 있는 표현으로 되어 있다. 현장은 이 부분을, "我等執者 如來說爲非執 故名我等執, 而諸愚夫異生 强有此執"이라고 번역하고 있다.
225 무착은 그의 논서 하권에서 이 부분에 대해 다음과 같이 주석하였다. 「또 경전에서 "여래에게 곧 아·인·중생·수자상 등이 있다는 것이다."라고 말하였는데, 여기에는 어떤 뜻이 있는 것인가? 여래께서는 알아야 할[爾焰=jñeya] 그대로 아신다. 그러므로 만약 중생이 있다고 한다면, 여래께 곧 나에 대한 집착[我取]이 있다는 것이 된다. 만약 실제로 나가 없는데도 나에 대한 집착이 있다고 말한다면, 이 집착을 떠나게 하기 위하여 경전에서 "여래가 나가 있음을 말한 것은 곧 나가 있다는 것이 아닌데도"라는 이러한 등으로 말한 것이다.」
226 미륵송 전문은, 「내가 제도한다는 취함은 허물이니[取我度爲過] 저 법을 취한 것이기 때문이나[以取彼法是] 중생 제도하려는 취함이므로[取度衆生故] 취

말하자면 이 글은 '나'라는 것이 실체가 없다는 뜻을 나타내는 것이 아니라, 붓다의 말씀을 바르게 해석하여 붓다께서 실제로 '중생이 있다'고 생각하는 것이 아님을 밝힘으로써, 이 법문에서 제기된 의심을 끊어주기 위한 것이다.

그런 다음 ⓑ로 다시 이 말에도 집착할 것을 염려하여 경계의 말씀을 내리시니, "수보리여, 범부란 여래는 곧 범부가 아니라고 말한다."227

그리고 이 법문에서의 "중생을 제도하되 제도된 중생이 없다"라는 주제도 이 경전의 여러 곳에서 등장하지만, 취지는 조금씩 상이하므로,228 한번 대조하여 확인하여 볼 필요가 있다.

하지 않는 취함이라 알아야 한다[不取取應知]」라고 되어 있다.
227 이 경전의 다른 판본 중에 이 표현 다음에 "이것을 범부라고 이름한 것이다[是名凡夫]"라는 말이 포함되어 있는 것도 있는데, 범어 원문에도 이 표현이 포함되어 있다. 이 표현의 유무에 의해 의미에 큰 차이가 있는 것은 아닐 것이다.
228 처음 근본법문(3.1)에서는, 중생을 제도한다는 상을 여의라는 것이었고, 다음 제11단의(4.11)에서는, 중생을 제도하는 것은 '나'가 아니고 누구인가라는 의심에 대해 답하는 것이었고, 다음 제14단의(4.14)에서는 보살이 없다면 누가 중생을 제도하는가라는 의심에 답하는 것이었으며, 끝으로 여기에서는 법계가 평등하다면 어떻게 중생을 차별하여 제도한다고 하는가라는 의심에 답하는 것이었다.

22 상으로 참 붓다[眞佛]를 유추해 알 수 있지 않을까 라는 의심 [以相比知眞佛疑]을 끊음(← **17**)

4.22
(제26품 법신은 상이 아니다)　　　　　　(第二十六品 法身非相分)
① "수보리여, 그대 생각에는 어떤가, 삼십이상으로 여래를 볼 수 있겠는가?"　"須菩提, 於意云何, 可以三十二相 觀如來不?"
② 수보리가 대답하였다.　須菩提言.
"예 그렇습니다, 삼십이상으로 여래를 봅니다."　"如是如是, 以三十二相 觀如來."
③ 붓다께서 말씀하셨다.　佛言.
"수보리여, 만약 삼십이상으로 여래를 본다고 한다면, 전륜성왕도 곧 여래이겠구나."　"須菩提, 若以三十二相 觀如來者, 轉輪聖王 卽是如來."
④ 수보리가 붓다께 말하였다.　須菩提 白佛言.
"세존이시여, 제가 붓다께서 하신 말씀의 뜻을 이해하기로는, 삼십이상으로 여래를 보아서는 안 됩니다."　"世尊, 如我解佛所說義, 不應以三十二相 觀如來."
⑤ 이 때 세존께서는 게송으로 말씀하셨다.　爾時 世尊 而說偈言.

　　형상으로 나를 보거나　　　　　若以色見我
　　음성으로 나를 구하면　　　　　以音聲求我
　　이 사람은 사도邪道를 행함이라　是人行邪道
　　여래를 볼 수 없으리　　　　　　不能見如來

이 단의법문의 의심은 경문을 훌쩍 건너뛰어 제17 단의법문으로부터 온 것이다. 그 취지는 그 곳에서 여래는 구족한 상호로써 보아서는 안 되지만, 상호가 법신을 여읜 것도 아니라고 하였으므로, 상 없는 법신여래도 상호로써 유추하여 알[比知]229 수 있는 것이 아닐까라는 의심이 있을 수 있다는 것이다. 제목에서 참 붓다 즉 '진불眞佛'이라고 한 것은 법신여래를 가리키는 것이고, '비지比知'란 진리의 인식방법 중 하나인 비량比量 즉 추론에 의하여 아는 것[知]을 뜻하는 말이다.

글은 경문에 표시한 것처럼 다섯 부분으로 나눌 수 있는데, 앞에서 색신상과 붓다와의 관계를 삼십이상에 의해 정리한 것230을 상기해 보면, 이해하기 어렵지 않다.

먼저 ①은 붓다께서 수보리의 의심하는 바를 짐작하시어 상호로써 여래를 볼 수 있겠는가 라고 물으시는 것이다. 여기에서 '여래'는 물론 법신을 뜻하는 것이다. 그러므로 묻는 취지는, 상으로써 상 없는 법신여래를 알 수 있겠는가라는 것이다.

다음 ②는 수보리가 의심하는 바 대로 답한 것이고, ③은 붓다

---

229 흔히 그 예로, 연기를 보면 불이 있음을 알 수 있다는 것을 든다.
230 제17 단의법문의 ①에 대한 설명에서, 「화신 붓다에게 갖추어져 있다는 색신상과 화신 붓다의 관계를 삼십이상에 의해 정리해 보면, 삼십이상은 화신 붓다뿐만 아니라 전륜성왕과 같은 대인에게도 갖추어져 있다는 것이므로, 삼십이상이 화신 붓다만의 징표는 아니지만, 삼십이상이 화신 붓다의 징표가 아닌 것은 아니다. 그런데 화신 붓다는 법신을 떠나서 있는 것이 아니므로 삼십이상은 법신 여래와 무관한 것은 아니다.」라고 정리한 것을 말한다.

께서 따져 물으신 것이며, ④는 수보리가 비로소 상호로써는 법신을 보지 못하는 것임을 깨닫고, 그 뜻을 밝힌 것이다.

마지막 ⑤는 붓다께서 보고 듣는 것으로써는 법신여래를 알 수 없다는 뜻을, 게송에 의해 다시 한번 일러 주시는 것인데, 이 게송 역시 매우 유명한 것이다. 게송의 두 번째 행에서 "음성으로 나를 구하면"이라고 한 것은, 형상 외에 설법으로는 여래를 유추해 알 수 있지 않을까라는 의심도 있을 수 있다 하여 함께 끊어 주기 위한 것이다.

그런데 범어 원본에는 이 사구게 다음에 한 수의 사구게가 더 있는데, 그 내용은 다음과 같다.

법에서 붓다는 보여져야 하니 [dharmato Buddhā draṣṭavyā]
참으로 스승은 법신이다 [dharmakāyā hi nāyakāḥ]
법성法性은 식별되지 않으니 [dharmatā ca na vijñeyā]
그것은 의식할 수 없다 [na sā śakyā vijānituṃ]231

그런데 이것이 구마라집의 번역에서 빠져 있는 것은, 용어로 보아232 구마라집 번역의 저본에는 없었기 때문인지 모른다. 반면 이 게송에 관한 미륵송이 있는 것으로 보면 그렇지 않을 수도 있다.233 이 부분에 관한 미륵송은, 「오직 형상 보고 소리 듣는[唯見

---

231 이 게송을 현장은, "붓다는 법성으로 보아야 하니[應觀佛法性] 스승은 곧 법신이다[卽導師法身] 법성은 식별되지 않는 것[法性非所識] 그래서 저것은 알 수 없다[故彼不能了]"라고 번역하고 있다.
232 여기에는 법신dharmakāya이나 법성dharmatā이라는 새로운 표현이 갑자기 등장하고 있다.

色聞聲] 이 사람은 붓다를 알지 못하니[是人不知佛] 왜냐 하면 진여법신은[以眞如法身] 의식의 경계가 아니기 때문[非是識境故]」이라고 되어 있는데, 앞의 반은 경문의 게송에 대한 풀이이고, 뒤의 반은 범본에 추가되어 있는 게송에 대한 풀이로 이해된다.

그리고 이 '상으로는 여래를 보지 못한다'라고 한 표현도 이 경전의 여러 곳에 등장하는데, 역시 취지는 약간씩 다르다.234 대조하여 확인해 보기 바란다.

---

233 미륵송을 남긴 무착의 생존연대는 정확히 알려져 있지 않지만, 구마라집(343~413)의 활동시기와 크게 떨어진 시기는 아니다.
234 먼저 제1단의(4.1)에서는 붓다를 구하여 보시를 행함은 상에 머무는 것이 아닌가라는 의심에 대하여 답하는 것이었고, 제7단의(4.7.4)에서는 보신의 공덕이 수승함을 밝힘에 있어 집착을 파하기 위한 것이었으며, 다음 제17단의(4.17)에서는 여래가 무위라면 어떻게 상호가 있는가라는 의심에 답하는 것이었고, 여기에서는 상으로 참붓다를 유추하여 알 수 있는가라는 의심에 답하는 것이었다.

23 붓다의 과보[佛果]는 복덕의 상과 관계되지 않을 것이라는 의심[佛果非關福相疑]을 끊음(← **22**)

4.23

(제27품 끊어짐도 없고 사라짐도 없다)
① "수보리여, 그대가 만약 '여래는 구족한 상으로써 아뇩다라삼먁삼보리를 얻은 것은 아니리라'라고 생각한다면, 수보리여, '여래는 구족한 상으로써 아뇩다라삼먁삼보리를 얻은 것은 아니리라'라는 이런 생각을 해서는 안 된다.
② 수보리여, 그대가 만약 '아뇩다라삼먁삼보리의 마음을 낸 사람은 모든 법의 단멸斷滅을 말한다'라고 생각한다면, 이런 생각을 해서는 안 된다.
　왜냐 하면 아뇩다라삼먁삼보리의 마음을 낸 사람은 법에 대하여 단멸상斷滅相을 말하지 않기 때문이다."

(第二十七品 無斷無滅分)
"須菩提, 汝若作是念 '如來 不以具足相故 得阿耨多羅三藐三菩提', 須菩提, 莫作是念 '如來 不以具足相故 得阿耨多羅三藐三菩提'.

須菩提, 汝若作是念 '發阿耨多羅三藐三菩提心者 說諸法斷滅', 莫作是念.

何以故 發阿耨多羅三藐三菩提心者 於法 不說斷滅相."

(제28품 받지도 않고 탐하지도 않는다)
③ "수보리여, 만약 보살이 항하의 모래 수와 같은 세계에 가득한 칠보를 써서 보시한다 해도, 만약 다시 어떤 사람이 일체법의 무아를 알아 무생법인[忍]을 성취

(第二十八品 不受不貪分)
"須菩提, 若菩薩 以滿恒河沙等世界七寶 持用布施, 若復有人 知一切法無我 得成於忍, 此菩薩

한다면, 이 보살이 앞의 보살보다 얻은 공덕功德에서 뛰어나다.

왜냐 하면 수보리여, 모든 보살은 복덕福德을 받지 않기 때문이다."

수보리가 붓다께 여쭈었다.

"세존이시여, 어떻게 보살은 복덕을 받지 않는 것입니까?"

"수보리여, 보살은 지은 복덕을 탐착貪著해서는 안 되니, 그래서 복덕을 받지 않는다고 말한 것이다."

勝前菩薩 所得功德.

何以故 須菩提, 以諸菩薩 不受福德故."

須菩提 白佛言.

"世尊, 云何 菩薩不受福德?"

"須菩提, 菩薩 所作福德 不應貪著, 是故說 不受福德."

   이 단의법문의 의심은 바로 앞의 제22 단의법문으로부터 온 것이다. 앞 법문에서 상으로 붓다를 유추하여 알 수 없고, 형상이나 음성으로 붓다를 구하는 것은 사도邪道를 행하는 것이라고 말씀하시자, 붓다의 과보는 한결같이 상이 없는 무위이므로 유위의 복덕상과는 전혀 무관하고, 따라서 복덕을 닦는 것은 불과佛果에 아무런 유익함도 없을 것이라는 생각을 가질 것을 우려한 것이다.

   이에 대해 답하는 경문은 이 경전 중 가장 난해한 부분에 속한다. 그래서 주석가들 사이에서도 해석이 여러 갈래로 엇갈린다. 그런 만큼 필자의 개인적 소견이 많이 가미되어 있다. 의심스러운 부분은 다른 주석을 찾아 보기 바란다.

   경문은 부호로써 표시한 것처럼 세 부분으로 나눌 수 있다. 먼저 ①은 복덕의 상을 허무는 생각을 막는 것[遮毀相之念]이고, 다음

②는 상 허묾[毁相]의 허물을 밝히는 것[出毁相之過]이며,235 마지막 ③은 복덕을 교량較量하여 집착을 경계하는 것이다.

먼저 ①의 글이 '상을 허무는 생각을 막은 것'이라고 한 것은, 그런 생각을 막음으로써 복덕의 상이 붓다의 과보와 무관한 것이 아님을 밝히는 글이라는 취지이다. 그런데 이것은 경문을 앞에서 표현된 한역문 그대로 읽은 것이다. 그래서 이 한역문을 우리말로 "수보리여, 그대가 만약 '여래는 구족한 상으로써 아뇩다라삼먁삼보리를 얻은 것은 아니리라'라고 생각한다면 수보리여, '여래는 구족한 상으로써 아뇩다라삼먁삼보리를 얻은 것은 아니리라'라는 이런 생각을 해서는 안 된다."라고 옮겼다.

여기에서 '상'은 앞에서 나온 삼십이상을 가리킨다. 그리고 중복 인용되고 있는 '여래는 구족한 상으로써 아뇩다라삼먁삼보리를 얻은 것은 아니리라[如來 不以具足相故 得阿耨多羅三藐三菩提]'라는 문장은 그 표현이 매우 미묘하다. 이것을 표현되어 있는 대로 읽는다면, 구족한 상으로써 아뇩보리를 얻은 것은 아니므로 '구족한 상은 아뇩보리와는 무관한 것이리라'라는 뜻이다.

그런데 앞에서 보았듯이 구족한 상호가 법신인 것은 아니지만, 구족한 상호가 법신과 무관한 것은 아니다. 그러므로 이 글은 복덕상의 과보[相果]가 붓다의 과보[佛果]와는 무관한 것이리라는 잘

---

235 앞의 두 과목의 명칭은 『찬요』(회권제9)의 표현이다. 그러면서 『찬요』는 ②의 뒷 문장은 분리하여, 「복덕상을 잃지 않음을 밝히는 것[明福相不失]」이라고 하고, 마지막 ③은 「잃지 않는 까닭을 밝히는 것[明不失所以]」이라고 하고 있지만, 이 부분은 여기에서 따르지 않았다.

못된 생각을 막음으로써, 상과相果가 불과佛果와 무관한 것이 아님을 밝힌 글이라는 것이다.

그런데 이 부분의 한역문은 범어 원문과는 반대로 표현되어 있다. 즉 범어 원문은, "수보리여, 그대 생각에는 어떤가? 여래가 상의 구족으로써 아뇩다라삼먁삼보리를 얻었겠는가[lakṣaṇa-sampadā Tathāgatena anuttarāsamyaksambodhir abhisambuddhā]? 수보리여, 이렇게 생각해서는 안 된다. 왜냐 하면 수보리여, 여래는 상의 구족으로써 아뇩다라삼먁삼보리를 얻은 것이 아니기 때문이다[lakṣaṇa-sampadā Tathāgatena anuttarā samyaksambodhir abhisambuddhā syāt]."라고 되어 있다. 현장이나 보리유지의 한역문도 범어 원문과 같이 되어 있다.236 구마라집의 한역문도 전후의 인용문에서 '여래' 다음에 있는 '불不'자를 각각 빼버린다면, 범어 원문이나 위 한역문들과 같게 된다. 그러므로 구마라집 역의 한역문에 대해서는 두 가지 이해가 가능하다.

첫째는 이 '不'자가 잘못 삽입되었다는 해석이다. 말하자면 원래의 한역에는 이 '不'자가 없었는데, 필사과정에서 누군가가 이것을 잘못 삽입해 넣었다는 것이다. 실제로 주석가들 중에는 이렇게 이해하여 '불'자가 없는 것으로 보고 주석한 분들도 있다. 또 판본에 따라서는 이 '불'자가 아예 빠져 있는 것도 있다.237

---

236 현장의 한역문은, "於汝意云何, 如來應正等覺 以諸相具足 現證無上正等覺耶? 善現, 汝今勿當作如是觀. 何以故 善現, 如來應正等覺 不以諸相具足 現證無上正等菩提"라고 되어 있고, 보리유지의 한역문은, "須菩提, 於意云何, 如來可以相成就 得阿耨多羅三藐三菩提? 須菩提, 莫作是念 如來以相成就 得阿耨多羅三藐三菩提"라고 되어 있다.

237 또 앞에만 빠져 있고, 뒤에는 붙어 있는 것도 있다.

둘째는 구마라집이 자신의 의견에 의해 의도적으로 원문과 달리 번역했다는 것이다. 이렇게 보는 것은 예전부터 이 단의법문의 글이 세속제로서의 상과相果를 부정하는 것을 막는 글로 이해해 온 것과 관계가 있다.238 예컨대 세친이 이 부분의 경문으로는 범어 원문과 같은 내용의 글을 인용하면서도,239 주석에서는 「어떤 사람이 '복덕에 의지해서는 대大보리를 얻지 못한다'는 이러한 마음을 일으킨다면, 이러한 보살들은 곧 복덕도 잃고 그리고 과보도 잃을 것이므로, 이하의 경문에서 이 의심을 끊는 것이다.」라고 설명하는 것과 같다.

물론 범어 원문대로라고 해서 이렇게 이해할 수 없는 것은 아니다. 상과를 부정하는 것을 막기 위해 먼저 ①로써는 상으로는 알 수 없는 법신을 제시하고, 다음 아래 ②의 글로써 상과의 부정을 막았다는 구조로 이해할 수도 있다. ②의 글 역시 상과를 부정하는 허물을 밝히는 것이어서, 상과의 부정을 막는 글로 이해할 수 있기 때문이다.

그렇지만 구마라집은 이미 바로 앞 제22 단의법문에서 상으로는 법신을 비지比知할 수 없음을 게송까지 노래해 충분히 밝혔음에도, 상과의 부정을 막는 법문으로 와서 다시 상으로 법신을 비지할 수 없음을 내세울 필요는 없다고 보았으리라는 것이다.240

---

238 한편 불신관의 입장에서는 이 단의법문을 법신의 복덕의 크기[福量]를 건립하는 글로 이해한다(앞에 나온 『금강경강화』 p.222).
239 보리유지가 한역한 세친의 논서(하권)에는, 이 부분 경문으로 앞서 본 보리유지 역본의 경문이 인용되어 있다.
240 무착이 그의 논서 하권에서, 이 ①의 글은 법신의 진공을 표현한 것으로서, 아예 앞 단의의 법문에 포함되는 것으로 보고 있는 것은, 이러한 이해에 기초

그래서 앞 법문에서 상으로 법신을 비지할 수 없음을 밝힌 데 이어, 이 법문의 서두에서는 상과가 법신과 무관한 것도 아님을 밝히는 것이 경문의 흐름상 옳다고 보았다는 것이다. 구마라집이 안목을 드러낸 번역이라고 보는 것이다.241

어느 쪽의 이해도 가능하다고 생각된다. 어느 편을 선택할 지는 독자 여러분의 몫이다.

다음 ② 상 허묾[毁相]의 허물을 밝히는 글은 두 문장으로 되어 있다. 앞에서 "그대가 만약 '아뇩다라삼먁삼보리의 마음을 낸 사람은 모든 법의 단멸을 말한다'라고 생각한다면, 이런 생각을 해서는 안 된다."라고 한 부분은 잘못된 생각을 막는 것이고, 뒤에서 "왜냐 하면 아뇩다라삼먁삼보리의 마음을 낸 사람은 법에 대하여 단멸상을 말하지 않기 때문이다."라고 한 부분은 그 이유를 밝히는 것인데, 둘이 합쳐서 인과를 부정하게 되는 허물을 밝히는 것이다.

'단멸斷滅'이라는 것은 어떤 법이 생겨났다가 결과에 수반되지 않고, 아주 소멸하여 없어져 버린다는 것을 뜻하는 말로서, 연기법에 반하는 치우친 견해[邊見] 중의 하나이다.242 그리고 상 허묾

한 것이다.
241 제3의 가능성도 전혀 없지는 않을 것이다. 말하자면 구마라집이 한역의 대본으로 삼은 범본에는 표현이 이렇게 되어 있었기 때문에 그대로 번역하였을 가능성인데, 본문에서는 이 가능성은 배제하고 설명하였다.
242 이것을 '단견斷見' 또는 '단멸견'이라고 하는데, 다른 하나의 치우친 견해는 '상견常見'이라고 부른다. 주지하다시피 연기의 원리에 의해 움직이고 있는 법계에서 모든 현상은 서로 원인과 결과를 이루면서 변화하는 것이므로, 어떤 법도 항상한 것은 아니지만 단절되는 것도 아니니(졸저 『불교는 무엇을

의 허물을 밝히는 이 글에서 '법'은, 삼십이상 등 상과相果의 원인이 되는 보시 등의 만행萬行을 가리키는 것이다. 앞의 제19 단의에서 불과를 얻기 위하여 "아·인·중생·수자가 없이 모든 선법을 닦으라"라고 했는데, 여기에서 말한 '모든 선법'이 바로 그것이고, 무주상보시하라는 근본법문에서 찾는다면, '보시'로 대표되는 육바라밀을 가리키는 것이기도 하다. 더 엄밀하게 본다면 육바라밀 중 '반야'는 불과의 원인이므로, 여기에서의 '법'은 반야바라밀을 제외한 나머지 오바라밀을 가리킨다고 할 수 있다.243

그러므로 여기에서 '법의 단멸' 내지 '법의 단멸상'이라는 것은, 이 상과의 원인은 불과에 수반됨 없이 아주 없어져버린다는 것을 뜻한다. 그래서 이 부분 경문이 보리심을 낸 사람, 즉 보살은 이런 단견을 갖지 않는다는 것은, 앞의 ①에서 상과가 불과와 무관한 것이 아님을 밝힌 것과 관련해서 다음과 같은 뜻이 된다.

「상으로는 법신을 알 수 없다(제22단의). 그렇지만 상과가 법신=불과와 무관한 것은 아니다(앞의 ①). 그러므로 상과의 원인이 바로 불과를 가져오는 것이 아니라고 해서, 그 원인이 단멸하는 것은 아니다. 왜냐 하면 그것이 수반된 상과가 불과와 무관하지 않기 때문이다. 그러므로 보살은 "법에 대하여 단멸상을 말하지 않고" "(아·인·중생·수자가 없이) 모든 선법을 닦고', '(무주

말하는가』 pp.123-124 참조), 이것이 소위 '단·상斷常의 중도'로서, 단견과 상견은 이 중도에 어긋나는 치우친 견해, 즉 변견邊見이 된다.
243 말하자면 반야는 본문 인용의 경문 중 '아·인·중생·수자가 없이'와 '무주상' 등에 해당하는 것이다. 그래서 앞의 제19 단의에서『간정기』는, 반야바라밀을 '정도正道'라고 하고, 나머지 다섯 바라밀을 '조도助道'라고 표현했던 것이다.

상)보시'를 해야 하는 것이다.」

이러한 경문의 뜻은 세친의 주석에 잘 나타나 있다. 즉 세친은 앞에서 본 주석244에 이어 다음과 같이 주석하고 있다. 「어떻게 의심을 끊는가? 게송으로 말한다. '공덕의 원인도 잃지 않고[不失功德因] 수승한 과보도 잃지 않는다[及彼勝果報]'245 이것은 무슨 뜻인가? 비록 복덕에 의지해서는 진眞보리를 얻지 못한다고 해도, 복덕과 그 과보를 잃지는 않는다. 왜냐 하면 능히 지혜의 장엄과 공덕의 장엄을 성취하기 때문이다.」 여기에서 '지혜의 장엄'은 붓다의 과보[佛果]를 말하고, '공덕의 장엄'은 복덕상의 과보[相果]를 말하는 것이다.

주석은 다음과 같이 이어진다. 「무엇 때문에 그 복덕에 의해 거듭 비유를 말하는가? 게송에서 "수승한 지혜[勝忍] 얻어 잃지 않으니[得勝忍不失] 때 없는 과보 얻기 때문이다[以得無垢果]"라고 말했기 때문이다. 어떤 사람이 '모든 보살마하살은 무생법인을 얻어서 출세간지出世間智를 얻으면 그 복덕 및 과보를 잃는다'246라는 이러한 마음을 일으키므로, 이를 막기 위하여 복덕이 상실되지 않고 오히려 다시 청정하고 수승한 공덕을 얻는다는 것을 나타내 보인

---

244 「어떤 사람이 '복덕에 의지해서는 대보리를 얻지 못한다'는 이러한 마음을 일으킨다면, 이러한 보살들은 곧 복덕도 잃고 그리고 과보도 잃을 것이므로, 이하의 경문에서 이 의심을 끊는 것이다.」라고 한 글을 가리킨다.
245 이것은 이 경문에 대한 미륵송인데, 나머지 반 게송은 아래에 다시 나온다.
246 이에 대해 『간정기』(회권제9)는 다음과 같이 설명한다. 「이것은 버려야 할 생각을 서술한 것이다. "만약 출세간의 무분별지가 바로 불과의 원인이라면 곧 닦은 복덕은 모두 다 잃을 것이다. 왜냐 하면 복덕은 (불과의) 원인이 아니기 때문이다."라고 생각하는 것이다.」 주석에 나온 '무생법인'에 대해서는 아래에서 설명할 것이다.

것이다. 그래서 잃지 않는 것이니, 경전에서 "왜냐 하면 보살로서 아뇩다라삼먁삼보리의 마음을 낸 사람은 법에 대하여 단멸상을 말하지 않는다."라고 한 것과 같다.」

마지막 ③은 복덕을 교량하여 집착을 경계한다. 글은 "㉠ 수보리여, 만약 보살이 항하의 모래 수와 같은 세계에 가득한 칠보를 써서 보시한다 해도, 만약 다시 어떤 사람이 일체법의 무아를 알아 무생법인[忍]을 성취한다면, 이 보살이 앞의 보살보다 얻은 공덕에서 뛰어나다."라고 하여 비교하는 글과, "㉡ 왜냐 하면" 이하에서 이유를 설명하는 글의 두 부분으로 구성되어 있다.

먼저 앞의 비교하는 글에서 '일체법의 무아를 알아 무생법인을 성취한다'고 한 것은, 한역문에는 '일체법의 무아를 알아 인忍을 성취한다[知一切法無我 得成於忍]'라고만 되어 있다. 위의 우리말 번역은, '무아이고 무생인 법들에서의 인욕[nirātmakeṣu anutpattikeṣu dharmeṣu kṣāntiṃ]을 성취한다'라고 표현하고 있는 범어 원문을 따라 보충하여 번역한 것이다. 그 뜻은 모든 법의 실상을 있는 그대로 알고 봄으로써, 일체법은 실체가 없고[無我] 생겨남이 없다[無生]는 것에 대해 확신하는 지혜를 성취한 것을 의미한다.

이와 같은 지혜를 '인욕[忍]kṣānti'이라고 표현하는 것은, 일체법의 무아와 무생을 말한다면 견디기 어려운 핍박과 멸시를 받을 것이므로, 인욕을 성취하지 않으면 안 된다는 것을 나타낸다. 이것은 이 경전의 편집시 '나[我] 없음'과 '생겨남[生] 없음'을 말하는 불교가, 이와 정반대되는 '생겨남 없음[無生]'과 '나 있음[有我]'을 주장하는 브라흐만교 계통으로부터 이미 상당한 핍박과 멸시를 받고 있었다는 것을 시사한다.

그런데 '무아'는 이제 익숙한 말인데, '무생'은 어떤 것이고, 또 '정반대되는 무생'이란 무엇인가? 무생을 갖추어 표현한다면 '무생무멸', 즉 생겨남도 없고 사라짐도 없다는 것이 될 것인데, 이것은 '불생불멸'과도 다르지 않다. 그런데 이 무생무멸 내지 불생불멸은 상반되는 두 가지 의미로 사용된다. 첫째는 연기의 이치에 근거해서, 모든 법은 조건의 화합에 의하여 지속적으로 변화하는 것이므로, 없던 법이 새로이 생겨난다는 것은 있을 수 없고[無生=不生], 있던 법이 아주 소멸한다는 것도 있을 수 없다[無滅=不滅]는 뜻이다.247 둘째는 본래부터 있었고 앞으로도 사라지지 않을 것이므로, 생겨나지 않고 소멸하지 않는다는 것이다. 말하자면 조건과 관계 없이 항상 머문다는 것[상주常住]이다.

전자는 불교의 근본인 연기의 이치를 표현하는 것이고, 후자는 원칙적으로 브라흐만[梵], 마헤수라[大自在天], 프라크르티[自性] 등

---

247 예컨대 '갑'이라는 법이 원인이 되어 '을'이라는 법이 생겨났을 경우, 사람들은 이를 유위적으로 파악하여 '갑'은 소멸하고 '을'이 생겨났다고 말한다. 그렇지만 연기의 원리에 따라 이해하면, '갑'이 조건과 화합하여 '을'로 변화한 것일 뿐, '갑'이 아주 소멸해 버리고, '을'이 새로이 생겨난 것은 아니다. 《중론》에서 말하는 '불생불멸'의 중도도 이 이치를 말한 것이다. 그래서 그 뜻에 대해 청목靑目은, 「만물은 무생無生이다. 어째서인가? 세간에 나타나 보이기 때문이다. 세간의 태초[劫初]에 곡식이 생겨나지 않았음이 눈에 보인다. 어째서인가? 태초의 곡식을 떠난다면 지금의 곡식은 있을 수 없다. 만약 태초의 곡식을 떠나 지금의 곡식이 있다고 한다면, 곧 생겨남이 있었을 것이지만, 실제로는 그렇지 않다. 그러므로 불생不生이다. … 불멸이다. 어째서인가? 세간에 나타나 보이기 때문이다. 세간에서 태초에 곡식이 멸하지 않았음이 눈에 보인다. 만약 멸했다면 지금 곡식이 있지 않아야 할텐데, 실제로는 곡식이 있다. 그러므로 불멸不滅이다.」라고 주석하고 있다.

상주불변의 존재를 주장하는 비불교적인 견해이다.248 같은 '불생불멸'이라는 말이 불교의 근본을 나타내는 뜻과 함께, 불교의 근본에 정반대되는 뜻으로 쓰이는 것이다. 경문의 '무생법인'이란 말에서 말하는 '무생'은 물론 전자를 가리킨다. 그래서 '무생법인'은 어떠한 핍박이나 멸시도 인욕할 수 있을 만큼 일체법의 무아와 무생을 확신하는 지혜를 가리킨다.249 이것은 신념만으로는 불가능할 것이다. 수행에 의해 실상을 알고 보아야만 가능한 것이다. 그래서 이것은 견도를 한 성자의 징표로 사용되는 용어이다.

이렇게 보면 비교하는 경문 중 앞에서 '만약 보살이 항하의 모래 수와 같은 세계에 가득한 칠보를 써서 보시한다'는 것은 상과의 원인을 가리키는 것이고, 뒤에서 '만약 다시 어떤 사람이 일체법의 무아를 알아 무생법인을 성취한다'고 한 것은 불과의 원인을 가리킨다는 것을 알 수 있다. 그래서 뒤의 보살이 앞의 보살보다 '얻은 공덕에서 뛰어나다'는 것은, 불과의 원인이 상과의 원인보

---

248 다만 불교에서도 연기의 이치만은 여래께서 세상에 출현하시든 출현하시지 않든 법계에 상주한다고 하는 것이므로, 이 연기의 이치와, 이 이치에 기초하여 파악되는 진실한 성품 내지 진실한 세계를 뜻하는 '법성' 내지 '법계', 이들로써 드러나는 진실을 추상화한 '진여眞如', 이를 자각함으로써 증득하는 '열반' 등은 불생불멸로서 상주하는 것이라고 말한다. 앞의 《반야심경》에서 "이 모든 법의 공한 모습은 불생불멸"이라고 한 것도 같은 의미이다.
　한편 여래장사상에서는 불성佛性의 상주를 말한다. 그래서 이것을 외도의 견해처럼 보는 주장도 있지만, 《보성론》, 《불성론》, 《대승기신론》 등 여래장사상의 문헌은 불성을 진여를 가리키는 것으로 보므로(졸역『여래장경전모음』p. 276, p.461, p.725 등 참조), 반드시 그렇게만 볼 것은 아니다.
249 이러한 의미에서 '인忍'은, 일반적으로 어떤 핍박도 인욕할 수 있는 신념을 수반하는 '지혜'를 가리키는 것으로 사용된다.

다 뛰어나다는 것이다. 이것은 이미 여러 번 나왔듯이 당연한 결론이다. 불과의 원인은 보리로 나아가게 하는 것이지만, 상과의 원인은 직접 보리로 나아가게 하는 것이 아니기 때문이다.

이것을 여기에서 다시 비교를 통하여 다시 언급하는 것은, 앞에서 상 허무는 것을 막는 것을 보고, 다시 불교의 근본에서 벗어나 상에 집착할 것을 경계하려는 것이다. 여기에서 구마라집이 "이 보살이 앞의 보살보다 지은 공덕[所作功德]에서 뛰어나다"라고 해서, 아래 ⓛ의 글에 나오는 '복덕'과 구별되는 '공덕'이라는 표현을 쓴 것도 주목된다. 왜냐 하면 범어 원문에서는 양자 모두 동일한 'puṇya-skandha'로 표현하고 있기 때문이다.250 구마라집의 번역은 불과의 원인을 '공덕'이라는 말로 표현함으로써, 상과의 원인인 '복덕'과 구별하고자 한 것이었을 것이다.251 이후의 중국불교에서 이와 같이 공덕과 복덕을 구별해서 이해하는 것은 이것의 영향인지도 모른다.252

....
250 여기에서 'skandha'는 무더기라는 뜻이고, 'puṇya'는 공덕이나 복덕 어느 편으로도 번역할 수 있는 말이다. 현장은 구마라집처럼 구별하지 않고, 모두 범어 원문 대로 '복덕의 무더기[福聚]'라고 번역하였다.
251 그렇지만 구마라집도 앞에서는 반드시 이렇게 구별하여 번역하지 아니하였다. 즉 이것이 3.2의 ④, 4.2의 ③, 4.3.2의 ⑤, ⑥, ⑦, 4.7.2의 ②, ③, 4.7.5, 4.10.3의 ②, 4.16의 ①, 4.20에서는 '복덕' 또는 '복'이라고 번역되어 있고, 4.10.2, 4.10.3의 ④, ⑧, ⑨에서는 '공덕'이라고 번역되어 있으나, 본문처럼 구별한다면 전자 중에도 '공덕'이라고 번역되어야 할 것이 여럿 있다.
252 『경덕전등록』(제3권) 보리달마 편에, 「양 무제가 대사에게 물었다. "짐이 왕위에 오른 이래 절을 짓고 경전을 쓰고 스님을 양성한 것이 이루 셀 수 없는데, 어떤 공덕이 있습니까?" 대사가 대답했다. "아무 공덕도 없습니다."」라고 하는 대답이 실려 있는데, 이에 대해 혜능은 『육조단경』에서, 「절을 짓고 보시하며 공양하는 것은 단지 복을 닦는 것일 뿐입니다. 복을 공덕이라고 할 수는 없습니다. 공덕은 법신에 있는 것이지, 복전에 있는 것이 아닙니다. …

다음 그 이유를 설명하는 글은, 먼저 붓다께서 "ⓐ 왜냐 하면 모든 보살은 복덕을 받지 않기 때문이다."라고 해서, 이유를 바로 밝히는 부분과, 그 아래의 "ⓑ 수보리가" 이하에서 다시 물어서 해석하는 부분의 둘로 되어 있다. 그리고 뒷 부분은 "어떻게 보살은 복덕을 받지 않는 것입니까?"라고 하는 수보리의 물음과, "보살은 지은 복덕을 탐착해서는 안 되니, 그래서 복덕을 받지 않는다고 말한 것이다."라고 하는 붓다의 답으로 구성되어 있다.

먼저 붓다께서 무생법인을 성취한 공덕이 보시의 복덕보다 수승한 이유로서 밝히신 바, '모든 보살은 복덕을 받지 않기 때문'이라는 표현은 의아한 느낌을 준다. 뒤에서 그렇게 복덕을 받지 않는 이유를, 탐착해서는 안 되기 때문이라고 설명하시지만, 그렇다면 공덕은 이를 탐착해도 된다는 것인가?

범어 원문은 이와 같이 되어 있지 않고, 다음과 같이 되어 있다. 「"ⓐ 다시 수보리여, 보살들은 복덕을 받아서는[parigrahītavyaḥ] 안 된다." ⓑ 수보리가 붓다께 여쭈었다. "참으로 세존이시여, 보살들은 복덕을 받아서는 안 됩니까?" 붓다께서 말씀하셨다. "수보리여, '받아서는'이란 취해서는[udgrahītavyaḥ] 안 되니, 그래서 '받아서는'이라고 말한 것이다.」253 이 범문을 읽음에 있어서는, 범문에서는

복과 공덕은 다른 것입니다.」라고 설명하고 있는 것(졸저 『육조단경 읽기』 pp.256-259)은 그 예이다.

253 이것은 피동형으로 되어 있는 원문을, 구마라집의 번역처럼 능동형의 문장으로 옮긴 것이다. 경문 중 '취해서는'이라고 번역된 범어 'udgrahītavyaḥ'는 제4.2분절의 ⓖ에서, "법을 취해서도 안 되고 비법을 취해서도 안 된다."라고 번역된 그 '취해서'의 원어와 같다. 이 부분을 현장은, 「ⓐ 『復次 善現, 菩薩 不應攝受福聚." ⓑ 具壽善現 卽白佛言. "世尊, 云何菩薩 不應攝受福聚?" 佛言. "善現, 所應攝受 不應攝受, 是故說名 所應攝受."」라고 번역하고,

이 글의 앞에서 공덕과 복덕을 구별하지 않고 표현했다는 점과, 또 ⓐ의 서두에 구마라집의 번역처럼 의문사가 있는 것이 아니라, '다시 수보리여'라고 해서, 앞과 병렬하는 글임을 나타내는 연결사가 있는 점에 유의하여야 한다.

이렇게 보면 범어 원문은 상과의 원인과 불과의 원인의 우열을 비교한 다음, 그 어느 편이든 모두 집착해서는 안된다는 뜻을 밝히는 구조로 되어 있음을 알 수 있다. 그러므로 그 뜻은, 「(상을 허무는 생각을 해서는 안 된다) 그렇지만 상과는 불과에 미치지 못하는 것이다. 불과마저 탐착할 것이 아닌데, 하물며 이것을 탐착해서야 되겠는가」라는 취지일 것이다.

구마라집의 생각은 이 곳이, 앞의 ①과 ②에서 상 허무는 것을 막은 데 이어, 상에 집착할 것을 경계하는 자리이므로 '복덕'에 탐착하지 않아야 한다는 것을 밝힘으로써 족하다고 본 것으로 이해할 수 있겠다. 그렇지만 이 부분을 구마라집 역의 경문 그대로 읽어서는 위와 같이 오해의 여지가 있으므로, 새겨서 읽어야 할 것이다.

보리유지는,「ⓐ "須菩提, 以諸菩薩 不取福德故." ⓑ 須菩提 白佛言. "世尊, 菩薩云何 不取福德?" 佛言. "須菩提, 菩薩受福德 不取福德, 是故 菩薩取福德."」라고 번역하고 있다.

24 화신이 출현함에 중생이 복을 받는 것 아닌가 라는 의심[化身出現受福疑]을 끊음(← **23**)

4.24
(제29품 위의가 고요하다)   (第二十九品 威儀寂靜分)
 "① 수보리여, 만약 어떤 사람이 '여래   "須菩提, 若有人言 '如來
가 오고 가고 앉고 눕는다'라고 말한다면,   若來若去 若坐若臥', 是
이 사람은 내가 한 말의 뜻을 이해하지   人 不解我所說義.
못한 것이다.
② 왜냐 하면 여래란 어디에서 오는 바도   何以故 如來者 無所從來
없고 또한 어디로 가는 바도 없기 때문이   亦無所去.
다. 그래서 여래라고 이름하는 것이다."   故名如來."

 이 단의법문의 의심은 바로 앞 법문으로부터 온 것이다. 앞에서 상과를 부정하는 것을 막는 법문을 말씀하시자, 붓다께서 법문을 마치면서 "모든 보살은 복덕을 받지 않는다"라고 말씀하심으로써 복덕과 상과에 집착할 것을 경계하셨음에도 다음과 같은 의심을 일으키는 것이다.
 「모든 보살이 복덕과 공덕을 받지 않는다면, 그 과보도 받지 않을 것이다. 그 과보를 받지 않는다면 붓다께서 세상에 출현하시는 일도 없을 것이고, 따라서 법을 말씀하시는 일도 없을 것이며, 그렇다면 중생이 이를 듣는 복을 받을 수 없을 것이다. 그런데 붓다께서 이 세상에 오시어 설법하시어 중생들이 복을 받았다. 이것은 곧 복덕과 공덕을 받았다는 반증이 아니겠는가?」254

말하자면 이것은 앞 법문의 앞에서, 상으로는 법신을 알 수 없고, 화신은 진불眞佛, 즉 붓다의 본질적 요소가 아니라고 하였음에도, 상과의 부정을 막는 앞 법문을 듣자 그 앞 법문들의 뜻을 잊고, 다시 상에 집착하는 생각을 일으킨 것이다.

이 의심에 대한 일차적인 해답은 앞의 법문 자체에 있다고 할 수 있다. '복덕을 받지 않는다'는 것은 탐착해서는 안 된다는 것이라고 하였고, 범어 원문에서는 '복덕을 받아서는 안 된다'는 것은 취해서는 안 된다는 뜻이라고 밝혔기 때문이다. 복덕을 취하거나 탐착한다면, 불과를 성취할 수 없을 것이고, 따라서 화신의 출현을 기대할 수도 없을 것이다. 그러니 화신의 출현은 복덕을 '받았다'는 반증이 될 수 없다. 오히려 복덕을 '받지 않았다'는 증명이 되는 것이다.

그러니 이 의심은 앞 경문의 뜻을 잘못 이해한 것이다. 그렇지만 이 단의법문에서 붓다께서는 이 의심을 또다른 관점에서 끊어 주신다. 그것은 바로 법신을 정립하는 관점이다.255 이 법문의 의심은 이를 위해 설정되었던 것이라고 이해하여야 할 것이다.

경문은 부호로 표시한 것처럼 두 부분으로 되어 있다. 먼저 앞

---

254 세친(논서 하권)은 이 뜻을 요약하여 「모든 보살이 그 과보를 받지 않는다면, 어떻게 모든 보살의 복덕을 중생이 수용하겠는가」라고 표현하고 있다.
255 그래서 불신관의 입장에서는 이 법문을 '건립된 법신을 바르게 해석함[正釋建立法身]'이라고 부른다.

의 ①에서 "만약 어떤 사람이 '여래가 오고 가고 앉고 눕는다'라고 말한다면, 이 사람은 내가 한 말의 뜻을 이해하지 못한 것이다."라고 한 것은, 유위상으로써 여래를 보고, 화신을 진불이라고 아는 잘못된 이해를 막은 것이다.

경문에서 '오고 가고 앉고 눕는다'고 한 것은 두 가지 해석이 가능하다. 붓다께서 세상에 출현하여 활동하시면서 보인 갖가지 위의威儀256를 뜻하는 것일 수도 있고, 또는 붓다께서 이 세상에 출현하시어[來] 활동하시다가[坐臥] 입멸한 것[去]을 뜻하는 것일 수도 있다. 어느 쪽이든 화신의 유위의 모습을 가리키는 것이다.

이러한 화신의 유위상은 앞에서 여러 번 밝혔듯이 붓다의 본질적 요소가 아니다. 붓다의 본질적 요소는 앞의 제1 단의법문과 제13 단의법문에서 자세히 설명하였듯이, 붓다께서 내면으로 깨달은 법이다. 그 이름은 갖가지로 부를 수 있다. 법신, 진여, 법성, 법계, 여래 등. 이러한 여래의 법신을 진정한 붓다라고 이해했다면 앞의 의심을 일으키지 않았을 것이다. 그러므로 경문은 화신의 유위상을 보고 의심을 일으킨다면, 붓다께서 이 경전에서 하신 말씀의 뜻을 이해하지 못한 것이라는 취지이다.

뒤의 ②에서 그 이유를 바른 견해를 보임으로써 밝힌다. "왜냐하면 여래란 어디에서 오는 바도 없고 또한 어디로 가는 바도 없기 때문이다. 그래서 여래라고 이름하는 것이다."

여래[tathāgata]의 법신은 오고 감이 없다. 항상 '있는 그대로[如]'

---

256 행동거지를 뜻하는 말이다. 그래서 소명태자는 이 글의 과목을 '위의가 고요하다[威儀寂靜分]'라고 표현하였다.

이다. 그래서 '여[tathā]'에서 왔다[āgata]고 하여 '여래'라고 이름하고, '여[tathā]'로 간다[gata]고 하여 '여래'라고 이름하는 것이다. '여'에서 오고 '여'로 가므로 항상 '있는 그대로'의 '여'에 있는 것이다.

25 법신과 화신은 같은가 다른가 라는 의심[法身化身一異疑]을 끊음
(← **22** · **23** · **24**)

4.25.1

(제30품 하나의 덩어리란 관념이다)

① "수보리여, 만약 선남자 선여인이 삼천대천세계를 부수어 미진으로 만든다면 그대 생각에는 어떤가, 이 미진들[微塵衆]은 정녕 많겠는가?"

수보리가 말하였다.

"매우 많습니다, 세존이시여. 왜냐 하면 만약 이 미진들이 실제로 있는 것이라면, 붓다께서는 곧 이 미진들을 말씀하시지 않을 것이기 때문입니다.

까닭이 무엇인가 하면, 붓다께서 말씀하신 미진들은 곧 미진들이 아니라, 이것을 미진들이라고 이름한 것이기 때문입니다.

② 세존이시여, 여래께서 말씀하신 삼천대천세계는 곧 세계가 아니라 이것을 세계라고 이름한 것입니다.

왜냐 하면 만약 세계가 실제로 있는 것이라면 곧 하나의 덩어리일 것인데, 여래께서 말씀하신 하나의 덩어리는 곧 하나의 덩어리가 아니라, 이것을 하나의 덩어

(第三十品 一合理相分)

"須菩提. 若善男子善女人 以三千大千世界 碎爲微塵 於意云何, 是微塵衆 寧爲多不?"

須菩提言.

"甚多, 世尊. 何以故 若是微塵衆 實有者, 佛卽不說 是微塵衆.

所以者何, 佛說微塵衆 卽非微塵衆, 是名微塵衆.

世尊, 如來所說 三千大千世界 卽非世界 是名世界.

何以故 若世界 實有者 卽是一合相, 如來說 一合相 卽非一合相, 是名一合相."

리라고 이름한 것이기 때문입니다."

③ "수보리여, 하나의 덩어리란 곧 말할 수 없는 것인데도, 단지 범부들이 이것을 탐착할 뿐이다."

"須菩提, 一合相者 卽是不可說, 但凡夫之人 貪著其事."

4.25.2
(제31품 지견을 내지 않는다)

(第三十一品 知見不生分)

④ "수보리여, 만약 어떤 사람이 '붓다가 아견·인견·중생견·수자견을 말하였다'라고 말한다면 수보리여, 그대 생각에는 어떤가, 이 사람은 내가 한 말의 뜻을 이해한 것인가?"

"須菩提, 若人言 '佛說我見人見衆生見壽者見' 須菩提, 於意云何, 是人解我所說義不?"

"그렇지 않습니다, 세존이시여. 이 사람은 여래께서 하신 말씀의 뜻을 이해하지 못한 것입니다.

"不也, 世尊. 是人不解如來所說義.

왜냐 하면 세존께서 말씀하신 아견·인견·중생견·수자견은 곧 아견·인견·중생견·수자견이 아니라, 이것을 아견·인견·중생견·수자견이라고 이름한 것이기 때문입니다."

何以故 世尊說 我見人見衆生見壽者見 卽非我見人見衆生見壽者見 是名我見人見衆生見壽者見."

⑤ "수보리여, 아뇩다라삼먁삼보리의 마음을 일으킨 사람은 일체법을 이와 같이 알고[知] 이와 같이 보며[見] 이와 같이 확신[信解]하여 법상을 내지 않아야 한다.

"須菩提, 發阿耨多羅三藐三菩提心者 於一切法 應如是知 如是見 如是信解 不生法相.

수보리여, 소위 법상이란 여래는 곧 법상이 아니라고 말한다. 이것을 법상이라고 이름한 것이다."	須菩提, 所言法相者 如來說 卽非法相 是名法相."

∽

여기서부터 마지막 제27단의법문까지는 이 경전의 결론 부분에 해당한다. 이를 요약하면, 법계의 실상을 앞뒤에서 밝히면서 (4.25.1과 4.27), 이를 알고 보기 위해 스스로는 어떻게 해야 하고(4.25.2), 남에게는 어떻게 해야 하는가(4.26)를 제시한 것이라고 말할 수 있다.

이 단의법문의 의심은 앞의 세 가지 법문으로부터 온 것이다. 제22단의에서는 상으로는 법신을 알 수 없다고 하였고, 제24단의에서는 법신은 오고 가지 않는다고 하였으므로, 법신과 화신은 다른 것같기도 하고, 반면 제23단의에서는 복덕과 상과는 단멸하지 않는다고 하였으므로, 법신과 화신이 하나인 것같기도 하다는 의심이 생길 수 있다는 것이다. 그래서 이 법문에서 법신과 화신은 하나도 아니고 다른 것도 아님[非一非異]을 밝히는 것이다.[257]

경문은 크게 두 부분으로 나누어진다. 처음 제4.25.1분절은 의심하는 대상[所緣]의 관점에서 의심을 끊는 것이고, 뒤의 제4.25.2분절은 의심하는 주체[能緣]의 관점에서 의심을 끊는 것이다.

---

[257] 그래서 불신관의 입장에서는 이 제4.25 내지 4.27분절은 삼신이 하나도 아니고 다르지도 않음[非一非異]을 밝힌 것으로 보고, 그 중 이 단의법문은 삼신이 하나도 아니고 다르지도 않음을 바로 드러낸 것[正顯三身非一非異]이라고 제목한다.

먼저 제4.25.1분절에서는 미진과 세계의 실상을 밝힘에 의해, 화신과 법신은 하나인 것도 아니고 다른 것도 아님을 밝힌다. 경문은 부호로써 표시한 것처럼 세 부분으로 나눌 수 있다. 먼저 ①은 미진의 실상을 밝힌 것이고, 다음 ②는 세계의 실상을 밝힌 것이며, 마지막 ③은 둘을 합쳐 법계의 실상을 밝힌 것이다.

그런데 여기에서 미진과 세계의 실상을 밝히는 글의 뜻은, 앞의 제4.7.4분절의 ③의 그것과 다르지 않다. 그렇지만 그 취지는 완전히 다르다. 즉 앞에서는 경전의 가르침의 수승함에 도취하여, 가르침에 집착할 것을 경계하는 것이었지만, 여기에서는 미진과 세계의 비유로써 화신과 법신의 비일비이非一非異를 밝히는 것이다.

먼저 ①에서는 미진의 실상을 밝힌다. 글은 제4.7.4분절에서의 설명보다 자세하지만, 그 의미는 다르지 않아서, 세계를 부수어 더 이상 분할할 수 없을 때까지 분석한 '미진'도 세속제로서의 개념일 뿐, 승의제로서 실체가 있는 것이 아니라는 뜻이다.258

글 중 붓다의 물음에 대해 수보리가, "매우 많습니다"라고 한 다음 그 이유로서, "왜냐 하면 만약 이 미진들이 실제로 있는 것이라면, 붓다께서는 이 미진들을 말씀하시지 않을 것이기 때문입니다."라고 말한 것이 무슨 취지인지 이해하기 쉽지 않다. 이에 대해 『찬요』(회권제10)는, 「만약 미진들이 실제로 있는 것이라면 세간의 범부들도 모두 다 역시 스스로 알 것인데, 어찌 붓다께서

---

258 여기에서는 '미진'의 원어가, 4.7.4분절에서 '대지의 티끌[pṛthivī-rajas]'이라고 했던 것과 달리, '극미[paramāṇu]'라고 하여, 본문의 뜻에 적합하게 되어 있다.

말씀하실 필요가 있겠는가. 이제 실체가 성취되지 않음을 알지 못하기 때문에 붓다께서 말씀하신 것이다.」라고 설명한다. 나머지 글은 계속 보아 온 것과 다르지 않으므로 이해하기 어렵지 않을 것이다.

다음 ②에서는 미진과 세계의 관계를 뒤집어서 세계의 실상을 밝힌다. 여기에서 물질의 기초단위인 미진들이 모두 모인 전체로서의 통합체를, 하나로[一] 합쳐진[合] 모양[相]이라고 해서 '하나의 덩어리[一合相]'259라고 표현한 것이 특이할 뿐, 전체로서의 세계 역시 실체가 있는 것이 아니라, 세속을 따른 관념임을 밝히는 뜻은 제4.7.4분절에서도 보았던 것과 같은 내용이다.

마지막으로 ③에서는 붓다께서, "하나의 덩어리란 말할 수 없는 것인데도, 단지 범부들이 이것을 탐착할 뿐이다."라고 결론지으신다. 말하자면 '하나의 덩어리'란 실체가 있는 것이 아닌데도, 무명에 가려 실상을 모르는 범부들이 탐착하고 있을 뿐이라는 것이다. 이 표현은 경문에서 말한 '하나의 덩어리'에 대한 것만이 아니라, '미진'에 대해서도 그대로 적용되는 것이다. 이렇게 볼 때 이것은 법계의 실상을 종합적으로 나타낸 것이다.

위의 경문에서 세계는 법신을 비유하고, 미진은 화신을 비유하는 것이다. 따라서 경문에서 '세계를 부수어 미진으로' 만든다는 것은 화신이 법신으로부터 나온 것임을 비유하는 것이다. 그렇다면 미진과 세계는 하나도 아니고 다른 것도 아니듯이, 화신과 법

---

259 범어 원문도 덩어리[piṇḍa]로 뭉쳐진 것[grāha]이라는 뜻의 'piṇḍa-grāha'로 되어 있다. 현장은 이것을 '一合執'이라고 번역하였다.

신 역시 하나도 아니고 다른 것도 아니다. 그래서 이 글로써 제기된 의심을 끊어준다는 것이다.

이러한 뜻을 『찬요』(회권제10)는 다음과 같이 주석하였다.「논서260에서 이르기를, "미진은 부서져 가루가 된 것이므로 한 곳[一處]이 아니고, (세계는) 미진들이 모인 것이므로 다른 곳[異處]이 아니다. 이와 같이 붓다께서는 법계 가운데 머무시되, 한 곳에 머무는 것도 아니고, 다른 곳에 머무는 것도 아니다."라고 하였다.」

그리고 이 글에 대해 『간정기』는 다음과 같이 풀이하였다.「미진은 부서져서 세계가 가루가 된 것이다. 그래서 세계는 거칠고 미진은 미세하므로 하나가 아니다. 미진들의 모임이란, 세계는 미진들이 이룬 것이므로 미진과 세계는 다르지 않다는 것이다. 말하자면 시방에서 응해 나타나기 때문에 하나가 아니고, 같이 하나의 바탕에 의지하기 때문에 다르지 않다는 것이다. 또 법신에 의지해서 화신을 일으키기 때문에 하나가 아니고, 법신을 떠나서는 화신이 없기 때문에 다르지 않다는 것이기도 하다.」

이와 같은 이해는 이 경전에 관한 주석들 사이에 이론이 없는 해석이다. 그렇지만 다음과 같은 이해도 간과되어서는 안 될 것이다. 그것은 경문이, 미진이나 세계는 실체가 없다는 것만을 설명하고 있다는 점이다. 그러므로 경문은 미진이나 세계로 비유되는 화신이나 법신도 실체가 없다는 것을 말한 것이고, 이로써 화신과 법신의 이와 같은 실상을 알고 본다면, 의심은 저절로 해소될 것임을 밝혔다고 이해할 수 있다는 것이다.

---

260 세친의 논서 하권을 가리킨다. 그 곳의 글은 표현이 조금 다른데, 『찬요』에서 적절히 간추려서 옮겼으므로 본문에서 이것을 인용한 것이다.

다음 뒤의 제4.25.2분절은 의심하는 주체의 관점에서 의심을 끊어주는 것이다. 말하자면 앞에서는 의심 대상의 실상을 밝힘으로써 의심을 끊어준 것이라면, 여기에서는 의심하는 주체에 아·법에 대한 두 가지 집착이 있기 때문에 실상을 알고 보지 못하여 의심하는 것이므로, 이 두 가지 집착을 끊게 하여 의심을 끊어준다는 것이다.

경문은 부호로써 표시한 것처럼 두 부분으로 나누어진다. 앞의 ④는 나에 대한 집착, 즉 아집을 끊게 하는 것이고, 뒤의 ⑤는 법에 대한 집착, 즉 법집을 끊게 하는 것이다.

먼저 아집을 끊게 하는 ④의 경문은, 아·인·중생·수자가 실체가 있는 것이 아님을 밝히는 것이 아니라, 아견·인견·중생견·수자견이 실체가 있는 것이 아님을 밝히는 내용으로 되어 있다는 점이 특이하다. 그렇지만 그 뜻은 만약 '아견·인견·중생견·수자견'이 실체가 있는 것이라면 끊을 수 없겠지만,[261] 그렇지 않다는 것을 표현한 것이라고 이해하여야 할 것이다.

이렇게 보면 처음 붓다의 물음에서 "어떤 사람이 '붓다가 아견·인견·중생견·수자견을 말하였다'라고 말한다면"이라고 한 것은, "어떤 사람이 '붓다가 승의제로서의 아견·인견·중생견·수자견을 말하였다'라고 말한다면"이라는 뜻이 된다. 그리고 끝에서 이유를 설명하는 수보리의 말도, 아견·인견·중생견·수자견은 실체가 있

---
[261] 앞의 《반야심경》에 대한 해설에서 보았던, 공과 자성의 의미를 밝힌 《중론》의 게송들을 상기하여 보라.

는 것이 아니라 세속제로서 아견·인견·중생견·수자견이라고 이름한 것일 뿐이라는 뜻이 된다. 그러므로 이 글은 곧 아상을 끊어야 한다는 것을 나타낸 것이다.

마지막으로 법집을 끊게 하는 ⑤의 글에서, 앞 문장은 법집을 끊게 하는 것이고, 뒷 문장은 법집도 실체가 있는 것이 아님을 밝히는 것이다. 글은 이해하기 어렵지 않다.

다만 앞 문장에서 '이와 같이 알고[知] 이와 같이 보며[見] 이와 같이 확신하여[信解]'라고 표현한 것이 주목된다. 이 표현에 대해 미륵송은, 「두 가지 지혜 및 삼매로[二智及三昧] 이와 같이 멀리 여읠 수 있다[如是得遠離]」라고 하였고, 이에 대해 세친은, 「이것은 무슨 뜻인가? 세속지[世智]와 근본지[第一義智] 및 의지하는 삼매로써 그 장애를 멀리 여읠 수 있음을 나타내 보인 것이다.」라고 설명하였다.

그리고 '확신하여'라고 옮긴 한역어 '신해信解'는 원래 '믿고 이해하여'라는 말이다. 그런데 이것은 범본의 'adhimoktavyāḥ'를 옮긴 것인데, 이 표현에는 '신해'라는 뜻 외에도 '승해勝解' 즉 '확고한 이해'라는 뜻이 있다. 이 경문에서는 이것이 '이와 같이 알고 본다'는 표현의 앞에 있는 것이 아니라, 그 뒤에 있으므로, '신해'한다는 뜻보다는 '승해'한다는 뜻으로 이해하는 편이 낫다고 보아, '확신하여'라고 옮겼다.262 그러므로 위 표현을 포함한 글의 뜻은, 선정에 의지하여 무분별의 근본지와 후득의 세속지를 얻어

---

262 뒤에서 보는 것처럼 '이와 같이 알고 본다'는 것은 실상을 알고 본다는 것을 뜻하므로, 이 'adhimoktavyāḥ'가 만약 그 앞에 있다면 실상을 알고 보기

서, 이로써 일체법의 '실상을 알고 보며 확신하여' 법상을 내지 않아야 한다는 것임을 알 수 있다.263

그렇게 되면 실상을 알고 보아 확신하게 되므로, 앞서 제기한 것과 같은 의심은 저절로 해소될 것임을 밝히는 취지이다. 그래서 이 분절의 글은 이러한 의심의 해소와 동시에, 앞서 언급한 것처럼 실상을 알고 보기 위하여 스스로 어떻게 해야 할 것인가를 밝히는 글이기도 한 것이다.

전이므로 '믿고 이해한다'고 말할 수 있지만, 경문에서처럼 뒤에 있다면 이미 실상을 알고 보았으므로, 신뢰의 단계가 아니라 확신의 단계라고 보는 것이 옳다는 취지에서이다. 다만 '신해'의 '신'에도 확신[信]의 뜻이 있다고 볼 수 있으므로, 양자를 이처럼 엄격하게 구별할 것은 아닐지 모르겠다.
263 『찬요』(회권제10)이 이 제4.25.2분절의 제목을 '지·관에 의해서 아·법을 파함'이라고 표현한 것(제4.25.1분절의 제목은 '미진과 세계에 의해서 하나와 다름을 파함'이라고 표현하였음)에는 이 뜻이 담겨 있는 것이다.

26 화신의 설법은 복이 없지 않을까 라는 의심[化身說法無福疑]을 끊음(← **25**)

4.26
(제32품 응화신은 참이 아니다)　　　(第三十二品 應化非眞分)

"① 수보리여, 만약 어떤 사람이 한량없는 아승기의 세계에 가득한 칠보를 써서 보시한다 해도, 만약 보리심을 일으킨 어떤 선남자 선여인이 이 경전이나 나아가 그 중의 사구게 따위만이라도 수지독송하고 남에게 말해 준다면, 그 복이 저보다 뛰어나다.
② 어떻게 남에게 말해 주는가? 상을 취하지 않고 여여부동如如不動하여야 한다."

"須菩提, 若有人 以滿無量阿僧祇世界七寶 持用布施, 若有善男子善女人 發菩提心者 持於此經 乃至 四句偈等 受持讀誦 爲人演說, 其福勝彼.

云何 爲人演說? 不取於相 如如不動."

　　　　　　　✿

　이 단의법문의 의심은 법신과 화신은 하나인 것도 아니고 다른 것도 아니라고 한 바로 앞 법문으로부터 온 것이다. 그 취지는 화신이 법신과 같지 않다면 허망할 것이고, 또 다르지 않다면 법신에 합쳐지고 자체가 없을 것이니, 화신의 설법은 허망한 것으로 유익함이 없을 것이라는 의심이 있을 수 있다는 것이다. 이것은 보리심을 일으킨 보살은 어떻게 하여야 하는가를 밝히기 위해 설정한 의문이다.

답의 경문은 부호로 표시한 것처럼 두 부분으로 나눌 수 있다. 앞의 ①은 설법의 공덕이 수승함을 밝히는 것이고, 뒤의 ②는 설법이 오염되지 않아야 함을 밝히는 것이다.

먼저 ①에서 화신 설법의 공덕이 한량없는 칠보를 보시하는 공덕과도 비교될 수 없을 정도로 수승함을 밝힌다. 글은 직접 화신을 내세우지 않고 보리심을 일으킨 보살의 설법으로써 비교하였다. 두 가지 해석이 가능하다. 하나는 보살의 설법이 그 정도라면 화신 붓다의 설법이야 더 말할 나위가 없다는 것이다. 다른 하나는 보살이 말하는 이 경전은 화신이 말씀하신 것이므로, 그 내용은 화신의 설법이라는 것이다.

다음 ②에서는 어떻게 설법해야 하는가를 밝히는데, '상을 취하지 않고 여여부동하여야 한다'라고 한다.264 '상을 취하지 않는다'는 말은 알 수 있을 것이다. '여여부동'이란, '여여'는 진여[如]와 같다[如]는 뜻이므로, 있는 그대로[如如]에서 움직이지 않아야 한다[不動]는 뜻이다. 말 뜻은 알겠지만, 구체적으로 어떻게 말해야 한다는 것인지 이해하기 어렵다.

이에 대해 『찬요』는 다음과 같이 설명한다. 「말할 수 없다는 것[不可言說]을 나타내 보인 것이다. 그러므로 만약 이와 달리한다면 오염된 설법[染說]이니, 전도된 것이기 때문이다. 또 설법할 때 믿음과 존경[信敬] 따위를 구하지 않아야 하니, 또한 오염 없는 설법

---

264 범본에는 이 부분이, "어떻게 자세히 가르쳐 주어야 하는가? 가르쳐 주지 않는 것처럼 하여야 하는 것이니, 그래서 자세히 가르쳐 주어야 한다고 하는 것이다."라고 표현되어 있다.

이 되기 때문이다.」

 이 말에는 두 가지 뜻이 담겨 있다. 하나는 말하는 내용의 면에서, 실상은 언설을 떠난 것이므로, 말하면서도 취할 수 없음과 여여부동함을 여의지 않아야 한다는 것이다. 다른 하나는 말하는 주체의 면에서, 말하되 설법한다는 분별을 여의고, 명리名利나 존경 등의 과보를 바라는 생각을 모두 여의어야 한다는 것이다. 그렇지 않으면 오염된 연설로서 참된 설법이 될 수 없다는 것이다.

27 적멸에 든다면 어떻게 법을 말씀하시는가 라는 의심[入寂如何說法疑]을 끊음(← **24**·**26**)

4.27

"무엇 때문인가?   "何以故?

일체의 유위법은   一切有爲法
꿈·허깨비·거품·그림자와 같고   如夢幻泡影
이슬과 같고 번개와 같으니   如露亦如電
응당 이렇게 보아야 한다"   應作如是觀"

~~

 이 마지막 단의법문의 의심은 앞의 제24와 제26 단의법문으로부터 온 것이다. 그 취지는 제24단의에서는 여래는 가거나 오거나 하는 것이 아니라 위의가 고요하다[寂靜]고 하였는데, 제26단의에서는 여래가 항상 설법하고 있다고 하니,265 그와 같이 고요하다면 어떻게 항상 설법하고 있으며, 또 항상 설법하고 있다면 어떻게 고요하다고 할 수 있는가라는 의심이 있다는 것이다.
 그렇지만 제26 단의법문에서 여래가 항상 설법하고 있다는 표현은 찾아볼 수 없다. 이에 대하여 『간정기』(회권제10)는, 비록 표현은 없었지만 이러한 뜻은 들어 있었다고 설명하고 있다. 그

---

265 세친의 논서 하권에 이 단의법문에 대하여 다음과 같이 말하고 있는 것을 가리킨다. 「다시 의심이 있다. 만약 제불 여래가 항상 중생을 위해 설법하고 있다면, 어째서 여래가 열반에 드셨다고 말하는가?」

취지는 앞 법문에서도 본 것처럼, "보리심을 일으킨 선남자 선여인이 이 경전이나 나아가 그 중의 사구게 따위만이라도 수지독송하고 남에게 말해 준다면" '이 경전'은 화신이 설한 것이니, 결국 화신의 설법은 항상 행하여지고 있다는 이해가 가능하다는 것이다.

이에 대한 답은 한 수의 게송으로 되어 있다. 게송의 뜻은 어렵지 않다. 일체의 유위법은 진공묘유여서, 경문의 여섯 가지 비유처럼 붙잡으려 해도 붙잡히지 않지만[空], 그렇다고 전혀 없는 것은 아니니[有], 이러한 법계의 실상을 바르게 관찰해야 한다는 것이다. 게송의 이와 같은 의미가 위의 의심에 대한 답이 되는 구조는 다음과 같이 설명할 수 있다.

「화신 붓다께서는 유위법의 위와 같은 실상을 항상 바르게 관찰하고 계시기 때문이다. 그러므로 화신 붓다께서 유위의 언설로서 설법하고 계시다고 해서, 진여를 떠나 계시는 것이 아니다. 붓다께서는 중생을 제도하기 위해 설법하고 계시지만, 항상 진여에서 움직이지 않으시고 항상 위의가 고요하다.」266

한편 이 게송은 "무엇 때문인가?"라고 시작하고 있어, 앞 법문의 끝에서 "어떻게 남에게 말해 주는가? 상을 취하지 않고 여여부동하여야 한다."라고 한 말의 이유를 밝히는 구조로 되어 있다. 그러므로 이 게송은 위의 의심을 끊어줄 뿐 아니라, 이 이유를 설명

---

266 이와 같은 뜻을 『간정기』(회권제10)는 다음과 같이 표현하고 있다. 「붓다께서는 오묘한 지혜[妙智]가 있어 모든 법이 꿈과 같고 환상 등과 같이 공함을 관찰하시기 때문에, 비록 설법으로 유위의 모습인 듯 나타나시지만, 항상 열반의 무작無作의 이치에 머무시기 때문이다. 다시 무엇을 의심하랴?」

하는 글도 되어야 한다. 말하자면 "무엇 때문에 여여부동하여야 하는가?"라고 하는 물음에 대한 답도 되어야 한다는 것이다. 이것은 다음과 같이 표현할 수 있을 것이다. 「일체법의 실상은 게송의 비유처럼 진공묘유임을 바르게 관찰하여야 하기 때문이다. 이렇게 바르게 관찰한 대로 법을 설한다면, 상을 취하지 않고 여여부동해야 하기 때문이다.」

이제 마지막으로 게송에서 유위법의 비유로서 든, 꿈[夢], 환상[幻], 거품[泡], 그림자[影], 이슬[露], 번개[電]의 여섯 가지의 의미를 알아 보아야 한다.267 그런데 범어 원문에는 비유로 여섯이 아니라 별[tārakā], 눈병[timiraṃ], 등불[dīpo], 환상[māyā], 이슬[avaśyāya], 거품[budbudaṃ], 꿈[supinaṃ], 번개[vidyud], 구름[abhraṃ]의 아홉 가지를 들고 있다.268 경문의 게송은 그 아홉 가지 중 별, 등불, 구름의 셋은 빠져 있고, 두 번째인 눈병은 그림자로 바뀌어 있다.

이들은 모두 유위법은 실체가 없는 것임과 함께, 그렇다고 전혀 없는 것은 아님을 나타내는 비유들이다. 그래서 구마라집은 이들 모두를 모두 열거해야 하는 것은 아니고, 별, 등불, 구름의 셋은 열거할 경우 오히려 실체가 있다는 생각을 할 수 있으므로, 빼는

---

267 초기경전에도 유사한 비유가 등장하고 있음은 앞의 《반야심경》에서 공을 설명하는 곳에서 보았다. 즉 한글 SN 제3권 포말비유의 경에서, "물질[色]은 포말과 같고, 느낌[受]은 물거품과 같네, 지각[想]은 아지랑이와 같고, 형성[行]은 파초와 같고 의식[識]은 환상과 같다"라는 게송이 있었다.
268 그래서 보리유지와 현장도 이 게송의 제2, 제3행을 "如星翳燈幻 露泡夢電雲"이라고 하여, 차례대로 위 아홉 가지를 모두 열거하고 있다.

편이 낫다고 본 것이라고 이해된다.269 그리고 꿈·허깨비·거품·그림자의 넷은 진공眞空을 잘 나타내는 것이고, 이슬·번개의 둘은 무상無常을 잘 나타내는 것이어서,270 위와 같이 넷과 둘로 나누어 묶은 것으로 이해된다.

한편 구마라집이 열거하지 않은 별·등불·구름의 셋이 실체 없음을 비유하는 취지는, 별은 태양이 떠오르면 사라지기 때문이고, 등불은 연료가 공급되지 않거나 바람이 불면 꺼져 버리기 때문이며, 구름은 영속하지 못하고 사라지기 마련인 무상함 때문이라고 이해하는 것이 보통이다. 그리고 구마라집이 눈병을 그림자로 바꾼 이유에 대해 『간정기』(회권제10)는, 그림자가 눈병에 비해 공의 뜻이 더 분명하기 때문이라고 설명하고 있다.

이들 외에도 실체 없는 법의 실상을 비유하는 표현에는, 앞의 초기경전에 나온 아지랑이[焰]와 파초芭蕉 외에, 물속의 달[水中月], 메아리[響], 거울의 영상[鏡中像], 허공의 꽃[空華] 등이 있다.

---

269 『찬요』(회권제10)는, 별과 등불은 체성이 있다고 생각할 수 있고, 구름은 비를 내는 작용이 분명하기 때문에 이런 생각을 낼 우려가 있다고 설명한다.
270 이 역시 『찬요』(회권제10)의 설명이다.

제4장 유통분

5

  붓다께서 이 경전을 말씀하시고 나자, 장로 수보리 및 모든 비구, 비구니, 우바새, 우바이와 일체 세간의 천·인·아수라들은 붓다께서 말씀하신 것을 듣고는 모두 크게 기뻐하여 믿고 받들어 행하였다.

佛說是經已, 長老 須菩提 及諸比丘比丘尼 優婆塞優婆夷 一切世間 天人 阿修羅 聞佛所說 皆大歡喜 信受奉行.

  이 마지막 경문은 대승경전을 끝맺을 때 나오는 통상적인 글이다. 우바새와 우바이는 재가의 남녀 신도를 가리키는 말이다. 나머지 글은 쉽게 이해할 수 있을 것이다.
  이 경전의 주제는 단 하나이다. 대승에서 본 법계의 실상인데, 근본불교의 그것과 다르지 않다. 그 실상은 진공 묘유이다. 주제는 하나이지만, 중생을 위하여 스물일곱의 변주變奏를 두었다. 하나인 것도 아니지만 다른 것도 아닌 두 개의 동기動機를 가진 하나의 주제와, 스물일곱의 변주로 이루어진 장엄한 변주곡 《금강반야바라밀경》 읽기를 마친다.

부록

복습용 경문

반야바라밀다심경
般若波羅蜜多心經

당 삼장법사 현장玄奘 역

1.1

관자재보살께서 깊은 반야바라밀다를 행하실 때에 오온이 모두 공空임을 비추어 보고 일체의 괴로움[苦厄]을 건너셨다.

觀自在菩薩 行深般若波羅蜜多時 照見 五蘊皆空 度一切苦厄.

1.2

사리자님, 색은 공과 다르지 않고 공이 색과 다르지 않으니, 색이 곧 공이요 공이 곧 색이라, 수·상·행·식 또한 그러합니다.

舍利子, 色不異空 空不異色, 色卽是空 空卽是色, 受想行識 亦復如是.

1.3

사리자님, 이 모든 법의 공한 모습[空相]은 생겨나지도 않고 소멸하지도 않으며, 더럽지도 않고 깨끗하지도 않으며, 늘어나지도 않고 줄어들지도 않습니다.

舍利子, 是諸法空相 不生不滅. 不垢不淨, 不增不減.

1.4

　그러므로 공 중에는,　　　　　　　　　是故 空中,

(1) 색도 없고 수·상·행·식도 없으며,　　無色 無受想行識,

(2) 안·이·비·설·신·의도 없고 색·성·향·　無眼耳鼻舌身意　無色聲
미·촉·법도 없으며,　　　　　　　　　香味觸法,

(3) 안계眼界도 없고 나아가 의식계도 없　無眼界 乃至 無意識界,
으며,

(4) 무명도 없고 또한 무명의 다함도 없으　無無明 亦無無明盡 乃至
며 나아가 노사도 없고 또한 노사의 다함　無老死 亦無老死盡,
도 없으며,

(5) 고·집·멸·도도 없고,　　　　　　　無苦集滅道,

(6) 지혜도 없고 또한 얻음도 없습니다.　無智 亦無得.

1.5

　① 얻는 것이 없으므로 보리살타는 반　以無所得故 菩提薩埵 依
야바라밀다에 의지함으로써 마음에 걸림　般若波羅蜜多故　心無罣
[罣礙]이 없고, 걸림이 없으므로 두려움[恐　礙, 無罣礙故　無有恐怖
怖]이 없고 전도된 망상[顚倒夢想]을 멀리　遠離顚倒夢想 究竟涅槃.
여의어 구경열반에 이릅니다.

　② 삼세의 모든 붓다들께서도 반야바라　三世諸佛　依般若波羅蜜
밀다에 의지하기 때문에 아뇩다라삼먁삼　多故　得阿耨多羅三藐三
보리를 증득하십니다.　　　　　　　　菩提.

1.6
  그러므로 반야바라밀다는 크게 신비한 주문이고 크게 밝은 주문이며 위없는 주문이고 견줄 것 없는 주문으로, 능히 일체의 고통을 없애주고 진실하여 헛되지 않은 것이라고 알아야 합니다.

故知般若波羅蜜多　是大神呪 是大明呪 是無上呪 是無等等呪, 能除一切苦 眞實不虛.

2
  그러므로 반야바라밀다 주문을 말합니다. 곧 주문은 이러합니다.

故說般若波羅蜜多呪 卽說呪曰.

  아제아제 바라아제
  바라승아제 모지사바하

揭諦揭諦 波羅揭諦
波羅僧揭諦 菩提沙婆訶

금강반야바라밀경
金剛般若波羅蜜經

요진 천축삼장 구마라집鳩摩羅什 역

1.1

　이와 같이 내가 들었다.
　한 때 붓다께서 사위국의 기수 급고독원에서 일천이백오십 명의 큰 비구 승가와 함께 계셨다.

如是我聞.
一時佛 在舍衛國 祇樹給孤獨園 與大比丘衆 千二百五十人俱.

1.2

　그 때 세존께서는 공양시간이 되어 가사를 입고 발우를 들고 사위대성에 들어가 밥을 비시었다. 그 성 안에서 차례로 비시고는 다시 계시던 곳으로 돌아와 밥을 드시고, 가사와 발우를 거두고 발을 씻고 나서 자리를 펴고 앉으셨다.

爾時 世尊 食時 著衣持鉢 入舍衛大城 乞食.
於其城中 次第乞已 還至本處 飯食訖, 收衣鉢 洗足已 敷座而坐.

2.1

　그 때 장로長老 수보리가 대중들 가운데 있다가 자리에서 일어나 오른쪽 어깨

時 長老 須菩提 在大衆中 卽從座起 偏袒右肩

를 벗어메고 오른쪽 무릎을 꿇고서 합장하고 공경하게 붓다께 여쭈었다.

"희유希有합니다, 세존이시여. 여래께서는 보살들을 잘 호념護念하시고 보살들을 잘 부촉付囑하십니다. 세존이시여, 선남자 선여인이 아뇩다라삼먁삼보리의 마음을 일으키고서는 어떻게 머물러야 하고 어떻게 그 마음을 항복시켜야 합니까?"

右膝著地 合掌恭敬 而白佛言.

"希有, 世尊. 如來 善護念諸菩薩 善付囑諸菩薩.
世尊, 善男子善女人 發阿耨多羅三藐三菩提心 云何應住 云何降伏其心?"

2.2

붓다께서 말씀하셨다.

"참으로 잘 말했다, 수보리여. 그대가 말한 것처럼 여래는 보살들을 잘 호념하고 보살들을 잘 부촉한다.

그대는 이제 잘 들어라[諦聽], 그대에게 말해 주겠다. 선남자 선여인이 아뇩다라삼먁삼보리의 마음을 일으키고서는 이와 같이 머물러야 하고 이와 같이 그 마음을 항복시켜야 한다."

佛言.

"善哉善哉. 須菩提. 如汝所說 如來 善護念諸菩薩 善付囑諸菩薩.
汝今諦聽, 當爲汝說.
善男子善女人 發阿耨多羅三藐三菩提心 應如是住 應如是降伏其心."

2.3

"예 세존이시여, 듣고 싶습니다."

"唯然 世尊, 願樂欲聞."

3.1

붓다께서 수보리에게 말씀하셨다.

"모든 보살마하살들은 응당 이렇게 그 마음을 항복시켜야 한다. '세상의 일체 중생의 무리들, 알에서 났거나 태에서 났거나 습기에서 났거나 변화해서 났거나, 신체가 있거나 신체가 없거나, 지각이 있거나[有想] 지각이 없거나[無想] 지각 있는 것도 아니고 지각 없는 것도 아니거나[非有想非無想], 내가 모두 이들을 무여열반無餘涅槃에 들어 멸도하도록 하리라'라고.

이렇게 해서 한량없고 수없고 가이없는 중생들을 멸도하게 하되, '진실로 멸도를 얻은 중생은 없다'라고.

어째서이겠는가? 수보리여, 만약 보살에게 '나'란 상[我相], '사람'이란 상[人相], '중생'이란 상[衆生相], '수자'란 상[壽者相]이 있다면 곧 보살이 아니기 때문이다."

佛告 須菩提.

"諸菩薩摩訶薩 應如是 降伏其心. '所有一切衆生之類, 若卵生 若胎生 若濕生 若化生, 若有色 若無色, 若有想 若無想 若非有想非無想,

我皆令入 無餘涅槃 而滅度之'.

如是滅度 無量無數無邊衆生, '實無衆生 得滅度者'.

何以故? 須菩提, 若菩薩 有我相 人相 衆生相 壽者相 卽非菩薩."

3.2

"또 다음 수보리여, 보살은 응당 법에 머무는 바 없이 보시를 행하여야 한다.

이른바 색에 머물지 않고 보시하고,

"復次 須菩提, 菩薩 於法 應無所住 行於布施.

所謂 不住色 布施, 不住

성·향·미·촉·법에 머물지 않고 보시하여야 한다.

　수보리여, 보살은 응당 이와 같이 보시하되 상상에 머물지 않아야 한다.

　왜냐 하면 만약 보살이 상에 머물지 않고 보시한다면 그 복덕이 생각으로 헤아릴 수 없기 때문이다.

　수보리여, 그대 생각에는 어떤가, 동방의 허공을 생각으로 헤아릴 수 있겠는가?"

　"헤아릴 수 없습니다, 세존이시여."

　"수보리여, 남서북방과 네 간방[四維]과 상하의 허공을 생각으로 헤아릴 수 있겠는가?"

　"헤아릴 수 없습니다, 세존이시여."

　"수보리여, 보살이 상에 머뭄 없이 보시함[無住相布施]의 복덕도 또한 이와 같이 생각으로 헤아릴 수 없는 것이다.

　수보리여, 보살은 다만 이렇게 가르쳐 준 대로 머물러야 한다."

聲香味觸法 布施.

須菩提, 菩薩 應如是布施 不住於相.

何以故 若菩薩 不住相布施 其福德 不可思量.

須菩提, 於意云何, 東方虛空 可思量不?"

"不也, 世尊."

"須菩提, 南西北方 四維上下 虛空 可思量不?"

"不也, 世尊."

"須菩提, 菩薩 無住相布施福德 亦復如是 不可思量.

須菩提, 菩薩但應如所敎住."

4.1

　"수보리여, 그대 생각에는 어떤가, 몸의 상[身相]으로 여래를 볼 수 있겠는가?"

　"그렇지 않습니다, 세존이시여. 몸의

"須菩提, 於意云何, 可以身相 見如來不?"

"不也 世尊. 不可以身相

상으로 여래를 볼 수 없습니다.

왜냐 하면 여래께서 말씀하신 몸의 상은 곧 몸의 상이 아니기 때문입니다."

붓다께서 수보리에게 말씀하셨다.

"무릇 모든 상은 모두 허망한 것이니, 만약 모든 상相이 상 아님[非相]을 본다면 곧 여래를 보리라."

得見如來.
何以故 如來所說身相 卽非身相."
佛告 須菩提.
"凡所有相 皆是虛妄, 若見諸相非相 卽見如來."

4.2

수보리가 붓다께 여쭈었다.

"세존이시여, 어떤 중생이 이러한 말씀[言說章句]을 듣고 진실한 믿음[實信]을 낼 수 있겠습니까?"

붓다께서 수보리에게 말씀하셨다.

"그런 말 하지 말라. 여래가 멸도한 후 후오백세後五百歲에 계를 지키고 복을 닦는 사람이 있어 이 말에 신심을 내어 이를 진실로 여길 것이다.

이 사람은 한 붓다, 두 붓다, 서너다섯 붓다에게서만 선근을 심은 것이 아니라, 이미 한량없는 천만의 붓다 계신 곳에서 갖은 선근을 심어, 이 말을 듣고 나아가 한 순간에 바른 믿음을 낸 사람임을 알아야 한다.

須菩提 白佛言.
"世尊, 頗有衆生 得聞如是言說章句 生實信不?"
佛告 須菩提.
"莫作是說. 如來滅後 後五百歲 有持戒修福者 於此章句 能生信心 以此爲實.
當知 是人 不於一佛二佛三四五佛 而種善根, 已於無量千萬佛所 種諸善根, 聞是章句 乃至一念 生正信者.

수보리여, 여래는 이 모든 중생들은 이와 같이 한량없는 복덕을 받을 것을 모두 다 알고 본다.

왜냐 하면 이 모든 중생들은 다시 아상·인상·중생상·수자상이 없고, 법상法相이 없으며 또한 비법상非法相도 없기 때문이다.

왜냐 하면 이 모든 중생들이 만약 마음에 상을 취한다면 곧 아·인·중생·수자에 집착하게 되기 때문이니, 만약 법상을 취하여도 곧 아·인·중생·수자에 집착하게 되기 때문이다. 왜냐 하면 만약 비법상을 취하여도 곧 아·인·중생·수자에 집착하게 되기 때문이다.

그러므로 법을 취해서도 안 되고 비법을 취해서도 안 된다. 이런 뜻 때문에 여래는 항상 '그대 비구들은 내가 말한 법을 뗏목의 비유[筏喩]와 같이 알아야 한다'라고 한 것이다. 법도 오히려 버려야 하거늘 하물며 비법이겠는가."

須菩提, 如來悉知悉見 是諸衆生 得如是無量福德.

何以故 是諸衆生 無復我相人相 衆生相壽者相, 無法相 亦無非法相.

何以故 是諸衆生 若心取相 卽爲著我人衆生壽者, 若取法相 卽著我人衆生壽者.

何以故 若取非法相 卽著我人衆生壽者.

是故 不應取法 不應取非法. 以是義故 如來常說 '汝等比丘 知我說法 如筏喩者'. 法尚應捨 何況非法."

4.3.1

"수보리여, 그대 생각에는 어떤가? 여래가 아뇩다라삼먁삼보리를 얻었는가?

"須菩提, 於意云何? 如來得阿耨多羅三藐三菩

여래가 말한 법이 있는가?"

수보리가 대답하였다.

"제가 붓다께서 말씀하신 뜻을 이해하기로는 아뇩다라삼먁삼보리라고 이름할 만한 정해진 법도 없고, 또한 여래께서 말씀하실 만한 정해진 법도 없습니다.

왜냐 하면 여래께서 말씀하신 법은 모두 취할 수도 없고 말할 수도 없으며, 법도 아니고 비법도 아니기 때문입니다.

어째서인가 하면 일체의 현성賢聖은 모두 무위법으로써 차별이 있는 것이기 때문입니다."

提耶? 如來有所說法耶?"
須菩提言.
"如我解佛所說義 無有定法 名阿耨多羅三藐三菩提, 亦無有定法 如來可說.
何以故 如來所說法 皆不可取 不可說, 非法 非非法.
所以者何 一切賢聖 皆以無爲法 而有差別."

4.3.2

"수보리여, 그대 생각에는 어떤가? 만약 사람이 삼천대천세계에 가득한 칠보를 써서 보시한다면, 이 사람이 얻는 복덕이 많겠는가?"

수보리가 말하였다.

"매우 많습니다, 세존이시여. 왜냐 하면 이 복덕은 곧 복덕의 성품이 아니기 때문입니다. 그래서 여래께서 복덕이 많겠는가 라고 물으신 것입니다."

"須菩提, 於意云何? 若人 滿三千大千世界七寶 以用布施, 是人所得福德 寧爲多不?"
須菩提言.
"甚多, 世尊. 何以故 是福德 卽非福德性.
是故 如來說 福德多."

"만약 다시 어떤 사람이 이 경전 중 나아가 사구게 따위만이라도 수지하여 남에게 말해 준다면, 그 복이 저보다 더 뛰어나다.

왜냐 하면 수보리여, 일체의 모든 붓다 및 붓다의 아뇩다라삼막삼보리법이 모두 이 경전에서 나오기 때문이다.

수보리여, 소위 불법佛法이란 곧 불법이 아니다."

"若復有人 於此經中 受持乃至四句偈等 爲他人說, 其福 勝彼.

何以故 須菩提, 一切諸佛 及諸佛 阿耨多羅三藐三菩提法 皆從此經出. 須菩提, 所謂佛法者 卽非佛法."

4.4

"수보리여, 그대 생각에는 어떤가? 수다원이 나는 수다원과를 얻었다고 생각하겠는가?"

수보리가 말하였다.

"그렇지 않습니다, 세존이시여.

왜냐 하면 수다원은 흐름에 든 이[入流]라고 부르지만 들어가는 바가 없으니, 색·성·향·미·촉·법에 들어가지 않습니다. 이것을 수다원이라고 이름한 것입니다."

"수보리여, 그대 생각에는 어떤가? 사다함이 나는 사다함과를 얻었다고 생각하겠는가?"

수보리가 말하였다.

"須菩提, 於意云何? 須陀洹 能作是念 我得須陀洹果不?"

須菩提言.

"不也, 世尊.

何以故 須陀洹 名爲入流 而無所入, 不入色聲香味觸法.

是名須陀洹."

"須菩提, 於意云何? 斯陀含 能作是念 我得斯陀含果不?"

須菩提言.

"그렇지 않습니다, 세존이시여.

왜냐 하면 사다함은 한 번만 가고올 이 [一往來]라고 부르지만 진실로 가고 옴이 없습니다. 이것을 사다함이라고 이름한 것입니다."

"수보리여, 그대 생각에는 어떤가? 아나함이 나는 아나함과를 얻었다고 생각하겠는가?"

수보리가 말하였다.

"그렇지 않습니다, 세존이시여.

왜냐 하면 아나함은 돌아오지 않을 이 [不來]라고 부르지만 진실로 돌아오지 않음이 없습니다. 그래서 아나함이라고 이름한 것입니다."

"수보리여, 그대 생각에는 어떤가? 아라한이 나는 아라한도를 얻었다고 생각하겠는가?"

수보리가 말하였다.

"그렇지 않습니다, 세존이시여. 왜냐 하면 진실로 아라한이라고 이름할 법이 없기 때문입니다. 세존이시여, 만약 아라한이 나는 아라한도를 얻었다고 생각한다면, 곧 아·인·중생·수자에 집착하는 것입니다.

"不也, 世尊.
何以故 斯陀含 名一往來
而實無往來.
是名斯陀含."

"須菩提, 於意云何?
阿那含 能作是念 我得阿那含果不?"
須菩提言.
"不也, 世尊.
何以故 阿那含 名爲不來
而實無不來.
是故 名阿那含."

"須菩提, 於意云何?
阿羅漢 能作是念 我得阿羅漢道不?"
須菩提言.
"不也, 世尊. 何以故 實無有法 名阿羅漢.
世尊, 若阿羅漢 作是念 我得阿羅漢道, 卽爲著我人衆生壽者.

세존이시여, 붓다께서는 저를 '무쟁삼매를 얻은 이 중 가장 제일이고 으뜸가는 이욕離欲아라한'이라고 말씀하셨습니다만 세존이시여, 저는 제가 이욕아라한이라고 생각하지 않습니다.

세존이시여, 제가 만약 나는 아라한도를 얻었다고 생각한다면, 세존께서는 곧 '수보리는 아란나행阿蘭那行을 즐기는 자이다'라고 말씀하시지 않았을 것입니다. 수보리가 진실로 행하는 것이 없으므로 수보리는 아란나행을 즐기는 자라고 부르셨던 것입니다."

世尊, 佛說我 '得無諍三昧人中 最爲第一 是第一離欲阿羅漢' 世尊, 我不作是念 我是離欲阿羅漢.

世尊, 我若作是念 我得阿羅漢道, 世尊 卽不說 '須菩提 是樂阿蘭那行者'.
以須菩提 實無所行 而名須菩提 是樂阿蘭那行."

4.5

붓다께서 수보리에게 말씀하셨다.
"그대 생각에는 어떤가? 여래가 과거 연등불의 처소에 있으면서 법을 얻은 것이 있었겠는가?"
"그렇지 않습니다, 세존이시여. 여래께서는 연등불의 처소에 있으면서 진실로 법을 얻은 것이 없습니다."

佛告 須菩提.
"於意云何? 如來 昔在然燈佛所 於法有所得不?"

"不也, 世尊. 如來 在然燈佛所 於法實無所得."

4.6

"수보리여, 그대 생각에는 어떤가? 보살이 불국토[佛土]를 장엄하는가?"

"그렇지 않습니다, 세존이시여. 왜냐하면 불국토를 장엄한다는 것은 곧 장엄이 아니기 때문입니다. 이것을 장엄한다고 이름한 것입니다."

"그러므로 수보리여, 모든 보살마하살은 응당 이와 같이 청정한 마음을 내어야 하는 것이니, 색에 머물러 마음을 내어서도 안 되고 성·향·미·촉·법에 머물러 마음을 내어서도 안 된다. 응당 머무는 바 없이 그 마음을 내어야 한다."

"須菩提, 於意云何? 菩薩莊嚴佛土不?"

"不也, 世尊. 何以故 莊嚴佛土者 卽非莊嚴. 是名莊嚴."

"是故 須菩提, 諸菩薩摩訶薩 應如是生淸淨心, 不應住色生心 不應住聲香味觸法生心. 應無所住 而生其心."

4.7.1

"수보리여, 비유하여 어떤 사람이 그 몸이 수미산왕만 하다면 그대 생각에는 어떤가, 이 몸이 크다고 하겠는가?"

수보리가 말하였다.

"매우 큽니다, 세존이시여. 왜냐 하면 붓다께서는 몸이 아닌 것[非身], 이것을 큰 몸이라고 이름하셨기 때문입니다."

"須菩提, 譬如有人 身如須彌山王 於意云何, 是身爲大不?"

須菩提言.

"甚大, 世尊. 何以故 佛說非身, 是名大身."

4.7.2

"수보리여, 항하恒河에 있는 모래 수와 같은, 그러한 모래와 같은 항하라면 그대 생각에는 어떤가, 이 모든 항하의 모래는 많다고 하겠는가?"

수보리가 말하였다.

"매우 많습니다, 세존이시여. 단지 모든 항하만 해도 오히려 많아서 무수하거늘, 어찌 하물며 그 모래이겠습니까."

"수보리여, 내가 지금 참으로 그대에게 말해 주겠다. 만약 어떤 선남자 선여인이 그러한 항하의 모래 수만큼의 삼천대천세계를 칠보로 가득 채워, 이를 보시에 쓴다면 복덕이 많다고 하겠는가?"

수보리가 말하였다.

"매우 많습니다, 세존이시여."

붓다께서 수보리에게 말씀하셨다.

"만약 선남자 선여인이 이 경전 중에서 나아가 사구게 따위만이라도 수지하여 남에게 말해 준다면, 이 복덕이 앞의 복덕보다 더 뛰어나다."

"須菩提, 如恒河中所有沙數, 如是沙等恒河 於意云何, 是諸恒河沙 寧爲多不?"

須菩提言.

"甚多, 世尊. 但諸恒河 尚多無數, 何況其沙."

"須菩提, 我今實言告汝. 若有善男子善女人 以七寶 滿爾所 恒河沙數 三千大千世界, 以用布施 得福多不?"

須菩提言.

"甚多, 世尊."

佛告 須菩提.

"若善男子善女人 於此經中 乃至受持 四句偈等 爲他人說, 而此福德 勝前福德."

4.7.3

"또 다음 수보리여, 어디든 이 경전에

"復次 須菩提, 隨說是經

서 나아가 사구게 따위만이라도 따라 말한다면, 그 곳은 일체 세간의 천·인·아수라들이 모두 붓다의 탑묘처럼 공양해야 할 곳이라고 알아야 한다.

어찌 하물며 어떤 사람이 모두 다 수지하여 독송함이겠는가. 수보리여, 이 사람은 최상이고 제일이며 희유한 법을 성취할 것이라고 알아야 한다.

만약 이 경전이 있는 곳이라면 곧 붓다와 존중받는 제자들이 계시는 것과 같다."

그 때 수보리가 붓다께 여쭈었다.

"세존이시여, 이 경전을 무엇이라고 이름해야 하고, 저희들이 어떻게 받들어 지녀야 합니까?"

붓다께서 수보리에게 말씀하셨다.

"이 경전은 금강반야바라밀이라고 이름하는 것이다. 그대들은 이 이름으로 받들어 지녀라."

乃至四句偈等, 當知 此處 一切世間 天人阿修羅 皆應供養 如佛塔廟.

何況 有人 盡能受持讀誦.

須菩提, 當知 是人 成就 最上第一希有之法.

若是經典 所在之處 卽爲有佛 若尊重弟子."

爾時 須菩提 白佛言.

"世尊, 當何名此經, 我等云何奉持?"

佛告 須菩提.

"是經名爲 金剛般若波羅蜜. 以是名字 汝當奉持."

4.7.4

"까닭이 무엇이겠는가? 수보리여, 붓다가 말한 반야바라밀은 곧 반야바라밀이 아니기 때문이다."

"수보리여, 그대 생각에는 어떤가? 여

"所以者何? 須菩提, 佛說 般若波羅蜜 卽非般若波羅蜜."

"須菩提, 於意云何, 如來

래가 말한 법이 있는가?"

수보리가 붓다께 말하였다.

"세존이시여, 여래께서는 말씀하신 것이 없습니다."

"수보리여, 그대 생각에는 어떤가? 삼천대천세계에 있는 미진은 이것이 많다고 하겠는가?"

수보리가 말하였다.

"매우 많습니다, 세존이시여."

"수보리여, 모든 미진이란 여래는 곧 미진이 아니라고 말한다. 이것을 미진이라고 이름한 것이다.

여래가 말하는 세계란 곧 세계가 아니다. 이것을 세계라고 이름한 것이다."

"수보리여, 그대 생각에는 어떤가? 삼십이상으로 여래를 볼 수 있는가?"

"그렇지 않습니다, 세존이시여. 삼십이상으로는 여래를 볼 수 없습니다. 왜냐하면 여래께서 말씀하신 삼십이상은 곧 상이 아니기 때문입니다. 이것을 삼십이상이라고 이름한 것입니다."

有所說法不?"

須菩提 白佛言.

"世尊 如來無所說."

"須菩提, 於意云何, 三千大千世界 所有微塵 是爲多不?"

須菩提言.

"甚多, 世尊."

"須菩提, 諸微塵 如來說非微塵. 是名微塵.

如來說世界 非世界. 是名世界."

"須菩提, 於意云何? 可以三十二相 見如來不?"

"不也, 世尊. 不可以三十二相 得見如來. 何以故 如來說 三十二相 卽是非相. 是名三十二相."

4.7.5

"수보리여, 만약 어떤 선남자 선여인이

"須菩提, 若有善男子善

항하의 모래 수와 같은 신명身命으로써 보시를 한다 해도, 만약 다시 어떤 사람이 이 경전 중에서 나아가 사구게 따위만이라도 남에게 말해 준다면, 그 복이 훨씬 많다."

女人 以恒河沙等 身命布施, 若復有人 於此經中 乃至四句偈等 爲他人說, 其福甚多."

4.7.6

그 때 수보리는 이 경전 말씀하신 것을 듣고 그 뜻을 깊이 이해하고 눈물을 흘리며 슬피 울면서 붓다께 말하였다.

"희유합니다, 세존이시여. 붓다께서 말씀하신 이러한 심오한 경전은, 제가 이제까지 얻은 혜안慧眼으로도 이러한 경전을 아직까지 듣지 못하였습니다.

세존이시여, 만약 다시 어떤 사람이 이 경전을 듣고 믿는 마음이 청정하면 곧 실상을 낼 것이니, 이 사람은 제일 희유한 공덕을 성취하리라고 알아야 할 것입니다.

세존이시여, 이 실상이란 곧 상이 아닙니다. 그래서 여래께서 실상이라 이름하신 것입니다.

세존이시여, 제가 지금 이러한 경전을 듣고서 믿고 이해하며 수지함은 어렵지 않겠습니다만, 만약 미래의 후오백세에

爾時 須菩提 聞說是經 深解義趣 涕淚悲泣 而白佛言.

"希有, 世尊. 佛說如是 甚深經典, 我從昔來 所得慧眼 未曾得聞 如是之經.

世尊, 若復有人 得聞是經 信心淸淨 卽生實相, 當知 是人 成就第一希有功德.

世尊, 是實相者 卽是非相. 是故 如來說名實相.

世尊, 我今得聞 如是經典 信解受持 不足爲難, 若當來世 後五百歲 其有

그 어떤 중생이 이 경전을 듣고서 믿고 이해하여 수지한다면, 이 사람은 곧 제일 희유할 것입니다.

왜냐 하면 이 사람은 아상이 없고 인상이 없고 중생상이 없고 수자상이 없기 때문입니다. 까닭이 무엇이겠습니까? 아상도 곧 상이 아니고, 인상·중생상·수자상도 곧 상이 아니기 때문입니다. 왜냐 하면 일체의 모든 상을 여읨을 곧 모든 붓다라고 이름하기 때문입니다."

衆生 得聞是經 信解受持, 是人卽爲 第一希有.

何以故 此人 無我相 無人相 無衆生相 無壽者相. 所以者何? 我相 卽是非相, 人相衆生相壽者相 卽是非相. 何以故 離一切諸相 卽名諸佛."

4.7.7

붓다께서 수보리에게 말씀하셨다.

"참으로 그러하다. 만약 어떤 사람이 이 경전을 듣고 놀라지 않고 두려워하지 않고 겁내지 않는다면, 이 사람은 심히 희유하다고 알아야 한다. 왜냐 하면 수보리여, 여래가 말한 제일바라밀은 곧 제일바라밀이 아니기 때문이다. 이것을 제일바라밀이라고 이름한 것이다."

佛告 須菩提.

"如是如是. 若復有人 得聞是經 不驚不怖不畏, 當知 是人甚爲希有.
何以故 須菩提, 如來 說 第一波羅蜜 卽非第一波羅蜜. 是名第一波羅蜜."

4.8.1

"수보리여, 인욕바라밀을 여래는 곧 인

"須菩提, 忍辱波羅蜜 如

욕바라밀이 아니라고 말한다.

  왜냐 하면 수보리여, 내가 과거 가리왕 歌利王에 의해 신체가 도려내질 적에, 나는 그 때 아상이 없었고 인상이 없었고 중생상이 없었고 수자상이 없었기 때문이다. 왜냐 하면 내가 그 때 마디마디 도려내질 적에 만약 아상·인상·중생상·수자상이 있었다면 응당 분노하고 원한 품는 마음을 내었을 것이기 때문이다.

  수보리여, 또 과거 오백 생 동안 인욕선인이었을 때를 생각하니, 나는 그 시절에도 아상이 없었고 인상이 없었고 중생상이 없었고 수자상이 없었다.

來說 非忍辱波羅蜜.
何以故 須菩提, 如我昔爲歌利王 割截身體, 我於爾時 無我相 無人相 無衆生相 無壽者相.
何以故 我於往昔 節節支解時 若有我相 人相 衆生相 壽者相 應生瞋恨.

須菩提, 又念過去 於五百世 作忍辱仙人, 於爾所世 無我相 無人相 無衆生相 無壽者相.

4.8.2

  그러므로 수보리여, 보살은 일체의 상을 여의고 아뇩다라삼먁삼보리에 대한 마음을 일으켜야 한다.

  색에 머물러 마음을 내어서도 안 되고 성·향·미·촉·법에 머물러 마음을 내어서도 안 된다. 응당 머무는 바 없는 마음을 내어야 하니, 만약 마음에 머묾이 있다면 곧 머묾이 아니다. 그래서 붓다는 '보살은 마음이 색에 머물지 않고 보시해야 한다'

是故 須菩提, 菩薩 應離一切相 發阿耨多羅三藐三菩提心.
不應住色生心 不應住聲香味觸法生心.
應生無所住心, 若心有住卽爲非住.
是故佛說 '菩薩 心不應住色布施'.

라고 말한 것이다.

  수보리여, 보살은 일체의 중생을 이익하기 위하여 이와 같이 보시해야 한다. 여래는 일체의 모든 상은 곧 상이 아니라고 말하고, 또 일체의 중생은 곧 중생이 아니라고 말한다."

須菩提, 菩薩 爲利益一切衆生故 應如是布施. 如來說 一切諸相 卽是非相, 又說 一切衆生 卽非衆生."

4.9

  "수보리여, 여래는 참을 말하는 자, 진실을 말하는 자, 그대로 말하는 자, 속이지 않고 말하는 자, 다르지 않게 말하는 자이다.

  수보리여, 여래가 얻은 법, 이 법에는 진실도 없고 헛됨도 없다."

"須菩提, 如來是 眞語者, 實語者, 如語者, 不誑語者, 不異語者.

須菩提, 如來所得法, 此法 無實無虛."

4.10.1

  "수보리여, 만약 보살이 법에 마음이 머물러 보시한다면, 마치 사람이 어둠 속에 들어감에 곧 보이는 것이 없는 것과 같고, 만약 보살이 법에 마음이 머물지 않고 보시한다면, 마치 사람에게 눈이 있고 햇빛이 밝게 비춤에 갖가지 형상을 볼 수 있는 것과 같다."

"須菩提, 若菩薩 心住於法 而行布施, 如人入暗 卽無所見,

若菩薩 心不住法 而行布施, 如人有目 日光明照 見種種色."

4.10.2

"수보리여, 미래세에 만약 어떤 선남자 선여인이 이 경전을 수지하여 독송한다면, 곧 여래는 붓다의 지혜로써 이 사람들이 모두 한량없고 가이없는 공덕을 성취하리라는 것을 모두 다 알고 모두 다 본다."

"須菩提, 當來之歲 若有善男子善女人 能於此經 受持讀誦, 卽爲如來 以佛智慧 悉知是人 悉見是人 皆得成就 無量無邊功德."

4.10.3

"수보리여, 만약 어떤 선남자 선여인이 아침에 항하의 모래 수와 같은 몸으로 보시하고, 낮에도 다시 항하의 모래 수와 같은 몸으로 보시하고, 저녁에도 또한 항하의 모래 수와 같은 몸으로 보시하여, 이와 같이 한량없는 백천만억 겁 동안 몸으로 보시한다 해도, 만약 다시 어떤 사람이 이 경전을 듣고 믿는 마음으로 비방하지 않는다면, 그 복이 저보다 수승하다. 하물며 쓰고 베끼며 수지하고 독송하며 남에게 해설해 줌이겠는가.

수보리여, 요컨대 이 경전에는 생각할 수 없고 측량할 수 없으며 가이없는 공덕이 있는 것이니,

여래가 대승의 마음을 낸 자를 위하여

"須菩提, 若有善男子善女人 初日分 以恒河沙等身布施, 中日分 復以恒河沙 等身布施, 後日分 亦以恒河沙 等身布施, 如是無量 百千萬億劫 以身布施, 若復有人 聞此經典 信心不逆, 其福勝彼.

何況 書寫受持 讀誦爲人解說.

須菩提, 以要言之 是經有不可思議 不可稱量 無邊功德,

如來 爲發大乘者說 爲發

말하는 것이며 최상승의 마음을 낸 자를
위하여 말하는 것이다.

　만약 어떤 사람이 수지하고 독송하며
널리 남에게 말해 준다면, 여래는 이 사
람이 모두 헤아릴 수 없고 말할 수 없고
가이없고 생각할 수 없는 공덕을 성취하
리라는 것을 다 알고 보니, 이 사람들은
곧 여래의 아뇩다라삼먁삼보리를 짊어진
것이다.

　왜냐 하면 수보리여, 만약 작은 법을
즐기는 자라면 아견·인견·중생견·수자견
에 집착하므로, 곧 이 경전을 능히 듣지
도 독송하지도 남에게 해설하지도 못하기
때문이다.

　수보리여, 그 어디든 만약 이 경전이
있는 곳이면 일체 세간의 천·인·아수라들
이 반드시 공양할 것이니, 이 곳은 곧 탑
과 같아 모두 공양하고 예배하고 돌면서
여러 꽃과 향을 그 곳에 뿌려야 할 것이
라고 알아야 한다."

　"또한 수보리여, 선남자 선여인이 이
경전을 수지독송해서 만약 남에게 천대를
받는다면, 이 사람은 전생의 죄업으로 악
도에 떨어져야 마땅하지만, 지금 세상 사

最上乘者說.

若有人 能受持讀誦 廣爲
人說, 如來 悉知是人 悉
見是人 皆得成就 不可量
不可稱 無有邊 不可思議
功德, 如是人等 卽爲荷
擔 如來阿耨多羅三藐三
菩提.

何以故 須菩提, 若樂小
法者 著我見人見衆生見
壽者見, 卽於此經 不能
聽受讀誦 爲人解說.

須菩提, 在在處處 若有
此經 一切世間 天人阿修
羅 所應供養, 當知此處
卽爲是塔 皆應供養 作禮
圍繞 以諸華香 而散其
處."

"復次 須菩提, 善男子善
女人 受持讀誦此經 若爲
人輕賤, 是人 先世罪業
應墮惡道, 以今世人輕賤

람들로부터 천대받은 것으로써 전생의 죄업이 곧 소멸하고 장차 아뇩다라삼먁삼보리를 얻을 것이다.

수보리여, 나는 과거 한량없는 아승기겁 동안 연등불 이전까지 팔백사천만억 나유타 붓다들을 만나 모두 다 공양하고 받들어 섬기며 그냥 지나친 적이 없었음을 기억한다.

만약 다시 어떤 사람이 이후의 말세에 이 경전을 수지하고 독송하여 얻는 공덕이라면, 내가 이 모든 붓다들을 공양한 공덕으로는 백분의 일에도 미치지 못하고, 천만억분 내지 어떤 산수나 비유로도 미칠 수 없는 것이다.

수보리여, 만약 선남자 선여인이 이후의 말세에 이 경전을 수지하고 독송하여 얻는 공덕을 내가 만약 모두 다 말한다면, 혹 어떤 사람은 듣고 마음이 곧 혼란하여 여우처럼 의심하고 믿지 않을 것이다.

수보리여, 이 경전은 뜻도 불가사의하고 과보 또한 불가사의하다고 알아야 한다."

故 先世罪業 卽爲消滅 當得阿耨多羅三藐三菩提.

須菩提, 我念過去 無量阿僧祇劫 於然燈佛前 得值八百四千萬億 那由他 諸佛 悉皆供養承事 無空過者.

若復有人 於後末世 能受持讀誦此經 所得功德, 於我所供養 諸佛功德 百分不及一, 千萬億分 乃至 算數譬喩 所不能及.

須菩提, 若善男子善女人 於後末世 有受持讀誦此經 所得功德 我若具說者, 或有人聞 心卽狂亂 狐疑不信.

須菩提, 當知 是經 義不可思議 果報 亦不可思議."

4.11

그 때 수보리가 붓다께 여쭈었다.

"세존이시여, 선남자 선여인이 아뇩다라삼먁삼보리의 마음을 일으키고서는 어떻게 머물러야 하고 어떻게 그 마음을 항복시켜야 합니까?"

붓다께서 수보리에게 말씀하셨다.

"선남자 선여인이 아뇩다라삼먁삼보리의 마음을 일으키고서는 이러한 마음을 내어야 한다. '나는 일체의 중생을 멸도하게 해야 한다'라고. 일체의 중생을 멸도하게 하고 나서는 '그러나 실제로 멸도한 중생은 없다'라고.

왜냐 하면 수보리여, 만약 보살에게 아상·인상·중생상·수자상이 있다면 곧 보살이 아니기 때문이다.

까닭이 무엇인가 하면 수보리여, 아뇩다라삼먁삼보리의 마음을 일으킨 자라고 하는 법은 실제로 없기 때문이다."

爾時 須菩提 白佛言.

"世尊, 善男子善女人 發阿耨多羅三藐三菩提心 云何應住 云何降伏其心?"

佛告 須菩提.

"善男子善女人 發阿耨多羅三藐三菩提心者 當生如是心. '我應滅度 一切衆生'. 滅度一切衆生已 '而無有一衆生 實滅度者'.

何以故 須菩提, 若菩薩 有我相 人相 衆生相 壽者相 卽非菩薩.

所以者何 須菩提, 實無有法 發阿耨多羅三藐三菩提心者."

4.12

"수보리여, 그대 생각에는 어떤가? 여래가 연등불 계신 데서 아뇩다라삼먁삼보리를 얻는다고 할 법이 있었겠는가?"

"須菩提, 於意云何? 如來 於然燈佛所 有法 得阿耨多羅三藐三菩提不?"

금강경 경문 509

"그렇지 않습니다, 세존이시여. 제가 붓다께서 말씀하신 뜻을 이해하기로는, 붓다께서 연등불 계신 데서 아뇩다라삼먁삼보리를 얻는다고 할 법은 없었습니다."

붓다께서 말씀하셨다. "그래 그러하다, 수보리여. 여래가 아뇩다라삼먁삼보리를 얻는다고 할 법이란 실제로 없다.

수보리여, 만약 여래가 아뇩다라삼먁삼보리를 얻는다고 할 법이 있었다면, 연등불께서는 곧 나에게 '그대는 미래세에 붓다를 이루어 명호를 석가모니라 하리라'라는 수기를 주시지 않았을 것이다.

아뇩다라삼먁삼보리를 얻는다고 할 법이 실제로 없었으므로, 그래서 연등불께서는 나에게 수기를 주시어, '그대는 미래세에 붓다를 이루어 명호를 석가모니라 하리라'라고 말씀하셨던 것이다.

"不也, 世尊. 如我解佛所說義, 佛於然燈佛所 無有法 得阿耨多羅三藐三菩提."

佛言. "如是如是, 須菩提. 實無有法 如來得阿耨多羅三藐三菩提.

須菩提, 若有法 如來得阿耨多羅三藐三菩提者, 然燈佛 卽不與我授記 '汝於來世 當得作佛 號釋迦牟尼.'

以實無有法 得阿耨多羅三藐三菩提, 是故 然燈佛 與我授記作是言 '汝於來世 當得作佛 號釋迦牟尼.'"

4.13

"왜냐 하면 여래란 곧 모든 법의 있는 그대로[諸法如]라는 뜻이기 때문이다.

만약 어떤 사람이 여래가 아뇩다라삼먁삼보리를 얻었다고 말한다면 수보리여, 붓다가 얻은 아뇩다라삼먁삼보리라는 법

"何以故 如來者 卽諸法如義.

若有人言 如來得阿耨多羅三藐三菩提 須菩提, 實無有法 佛得阿耨多羅

은 실제로 없다.

　수보리여, 여래가 얻은 아뇩다라삼먁삼보리 그 가운데에는 진실도 없고 헛됨도 없다.

　그래서 여래는 일체법이 모두 다 불법佛法이라고 말하는 것이다. 수보리여, 일체법이라고 말한 것은 곧 일체법이 아니다. 그래서 일체법이라고 이름한 것이다.

　수보리여, 비유하여 사람의 몸이 길고 크다[長大]는 것과 같다."

　수보리가 말하였다.

　"세존이시여, 여래께서 '사람의 몸이 길고 크다'라고 말씀하신 것은 곧 큰 몸이 아닙니다. 이것을 큰 몸이라고 이름하신 것입니다."

4.14

　"수보리여, 보살도 역시 그러해서, 만약 '나는 한량없는 중생을 멸도하도록 하리라'라고 말한다면, 곧 보살이라고 부르지 못한다.

　왜냐 하면 수보리여, 보살이라고 이름할 만한 법이 실제로 있지 않기 때문이다.

三藐三菩提.

須菩提, 如來所得阿耨多羅三藐三菩提 於是中 無實無虛.

是故 如來說一切法 皆是佛法. 須菩提, 所言一切法者 卽非一切法.

是故名一切法.

須菩提, 譬如人身長大."

須菩提言.

"世尊, 如來說 '人身長大' 卽爲非大身.

是名大身."

"須菩提, 菩薩 亦如是, 若作是言 '我當滅度 無量衆生', 卽不名菩薩.

何以故 須菩提, 實無有法 名爲菩薩.

그래서 붓다는 일체의 법에는 나도 없고 사람도 없고 중생도 없고 수자도 없다고 말한 것이다.

수보리여, 만약 보살이 '나는 불국토를 장엄하리라'라고 말한다면, 이 사람은 보살이라고 부르지 못한다.

왜냐 하면 여래가 불국토를 장엄한다고 말한 것은 곧 장엄이 아니라, 이것을 장엄이라고 이름한 것이기 때문이다.

수보리여, 만약 보살이 나와 법이 없음을 통달한 이라면, 여래는 참으로 보살이라고 부른다."

是故 佛說一切法 無我 無人 無衆生 無壽者.

須菩提, 若菩薩 作是言 '我當莊嚴佛土', 是不名 菩薩.

何以故 如來說 莊嚴佛土者 卽非莊嚴, 是名莊嚴.

須菩提, 若菩薩 通達無我法者, 如來說名 眞是 菩薩."

4.15

"수보리여, 그대 생각에는 어떤가, 여래에게 육안肉眼이 있는가?"

"그렇습니다, 세존이시여, 여래에게는 육안이 있습니다."

"수보리여, 그대 생각에는 어떤가, 여래에게 천안天眼이 있는가?"

"그렇습니다, 세존이시여, 여래에게는 천안이 있습니다."

"수보리여, 그대 생각에는 어떤가, 여래에게 혜안慧眼이 있는가?"

"須菩提, 於意云何, 如來 有肉眼不?"

"如是, 世尊, 如來 有肉眼."

"須菩提, 於意云何, 如來 有天眼不?"

"如是, 世尊, 如來 有天眼."

"須菩提, 於意云何, 如來 有慧眼不?"

"그렇습니다, 세존이시여, 여래에게는 혜안이 있습니다."

"수보리여, 그대 생각에는 어떤가, 여래에게 법안法眼이 있는가?"

"그렇습니다, 세존이시여, 여래에게는 법안이 있습니다."

"수보리여, 그대 생각에는 어떤가, 여래에게 불안佛眼이 있는가?"

"그렇습니다, 세존이시여, 여래에게는 불안이 있습니다."

"수보리여, 그대 생각에는 어떤가, 항하 중에 있는 모래들과 같은, 이 모래들을 여래가 말한 적이 있는가?"

"그렇습니다, 세존이시여. 여래께서는 이 모래들을 말씀하신 적이 있습니다."

"수보리여, 그대 생각에는 어떤가, 하나의 항하 중에 있는 모래들과 같은, 이와 같은 모래들만큼의 항하가 있고, 이 모든 항하에 있는 모래 수만큼의 불세계佛世界라면, 이러한 것은 정녕 많다고 하겠는가?"

"매우 많겠습니다, 세존이시여."

붓다께서 수보리에게 말씀하셨다.

"그러한 국토 중에 있는 중생들의 여러

"如是, 世尊, 如來 有慧眼."

"須菩提, 於意云何, 如來 有法眼不?"

"如是, 世尊, 如來 有法眼."

"須菩提, 於意云何, 如來 有佛眼不?"

"如是, 世尊, 如來 有佛眼."

"須菩提, 於意云何, 如恒河中 所有沙, 佛說是沙不?"

"如是, 世尊. 如來說是沙."

"須菩提, 於意云何, 如一恒河 中所有沙 有如是沙等恒河, 是諸恒河 所有沙數 佛世界, 如是寧爲多不?"

"甚多, 世尊."

佛告 須菩提.

"爾所國土中 所有衆生

가지 마음을 여래는 모두 다 안다.

 왜냐 하면 여래가 말하는 모든 마음은 모두 마음이 아니라, 이것을 마음이라고 이름한 것이기 때문이다.

 까닭이 무엇인가 하면 수보리여, 과거의 마음도 얻을 수 없고, 현재의 마음도 얻을 수 없으며, 미래의 마음도 얻을 수 없기 때문이다."

若干種心 如來悉知.
何以故 如來說諸心 皆爲非心, 是名爲心.

所以者何 須菩提, 過去心 不可得, 現在心 不可得, 未來心 不可得."

4.16

 "수보리여, 그대 생각에는 어떤가, 만약 어떤 사람이 삼천대천세계에 가득한 칠보를 써서 보시한다면, 이 사람이 이 인연으로 얻는 복덕이 많겠는가?"

 "그렇습니다, 세존이시여. 이 사람이 이 인연으로 얻는 복덕이 매우 많겠습니다."

 "수보리여, 만약 복덕에 실체가 있는 것이라면, 여래는 얻는 복덕이 많다고 말하지 않았을 것이다. 복덕이 없기 때문에 여래는 얻는 복덕이 많다고 말한 것이다."

"須菩提, 於意云何, 若有人 滿三千大千世界七寶 以用布施, 是人 以是因緣 得福多不?"

"如是, 世尊. 此人 以是因緣 得福甚多."

"須菩提, 若福德有實, 如來不說 得福德多.
以福德無故 如來說 得福德多."

4.17

"수보리여, 그대 생각에는 어떤가, 붓다를 구족한 색신[具足色身]으로써 볼 수 있겠는가?"

"그렇지 않습니다, 세존이시여. 여래를 구족한 색신으로써 보아서는 안됩니다. 왜냐 하면 여래께서 말씀하신 구족한 색신은 곧 구족한 색신이 아니라, 이것을 구족한 색신이라고 이름한 것이기 때문입니다."

"수보리여, 그대 생각에는 어떤가, 여래를 구족한 여러 상[諸相]으로써 볼 수 있겠는가?"

"그렇지 않습니다, 세존이시여. 여래를 구족한 여러 상으로써 보아서는 안됩니다. 왜냐 하면 여래께서 말씀하신 여러 상의 구족이란 곧 구족이 아니라, 이것을 여러 상의 구족이라고 이름한 것이기 때문입니다."

"須菩提, 於意云何, 佛可以具足色身 見不?"

"不也, 世尊. 如來 不應以具足色身見.
何以故 如來說 具足色身 卽非具足色身, 是名具足色身."

"須菩提, 於意云何, 如來可以具足諸相 見不?"

"不也, 世尊. 如來 不應以具足諸相見.
何以故 如來說 諸相具足 卽非具足, 是名諸相具足."

4.18

"수보리여, 그대는 '여래가 「나는 필시 말한 법이 있다」라고 생각한다'라고 말해서는 안 된다. 이러한 생각도 하지 말라.

"須菩提, 汝勿謂 '如來作是念 「我當有所說法」'. 莫作是念.

어째서이겠는가? 만약 어떤 사람이 '여래가 말한 법이 있다'라고 말한다면 이는 곧 붓다를 비방하는 것이니, 내가 말한 바를 이해하지 못한 것이기 때문이다.
　수보리여, 법을 말한다는 것은 말할 만한 법이 없지만, 이것을 법을 말한다고 이름한 것이기 때문이다."
　그 때 혜명 수보리가 붓다께 말하였다.
　"세존이시여, 그 어떤 중생이 미래세에 이 법 말하는 것을 듣고 믿는 마음을 내겠습니까?"
　붓다께서 수보리에게 말씀하셨다.
　"저들은 중생이 아니고 중생 아닌 것도 아니다. 왜냐 하면 수보리여, 중생 중생이란 여래는 중생이 아니라고 말하니, 이것을 중생이라고 이름한 것이기 때문이다."

4.19

　수보리가 붓다께 말하였다.
　"세존이시여, 붓다께서 아뇩다라삼먁삼보리를 얻으신 것은 얻은 것이 없는 것입니까?"
　붓다께서 말씀하셨다.
　"그래 그렇다, 수보리여, 나는 아뇩

何以故? 若人言 '如來有所說法' 即爲謗佛, 不能解我所說故.
須菩提, 說法者 無法可說, 是名說法."
爾時 慧命須菩提 白佛言.
"世尊, 頗有衆生 於未來世 聞說是法 生信心不?"
佛言 須菩提.
"彼非衆生 非不衆生.
何以故 須菩提, 衆生衆生者 如來說 非衆生, 是名衆生."

須菩提 白佛言.
"世尊, 佛得阿耨多羅三藐三菩提 爲無所得耶?"
佛言.
"如是如是, 須菩提, 我於

라삼먁삼보리나 나아가 조그만 법이라도 얻을 만한 것이 없었으니, 이것을 아뇩다라삼먁삼보리라고 이름한다."

"또한 수보리여, 이 법은 평등하여 높고 낮음이 없으니, 이것을 아뇩다라삼먁삼보리라고 이름한다.

아·인·중생·수자가 없이 모든 선법善法을 닦는다면 곧 아뇩다라삼먁삼보리를 얻을 것이다.

수보리여, 선법이라고 하는 것은 여래는 곧 선법이 아니라, 이를 선법이라고 이름한 것이라고 말한다."

4.20

"수보리여, 만약 삼천대천세계 중에 있는 모든 수미산왕과 같은 그러한 칠보의 무더기를 어떤 사람이 써서 보시한다고 하더라도, 만약 어떤 사람이 이 반야바라밀경이나 나아가 그 중의 사구게 따위만이라도 수지독송하고 남에게 말해 준다면, 앞의 복덕으로는 백분의 일에도 미치지 못하고 백천만억분 내지 산수나 비유로도 미칠 수 없다."

阿耨多羅三藐三菩提 乃至 無有少法可得, 是名阿耨多羅三藐三菩提."

"復次 須菩提, 是法 平等 無有高下 是名阿耨多羅三藐三菩提.

以無我 無人 無衆生 無壽者 修一切善法 卽得阿耨多羅三藐三菩提.

須菩提, 所言善法者 如來說 卽非善法, 是名善法."

"須菩提, 若三千大千世界中 所有諸須彌山王 如是等七寶聚 有人持用布施, 若人 以此般若波羅蜜經 乃至 四句偈等 受持讀誦 爲他人說, 於前福德 百分不及一 百千萬億分 乃至 算數譬喩 所不能及."

4.21

"수보리여, 그대 생각에는 어떤가? 그대들은 '여래가「나는 중생을 제도하리라」라고 생각한다'라고 말해서는 안 된다. 수보리여, 이런 생각조차 하지 말라.

왜냐 하면 여래가 제도한 중생은 실제로 없기 때문이다.

만약 여래가 제도한 중생이 있다고 한다면, 여래에게 곧 아·인·중생·수자가 있다는 것이다.

수보리여, 여래가 나[我]가 있음을 말한 것은 곧 나가 있다는 것이 아닌데도, 범부들이 나가 있다라고 여기는 것이다.

수보리여, 범부란 여래는 곧 범부가 아니라고 말한다."

"須菩提, 於意云何? 汝等勿謂'如來作是念「我當度衆生」'.
須菩提, 莫作是念.
何以故 實無有衆生 如來度者.
若有衆生 如來度者, 如來卽 有我人衆生壽者.
須菩提, 如來說有我者 卽非有我, 而凡夫之人 以爲有我.
須菩提, 凡夫者 如來說 卽非凡夫."

4.22

"수보리여, 그대 생각에는 어떤가, 삼십이상으로 여래를 볼 수 있겠는가?"

수보리가 대답하였다.

"예 그렇습니다, 삼십이상으로 여래를 봅니다."

붓다께서 말씀하셨다.

"須菩提, 於意云何, 可以三十二相 觀如來不?"
須菩提言.
"如是如是, 以三十二相 觀如來."
佛言.

"수보리여, 만약 삼십이상으로 여래를 본다고 한다면, 전륜성왕도 곧 여래이겠구나."

수보리가 붓다께 말하였다.

"세존이시여, 제가 붓다께서 하신 말씀의 뜻을 이해하기로는, 삼십이상으로 여래를 보아서는 안 됩니다."

이 때 세존께서는 게송으로 말씀하셨다.

형상으로 나를 보거나
음성으로 나를 구하면
이 사람은 사도邪道를 행함이라
여래를 볼 수 없으리

"須菩提, 若以三十二相 觀如來者, 轉輪聖王 卽是如來."

須菩提 白佛言.

"世尊, 如我解佛所說義, 不應以三十二相　觀如來."

爾時 世尊 而說偈言.

若以色見我
以音聲求我
是人行邪道
不能見如來

4.23

"수보리여, 그대가 만약 '여래는 구족한 상으로써 아뇩다라삼먁삼보리를 얻은 것은 아니리라'라고 생각한다면, 수보리여, '여래는 구족한 상으로써 아뇩다라삼먁삼보리를 얻은 것은 아니리라'라는 이런 생각을 해서는 안 된다.

수보리여, 그대가 만약 '아뇩다라삼먁삼보리의 마음을 낸 사람은 모든 법의 단멸을 말한다'라고 생각한다면, 이런 생각

"須菩提, 汝若作是念'如來 不以具足相故 得阿耨多羅三藐三菩提', 須菩提, 莫作是念'如來 不以具足相故　得阿耨多羅三藐三菩提'.

須菩提, 汝若作是念'發阿耨多羅三藐三菩提心者 說諸法斷滅', 莫作是

금강경 경문　519

을 해서는 안 된다.

　왜냐 하면 아뇩다라삼먁삼보리의 마음을 낸 사람은 법에 대하여 단멸상을 말하지 않기 때문이다."

　"수보리여, 만약 보살이 항하의 모래수와 같은 세계에 가득한 칠보를 써서 보시한다 해도, 만약 다시 어떤 사람이 일체법의 무아를 알아 무생법인을 성취한다면, 이 보살이 앞의 보살보다 얻은 공덕功德에서 뛰어나다.

　왜냐 하면 수보리여, 모든 보살은 복덕福德을 받지 않기 때문이다."

　수보리가 붓다께 여쭈었다.

　"세존이시여, 어떻게 보살은 복덕을 받지 않는 것입니까?"

　"수보리여, 보살은 지은 복덕을 탐착해서는 안 되니, 그래서 복덕을 받지 않는다고 말한 것이다."

4.24

　"수보리여, 만약 어떤 사람이 '여래가 오고 가고 앉고 눕는다'라고 말한다면, 이 사람은 내가 한 말의 뜻을 이해하지 못한 것이다.

念.
何以故　發阿耨多羅三藐三菩提心者 於法 不說斷滅相."

"須菩提, 若菩薩 以滿恒河沙等世界七寶 持用布施, 若復有人 知一切法無我 得成於忍, 此菩薩勝前菩薩 所得功德.

何以故　須菩提, 以諸菩薩 不受福德故."

須菩提 白佛言.

"世尊, 云何 菩薩不受福德?"

"須菩提, 菩薩 所作福德不應貪著, 是故說 不受福德."

"須菩提, 若有人言'如來若來若去 若坐若臥', 是人 不解我所說義.

왜냐 하면 여래란 어디에서 오는 바도 없고 또한 어디로 가는 바도 없기 때문이다. 그래서 여래라고 이름하는 것이다."

何以故 如來者 無所從來 亦無所去.
故名如來."

4.25.1
"수보리여, 만약 선남자 선여인이 삼천대천세계를 부수어 미진으로 만든다면 그대 생각에는 어떤가, 이 미진들[微塵衆]은 정녕 많겠는가?"

수보리가 말하였다.

"매우 많습니다, 세존이시여. 왜냐 하면 만약 이 미진들이 실제로 있는 것이라면, 붓다께서는 곧 이 미진들을 말씀하시지 않을 것이기 때문입니다.

까닭이 무엇인가 하면, 붓다께서 말씀하신 미진들은 곧 미진들이 아니라, 이것을 미진들이라고 이름한 것이기 때문입니다.

세존이시여, 여래께서 말씀하신 삼천대천세계는 곧 세계가 아니라 이것을 세계라고 이름한 것입니다.

왜냐 하면 만약 세계가 실제로 있는 것이라면 곧 하나의 덩어리일 것인데, 여래께서 말씀하신 하나의 덩어리는 곧 하나의 덩어리가 아니라, 이것을 하나의 덩어

"須菩提, 若善男子善女人 以三千大千世界 碎爲微塵 於意云何, 是微塵衆 寧爲多不?"
須菩提言.
"甚多, 世尊. 何以故 若是微塵衆 實有者, 佛卽不說 是微塵衆.

所以者何, 佛說微塵衆 卽非微塵衆, 是名微塵衆.

世尊, 如來所說 三千大千世界 卽非世界 是名世界.

何以故 若世界 實有者 卽是一合相, 如來說 一合相 卽非一合相, 是名一合相."

리라고 이름한 것이기 때문입니다."

"수보리여, 하나의 덩어리란 곧 말할 수 없는 것인데도, 단지 범부들이 이것을 탐착할 뿐이다."

"須菩提, 一合相者 卽是 不可說, 但凡夫之人 貪著其事."

4.25.2

"수보리여, 만약 어떤 사람이 '붓다가 아견·인견·중생견·수자견을 말하였다'라고 말한다면 수보리여, 그대 생각에는 어떤가, 이 사람은 내가 한 말의 뜻을 이해한 것인가?"

"그렇지 않습니다, 세존이시여. 이 사람은 여래께서 하신 말씀의 뜻을 이해하지 못한 것입니다.

왜냐 하면 세존께서 말씀하신 아견·인견·중생견·수자견은 곧 아견·인견·중생견·수자견이 아니라, 이것을 아견·인견·중생견·수자견이라고 이름한 것이기 때문입니다."

"수보리여, 아뇩다라삼먁삼보리의 마음을 일으킨 사람은 일체법을 이와 같이 알고[知] 이와 같이 보며[見] 이와 같이 확신[信解]하여 법상을 내지 않아야 한다.

수보리여, 소위 법상이란 여래는 곧 법

"須菩提, 若人言 '佛說我見人見衆生見壽者見' 須菩提, 於意云何, 是人解我所說義不?"

"不也, 世尊. 是人不解如來所說義.

何以故 世尊說 我見人見衆生見壽者見 卽非我見人見衆生見壽者見 是名我見人見衆生見壽者見."

"須菩提, 發阿耨多羅三藐三菩提心者 於一切法 應如是知 如是見 如是信解 不生法相.

須菩提, 所言法相者 如

상이 아니라고 말한다. 이것을 법상이라고 이름한 것이다."

來說 卽非法相 是名法相."

4.26
"수보리여, 만약 어떤 사람이 한량없는 아승기의 세계에 가득한 칠보를 써서 보시한다 해도, 만약 보리심을 일으킨 어떤 선남자 선여인이 이 경전이나 나아가 그 중의 사구게 따위만이라도 수지독송하고 남에게 말해 준다면, 그 복이 저보다 뛰어나다.

어떻게 남에게 말해 주는가? 상을 취하지 않고 여여부동하여야 한다."

"須菩提, 若有人 以滿無量阿僧祇世界七寶 持用布施, 若有善男子善女人 發菩提心者 持於此經 乃至 四句偈等 受持讀誦 爲人演說, 其福勝彼.

云何 爲人演說? 不取於相 如如不動."

4.27
"무엇 때문인가?

 일체의 유위법은
 꿈·허깨비·거품·그림자와 같고
 이슬과 같고 번개와 같으니
 응당 이렇게 보아야 한다"

"何以故?

 一切有爲法
 如夢幻泡影
 如露亦如電
 應作如是觀"

붓다께서 이 경전을 말씀하시고 나자, 장로 수보리 및 모든 비구, 비구니, 우바새, 우바이와 일체 세간의 천·인·아수라 들은 붓다께서 말씀하신 것을 듣고는 모두 크게 기뻐하여 믿고 받들어 행하였다.

佛說是經已, 長老 須菩提 及諸比丘比丘尼 優婆塞優婆夷 一切世間 天人阿修羅 聞佛所說 皆大歡喜 信受奉行.

찾아보기

ㄱ

가리왕 354
가사 204
가섭3형제 201
가유假有 129
가행도 184
각유정 54
간정기刊定記 192
거울의 영상[鏡中像] 479
거품[泡] 478
걸림[罣礙] 162
겁중외怯衆畏 164
견도 184
견해의 전도[見倒] 166
결집 21, 23
경經 94
경안 30
경장 22
경전신앙 60
계취생 221
고과苦果 350
고액苦厄 120
공 44, 108, 116
공계空界 108
공공空空 126
공대空大 108
공덕 457
공덕의 장엄 453
공란의보살 128
공불이색 124, 125

공상空相 141
공성 46, 116, 133
공양시간 204
공즉시색 124, 125
과거칠불 57
과보의 장애[報障] 377
과위 97
과지 97
관세음보살 118
관음보살 118
관자재보살 118
관조반야 106
광대한 마음[廣大心] 219
광본 81
괴愧 30
교판 74
구경 167
구경열반 167
구공俱空 345
구류중생 220
구름 478
구수 84
구신句身 31
구족한 색신 422
구해탈 51
규봉종밀 192
그림자[影] 478
극미 336
근본법문 217

근본분열 23
근본불교 24
근본지 105, 471
금강 193
금강저 194
급고독장자 200
기세간 310
기별記別 308
기수급고독원 200
기원정사 200
기타 200
까니시까왕 76
꼬살라 199
꿈 478

ㄴ

나가르주나 44, 60
나유타 378
난생 220
난행도 55
남의 마음을 아는 지혜 411
내재內財 326
네 가지 마음[四心] 217
녹원시 75
논장 25
눈병 478
능단能斷 193

능엄주 177
능지能持 177
능차能遮 177

ㄷ

다라니 69, 177
다불사상 57
다섯 가지 눈 408
다섯 가지 두려움 164
단견斷見 451
단근斷勤 100
단나바라밀 103
단덕斷德 172
단멸 451
단멸견 451
단멸공 269
단멸상 269, 451
단바라밀 103
단의법문 217
대겁 379
대기설법 24
대번뇌지법 30
대법對法 25
대불선지법 30
대선지법 30
대승 38
대승비불설 63
대일여래 69
대중부 23
대지도론 62
대지법 29
덮음 31
도안道安 82
독각 155

돌아오지 않을 이 301
동분同分 31
두 가지 진리 45, 130
두려움 164
두타 206
득得 31
등기불선 29
등기선 29
등불 478
뗏목의 비유 273

ㄹ

라자가하 199

ㅁ

마가다 199
마납파상 233
마음 413
마음의 전도[心倒] 166
마음의 흐름 414
마하살타 83
마하살타왕자 340
만달라 70
만뜨라 175
말법 261
말한 것이 없다 428
메아리[響] 479
멸도 225
멸진정 31, 101
명근 31
명신名身 31
명자命者 233
명주明呪 175

명지 95
몽상 166
묘고산 322
묘유妙有 129
무기無記 29, 435
무등無等 178
무등등 178
무부무기 29
무상각 171
무상과 31
무상無想 223
무상보리 171
무상유정천 223
무상정 31
무상정등각 171
무상정등정각 171
무상정변정각 53, 171
무색無色 223
무생 455
무생무멸 455
무생법인 454
무생지 155
무소외 164
무수無數 378
무여열반 226
무여의열반 168, 226
무외無畏 164
무외시 103, 240
무위 282
무위공 125
무위법 27, 282
무쟁 303
무쟁삼매 304
무쟁제일 208
무정 54

무주상보시 245
무주처열반 54, 168, 248
무착 61
무표색 29
무학도 184
문수보살 118
문신文身 31
문자반야 106
물거품 113
물속의 달[水中月] 479
미래불사상 57
미륵송 218
미진 336
미진 467
밀교 68
밀설반야 91

ㅂ

바라밀 96
바라밀다 94, 96
바른 견해 98
바른 사유 98
바른 새김 100
바른 생계 99
바른 선정 100
바른 언어 99
바른 정진 100
바른 지혜 98, 102
바른 해탈 102
바른 행위 99
바수반두 60
박가범 83
반야 94
반야바라밀다 94

반야바라밀다심경 93
반야시 75
반야심경 93
반열반 226
발기서 204
발보리심 210
발우 205
방등시 75
방편 105
번개[電] 478
번뇌장 162
번뇌쟁 304
법공 45, 126
법무상 248
법무아 45
법설 244
법시 103, 240
법신 57, 59, 398, 461
법안 409
법인法忍 352
법집 162
법처소섭색 29
법체항유 36
법화열반시 75
벽지불 155
변계소집성 48
변역의 삶 54
변행심소 30
변화신 59
별 478
별서別序 196, 204
보계寶髻 380
보리 171
보리살타 54, 160
보살 54

보살승 210
보살마하살 83
보살신앙 60
보시 103
보신 59, 321
보안普眼 408
보특가라 232
보현보살 118
복덕 457
복덕상의 과보[相果] 448
복덕의 성품 286
본래자성청정열반 169
부동법 165
부정지법 31
부주 246
부증불감 141, 145
부촉 209
부파불교 24
분단의 삶 54
불가설 280
불가취 280
불공不空 109
불과佛果 449
불구부정 141, 145
불국토[佛土] 309
불래不來 301
불법佛法 290, 397
불생불멸 141, 145, 455
불선근 29, 265
불선不善 29
불성 55
불신론 57
불안 409
불탑 41
불환不還 301

불활외不活畏 164
붓다의 과보[佛果] 448
비구 202
비득非得 31
비량比量 443
비로자나 69
비로자나불 58
비리야바라밀 104
비밀반야 91
비법 267, 275, 280
비법상 267
비불교 64
비불설 64
비불의非佛意 64
비비법 280, 281
비상비비상처 223
비상非相 268
비설譬說 244
비유상비무상 223
비지각[非想] 267
비지比知 443
비천非天 330
비택멸 33
빔비사라 199
빠릿따 175
빠세나디 200
빤냐 94
뿌드갈라 232
쁘랑냐 94

ㅅ

사구게 288
사다함 301
사리불 122

사리자 122
사무소외 164
사무외 164
사부상 233
사상四相 230
사상적요소 65
사생四生 220
사쌍팔배 283
사외死畏 164
사위성 199
4전도 166
사정근 100
사정단 100
사향사과 133
삭취취 232
삼과법문 149
3대6상 141
삼덕三德 172
삼독三毒 265
삼륜청정 242
삼밀 70
삼상三相 252
삼세실유 36
삼신설 58
삼십이상 252
삼아승기 겁 198, 379
삼악도 221
삼악취 221
삼의일발 205
삼장 25
3전도 166
삼현三賢 283
상견常見 451
상과相果 449
상법像法 261

상수대중 201
상수멸정 101
상응 28
상응불선 29
상응선 29
상의 상 아님 256
상의 지각[相想] 239
상좌부 23
상주常住 455
상호相好 253
색법 28
색불이공 124
색즉시공 124
생신生身 57
생인生因 289
생인生忍 352
생주이멸 31
서른두 가지 신체의 특징 252
서분 82
서원 105
선善 29
선근 29
선근을 심는다 265
선나바라밀 104
선남자 84
선바라밀 104
선법 433
선부촉 209
선여인 84
선우 262
선지식 262
선취 221
선호념 209
설산 263

설산동자 340
설일체유부 36
성력 70
세 가지 공[三空] 345
세 가지 모습 252
세간의 단나바라밀 242
세계 337, 468
세속제 34, 45, 130
세속지 105, 471
세친 60
소명태자 191
소번뇌지법 30
소본 81
소승 38
소지장 162
속제 130
수근修勤 100
수기受記 308
수기授記 308
수다원 96, 297
수도 184
수면睡眠 31
수미산 322
수미산왕 322
수보리 208
수생차별 220
수修 211
수용신 59
수자壽者 233
수자상受者想 233
수자상壽者相 233
수호근守護勤 100
순밀 69
슈라바스티 199
스투파 331

습생 220
승가 202
승관勝觀 380
승의불선 29
승의선 29
승의제 34, 45, 130
승해勝解 30, 471
시라바라밀 103
시바라밀 103
시방 245
시비왕 340
시설 131
신명보시 326
신족통 51
신통변화 51
신해信解 471
실라벌 199
실상반야 106
실상實相 343
실재[實有] 43, 115
실체 115
심心 94
심경찬 90
심법 28
심불상응행법 28
심상응행법 28
심소법 28
심소유법 28
심왕법 28
심일경성 101
심해탈 51
십바라밀 104
십사 23
십성十聖 283
12두타행 206

십지十地 283
십호 170
싸리뿟따 122
싸리뿟뜨라 122
싸밧티 199
쑤닷따 200
쑤부띠 208

● ㅇ

아견·인견·중생견·수자
  견 470
아공 45
아나타삔디까 200
아나함 300
아뇩다라삼먁삼보리 53,
  170
아뇩보리 171
아누룻다 196
아라한 300
아란나 306
아란나행 306
아무상 247
아미타불 57
아비다르마 25
아비달마 25
아비담마 25
아상 231
아쇼까왕 41
아수라 221
아승기 378
아승지 378
아쌍가 61
아야교진여 201
아지랑이 113, 479

아집 162
아촉불 57
아함시 75
악도 221
악명외惡名畏 164
악취惡趣 221
악취외惡趣畏 164
앙냐꼰당냐 201
야사 201
약본 81
약소 90
양면해탈 51
언설 362
언쟁 304
얻을 것이 없다 434
얻음 154
업의 장애[業障] 377
업장 377
여래 394, 462
여량지 105
여러 가지 마음 411
여러 상[諸相] 422
여리지 105
여여부동 474
연각 155
연결불생법 33
연등 380
연등불 307
염오 30
예류 96, 297
5시교판 74
오안五眼 408
5위100법 33
5위75법 28
오종불번 95

온쟁 304
왕사성 199
외재外財 326
요인了因 289
욕계육천 221
용수 44
우바새 480
우바이 480
원성실성 48
원시불교 24
원측 90
위의 462
유부 30
유부무기 29
유상有想 223
유색有色 223
유식무경 47
유식사상 47
유신有身 231
유신견 231
유여의열반 168
유위공 125
유위법 27
유익한 법 100, 433
유일한 길 100
유전문 152
유정 54
유통분 82
육도 221
육바라밀 98, 103
육사성취 196
육성취 196
육안 408
육취 221
율의근 100

율장 22
으뜸 되는 마음[第一心] 225
은덕恩德 172
응병여약 24
응신 59
의생상 233
의성신 54
의지처[餘依] 226
의타기 48
이념적요소 65
이슬[露] 478
이신설 58
27단의 191
이욕 305
이욕아라한 305
이제二諦 45, 130
이주설법 385
이타 38
이행도 55
인忍 454
인계 70
인공 45
인드라 194
인무아 45
인상 232
인욕 103
인욕바라밀 352
인욕선인 354, 356
인위 97
인지 97
일곱 가지 보물 252
일래一來 301
일왕래一往來 301
일체법 397, 398

일체지지 105
일합상一合相 468
입류 96, 297
있는 그대로 393

ㅈ

자량도 184
자리 38
자비 172
자생시 240
자성 35, 44, 115, 133
자성불선 29
자성선 29
자성신 59
자수용신 59
작은 법[小法] 376
작의 30
작자상 233
잡밀 69
장로 84
장수자선 192
장애 162
장엄 310
재물보시 326
재시 103, 240
전도 166
전도되지 않은 마음[不顚倒心] 229
전도된 망상 166
전도된 의식 415
전주설법 385
정광여래 307
정도正道 452
정등각자 170
정법 261
정변지 170
정수精髓 93
정종분 82
정진 100
정체지 105
정토신앙 61
정해진 법[定法] 279
정해진 상[定相] 279
정해진 성품[定性] 279
제법분류 25
제일바라밀 347
제일의제 130
제자오례 208
제타 200
조도助道 452
종교 65
종교적요소 65
주·수·항 211
주문 60, 69, 175
주住 211
중관사상 47
중도의 실상 129
중생 219, 360, 429
중생상 232
중생세간 310
즉비卽非 287
즉신성불 70
증신서 196
지각[想] 230
지각의 전도[想倒] 166
지계持戒 103
지덕智德 172
지말분열 23
지바 233
지智바라밀 105
지智 105
지혜 154
지혜바라밀 105
지혜의 장엄 453
진공 129
진공묘유 129
진불眞佛 443
진언眞言 177, 393
진여 369
진제 130
진지盡智 155
짜이띠야 330

ㅊ

차별 282
찰나 197
찬술贊述 202
찬요纂要 192
찬제바라밀 104
찰나생멸론 37
참붓다[眞佛] 443
참慚 30
천수다라니 176
천신 221
천안 409
천친 60
천태지의 74
청목 114
체성 362
초기불교 24
초주설법 385
총지 69, 177
최상승 374

찾아보기 531

출세간의 단나바라밀 242
취봉산 83
취하지 않는 취함 440
치우친 견해[邊見] 451
칠보 252, 286

ㅌ

타방불 57
타수용신 59
타심지 411
탁발 204
탄트라 70
탄트라밀교 70
탑 331
탑묘 330
태생 220
택멸 33
통서通序 196

ㅍ

파사익왕 200
파초 113, 479

팔부신중 330
팔십수형호 253
팔십수호 253
팔십종호 253
팔정도 98
포말 113
표색 29

ㅎ

하나의 덩어리[一合相] 468
하담荷擔 375
한 번만 가고 올 이[一往來] 301
합설 244
항상한 마음[常心] 229
항하 327
항복 211
해공제일 208
허공 33
허공의 꽃[空華] 479
현교 68
현료반야 91
현설반야 91

현성賢聖 283
현수법장 90
혜慧 105
혜명 84
혜慧바라밀 105
혜안 342, 409
혜해탈 51
호념 209
호주護呪 175
혹·업·고 350
화생 220
화신 59
화엄시 74
환멸문 152
환상[幻] 113, 478
환유幻有 129
회권會卷 202
후득지 105
후오백세 260
후주설법 385
희유 209
힌두교 40
힘 105

지은이의 다른 책들

불교는 무엇을 말하는가
불교를 알고 싶어 하는 분들을 위한 불교입문서. 불교의 근본이치와 수행의 원리를 고집멸도라는 사성제의 가르침에 의해 소상히 설명하고, 불교에 관한 갖가지 의문에 대해서도 설명을 함께 곁들여서, 누구나 불교가 무엇을 말하는지를 완전히 이해할 수 있도록 하였다.
김윤수 지음 / 반양장본 / 296쪽 / 값 10,000원 / 한산암

참 불교를 알고 싶어 하는 이들을 위한
육조단경 읽기 (개정판)
선불교가 의지하는 근본 성전의 하나로 평가되는 육조 혜능의 〈단경〉에 대한 주해서. 돈황본 육조단경을 한문 대역으로 옮기고, 불교의 근본원리와 대승불교의 이치에 기한 주해를 붙여서, 우리나라의 선불교가 의지하는 불교의 이치를 이해하도록 했다.
김윤수 역주 / 양장본 / 380쪽 / 값 15,000원 / 한산암

불교의 근본원리로 보는
반야심경·금강경 (개정판)
대승불교의 기본경전인 반야심경과 금강경을 근본불교의 가르침에 기초하여 해석한 역주서. 서부에서 불교의 전개과정을 개관하면서 근본불교와 대승불교의 상호관계를 알아 본 다음, 제1부와 제2부에서 두 경전을 근본불교의 가르침에 의지하여 한 점의 모호함이 없이 이해할 수 있도록 하였다.
김윤수 역주 / 양장본 / 536쪽 / 값 20,000원 / 한산암

자은규기의 술기에 의한
주석 성유식론
유식의 뼈대를 이루는〈유식삼십송〉의 주석서〈성유식론〉에 대한 우리말 번역주해서. 본문에서 현장역〈성유식론〉을 우리말로 번역하고, 그에 대해 현장의 문인 지은규기 스님이 주석한〈성유식론술기〉를 우리말 최초로 번역하여 각주로서 대비하여 수록함으로써 유식 전반에 대한 체계적인 이해를 가능하도록 했다.
김윤수 편역 / 양장본 / 1,022쪽 / 값 40,000원 / 한산암

한문대역
여래장 경전 모음
우리 불교에 큰 영향을 미친 여래장사상의 중요 경전과 논서를 한문 대역으로 번역하고, 주석과 함께 소개하여 여래장사상의 개요를 이해하게 했다. 수록 경론은 대승등여래장경, 부증불감경, 승만경, 보성론, 불성론, 열반종요, 대승기신론 일곱 가지이다.
김윤수 역주 / 양장본 / 848쪽 / 값 30,000원 / 한산암

규기의 소에 의한 대역한
설무구칭경·유마경
대승불교의 선언문과도 같은 유마경을 자은규기의 소에 의거해 번역하고 주석하면서, 구라마집 역의 유마힐소설경과 현장 역의 설무구칭경을 한역문과 함께 대조 번역하였다.
김윤수 역주 / 양장본 / 740쪽 / 값 25,000원 / 한산암

지의의 법화문구에 의한
묘법연화경
최고의 불교경전이라는 찬사와 함께, 불교의 근본에서 벗어난 경전이라는 비판을 동시에 받는 법화경을 한문대역으로 번역하고, 각주에서 찬사를 대표하는 천태지의의 주석을 비판적 시각에서 소개함으로써 경전의 전반적인 의미를 이해하도록 하였다.
김윤수 역주 / 양장본 / 676쪽 / 값 25,000원 / 한산암

청량의 소에 의한
대방광불화엄경
대승불교 경전의 궁극이라고 하는 80권본 화엄경을, 이 경전 주석의 백미로 평가되고 있는 청량징관의 「소초」에 의거하여 우리말로 번역하고 해설한 책. 결코 읽기 쉽지는 않지만 어려움을 극복하고 다 읽고 나면, 난해하다는 화엄경도 이해하지 못할 부분이 없을 것이다.
김윤수 역주 / 양장본 / 6,020쪽(전7권) / 값 300,000원 / 한산암

보신의 주에 의한
대승입능가경
보리달마가 2조 혜가에게 여래 심지의 요문으로 전했다고 해서 중국 선종의 소의경전으로서 한 시대를 풍미한 능가경. 그 중 가장 번역이 잘된 7권본 대승입능가경을, 보신의 「주」에 의거해 우리말로 번역하고 해설하여 완전한 이해가 가능하도록 하였다.
김윤수 역주 / 양장본 / 752쪽 /값 30,000원 / 한산암

원측의 소에 의한
해밀심경
유식사상의 가장 근본이 되는 해밀심경을, 이 경전 주석의 백미로 평가되고 있는 원측스님의 「소」에 의거해 우리말로 번역하고 해설한 책. 신라의 왕손으로서 중국에서 불교학에 일가를 이룬 스님의 소를 통해 당대 우리나라 불교의 수준을 알 수 있다.
김윤수 역주 / 양장본 / 456쪽 /값 20,000원 / 한산암

한문 대역
잡아함경
붓다의 가르침의 핵심을 담고 있으면서, 그 가르침의 원형에 가장 가까운 잡아함경을 한문대역으로 번역하면서, 기존의 연구성과를 반영하여 경의 체제와 오류를 바로 잡고, 상응하는 니까야의 내용을 소개하며, 이해에 필요한 설명을 덧붙여서, 가르침의 뜻을 이해할 수 있도록 하였다.
김윤수 역주 / 양장본 / 3,840쪽(전5권) / 값 160,000원 / 한산암

인류의 스승, 붓다께서는
이렇게 말씀하셨다
붓다의 가르침의 핵심을 담고 있으면서, 그 가르침의 원형에 가장 가까운 잡아함경을 쉬운 우리말로 번역함으로써, 독자들이 가까이에 두고 언제든지 펼쳐볼 수 있도록 한 1권본 잡아함경 완역본.
김윤수 역주 / 양장본 / 1,612쪽 / 50,000원 / 한산암